U0814761

我与大学生朋友们的交流

曲建武　著

大连海事大学出版社

图书在版编目(CIP)数据

我与大学生朋友们的交流 / 曲建武著. —大连 : 大连海事大学出版社, 2020.9(2023.8 重印)
ISBN 978-7-5632-3974-0

Ⅰ. ①我… Ⅱ. ①曲… Ⅲ. ①大学生—思想政治教育—中国—文集 Ⅳ. ①G641-53

中国版本图书馆 CIP 数据核字(2020)第 109161 号

大连海事大学出版社出版

地址:大连市黄浦路523号 邮编:116026 电话:0411-84729665(营销部) 84729480(总编室)

http://press.dlmu.edu.cn E-mail:dmupress@dlmu.edu.cn

大连金华光彩色印刷有限公司印装　　大连海事大学出版社发行

2020 年 9 月第 1 版　　2023 年 8 月第 5 次印刷

幅面尺寸:170 mm×240 mm　　印张:31.25

字数:478 千　　印数:14230~17240 册

出版人:刘明凯

责任编辑:杨　洋　　责任校对:刘若实

封面设计:解瑶瑶　　版式设计:解瑶瑶

ISBN 978-7-5632-3974-0　　定价:98.00 元

前 言

自媒体时代,很多大学生都被“网在中央”。思想政治教育的界域,已经突破了传统的课堂、学校等教育空间,变得无处不在、无时不在。学生的思想会在校园里产生,在校园外产生,在平日里产生,在假日里产生。因此,思想政治教育必须充分利用好微信平台,实现和学生的无缝连接。我作为一名思想政治教育教师,时刻把握学生的思想脉搏,及时教育引导学生树立社会主义核心价值观。

思想政治教育一定要尽早抓。新生一入学,我便发微信嘱咐学生,在大学,一定打牢自己的思想基础。在大学里不只要学习知识,更要懂得学习的意义和价值在哪里。大学是爱国的产物,大学文化的本质属性就是爱国。因此,大学生一定要把爱国放在第一位。

大学是个团队。我嘱咐学生们一定养成团队精神。世界上有70多亿人口,大家在一起是极大的缘分。要相互关心、相互帮助。寝室就是大家的家。大学文化是从寝室开始的,养成团队精神也要从寝室开始。

要有不怕困难的勇气。谁的一生都不会一帆风顺。我嘱咐学生一定要敢于面对困难。困难从来最怕不惧怕困难的人。记住习近平总书记的教诲:“青春,现在是用来奋斗的;将来,是用来回忆的。”

学生党员要有党员的样子。列宁讲:徒有其名的党员就是白给也不要。只有从思想上入党才有意义。一些党员犯了这样或那样的一些错误,说到底,就是没有从思想上解决入党的问题,信仰动摇了。

学生放假回家时我给他们发微信,嘱咐他们不要忘了假期不是“带薪休假”的。剩余时间去创造剩余价值。可以说人的成功不在必要时间的比较,而在如何剩余时间。假期就是剩余时间最多的时候,必须充分利用好。浪费了大好时光实在是可惜。

心中要有榜样,榜样的力量是无穷的。大学生要向钱学森学习。在祖国还处在贫瘠的年代,钱学森冒着生命危险毅然回到祖国,他从此要把自己的生命献给祖国。大学生是新时代的知识分子，只有用钱学森这种爱国的精神激励自己，才会在人生的道路上勇往直前。

大学是思想的园地。只有思想强大，才能找准人生的方向，才能辨别是非，才能保持昂扬向上的人生态度。

我嘱咐学生一定要有正确的择业观。择业观决定人生的追求方向和职业态度。毕业的时候，不仅要看毕业证上的名字，还要称一称毕业证的“含金量”。

很多大学生在我的微信里、公众号上给我点赞、留下他们的感言。他们说：“老师的及时指引，使我懂得了读大学的意义。”“我要把人生的价值体现在为祖国服务当中。”“当代大学生就是要有担当精神。在奋斗中实现人生的追求。”教育的力量在哪里？作为一名思想政治教育工作者，一定要充满教育自信。学生的话语，对我是莫大的鼓舞和激励。我工作很忙、很累，但想到学生的成长，便觉得十分值得。

该书收录的是我开通公众号以来写给学生的文章。一些学生、同志也时不时地给我提出各种建议，在此表示谢意！

同时，也衷心感谢大连海事大学出版社的同志们为该书出版所付出的辛苦！

祝大家一切都好！

曲建武

2020 年 5 月

目录

001

写给学生们的元宵节祝福

小伙伴们好！

今天是元宵节。元宵节是我们中华民族的一个重要节日。元宵，代表着圆圆满满，甜甜蜜蜜。值此之际，请代我向你们的父母问好，祝每一个家庭都圆满甜蜜，祥和快乐！

我在读大学的时候，家里还比较贫困。在我去义务献血的时候，没敢告诉家里，怕家人惦记。和我一起献血的另一个同学家庭条件比较好，献完血后，我在他家里吃了几片猪肝和几粒花生米，那是我人生第一次吃猪肝这样“高档”的食品，当时觉得猪肝怎么这么好吃啊！可是我不好意思再吃，就离开了。我回到学校的当天下午，就到操场进行跑步训练了，因为我是学校的长跑运动员，半个月后还要参加学校的运动会。当时我们学院领导怕影响我的参赛成绩，不让我参加献血，我坚决要献。我还把每天的身体感受写了下来，心想：万一出了什么事，不知对相关研究有没有用。事物都有两面性，看你怎么对待它。贫困使我变得无比坚强。我总在想，有什么困难不可战胜？人生需要拼搏！我一定要好好学习，改变家里的一切。让父母晚年幸福安康，成了我读好大学的一个重要推动力。老师现在可以自豪地、问心无愧地对你们说：老师做到了！

我的小伙伴们，你们现在能理解老师为什么不赞同你们一进大学就谈恋爱了吧？你们能理解老师为什么一再嘱咐你们要好好学习了吧？恋爱仅仅是两个人的事吗？它关系你们的父母晚年能否幸福，关系你们的孩子出生在一个什么样的家庭，关系你们的家人能否在正月十五这样一个阖家欢乐的时刻圆圆满满、欢乐祥和地相聚在一起。你不努力，没人会替你努力；你没有出息，没人会替你有出息。只有你的坚强、你的拼搏，才是你潇洒、惬意地孝敬你的父母以及抚养你的儿女的资本！切切记住：祥和的背后是你的责任、你的付出！

你们还要懂得没有"大家"就没有"小家"的道理。我们这个"大家"曾经饱受磨难，受尽欺凌。日本帝国主义侵略我们的时候，我们是国破家亡，哪有什么年可过。你们虽然没有经历，难道历史都不记得了吗？侵略者挨家挨户搜刮粮食，若是有人被发现私藏粮食那是要被杀头的。中国共产党人，这些只要能让老百姓吃上饭，自己即便吃草根也无所谓的人，正是他们领导亿万中国人民赶走了侵略者，重新夺回了我们的家园。为了让每个家庭都能吃上饭、过上好日子，中国共产党又领导中国人民进行了长期的、艰苦的奋斗，使我们这样一个社会主义大国，站到了离实现中国梦最近的地方。今天你们能够坐在家里喜气洋洋地过节，品尝着美味佳肴，那是因为我们这个"大家"发展了、富裕了。所以，在你们享受欢乐的时候，一定也要有感恩之心，要感谢伟大的祖国给你们创造了美好的生活。

当然，我们这个家太大，底子也薄，要想满足人民群众日益增长的物质文化生活的需要，还需要不断地奋斗。为什么要实现"中国梦"？不就是中国共产党不忘初心，要实现人民的新期待吗？你们正逢其时，你们要识大局、懂责任。在我们这个"大家"里，仅残障人口就有八千万人，比法国全国的人口还要多。况且有些资本主义国家曾经靠抢夺攒下点"家底"，不要相信他们的"自由、平等、博爱"。而我们老祖宗留下的那些值钱的东西很多都让列强给瓜分去了。我们真是"一贫如洗""白手起家"啊！

小伙伴们，我们现在的生活已经很好了。而我相信明天你们一定会更好！千万不能再"瞎折腾"。让自己和他人快乐幸福就是一种追求，美好等靠不来。你们只管撸起袖子加油干吧！让你们的青春在伟大的事业中闪光，把你们的小家融入祖国这个"大家"，那你们的日子就会过得有滋有味，那你们的父母，你们的孩子都会跟祖国这个"大家"，跟你们沾上光啦。

002

毕业前夕写给我学生的一封信

小伙伴们好！

六十年前，当我的父母把我带到这个世界上的时候，我还只是一个自然生命体，根本不懂得人间的欢乐和痛苦，也可以说我既不知道自己是怎么来的，也不知道自己终将离去。四年前，当我放弃了一些所谓的“光环”，来到你们身边的时候，我的生命已经注满了浓浓的社会元素。我有了丰富的情感，我懂得了人的世界就应当有人的生活，而人的生活必然伴随着欢乐与痛苦。从和你们相识的那天起，我就深深地知道，你们会带给我无限的欢乐；也正是从和你们相识的那天起，我亦清楚地懂得，四年后的今天你们必然使我陷入极度的“痛苦”——你们的离去将带走我的欢乐，你们的离去将使偌大的校园只剩下我孤单的身影！一千四百六十个日夜，你们匆忙的脚步声，琅琅的读书声，奏响了我人生的乐章。新年、春节、教师节，你们甜美的祝福使我的人生变得那么富有诗意。“曲导开车小心点”“天热，曲导多喝水”“曲导，工作别太累了”……你们平日里一些温馨的话语，使我的心田总是荡漾着幸福的涟漪。我每天都期盼着黎明快快来临，我要马上见到你们。和你们在一起，就是和快乐在一起！怎么又放假了？怎么还不开学？没有你们的日子里，我的生活会变得索然无味。你们还都是孩子，难免也有淘气的时候，也有对人生的困惑。每当看到你们认识了自己的不足，放下了思想的包袱，我都会发自内心地替你们高兴。我真心地谢谢你们！你们的表现验证了我的选择是正确的，使我无怨无悔地依然走在路上；你们的风采绘就了我人生美丽的画卷，使我如痴如醉地陶冶在美的世界中。真是舍不得你们离开啊！可是这又不是以我的意志为转移的。你们长大了，就会像我留不住岁月一样也难能留下你们，你们就是为了翱翔于蔚蓝的天空才长大的。那就走吧，我已经很满足了，既然想拥有在一起时的快乐，就要承受分离时的痛楚。我把你们的离去当成你们的一次远行，我把与你们的分离，当成期盼下一次的重逢！你们一定会回来的，你们就是一只只放飞的风筝，飞得再高、再远，你们也会眷恋那使你升腾的起点！常回母校看看吧，这里是你们的第二个故乡，这里有我这样一个代理父母。在我们相处的日子里，虽然我还有些事情做得不好，但是我还是努力地想把所有的事做好。记得我的好吧，对我来说，没有什么比我在你们的心目中留下的是“Yes”还是“No ”更重要了！

再没有什么可以给你们带上的了，只能把衷心的祝福送给你们：愿你们的一切顺心如意，愿你们的一切都永远那么美好！

母校永远都是你们心灵的港湾。就像一个居住在院落里的老人，每天站在院落的门口，望着夕阳落去，期盼着儿女的归来一样，我会等你们，直到耄耋期颐之年！

深爱着你们的曲导

003

写给党员毕业生的一封信

我的党员小伙伴们,你们好!

昨天夜里我醒后就再也难以入眠。在你们即将离开母校的时候,作为你们的代理父母,作为一名党龄比你们的年龄还要长的老党员,也是作为你们的一名战友,对你们即将踏入社会这件事我还是有点不放心。应当说你们掌握了很多专业知识,也已经得到了较好的认可,但是你们的政治信仰坚定到什么程度还是缺乏严格检验的。在过去“白色恐怖”的年代,入党是以牺牲生命为担保的,而在和平的年代,特别在今天这样一个市场经济时代,入党到底为了什么?有些党员难免混杂一些个人的私利。作为一名党员,如果真是用党员这样一个政治光环遮挡住了潜藏在内心深处的阴影,那早晚会对党的机体带来伤害。列宁为什么特别强调徒有其名的党员就是白给也不要,道理就在这里。

老师希望你们不要成为徒有其名的党员,那样是要被人瞧不起,是要被人戳脊梁骨的。人活着要有尊严。什么是你们的尊严?你们的尊严就是兑现党旗下的誓言!你们举起过的右手,即便粉碎了也不能再放下。不要看别的党员怎样,党的创始人中还有当了叛徒的,但这并不能影响中国共产党的伟大。世界上绝找不到第二个像中国共产党这样的政党,为了最广大人民的利益,牺牲了这么多优秀的战士!中华民族的今天,就是因为有无数中国共产党人无论在什么样的环境下始终不忘初心,率领亿万中国人民奋勇前进!我多次跟你们讲过,你是一个什么样的人取决于你想成为一个什么样的人。你们还很年轻，未来的路还很长，从某种意义上说，你们的信仰还只是拘泥在书本上，这是经不起风雨的洗刷和岁月的摔打的。弄不好，不用多久，你们有些人的信仰就会倾斜，甚至从根上朽掉，这是老师万万不希望看到的结果啊！你们必须把建立在书本上的信仰“移植”到人民这片广袤的大地上，从人民那里汲取丰富的营养，这样，你们才能生长得“根深叶茂”，才能成为有出息的人，成为强大的人，成为有尊严的人，成为被人瞧得起的人！

借去北京的机会，我几次到八宝山革命公墓拜谒那些逝去的英烈。有个共产党员的墓碑上刻了这样一段话：我是谁？这不重要。我做过什么？也不重要。我的经历、我的职务、我的待遇，等等，都不重要。人，就是人，光荣的人，神圣的人，即共产党人。站在这位共产党人的墓前，我给他深深地鞠了三个躬，一个多么有骨气的共产党人，九泉之下的他的灵魂一定是安详的！我的小伙伴们，我的战友们，我们都是党的事业的战士，让我们用这句话共勉，坚定地把自己培养成为像习近平总书记所说的那种精神上永不“缺钙”的人！

写给读研学生的一封信

读研的小伙伴们你们好!

经过四年的拼搏,你们考上了硕士研究生,得到了继续学习的机会。老师此前虽祝贺过你们,但在你们即将离开母校,离开我身旁的时候,老师还是想再嘱咐你们几句。

你们一定要对你们当初的选择进行再审视。你们一定要清楚地懂得你们为什么要读研。就像一艘航行在大海中的轮船,没有前行的方向是永远也不会抵达彼岸的。对你们来说,正确的目标无疑是十分重要的。当年,周恩来同志“为中华之崛起而读书”,后来成了我们党和国家的领导人。而现今有些人,走到了学历的高点,身上环绕着博士的光环,可是又怎样了呢?有的把学过的知识全“当饭吃了”。更有些博士被套上了服刑的囚衣。古人早就讲过“君子不器”的话,意思是君子不应被物的形象与用途所束缚,君子必须从庸常的大众中脱颖而出,君子应当懂得把所学的东西用在何处。蔡元培先生在做北京大学校长的时候也明确地讲过,大学不能让那些抱有个人目的的人来使用。你们理解这句话的含义吧?钱学森先生去世的时候,我任辽宁省委高校工委副书记,我在沈阳举办了“钱学森事迹展览”,并把钱老的儿子钱永刚先生请来了。在探讨“钱学森之问”的时候,钱永刚说,钱老最关心的就是知识分子怎样为祖国服务。钱老他们是在祖国非常贫穷的时候回到祖国的,他们为祖国发展做出了巨大贡献。如果一个知识分子,没有这种情怀,怎么会有发明创造呢?不排除你们中有的人是为了更好地择业才要读研的，这样的目标很现实，但是不长久。攀登科学的高峰需要很大的勇气，捍卫真理甚至需要牺牲，这样的勇气从哪里来？毫无疑问，你们要有更高的追求，更博大的情怀，不能把人生的定位限制在个人身上。你们更要把自己的发展和祖国的命运紧密地联系起来。还记得“科学没有国界，科学家有祖国”这句话吗？道理就在这里。人生只有一次，容不得你们后悔也容不得你们重来。莫忘你们曾经的付出，莫忘你们曾经的努力，再加把劲儿，一切的美好才会伴随你们学历的提升而到来。

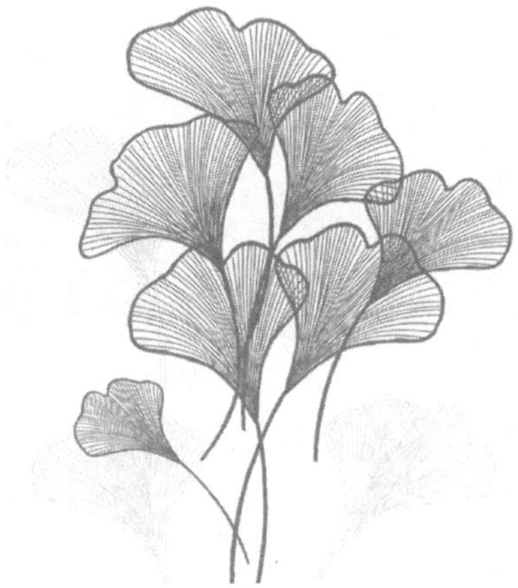

005

写给我学生的临别赠言

学生要毕业了，我给学生们做了纪念册，让每个学生写一句他们对大学四年的感言。我写了下面这样一段话。

小伙伴们好！

无情的岁月就要把我们分开了，但是自然怎能理解人类社会的情怀？虽然我们之间的物理距离拉长了，但我们的心却连接得更加紧密了！无论你们在哪里，我都能找到你们；无论你们在哪里，你们都在我的心里！

和你们在一时的四年时光占去了我至今生命的十五分之一，它为我的人生增添了绚丽的色彩。我感谢你们的陪伴，感谢你们的笑容，感谢你们给我的“么么哒”！这些融入血脉里的情意将伴随我的终身，给我晚年的生活带来美好的回忆。

四年里，我在极力地引领你们前行的方向，我太在乎你们的幸福了！我怕你们受委屈，我怕你们走错了路。我知道我在有些事上做得还不够；有些事做得还不及时，实在是抱歉啦！记住我的好吧，我这样一把年纪最在乎的就是你们的“yes ”或“no ”了。

去追求你们的幸福吧！你们要让祖国对你满意；让父母对你满意；让所有该满意的人对你满意；让自己对自己满意！不过别忘了，在你们惬意的时候，可以带上你们的父母，带上你们的爱人，带上你们的孩子，当然也可以自己，常到母校、到大连看看。我会想你们的！我要在这里等你们！

对学生的最后一次嘱咐

小伙伴们好！

这是老师最后一次称呼你们“小伙伴”了，也就是说，这将是老师最后一次给你们发微信了。四年，算起来（包括可公开的和不便公开的），老师给你们发了足有二百万字的微信。这是个什么概念呢？如果一本书有二十万字的话，就是十本书！这二百万字，凝聚了老师多少心血！在清晨、在深夜，在火车上、在候机室，老师利用一切可以利用的时间与你们交流。老师告诉过你们，老师说的未必都是对的，但是老师说的每一句都是饱含真情的。记得在你们入学快一年的时候，有个同学跟我说，老师，您刚开始说每天都给我们发信息的时候我在心里可嘲笑过您呢，我觉得您真能吹牛！还能每天都给我们发？现在我服气了，我也要做个做事有毅力的人。四年过去了，我也挺佩服我自己的。是什么样的动力让我乐此不疲？那只能用爱来回答，来诠释了！我爱你们，我太在乎你们的幸福了！因为你们的幸福不只属于你们自己，还与你们的祖国和人民、你们的亲人紧密相连。在你们即将离开我身边的时候，为了你们的幸福，老师还是想和你们再最后聊上几句。

习近平总书记谆谆教导你们，要用社会主义核心价值观来武装头脑。在此，围绕社会主义核心价值观对公民个人层面的要求，老师希望你们努力地做到如下四个方面：

一是做一个爱国的人。这就是说人不能只为自己活着，心中要有祖国。国家的繁荣昌盛和我们每个人都息息相关。青年人的一大弱点就是好评头论足,好高骛远。在你们踏入社会的时候,一定要克服这个毛病。祖国需要你的奉献,不容你一味地索取。当祖国无比强大的时候,你应当问心无愧地说,祖国,我为你贡献了我的力量!在全球化的时代,你未来的职业也可能在外国,但无论在哪里,你都不要忘了你是个中国人,不能忘了传承中华文化的血脉。千万不能对祖国说三道四,那样就像对自己的母亲牢骚满腹一样,就会被人瞧不起。

二是做一个敬业的人。事业是干出来的。邓小平同志曾经说过,少说空话,多做工作,扎扎实实,埋头苦干。年轻人要注意的是不要斤斤计较。多干点活也累不死人。我们那个年代,提倡见了荣誉就互相谦让。现在你做不到谦让,也不要去抢,要不争而得。抢来的利益,抢来的地位,味道就变了。大家都有眼睛,谁也不会傻到分不清好坏的地步。不要图做多大的官,获多大的利,要多想做了多少有益的事,尽了多大的努力。风物长宜放眼量,好人不会吃亏。不是说付出才有回报吗?很多事要慢慢来,千万不要急功近利。

三是做一个诚信的人,要说话算话。你们是接受过大学文化教育的人,要像个君子。君子一个好的品德就是遵守诺言。中国传统文化十分强调三思而行,也就是提醒人们莫轻言。说话不算话是不行的,不要耍小聪明。谁也不愿和一个整天耍小聪明的人在一起。做错了事,就要敢于承认,以后改正。不要胡搅蛮缠,百般狡辩。日久见人心,你是一个什么样的人,不是你说出来的,而是你做出来的。

四是做个友善的人。人不能像动物那样本能地活着。做人要有善心,也就是有关爱他人之心。要关心别人的疾苦,力所能及地帮助别人。能否做到这样,跟能力大小没有关系,跟有无友善之心有关。心就那么大,腾出点地方装一装别人。做一个让别人和你在一起便如和温暖在一起的人。要孝敬自己的父母,还要特别注意平等地对待对方的父母。总之你把别人放在了心上,别人才会把你放在心上;你怎样对人,别人就怎样对你。

好了,要离开了,你们还有很多事要忙,就聊到这吧。

再次感谢你们带给我的快乐!

想着我的好哦!

你们不是“带薪休假”回去的

“又放假啦！”一些大学生兴高采烈地说，这样就可以好好地玩一玩了。过往的经验告诉我们，这样的学生不仅是把玩儿说在嘴上，更是不折不扣地落实在行动上；以往的经验还告诉我们，还有些大学生会到图书馆借些书带回家，打算在假期里像模像样地读几本书，结果假期结束了，带回去的书却“完璧归赵”了。

大学生朋友们，老师真是替你们着急啊！要知道，你们不是回去“带薪休假”的！多么好的时光啊，你们为什么不好好地学习？这里的学习，不单单包括学习书本上的知识，也包括要积极开展丰富多彩的社会实践活动，从实践中学习书本上学不到的东西。你们缴了四年的学费，难道这四年的学费不包括假日的时间？要知道，你们的钱是用来“购买”学习时间的，不是用来“购买”玩耍时间的。

“我们不是也没耽误毕业吗？”有些学生会以这样的反问句回答我的问题，抚慰他们并不那么理直气壮的内心。能毕业就是你大学四年的终极目标吗？当你毕业的时候，不仅要看一看你毕业证的大小，更要称一称毕业证的含金量。同样是毕业，差别却很大。就像秋天收获的稻谷，有的颗粒饱满，“容光焕发”；有的则颗粒干瘪，“黯然失色”。有的大学生通过四年的学习，考上了硕士研究生；有的大学生考上了公务员；有的大学生在工作中能够完全胜任工作；而有的大学生呢？差不多是毕业即“意味着”失业。

同样是大学四年，为什么会有这么大的差别呢？众多因素中，一个重要的因素就在于怎样利用假期。我在二十世纪八十年代带的 80 个学生中,毕业时有 10 个考上了研究生,那时他们所学的专业在本学校还没有硕士点。其中有一个硕士毕业后还考上了北京大学的博士研究生,现在已经是大学里的一名教授。从这些学生身上可以找到这样一个共同的特点:他们都是假期里不贪玩的学生。我到大连海事大学带的学生今年刚毕业,那些学有所成的学生也有这样的特点,他们把假期看成是构成完整的大学四年学习生活的重要组成部分。

亲爱的大学生朋友们,剩余时间是一点一点积累的,差别是一点一点形成的。充分地利用你的假期时间,是你圆满结束大学生活极为关键的环节。不是有这样一句话吗:可怕的不是你没有考上北大,而是在北大读书的学生比你更努力。如果你比北大的学生更努力,你就有可能缩短同他们的距离,甚至超越他们。没有别的办法,你只有尽量少玩,或者干脆别玩,把所有的时间都变成你的剩余时间,你才会收获到沉甸甸的、颗粒饱满的“稻谷”。

008

做个有爱心的人

有一次，我到香港特别行政区考察。回来的时候我给我所带年级每个学生买了一大块巧克力。因从目测距离上看，我住的酒店离买巧克力的地方不远，我就没舍得打车。结果香港的路既起伏不平，又弯弯曲曲，加上天气炎热，对于我这样一个年满58岁的人来说，背着这样一大包巧克力走路还是蛮吃力的。这时我在心里还是很感谢我平日里对锻炼身体的重视。我想这样也好，我把它照下来，可以用来教育我的学生。

我把这张照片发给了我的学生们。我说：

小伙伴们好！

老师香港考察结束了。老师给你们每个人买了一大块巧克力，回去分给你们品尝。知道老师为什么把照片发给你们吗？老师不是为了作秀。老师要告诉你们的是，你们永远在老师的心上。你们也要做一个把祖国、把父母、把同学、把他人、把老师时刻放在心上的人。心就那么大，腾出点地方装一装别人。人不能太自私了。人生那么漫长，自私的人怎么生活啊！

009

不知道威廉·冯·洪堡，怎能算你读过大学？

威廉·冯·洪堡，是当时普鲁士王国的教育大臣、德国著名学者、教育改革家。

1806 年拿破仑在耶拿击败了普鲁士，并且关闭了耶拿和哈勒大学。时任德国内政部宗教和教育司要职的洪堡于 1810 年组建了柏林大学。当时普鲁士国王将王子的宫殿捐献出来作为柏林大学的校址。首任校长费希特发表《致德意志人民》的演讲，大声疾呼只有靠文化与教育的伟大复兴才能真正自立。所以柏林大学一开始的办学宗旨就非常鲜明：坚决培养为国家利益服务的人。可见大学没有不将价值追求放在首要位置的。

柏林大学，即当今德国的洪堡大学，是世界上第一所将科学研究和教学相融合的新式大学，拥有十分辉煌的历史，被誉为“现代大学之母”。

世界上最早的大学是法国的巴黎大学和意大利的博洛尼亚大学。在大学近千年的历史当中，只实行过两种学制：一种是学年制，另一种是学分制。而学分制的思想最早就是由洪堡提出来的，后来美国哈佛大学率先实行了学分制。

像马克思、恩格斯、黑格尔、爱因斯坦、海涅等伟大的思想家、科学家、诗人都曾在柏林大学任教过或学习过。我国著名教育家蔡元培先生 1907 年到德国留学时就在柏林大学。四年的留学生涯使蔡元培先生受洪堡教育思想影响极深。

010

真是割舍不下你们啊!

小伙伴们好!

前天我让××把照片发给你们的时候,你们的身影又在我的脑海里像放电影一样,一个一个又闪现了一遍。我想起了你们刚来大学时我对你们的承诺:待你们毕业的时候,我要把一个个长大了的、漂亮了的、帅气了的大姑娘、小伙子送回到你们父母的手里。我问我自己,我做到了吗?现在我自己打分,应当能得九十分,和一百分的满分还有十分的差距。我可爱的小伙伴们,请你们谅解这十分的差距,虽然你们毕业了,但你们永远是我的学生,我会在我的余生里,努力地弥补这十分的差距,争取在我生命完结的时候,向你们交上满分的答卷。我会默默地陪伴在你们的身边,直到永远!在你们四年的大学生活里,我跟你们唠叨了很多,有些话你们都记在了心里。但是场景不同,对一些话的理解、认识就会有所不同。今天当你们离开校园的时候,在有的人已经参加了工作的时候,老师再跟你们唠叨几句,希望我的话对你们走好未来的路能够有所帮助。

一是你们要养成终身学习的习惯。进入社会与大学时代的不同表面上看来是学习与工作的不同。为此,绝大多数的人都在"闷着头"努力地工作。其实,从根本上看,社会与大学最大的不同,是学习方式的不同,大学是以课堂教学为主,老师教、学生学是主要的学习方式。现在的社会就是一个大课堂,没有了老师,自学就成了你主要的学习方式。认识不到这一点,你的路不会走得很顺,也不会走得太远。看看那些有所成就的人,哪一个不是坚持学习的人。只有不断学习，才能引领你走向未来。所以习近平总书记说："要把学习当成人生的追求。"我在大学里就跟你们讲过，要把学习当成你的一种生活方式。不要把工作忙当成你忽视学习的"盾牌"。发那么多"萌萌哒"的照片怎么就有时间？算一下这些时间能读多少页书？一天若是能读上哪怕10页书，一年就是3650页，一本书365页的话，你一年至少能读上十本书。一年若是能读上十本有用的书，你的职业发展就会加速前进。你不是想把工作做好吗？你不是想成就一番伟业吗？最能忠心辅佐在你身边的就是学习这个"朋友"。不是读书无用，而是不能读无用的书。如果每年都有十本书在推动着你，你这一生还怕什么！特别是已经考上了硕士研究生的同学。某种程度上说，你们向科学的高峰又迈了一个台阶。科学无止境，需要永攀登。你们既然已经达到了这样的高度，就更不能半途而废。假期休整一下不是不可以，但是你们不能把所有的假期都用来调整。一定意义上说，"假期"这两个字在你们学业发展这部"字典"里已经永远地抹掉了。没有刻苦努力的付出，就不会有累累硕果的收获，一定要加油啊！

二是只管把工作做好，要不争而得。马斯洛的心理学理论中有个"需要理论"，这个不用我解释。得到别人的认可是一种高层次的社会心理需要。问题是这种需要怎样获得？现在的年轻人有个突出的特点，就是闯劲足。从好的方面来看，这有利于创新，这十分可取。没有创新，就没有改变，那就相当于"坐以待毙"。从不好的方面来说，这使一些人急于求成，"胆子"太大，为达到个人目的不择手段。我的小伙伴们可千万不要成为后者。工作是干出来的。你怎么样，取决于你工作得怎么样。不要相信要把领导"陪好"之类的事情。这样的领导你怎样陪都陪不好，你的本钱是要把工作干好。有的人会通过小的伎俩走到了你的前面，但那都不会长久。历史总会给那些扎实肯干的人机会的。你耐心等待着就好。这样你每天也能睡得安稳，睡得踏实。

三是不要把幸福建立在权力和物欲的基础上，这太不牢靠。多少高官走进了监狱，那就是对权力的扭曲，对幸福的误读造成的。多大的官是官啊？你不用认为不当上个处级、厅级的就不能幸福，你若认为科级以下的人没有幸福的话，那得有多少人每天生活在痛苦中啊！可是你知道人家幸不幸福吗？也许人家幸福着呢！把追逐权力当成幸福那是没有止境的。

我们就是普普通通的人，谁也不比谁了不得。尽其所能，本本分分地过好每一天就是幸福。过于追求物质的生活那不成了行尸走肉？幸福是社会学概念，不是自然界的法则。

四是让家庭生活美满幸福。幸福的家庭生活是从恋爱开始的。你们现在有的在谈恋爱，有的还没有谈恋爱。家庭幸福由两个阶段组成：一个是婚前的恋爱；另一个是婚后的“经营”。恋爱一定要慎重，恋爱的标准基本就决定了你家庭幸福的水平。姑娘们，一定要找爱祖国、爱父母的人。一个不爱祖国、不爱父母的人，怎么会爱你呢？祖国那么大，他都看不到，他怎能看到“渺小”的你？父母多伟大！父母给了他爱的权力他都不爱，他怎能爱你这个陌生人！别被蒙骗了啊！有的人在“爱”的面纱下面涌动的就是一种发泄、一种本能。姑娘们，你们一定不能放弃了读书的权力。要知道，读书是你为你的幸福加上的一道保险，当你一旦陷入不幸，那个曾经爱你的人离你而去的时候，只有书籍会成为你最可靠的伴侣，只有书籍才能抚平你寂寞甚至已破碎的心灵。小伙子们，你们也是一样啊！千万不要把美貌作为你恋爱的首要标准。漂亮的“鲜花”谁都愿意“品尝”。只有长在肥沃的土壤（美好的心灵）里的鲜花你才可以摘取。再美的鲜花（容貌）也有谢落的时候，只有心灵的美丽才会永不凋谢。心地善良、通情达理应是你们择偶的主要标准。结婚才是你家庭幸福的正式开始，恋爱只是一次彩排。越是成家了，越是要懂得珍惜，懂得曾经的拥有。两个陌生人能够走到一起，能够睡到一个床上，那是多大的缘分，多大的信任！一定不能辜负了这份缘分，这份信任！过好属于你们的每一天。要相互尊重，相互理解，相互帮助。不能只顾自己小家过得怎么样，要把家庭生活和事业统一起来。你们都知道我是个工作狂，直到现在，我也有这个毛病，相对来说照顾你们师母不够多，我现在也在尽量地弥补她。你们还要有孩子的，千万不要只想到让孩子知道他是怎么来的？你们做父母的是多么不容易。你们更不能忘了你们也曾是孩子，你们是怎么来的，你们的父母不是也很不容易吗？孝敬不能等待。你们和孩子在一起的时间还很多，相对来说和父母在一起的时间是有限的。真是要常回家看看。做父母的不求你给他们金山、银山，陪他们唠唠嗑儿他们就心满意足了。不要以忙为借口，一些毫无意义的事情真不值得你浪费那么多宝贵的时间。什么叫家庭幸福？仅仅你们两个人幸福能算是幸福吗？还没有恋爱的小伙伴们也不要着急，那是你们的缘分还没到。相信只要你是个好孩子，总有另一个好孩子在等着你！

五是要坚持锻炼身体。在学校我就嘱咐你们锻炼身体。这很重要。你们知道我就很注意锻炼身体。前些天我在我的公众号发了一篇文章——我为什么要锻炼身体？你们再找来看看。锻炼身体可以减少疾病带来的痛苦；可以更好地工作；可以享受生活的快乐。世上还有那么多好看的地方、好吃的东西你们还都没看到、没吃到呢！坐在澳大利亚的黄金海岸品尝澳大利亚鲍鱼是什么感觉？坐在美国列克星敦小镇，品尝波士顿龙虾是什么感觉？坐在狄更斯写作《雾都孤儿》的小酒吧，望着眼前的港湾，品味着威士忌又是种什么感觉？还有那"东逝"的水、塞北的雪、青海的湖、西藏的大峡谷……世界真奇妙，不能只守着你那"一亩三分地"。没有好的身体，就没有好的心情；没有好的心情，就品尝不出美食的味道，也站不到风光无限处。特别是你们也有年老的时候。你们为了孩子有个好的发展不是已经做了那么多了吗？锻炼好身体也是在为他们创造好的发展条件啊！你们身体好，孩子就可以把全部的精力都用到发展上。还有老伴的问题。老来要有个伴。结伴干什么？是为了"同病相怜"？当然不是，是为了共赏夕阳落后的霞光；为了牵手相依在林中的漫步，没有好的身体，这些只能成为散文中的词汇。小伙伴们，想你们了，又忍不住跟你们聊了这么多。我早饭还没吃呢。你们的幸福就是我的快乐！

祝你们开开心心，幸福满满！

爱你们的曲导

011

大学生活是从寝室开始的

度过美好的大学生活，是每一个新生心中的渴望。而怎样才能度过美好的大学生活呢？这就要从寝室开始。寝室是你走向社会的第一个家，和寝室小伙伴相处得如何，能不能找到“家”的感觉，这直接影响你的心情，若是没有好的心情又怎能做好事呢？

我这个人不信命。但是你想一想，世界上这么多人，你们几个人住到了一起，这真是奇妙的缘分。既然命运把你们连接在了一起，你们就应当同舟共济，相互鼓励、相互帮助，这样才能共同到达理想的彼岸。

你们年龄相仿，谁也不比谁成熟多少，大家有事情要多商量，即便别人做错了事也要多理解、多包容。寝室里没有那么多原则，很多事忍一忍、让一让就过去了。你们现在不是睡在火车的卧铺上，是要在一起共度上千个夜晚，若是相处不好，能不影响夜间的睡眠吗？弄不好还会做噩梦的，多不划算啊！

寝室当然不会像家一样了，但是你们可以往把它变成家的方向努力。在家的你是中心，爷爷、奶奶、爸爸、妈妈都围着你转。有的学生说，在家的时候连洗脚水都没有自己打过，可是在寝室，你可不能再这么自我了，心中要有他人。你想着别人，别人才能想着你；你帮助别人，别人才能帮助你。我在大学的时候，天天打水、扫地，也没多累啊！别的寝室的同学有时也到我住的寝室喝水。几十年后，有个同学做了一个地级市的副书记，谈到大学生活的时候，他总是不忘当年喝过我打的水，总是想着法子回报我。你看，同学间的交往成本多“低”啊！

你们就是兄弟姐妹，你们都是平等的。千万不要看张三的爸爸是干什么的、李四的妈妈是干什么的。和寝室同学间的交往也别分出三六九等，要懂得尊重人。对别人的不尊重是最伤害人的一种行为，别人是要记恨你的。不要小小的年龄，就学会了巴结别人，没有骨气、让人瞧不起。如果养成了这样的坏毛病，那样是会毁掉自己的。

寝室是公共空间 ，不是你的私人领地，由不得按你的性子来。不能你想什么时候关灯就什么时候关灯，你想什么时候起床就什么时候起床。公共空间要有公共秩序，需要你们共同来维护，而这个公共秩序就是学校的管理规定。不要把时间都浪费在抱怨这合不合理，那应不应该上，要学会遵守、学会适应。你们即将走向社会，大学是你们准社会化的最后一个过程，寝室就是你们“准社会化”过程当中的重要实践场所。今天你能够适应寝室的生活，明天你就会适应社会的秩序。千万要记住，一定是你“服从”寝室，而不是寝室“服从”你；一定是你适应社会，而不是社会适应你。

让寝室充满正能量。不要比吃、比穿、比排场。要比就比学习、比进步、比能力的大小、比思想素质的高低。在一个充满正能量的寝室环境里，大家就会团结一致、积极进取、相互鼓励，一心一意地朝着心中梦想的地方前进。有八个同学，住在两个寝室里。她们平日里相处得十分融洽，都一门心思地学习。今年毕业的时候，她们全部读上了硕士研究生（六个免试），其中保送到浙江大学的那个学生还是直博生，这个学生应当是我带的这个年级里第一个攻读博士学位的。

这些孩子多么让人“羡慕、嫉妒、恨” 。她们有着美貌，有着学识，更重要的是她们有着美好的心灵，等待着她们的一定是满满的幸福。这是我对她们最衷心的祝福，当然，这也是我对刚刚踏入大学校门的 2017 级小伙伴们的祝福。

小伙伴们，你们听我的吧！我在思想政治教育领域耕耘了 35 年，我对你们所说的每一句话都是含有真情的。你不是渴望拥有美好的大学生活吗？你不是渴望拥有美好的明天吗？那就从过好寝室里的每一天开始。

012

没有人能独自成功

了解一点美术史的人，恐怕没有不能一眼就认出那双“祈祷之手”的。这是幅世界重量级的名画，作者是生于十五世纪德国的著名艺术大师阿尔布雷特·丢勒（Albrecht Durer）。

阿尔布雷特·丢勒出生在一个十分贫穷的家庭里，这是一个有着十八个孩子的家庭，他的父亲是一名冶金匠。因为贫穷，丢勒的父亲无法供他和他的哥哥同时到纽伦堡艺术学院读书。他的父亲只好掷铜板决定，选中的人到艺术学院读书，没选中的人则到附近的矿场工作赚钱供选中的人读书。结果，丢勒赢了。他学习十分刻苦，绘画水平达到了“青出于蓝而胜于蓝”的地步。丢勒返回了家乡，他要用卖画的钱实现哥哥读艺术院校的梦想。在庆功宴上，丢勒一边敬他哥哥酒一边说：“现在轮到你了，亲爱的哥哥，我会全力支持你到纽伦堡艺术学院攻读，实现你的梦想！”丢勒的哥哥哭了，他说：“不，弟弟，我上不了纽伦堡艺术学院了。太迟了。看看我的双手——四年来在矿场工作，毁了我的手，关节动弹不得，现在我的手连举杯为你庆贺也不可能，何况是挥动画笔或雕刻刀呢？不，弟弟……已经太迟了……”就这样，丢勒饱含着深情、用足了他的才能，把他哥哥合起的粗糙的双手刻了下来。起初，丢勒把它简单地称之为“双手”，是世人为这幅画所蕴含的故事所感动，共同把“祈祷之手”这样一个名字赋予了这幅不朽的作品。

“祈祷之手”告诉了我们什么？没有丢勒哥哥的付出，能有丢勒的成名？

亲爱的大学生朋友们，你们来到了大学，就好像站到了知识海洋的此岸。你们忘记了你们为什么要来到这里吗？你们付出了那么多，只是为了饭后茶余的“到此一游”？不是！你们的下一个目标是要达到知识海洋的彼岸的。听一听那些从知识海洋彼岸过来的人对你们的劝告吧：要想达到知识海洋的彼岸，你们必须组成强大的“船队”。因为，在整个航程中，像你从“港湾”出发时那样的“风平浪静”只有短短的一段，等待你的很快就会是“狂风暴雨”“惊涛骇浪”。你想战胜它们，你想不“沉没”，那就只有和“船队”在一起。你可以不“领航”，但是你绝不能“掉队”！“掉队”意味着什么？你懂的。人生千万不能靠侥幸啊！你或许赶上了好的“季节”，或许在知识海洋的航行中一帆风顺，但是你不要忘了，即便你到达了知识海洋的彼岸，那也不是你的终点，你即将面对的是社会这个更加广宽的“海洋”，对你的考验将会变得更加严峻。想一想“塞翁失马，焉知非福”。看看那些用个体的体验来横渡社会这个“海洋”的人吧，他们往往自以为是、目空一切、好大喜功、唯我独尊，更有的胡作非为。谁愿意和这样的人在一起呢？这些人的结局往往就是众叛亲离，成了孤家寡人；严重者千夫所指、锒铛入狱。他们就这样“沉没”在社会的“海洋”里了。

亲爱的大学生朋友们，最后我把毛泽东同志曾经说过的一句话送给你们：群众是真正的英雄，而我们自己则往往是幼稚可笑的。

013

没有人会随随便便成功

没有不想成功的学生，但是有的学生成功了，有的学生失败了，甚至“毁灭”了。成功让人激动、让人欣慰；失败让人哀叹、让人心寒。大学生朋友们，人生没有“彩排”，你的大学生活不能重来。这就需要你认认真真地走好你脚下的每一步。昨天跟你们说了，没有人能独自成功；今天我要跟你们说的是：也没有人会随随便便地成功！

你们知道德摩斯梯尼吗？他生活在古希腊时期，而那时的雅典盛行辩论之风。德摩斯梯尼很早就有成为一名演说家的梦想。可是，德摩斯梯尼天生并没有这方面的才能。人们认为他固有的口吃、嗓音微弱，还有耸肩的坏习惯，都是他想成为一名政治演说家的致命伤。就像哥伦布在没有使鸡蛋站立起来之前，谁也不相信鸡蛋能够站立起来一样，很多人认为德摩斯梯尼的想法是异想天开，根本不可能实现。但是他们不知道，在一个强者的字典里是没有“不可能”这样三个属于懦弱者的“专有”词汇的。德摩斯梯尼每天起早贪黑地对着镜子练习演说，为了克服气短的毛病，他一边在陡峭的山路上攀登，一边不停地吟诗，仅《伯罗奔尼撒战争史》他就抄写了8遍，他甚至把小石子含在嘴里朗读，以矫正自己的发音。德摩斯梯尼笑到了最后，他打破了“不可能”的闲言碎语，将梦想成真！后人在谈到雅典这个时期历史的时候，无不被德摩斯梯尼的壮举所折服，世人懂得了这样一个道理：险峰上的无限风光，从来都是为那些敢于攀登、勇于坚持的强者准备的。

屠呦呦的大名对于大学生朋友们自然不陌生了。她是好样的,一个为中华民族争得了世界级荣誉的伟大女性,她为我们中国人获得了真正意义上的诺贝尔奖。起初,屠呦呦的研究也是不被看好的,特别是在她的研究处在低谷的时候,有人认为她的研究是徒劳的。屠呦呦并没有气馁,她失败一次,再崛起一次,每一次失败都是她开始下一次研究的起点。在经过了近两百次的失败后,屠呦呦终于成功了!一切困难,都在屠呦呦坚强的脚步下退却!为了研究的成功,屠呦呦甚至在自己的身上实验自己研制的药品。成功还是失败?这是一个选择题。屠呦呦坚定地选择了成功,靠着坚强的毅力,她攀登上了科学的最高峰。

古人曰:"不积跬步,无以至千里。"大学生朋友们,在你们的身上体现着鲜明的时代特点:积极进取,勇于创新,这也是你们应当具有的时代品质。但是在你们身上也存在着一定的不足,从某种角度来看,也可以说是你们的"致命"弱点:你们太急于求成了。刚写了入党申请书,就想做入党积极分子;刚当上入党积极分子,就想加入党组织中来,有的同学说,"不然就来不及了"。怎么会来不及呢?为人民服务的机会不是很多吗?学习上也是浅尝辄止,不求甚解,东抄西拼,突击应付,这又怎能成为国家和时代所需要的合格人才呢?学海无涯苦作舟,梅花香自苦寒来。大学生朋友们,不要急,慢慢来,做什么事都要扎扎实实,埋头苦干。请记住:成功最不喜欢不努力便想"拥抱"它的人!

014

人生的价值是可以创造的

虽然我国已经成为世界第二经济大国,但是由于我们还是发展中国家,仍处在社会主义的初级阶段,这就造成了地区之间经济发展的不平衡;家庭之间经济生活水平的差异性。这种“差异性”的具体表现就是:有的学生是含着“金汤匙”“银汤匙”来到大学的;有的学生别说“金汤匙”“银汤匙”,就是“铁汤匙”也没含上,他们“一贫如洗”地来到了大学。面对家庭的困难,一些学生缺乏一种勇气,甚至抱怨自己出生在困难的家庭里。这种态度实不可取。

事物都是一分为二的。出生在富裕的家庭里,由于衣食无忧,反而容易不思进取、好逸恶劳,结果有的则不学无术,甚至毁掉了自己。这样的例子还是比较多的,这里就不一一列举了。反之,如果能够正确地面对困难,就会把不利变为有利,困难就会成为前进的动力。我在教育厅工作期间,到过一个困难学生家家访,这个学生的家就是间供水房。这个学生的父亲丧失了劳动能力,全家的生活就靠她的母亲看管供水房得到的微薄收入和到早市上卖点东西挣的零钱维持。即便在这种情况下,这个学生说:“我非常感谢我的父母,是他们让我更早地懂得了责任和坚强。”这个学生很努力,后来以优异的成绩保送上了研究生,并且主动申请赴新疆做了一年的志愿者。

我在辽宁师范大学工作期间,曾经对学校考上研究生的学生的地域状况和家庭状况做过统计,来自贫困地区和家庭的学生考上研究生的比例远高于来自富裕地区和家庭学生的比例。这是偶然的吗？显然不是。相对来说，前者始终抱着必胜的信念。从这个意义上说，贫困也是命运对你的偏爱，给你的一笔财富，利用好了，就会使你摆脱贫困变得富有。须知谁在人生的成长过程中都不希望自己有艰辛，而一旦拥有，就是一笔财富。

贫困就是一种责任。它会时刻提醒你别忘了：你要学习父母身上那种坚忍不拔的品格，努力成才，和你父母一道改变家庭贫困的面貌。我在读大学的时候家里是比较贫困的。我母亲说："能不能不读大学了？"她希望我能够早点工作贴补家里。我理解我的母亲，所以我带着责任前行。我圆满地结束了我的大学生活，然后留校做了一名辅导员。我努力工作，在我母亲去世的时候，我已经是学生处处长，我给我母亲买了一块在当时还算体面的墓地。若不是这种责任的催促，我会不会这样努力呢？我会不会是今天这个样子呢？

我刚留校做辅导员时带过这样一个学生：他家的经济条件在年级里应当算最困难的，但是他的学习劲头却算全年级刻苦的。放寒假的时候，他在家待的时间很短，总是尽早地回到学校学习。北方的冬天非常寒冷，他常常一个人坐在空旷的大教室里学习。怕他冻着，有一天我带了一件棉衣披在他的身上。他说："谢谢老师，我没事。"毕业的时候，他以优异的成绩考上了东北师范大学的硕士研究生，后来又考上了北京大学的历史学博士研究生。现在在河南一所高校教学做名教授。我到河南的时候，他陪我考察，在他面前我那点历史知识真是少得可怜，听他的讲解就像是在享受一顿美味的文化大餐。

我在做学生处处长的时候，有一天晚上有个学生找到我的家。我问他找我有事吗？他说他要跟我借钱。"你为什么想到跟我借钱呢？""因为您能借给我。"因为他那天下午听了我给全校贫困生做的报告。从此我们就相识了。这个学生虽然生活困难，但是非常努力，在大学期间入了党，毕业后到了一所高校工作。后来，当了学校的团委书记。公选团市委副书记的时候，这个学生当上了副书记，现在已经是团市委书记了。

出身于什么样的家庭是无法选择的，但人生的价值是可以创造的。贫困不是不可以改变，关键取决于你对待贫困的态度。

015

要比就比思想力

攀比之心人皆有之。攀比不是坏事，说明你有渴望、有目标、有追求。问题是你攀比什么？就拿“给力”来说，这是一个在大学生中很流行的词。给什么样的力？“力”有物质方面的，更有精神方面的。一些大学生考上了大学后，老爸、老妈很“给力”，给买新款手机、新款电脑，给买名牌服装、高档化妆品……这些也都是“给力”，但这些都是物质力。

有些大学生考上大学可没有这样丰厚的物质力，他们几乎是两手空空地来到了大学，他们没有一件像样的物质力，因此有的学生感到没有面子，似乎在那些物质力丰富的同学面前抬不起头来。其实，这大可不必。因为要比就比思想力。

马克思十七岁的时候就写过这样一篇文章——《青年在择业时的考虑》。我建议大学生朋友们能早点把这篇文章看一看，并且要认真地看。

马克思在这篇文章中讲过这样一个观点：“自然本身给动物规定了它应该遵循的活动范围，动物也就安分地在这个范围内活动，不试图越出这个范围，甚至不考虑有其他范围的存在。神也给人指定了共同的目标——使人类和他自己趋于高尚。但是，神要人自己去寻找可以达到这个目标的手段；神让人在社会上选择一个最适合于他、最能使他和社会都得到提高的地位。”“能有这样的选择是人比其他生物远为优越的地方。但是，这同时也是可能毁灭人的一生、破坏他的一切计划并使他陷于不幸的行为。因此，认真地考虑这种选择——这无疑是开始走上生活道路而又不愿拿自己最重要的事业去碰运气的青年的首要责任。”我去过陕西的金丝猴驯养基地。这些猴子就像马克思说的那样：饿了，就下山吃食；吃饱了，就上山玩耍。它们成年累月地在大自然给他们“规定”的范围内活动，兵马俑离它们很近，遗憾的是它们从来也不想去看看兵马俑。人能这样吗？人会看完了这里又看那里，总是在不断地进行新的选择。而有了选择，也就有了对错。这就像考试中的选择题一样，每个考生都希望自己全部选对，或把错误降到最少。怎样才能做到这一点呢？这就需要你有丰富的文化知识。因此，你的大学要想很好地度过，你的一生要想幸福而不是毁灭，你就一定要学会正确地选择。那么你靠什么来保证你选择的正确性呢？做考试选择题的时候，需要你有丰富的知识；在做你人生选择题的时候，需要你有很丰富的思想力。

思想力对大学生的健康成长意义重大。首先，思想力是一种选择力，关涉大学生确立怎样的人生目标。大学是个什么样的地方？为什么要上大学？怎样过好大学生活？没有思想力，这样一些问题就难以认识清楚。其次，思想力也是一种判断力，关涉大学生能否始终把准自己人生前进的方向。现今大学生的成长环境十分复杂，各种思想的碰撞、交融，甚至斗争此起彼伏。对此，大学生只有及时、准确地做出判断，清楚地知道自己应当坚持什么、怎样坚持，人生的目标才不会动摇。最后，思想力更是一种推动力，关涉大学生能否沿着业已确立的人生目标坚定地、持久地走下去。马克思说，在科学上，没有平坦的大路可走，只有不畏劳苦沿着陡峭山路攀登的人，才有希望达到光辉的顶点。人生目标的实现需要不畏艰险，奋斗不息！

习近平总书记谆谆教导你们要系好你们人生的扣子，这也就是要你们确立社会主义核心价值观，就是要你们一定要有思想力。你们攀比什么？那些使用不好物质力的人，丰富的物质力弄不好会变成前行道路上沉重的负担，会把他们累垮的。你怕什么？你在前行的路上带的是“猎枪”，丰富的思想力会为你“猎取”你想得到的“猎物”提供源源不断的“子弹”！我在大学里工作了几十年，见到的各种各样的学生。有些带着丰富的物质力来到大学的学生，大学还没毕业那点“资本”就炫耀光了；反之，那些一贫如洗来到大学的学生，他们通过辛勤地耕耘，获得了满满的“物质（知识、技能）”和思想的收获。

016

怎样提升思想力

昨天我在公众号上推送了“要比就比思想力”一文，今天谈一谈怎样提升思想力。

思想就是一种看法、一种观点、一种主义、一种理论。思想属于精神产品，从娘胎里带不来；思想是一种意识活动，只能从外部灌输到大脑中。

怎样使大学生的头脑里产生正确的思想呢？这需要主、客观两个方面的共同努力。从客观方面来说，高校是大学生头脑产生正确思想的主体。因此，高校必须旗帜鲜明地坚持社会主义办学方向，把立德树人作为高校的根本任务，坚持不懈地引领大学生树立社会主义核心价值观。大学的工作千头万绪，再忙，也不能忘了根本。大学要给学生“干粮”，更要给学生“猎枪”。思想政治理论课是主渠道，必须上好。辅导员是大学生的人生导师，所有工作围绕的核心就是对大学生进行思想的引领。学校无闲人，人人都育人；学校无闲事，事事都育人；学校无闲处，处处都育人；学校无闲时，时时都育人。对大学生的思想提升必须贯穿在学校教育的全过程。从主观方面来说，大学生虽然在思想提升的过程中处在客体的地位，但是他们主观能动性发挥得如何却至为关键。这就像自来水管上的水龙头，水源再足，不打开阀门水是无法流出的。从这点来说，大学生要想提升自身的思想力，就必须主动打开“安装”在大脑里的思想的“阀门”，“阀门”打开了，思想之水才会源源不断地流淌进来。

怎样打开思想的“阀门”呢？思想的形成也有其基本的规律，要由浅入深、由表及里，要把握思想形成的特点。大学生们首先要认真地学好理论课。

学校里任何一门课的开设都有它的道理。思想政治理论课就是为了培养学生正确的价值观、帮助学生形成正确的思想认识服务的。现在有的学生忽视理论课的学习，甚至对理论课有抵触情绪，这是不应该的。本来刚入学的你们思想认识就浅薄，有些学生甚至没有正确的思想认识，再不打开“水龙头”，那你原有的那点思想很快不就枯竭了吗？有个学生跟我说，刚来大学的时候听说，理论课最没有用，是最好翘课的课。她通过认真学习理论课，头脑中的这个观念被颠覆了，理论课成了她最愿学、觉得最有用的一门课，因为她的思想力得到了提升。

存在决定意识。思想的火花不是时时闪现的。有些思想会在特定的环境里迸发出来，你要把它随时捕捉住。最好随身带个本子，把你闪现出的一些思想火花记录在本子里，再把它们进行梳理，这些火花中哪些需要进一步“助燃”，使之升华；哪些变成了“经典”，需要经常地记忆，把它刻在脑海里。现在有了手机、电脑，为学习提供了方便。与此同时，也使有些人对电子产品产生了依赖。他们把思想的提升看成了资料积累的过程，资料没少收集，但是缺少加工，这种学习对思想力的提升帮助不大。须知思想是“储藏”在脑海里的，而不是在硬盘中。也有必要将一些经典名句抄录在本子上，待你有了碎片化时间的时候把它拿出来看看。这样日久天长，一些光辉的思想也就成了你的思想。我在大学读书的时候就记过好多本的经典语录，《共产党宣言》中的许多段落我都能背诵下来。我们那个年代还学《毛主席语录》，《毛主席语录》中所有的话我都背下来了，至今运用起来仍很方便。

大学里经常举办一些讲座和报告，一些学生舍不得花时间去听。当然不是所有的报告都要听，也搭不起那么多的时间。但是一些精彩的报告还是要听。人文和科技是相互促进的。人文问题解决了，学起科技会更有劲。何谓精彩？关键是给你提供正向力，使你的思想变得更积极向上。一些“学术自由”的报告尽量少听，特别在你还没有思想力的时候。不然就会出现“公说公有理，婆说婆有理”的情况，使你的思想总是不那么清晰。

现在大学里社团很多，大学生不要盲目参加社团。大学是学知识的地方，更是丰富思想的地方。大学生参加社团一定要注重社团的思想性如何，注意加入社团对自己的思想有没有提升。可以多成立些理论社团，让老师给予指导帮助。

“纸上得来终觉浅，绝知此事要躬行。”提升思想力一定要把理论与实践统一起来。思想只存放在大脑里是显示不出威力的。要用正确的思想指导自己的实践，在实践中加深对真理的认识。一些到西藏、青海支边的大学生说，通过实践，他们了解了国情，懂得了责任，思想力得到了极大的提升。前段日子给大家介绍的×××同学，去年假期我资助他去西藏考察，使他更加坚定了“植大木以立长天，处江湖以忧国民”的决心，他要把自己的一生奉献给那里的人民。

017

写给新生朋友们

新生朋友们好！

我在高等教育领域工作了35年。其间在省教育厅工作了八年半，我任职省委高校工委副书记、教育厅副厅长，主抓大学生的思想政治教育工作。其余时间我都在高校做大学生思想政治教育工作。我当过辅导员、学院党总支副书记、学生处处长、党委副书记。35年间我没有离开大学生思想政治教育工作，也就是说我没有离开大学生。我的学生现在可谓“桃李满天下”。他们有在中学、大学做老师的，有做公务员的，有在国企的，也有自己做生意的；他们有的是中学骨干教师、大学里的博士生导师；有的是厅局级干部，还有的当上了副省级干部；他们有的是千万富翁、亿万富婆。可以说我目睹了他们的发展、变化。他们能够有今天这样的辉煌，这样的幸福，在多个因素当中，大学这个地方是成就他们梦想的重要舞台。

我常想，如果没有当年的努力他们会是什么样子呢？他们来到大学的时候绝大多数既没有含着“金汤匙”，也没有含着“银汤匙”。我去过他们中一些人的家，他们的家用“徒有四壁”来形容一点不过分。他们就这样两手空空地来到了大学。但是这不仅没有使他们气馁，反而使他们“穷且益坚，不坠青云之志。”他们用信念铸就了灵魂，用知识改变了命运。看到他们的今天，我是真替他们高兴，也替他们的父母高兴！因为每一个学生的背后都站立着一个家庭，乃至一个家族啊！

2013年7月，我坚决地辞去了我的行政职务，到大连海事大学做了一名没有任何行政级别的辅导员。我要亲自告诉我的"孩子们",他们怎样才能把大学变成他们梦开始的地方?许多人问我:这能行吗?我想这有什么不行呢?给予学生幸福还需要级别吗?也有人问我:你这样幸福吗?我想怎么不幸福呢?给予学生幸福的人能不幸福吗?

新生朋友们,如今我带了四年的学生转眼毕业了,他们都把我看成持有他们幸福"钥匙"的人。临别的时候,他们送给了我满满的祝福,他们感谢我在这四年里对他们的陪伴。四年里,我和他们有二百万字的微信交流。我把我对大学的认识、对人生的看法、对社会上发生的大事小情的评价都及时地发给我的学生;还有在他们过生日的时候,我给每个学生都要送上少则几百字、多则上千字的生日祝福。我要让我的"孩子们"始终带着正确的价值观前行。我告诉我的学生们:老师所说的每一句话未必都是对的,但是老师所说的每一句话都是饱含真情的。

现在开始,我又把心思放在了你们身上。我开通了公众号,我是想通过这样一个平台与你们建立起紧密的联系。我要告诉你们的是:大学是你们人生极为重要的一个地方,成功还是失败往往在此一举。我要问你们的是:你们付出了那么多到这里为了什么?你们是为了打游戏来到了这里?你们是为了逛街、看电影、唱卡拉OK来到了这里?你们是为了吃小吃来到了这里?你们是在家里钱花不出去了来到了这里?你们要做个有责任的人!你们要对父母负责。我家访的时候常常会有家长含着泪拜托我好好培养他们的孩子。你们的家长难道不是这样吗?

你们要对祖国负责!那么多的英雄为了现在的美好生活奉献了一切。今天离中国梦的实现就差那么一丁点儿啦,你们一定要再加把劲儿。想一想我们曾经受过的那些欺负,多么让人咽不下那口气啊!你们不都是爱国的吗?爱国可不能空谈啊!你们不强大祖国怎能强大!什么是祖国?当你在境外遇到了麻烦,祖国派专机第一个把你接回来的时候你就知道什么是祖国了!难到你只想成为一个看客?只想坐享其成?这多没有出息啊!你们也要对自己负责!贫困也是所学校。出生在什么样的家庭你是无法选择的,但人生的价值是可以创造的。你虽不"惊天动地",但你绝不能稀里糊涂!

新生朋友们,我已经六十多岁了,我没有所求了。我想当面告诉你们怎样才能对得起你们的父母、你们的祖国、你们自己!我今天晚上八点半到了沈阳机场,到宾馆房间洗漱完已经九点半了,现在是快到夜里十二点了。你们可能都已经在梦乡了。为了你们的幸福,我还在笔耕不辍。我把大学四年你们将会遇到的每一个场景都以哲理性的语言概括了出来。我选了150个场景,写了150句话,后天(明天晚上我再斟酌一下)我会通过公众号推送给你们,希望你们关注。我会不停地写下去的。为了你们,为了你们的父母,更是为了我们的祖国,我要诲人不倦、死而后已!希望你们能够喜欢。

我爱你们,新生朋友们!

一个长辈、一个老辅导员

018

不经历风雨难见彩虹

新生朋友们好!

你们现在正处在军训当中,这可能是你们此前所没有经历过的痛楚。有的大学生说实在是吃不消了,也有的大学生想以各种借口逃避军训。图舒服是人的本性。不过人啊,还是应当用理性、毅力,也就是主观能动性克服人生中遇到的一些困难。不然你怎能培养起坚强的品格、你又怎能走向成功?

你们都熟知孟子的那句话吧?“故天将降大任于斯人也,必先苦其心志,劳其筋骨,饿其体肤,空乏其身,行拂乱其所为,所以动心忍性,曾益其所不能。”

从现在起你们就应当懂得:大学生活不会是轻松的。正所谓“学海无涯苦作舟”。看看那些驶向了“彼岸”的大学生,哪个人没有经历“暴风雨”的洗礼?哪个人的身后不是留下了奋斗的痕迹?他们今天的荣耀都是用昨天的付出换来的。军训是苦些,但是这对培养你们的意志力是绝好的机会。生活会告诉你们这样一个道理:胜利往往属于最后的坚持者。谁做不到坚持,谁就可能与胜利失之交臂。你们这些大学生,就像温室里的花朵,缺少风吹雨打。不是说“不经历风雨难见彩虹”吗?大学不是你们人生的终点,在你们即将走向社会的时候,你们正需要锻炼锻炼。大学的学习与中学有很大的不同,不像中学那么“规范”:每天干什么就像用模子固定下来似的。大学需要自主性地学习。仅仅接受课堂教育是不够的,还需要你们勤奋钻研。而这就像马克思所说的,“在科学的入口处,正像在地狱的入口处一样,必须提出这样的要求:‘这里必须杜绝一切犹豫,这里任何怯懦都无济于事’”。没有一番毅力、不下一番功夫,怎么能攀登科学的高峰呢?军训就是平台,它会帮助你们养成坚韧不拔的品质,有了这样的品质,你们就有了战胜困难的本钱。不仅是你们现在的大学生活,在你们人生未来的征途上,面对困难你们也会无所畏惧。所以说你们还应当感谢军训呢!许多毕业了的大学生正是怀着这样的感恩之情谈到他们在大学时的军训生活的。他们说是军训使他们懂得了坚强、懂得了坚持。

当然,若是谁真是受不了了,也别硬撑着,尤其是身体不舒服了就如实地向教官、辅导员报告,他们会酌情处理的。

祝你们在“炼狱”中得到“永生”!

019

形成尊师重教的良好风尚

1985 年 9 月 10 日是中国第一个教师节。

设立教师节,这是许多国家的通常做法。中国这样一个历史悠久的文化大国,应当为教师设立一个节日。为此,1985 年 1 月 21 日,第六届全国人大常委会第五次会议同意国务院关于设立教师节的议案,决定将每年 9 月 10 日定为教师节。建立教师节的目的很明确:让教师们树立从教光荣的自豪感;让社会形成尊重教师的良好风尚,使教师职业真正成为受人尊重、最值得羡慕的职业之一,以提高整个中华民族的科学文化素质。

转眼 30 多年过去了。设立教师节的目的达到了吗?从积极的方面看,广大教师忠诚党的教育事业,爱岗敬业,他们以自己无私的奉献为祖国培养了大批优秀的学生,为此也赢得了人民群众和学生的尊重和爱戴,使中华文化中尊师重教的风尚得以不断发扬光大。但是,实事求是地讲,教师职业远没有被整个社会看作为最受人尊重、最值得羡慕的职业。原因是多方面的。在当前影响人们对教师职业看法的诸多原因中,教师队伍自身的素质(尤其是师德)不高应当是一个重要的原因。教育是一种爱。没有爱,就没有教育。没有爱生如子的情怀就很难搞好教育,也就难以得到学生的拥护。当然,教师也不是生活在真空当中,受到一些负面东西的影响也是难免的。教师应当切实担负起自身的使命和责任,以党和人民的事业为重,把书教好,把学生培养好,坚决消除各种负面东西的影响。整个社会对教师职业要抱有包容、理解的心态。应加大力度,将全社会形成尊师重道的良好风气。大学生正在接受高等教育的过程中,你们应尊重老师的劳动,感谢老师的培养,为良好的教育环境形成做出你们的贡献。须知良好的教育环境对你们的成长是十分有益的。

我从事教师职业三十多年了,每年教师节都会收到学生们满满的祝福。每当这个时候,我都为做一名教师感到骄傲。这些祝福都成了我不断前行的动力。昨天我在辽宁电视台参加"'辽宁好人·时代楷模'新闻发布会"彩排,主持人让我说一句话,我说:"我是一名教师,在学生的心灵上耕耘其乐陶陶,我会无怨无悔地为党和人民的教育事业奉献一切!"

从昨天到现在,一个接着一个的祝福飘然而至。实在是抱歉,不能一一给予回复。在此一并感谢啦!

020

重要的是人心的向背

1948 年 9 月 12 日，辽沈战役打响。

辽沈战役是解放战争三大战役的第一役，于 1948 年 9 月 12 日打响。辽沈战役历时 52 天，共歼敌 47 万人，东北全境得到解放。

辽沈战役给了我们什么启示？大学生感受到的一定是毛泽东指挥的得当；人民解放军的舍生忘死。这的确是战争取胜的重要因素，但比此更重要的还是人心的向背。

我在大学读的是政史专业，对这段历史有些了解。在辽宁省锦州市建有辽沈战役纪念馆。该纪念馆展示了辽沈战役前前后后的情况。这个纪念馆我参观过多次。每当谈论起辽沈战役取胜原因的时候，我都坚定地认为，离开了人民群众的支持则将一事无成。论军事力量，当时的国民党的力量远比共产党强大。国民党内在黄埔军校毕业的将军也有很多，指挥能力比共产党差不到哪里去。这里的关键是：仗是人来打的，不卖命能打胜仗吗？国民党已失去了民心，士兵们怎么会为这样一个政权卖命呢？

真正的铜墙铁壁是人民群众。要成就一番事业必须与人民群众站在一起。过去是这样，今天同样是这样。大学生们还年轻，还没有走上工作岗位，有些体会还不深。希望你们一定要养成群众观，为他人着想，做利人利己的事。

021

关键是走对路

1321 年 9 月 14 日，欧洲中世纪文学家但丁逝世。

时光飞逝了 699 年，许多物质的东西都已被磨损、毁灭掉，但是一位伟大的文学家、一部鸿篇巨著却流传了下来，这就是但丁和他的《神曲》。

但丁出生在意大利的佛罗伦萨。我去过佛罗伦萨。站在高处俯瞰这座美丽的城市，使人不禁感叹：这是一座有着多么雄厚文化底蕴的城市，这里就应当出现但丁这样的人物！当然他能够成为有如此影响力的诗人与他的政治理想有很大的关系。因为政见的不同，他被反对党流放。反动势力答应他，只要他宣誓忏悔，便可结束颠沛流离的生活。但丁拒绝了，最后在流放中死去。

但丁的《神曲》大学生们未必都看过，但是但丁留下的"走自己的路，让别人去说吧"这句话大学生们一定无人不晓。从 1982 年我留校做辅导员到 2013 年我辞去厅领导职务再做辅导员，我了解到许多大学生都把但丁这句话当作座右铭。这样对不对呢？这取决于你选择的路对不对。路选对了，那你就义无反顾地朝前走。如果错了呢？如果走到悬崖边上了呢？再走不就掉下去了吗？人生需要刚毅坚强、保持自己的风骨。但是人生亦要虚心地听取别人的意见。特别是当代大学生，缺乏人生的经验，这就更需要自知之明。伟大的思想家、哲学家苏格拉底说过这样一句话："我知我之不知。"有人这样来阐释：苏格拉底的意思是，我只知道一件事，就是我什么都不知道。苏格拉底这么有思想的人都这么谦虚，正在成长的年轻的大学生是不是更应当谦虚一些呢？不盲从是对的，这也是年轻人的优点；但是过于自负就是缺点了，如果不及时加以改正，就可能出大错。

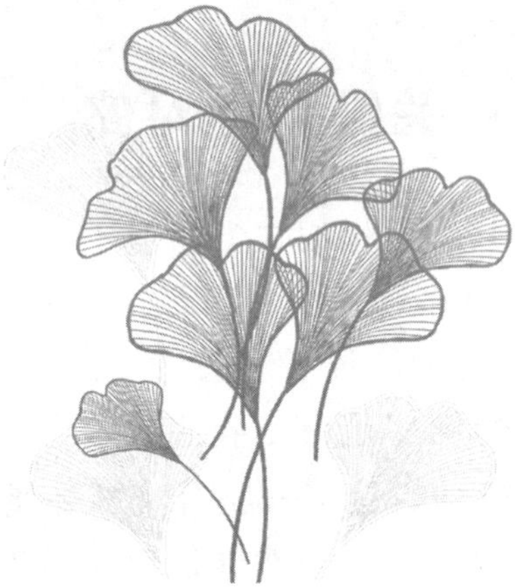

022

真理是客观存在的

1928年9月15日，亚历山大·弗莱明发明了青霉素。

人类的生存始终面临着疾病的挑战。在青霉素发明之前，无数人因为细菌侵袭而葬送了生命。英国人弗莱明决心要研究一种药物来抵御细菌对人体的侵袭。

对此，有人持怀疑的态度，认为这是不可能的。但是弗莱明硬是坚持不懈地进行研究，终于青霉素被研究出来了。可是当时，弗莱明本人并没有意识到他的研究发现的价值。后来又有两位科学家，一位是霍华德·佛洛里，另一位是厄恩斯特·钱恩，对弗莱明的研究进行了整理，他们从已被人们遗忘了的青霉素片中，发现了青霉素的价值。经大量的实验证明，青霉素能够阻碍多种细菌的生长，人类从此开始了抗生素时代。弗莱明的这个发明，成为20世纪一个伟大的创举。

成为一名科学家应当说是许多大学生的梦想。有梦想是好事，但是一定要扎实地努力，这样你的梦想才能成真。其实，不仅自然科学的研究可以得到证明，社会科学的研究也可以得到证明。实践是检验真理的唯一标准。现在的一些大学生对人文科学不重视，认为这都是虚的东西。哪是这么回事！真理是客观存在的，需要大学生们去发现、去认识，人类社会就是在这种发明、发现中伴随着斗争、争论不断前进的。我们说共产主义一定会实现，这是由人类社会发展的内在规律决定的。不管遇到什么样的困难、出现什么样的曲折，实现共产主义只是时间问题（只是我也许看不到了)。但是我们的子孙后代一定会看得到。就像弗莱明当年要发明一种药物战胜疾病的肆虐却没有人相信一样,后来不是发明出来了吗？人类总是要不断前进的。这是不以人的意志为转移的,谁也抗拒、改变不了。

023

从齐白石这里懂得奋斗是什么

1957 年 9 月 16 日，国画大师齐白石在北京病逝。

齐白石是湖南人，是一位伟大的艺术家。1953 年他九十寿辰时，获得中央人民政府文化部授予的“中国人民杰出的艺术家”荣誉称号；1956 年世界和平理事会授予他 1955 年度“国际和平奖”。大学生对齐白石的卓越艺术成就不陌生，但对齐白石的其他方面可能不是很了解。

齐白石出生在一个贫苦的农民家庭，13 岁的时候，他跟叔父学木工技术。有谁能想到有这样一个出身、这样一个童年，齐白石能成为这样一位大师？但是一切皆有可能！而一切可能都来自不懈的努力和奋斗。齐白石做到了，他把不利因素变成有利因素。就像一些大学生，虽然他们家庭生活困难，但他们并没有抱怨，他们感谢父母使他们懂得了责任、懂得了坚强、懂得了奋斗。这些重要的思想素质激励他们在成功的路上勇往直前。

在专业方面，齐白石没有上过大学，也没有经过专门的绘画专业的培养。他为什么会成为绘画大师？一个人的专业对他的发展无疑起着重要的作用，但是更重要的还是他对学习的态度、对专业的认识。没有坚持、没有奋斗，专业本身是不可能使你自然而然地成为人才的。不管什么专业，只要认真地学都会有出息，特别今天我们提倡复合型人才，许多学科都融汇在一起，许多问题靠一个专业、一个学科往往是解决不了的。所以大学生千万不要被专业所困，要广博自己的科学文化知识，你想成为哪方面的人就朝着那个方向发展。

024

中华民族自古就不乏仁人志士

1894 年 9 月 17 日,在中日甲午海战中,邓世昌壮烈殉国。

自鸦片战争之后,当时世界上很多资本主义国家都侵略过我们。究其原因有多个,其中一个重要的原因就是我们落后了。当世界诸多国家都已进入到工业化时代,我们还在封建的道路上爬行。中华民族自古就不乏仁人志士。甲午海战中牺牲的邓世昌就是杰出的代表。当邓世昌指挥的“致远号”战舰弹药快要用尽的时候,邓世昌决定开足马力向敌人的主力舰“吉野号”撞击,而邓世昌和舰上的 200 多名官兵全部壮烈牺牲。

邓世昌是好样的!中华民族就是靠着这种宁死不屈的精神,最终在中国共产党的领导下,推翻了三座大山,成立了社会主义的中国。如今我们进行了七十多年的社会主义建设,走到了离中国梦实现最近的地方,大学生怎能不为此而热血沸腾!“天下兴亡,匹夫有责”。实现中国梦是凝聚了几代中国人的夙愿。大学生们一定要培养自己的民族担当精神,努力成为一个对民族、对国家大有作为的人。

025

说说评优那点事

这两天大学里学生们关注的一个重点话题就是评优了。评上了的同学欢天喜地,没评上的同学有的垂头丧气。其实,评上也好,没评上也罢,都不必把评优看得太重。

评优是大学里的一项常规性的工作。评优对大学生的发展有激励作用。从这个角度看,大学生对评优应当积极地参与,不能抱与己无关的态度,通过评优看看自己在哪些方面还有不足,与别的同学差距在哪里,以便改进自己,更好地发展自己。因为是“优”,因此就只能有少数人评上。这就决定了必然有大多数同学评不上,由此也使得有的同学因没评上优而沮丧。当然也有为了评上而绞尽脑汁,甚至不择手段的。

大学生朋友们一定要用长远的目光看待评优。要把评优当成一种激励,当成一个发展的目标,以此推动自己朝着正确的方向前进。没有评上说明我们还不是唯一,还没有达到众望所归的地步,还要不断地努力。或许会有些“冤屈”,要知道绝对的公平是不存在的,同学之间没有必要为这样的事弄得你说我“短”,我说你“非”,待毕业了,待过些年来看,你就会觉得为评优和同学闹得不可开交实在是不值得,况且将来你可能有更大的“忙”需要同学的帮助,那时你怎么好意思找同学帮助呢?

026

一定要顺应科技的发展

1987 年 9 月 20 日，中国人第一次接触互联网。

“忽如一夜春风来，千树万树梨花开。”“旧时王谢堂前燕，飞入寻常百姓家。”用这两句古诗来形容今天的互联网世界真是太恰如其分了。

1987 年 9 月 20 日，钱天白（1963 年以平均 92 分的高分考入清华大学无线电系，曾先后担任亚太地区 Internet 协会中国组副主席、国务院信息化工作领导小组信息安全工作专家组成员）向西德卡尔斯鲁厄大学发出了中国第一封电子邮件（E-mail），中国从此成为国际互联网络大家庭的一员。

我在辽师大工作的时候曾负责过招生工作。为了招生工作方便，1995 年我们购买了一台笔记本电脑并带到录取现场。这样，辽师大就成了全省（全国的情况我不了解）第一个用电脑打印录取通知书的学校。当时购买这台笔记本电脑可是举了全校之财力啊！而如今，每个大学生都有了电脑，手机也可以上网了。互联网给大学生们的学习生活带来了巨大的变化。但是我想跟大学生朋友们说的是，不要因为有了网络的便捷，便一味地从网络中接受现成的东西，而忽视了自己头脑思想的产生、加工、创造，否则就会使自己在不知不觉中变得浅薄起来。我希望大学生要有价值选择、判断能力，把每天看到、听到的信息有选择地记录下来，加上自己的见解，这样经过不断地积累就会使自己的思想日益丰富起来。须知知识储存在头脑里比储存在硬盘里要靠谱得多。

027

和大学生朋友们谈谈入党问题

在大学生中发展党员,是党的事业的需要,是高校中的一件大事。长期以来,从战略意义上考虑,为了国家的长治久安,为了民族的兴旺发达,在大学里每年都会吸纳一些大学生到党组织中来。这些党员同学总体来看,还是很好地发挥了先锋模范作用,很多毕业了的学生党员已成为社会各条战线的骨干。

但是,也应看到的是,有的大学生入党动机不纯:有的是从就业方面考虑的,觉得入党了会给自己将来找工作增加筹码;有的是从保研方面着想的,觉得这样会为自己保研加分;有的是为了面子,觉得当党员名声好听,面子上好看。这些党员还没有从党的宗旨上来认识为什么要入党。

大学生要求入党是好事。人应当有政治追求。但是,入党前应当认真考虑这样几个问题,否则即便入了党也没什么意义。

一是毛泽东同志为什么说自从有了中国共产党,中国革命的面貌就焕然一新了?中国近代社会以来,无数仁人志士都在探索解救中国的道路。洪秀全领导的太平天国这场中国历史上最大的农民起义失败了;孙中山领导的资产阶级民主革命虽然推翻了封建王朝,最终也没有摆脱失败的命运。恰在这时,十月革命发生了。于是有了马克思主义的传播,有了中国共产党的诞生。从此中国革命发生了翻天覆地的变化,才有了中华人民共和国的成立。事实有力地证明:中国共产党的领导是历史的选择和必然。从这点来说,当时什么“实业救国”“教育救国”等都解决不了中国的问题,是社会主义救了中国。想入党必须深刻认识这个问题。

二是如何看待中国共产党领导下的社会主义？中华人民共和国成立的时候，可以说是一贫如洗。如今我们已成为世界第二大经济体，这是了不起的变化。不承认这一点，怎么能增强“道路自信”“理论自信”“制度自信”“文化自信”？诚然，我们犯过错误，但最终我们不是改正了吗？现在，我们党内还存在着一些腐败问题。以习近平同志为核心的党中央正在大力惩治腐败，并决心将权力关进制度的笼子里。要想入党，就必须充分相信，没有共产党就没有新中国，没有共产党就不能很好地发展中国，党内的腐败问题必将得到有效的治理。

三是要把党的宗旨的实现和个人价值的实现统一起来。党的宗旨是全心全意为人民服务。要想成为一名党员，就得有为了人民的利益牺牲个人利益的准备，要从我做起，时刻把人民利益放在心上，为人民利益尽量少考虑自己的利益，不然就会是一名徒有其名的党员，不仅不会推动党的事业发展，而且还会给党的事业带来损害。

总之，要想入党，就一定要解决好理论武装的问题，在思想上真正认同党的纲领，誓为共产主义的实现奋斗终生；就要牢记党旗下的誓言，举起的右手即便粉碎了也不能再放下；就要把人民的利益放在心上，做一名名副其实的共产党员。入党千万不要从个人利益着想，这样你或许能得到些利益，但是这会让人瞧不起；“捞”不好就会把自己弄得身败名裂，被人民所唾弃。

028

惧怕困难就会止步不前

1909 年 9 月 21 日，我国飞机设计师冯如第一次试飞成功。

大学生一定知道我国第一次飞机试飞成功是冯如所为，但是对他的生平了解的就不是太多了吧？

冯如在 12 岁的时候便随其父漂洋过海到了美国。在那里，他看到了美国工业的发达。冯如想，我们的国家要想富强，必须发展自己的机械工业。于是，他把他的人生追求定在了研制飞机上。他白天做勤杂工，以维持生计，晚上便发奋地钻研机械学。功夫不负有心人。经过多年的研习，他已精通了 36 种机械原理。有了这样的准备，冯如就要切实实现他的愿望了，他要靠中国人自己造出飞机来。当地的华侨很支持他，帮助他成立了飞机制造公司。1909 年 9 月 21 日，冯如驾驶着自己制造的飞机成功地进行了试飞。虽然这架飞机后来摔落到地上，但是很幸运冯如没有受伤。1911 年 2 月，冯如谢绝了美方的聘任，带着两架飞机和助手回到中国。不幸的是，1912 年 8 月 25 日，在广州燕塘举行的飞行表演中，冯如不幸牺牲。弥留之际，冯如留下了这样的嘱托：“吾死后，尔等勿因是失其进取之心。”

没有努力就没有成功。惧怕困难就会止步不前。国家这么大，要做的事太多，大学生应当做些什么呢？人生哪能没有困难？克服困难，不正是通向胜利的终点所必需的吗？从这点来看，冯如当年研究飞行所表现出的那种忘我的精神正是当代大学生应当继承的。

029

安全太重要了!

大学生朋友们好!

昨天给你们写了一些关于安全的话,因为太忙,就没有来得及给你们介绍几个案例,今天补上,希望你们举一反三。

1. 某大学一学生夜里要到校园外看球赛,因宿舍大门锁着,便想顺着窗外的水管下楼,结果摔成重伤。

2. 某大学一学生在外喝酒晚归,翻过学校院墙想穿过草坪径直到宿舍,结果掉到下水道摔死。

3. 某大学一学生夜不归寝,在简易酒店包房,结果洗浴时恋人因漏电被电击致死。

4. 某大学一学生,在"钟点房"被侮辱。

5. 某大学一对学生在僻静处恋爱,男生被制服,女生被侮辱。

6. 某大学生在宿舍违规使用电器,结果将宿舍引燃。

7. 某大学生点蜡烛看书,结果睡着了,床铺被烧了。

8. 某大学生购物时和"渣子"争吵,结果被打伤。

9. 某大学生在饭店吃饭大声喧哗,结果和社会上的人打了起来,被打成重伤。

10. 某司机停车时,某大学生贴着车走,结果司机错踩了油门把她压死了。

11. 某大学生到海边戏水,结果淹死了。

12. 某大学生和恋人分手后，在恋人的恳求下又给了恋人一次独处的机会，结果她被伤害了。

13. 某大学生在出租房使用液化气罐被烧成重伤。

14. 某大学生坐黑车被侮辱了。

15. 某大学生归寝太晚，在校园行走时被抢劫了。

16. 某大学生做家教时被侮辱了。

17. 某大学生横穿马路被撞成重伤。

18. 某大学生患上艾滋病。

19. 某大学生乱吃食物导致中毒。

20. 某大学生为获利泄露国家机密，被逮捕。

大学生朋友们，安全太重要了！你们应当知道的，弄不好它会毁灭你的梦想；毁灭你拥有的一切！我是一个父亲，你们现在还体验不到做家长的那份心情，你们在外，当父母的最大心愿是你们能够平平安安，不然他们会多么后悔让你离开家！你们的安全就是为父母省心，也是对父母的孝敬啊！

030

一定要相信未来

1969年9月24日,诗人郭路生写下《相信未来》。

郭路生的笔名叫“食指”,1948年出生于北京一个干部家庭,他进行创作的年代,正是我们国家“文革”搞得轰轰烈烈的时候。

《相信未来》中有这样一句:“当蜘蛛网无情地查封了我的炉台,当灰烬的余烟叹息着贫困的悲哀,我顽固地铺平失望的灰烬,用美丽的雪花写下:相信未来!”

在黑龙江省漠河市有个军垦农场,当时这里的生活条件十分艰苦。著名的主持人敬一丹就都是从这里走出来的。我参观过这个农场,我真有这种感触:只有相信未来的人才有未来。

“相信未来”,每个年代都有对未来的迷茫问题。因为任何一个时代都不会为青年的成长提供尽善尽美的环境。今天的大学生们同样有“相信未来”的问题。有的学生面对迅速变化的社会环境感到竞争的压力,对未来失去信心;有的学生因为生活困难而变得消沉……与郭路生写下《相信未来》那个年代相比,今天的大学生已经很幸运了,你们没有理由唉声叹气,甚至无病呻吟。还是相信未来吧!只有竖立起坚强的精神支柱,才能战胜生活的挑战!

031

写给大学生朋友的话：假日

大学生朋友们好！

“双节”（国庆节、中秋节）马上到了，许多大学生要回家过节，有的还想用各种理由“赖”几天假。你们是不是没有认识到：现在的假日太多了，已经把你们的学习时间碎片化了。如果你们自己再不加以注意，一个接一个的假日会对你们的学习带来严重的冲击。你们不是想成功吗？那些成功的人身上有着一个共同的特点，那就是比别人占有了更多的剩余时间。谁也不比谁聪明多少，不同的是当你在家过节的时候，那些想成功的学生们正在图书馆读书。假日是剩余时间的存储室，谁从这里捞取的剩余时间多，谁就更接近成功。事实就是这样：现在过足了假日，明天就得拼命地工作；今天缺少了假日，明天就会惬意地休闲。

032

俯首甘为孺子牛

鲁迅诞生于1881年9月25日，他是我国伟大的文学家、思想家、革命家。大学生们一定读了不少鲁迅的作品。我到大学考察的时候，发现许多大学里都矗立着鲁迅的塑像。1937年10月19日，毛泽东同志发表了著名的《论鲁迅》一文，对鲁迅先生给予了极高的评价。

毛泽东同志说："我们纪念他，不仅因为他的文章写得好，是一个伟大的文学家，而且因为他是一个民族解放的急先锋，给革命以很大的助力，他并不是共产党组织中的一人，然而他的思想、行动、著作，都是马克思主义的。""他站在无产阶级与民族解放的立场，为真理与自由而斗争。""他看清了政治的方向，就向着一个目标奋勇地斗争下去，绝不中途投降、妥协。""他往往是站在战士的血泊中，坚韧地反抗着、呼啸着前进。"毛泽东还曾谈到，鲁迅是中国文化的主将。可以说在中国历史上多如繁星的人物当中，能够得到毛泽东同志如此之评价的没有几个人。

我很欣赏鲁迅的一句话：横眉冷对千夫指，俯首甘为孺子牛。在搞阶级斗争的年代，我们说这是立场问题，对谁爱、对谁恨要搞清楚。今天我们搞经济建设了，不讲阶级斗争为纲了，但是"爱"和"恨"的问题并没有消失。一名党员，特别是党的干部，一定要有"孺子牛"的精神，爱我们的人民，把人民放在心上，对那些对人民利益不负责任的行为要深恶痛绝。有些大学生明天必然走上党和国家的各级领导岗位，千万不能养成官僚主义气息，整天装腔作势的。不要忘了是人民养育了我们，别太把自己当回事了，人民是我们的衣食父母，没有人民我们什么也不是。

033

写给大学生朋友的话：兼职

大学生朋友们好！

大学生兼职十分普遍，目的也是各种各样。有的是为了解决生活的困难；有的是为了培养自己的能力；有的是为了开阔视野；有的是为了了解社会；也有个别的是为了"改善"自己的生活，甚至是贪图虚荣，为了买名牌、为了吃喝玩乐。总体来看，大学生兼职无可厚非，利大于弊，但是一定要把握好度。学生要以学习为天职，这里的学习虽然也包含向社会学习，但主要是指课堂学习，也可以理解为专业学习。因此，你的兼职一定要从帮助你的学习出发。特别对于家庭生活比较困难的同学来说，兼职就是为自己提供相应的生活补贴，千万不能抱有"勤工致富"的想法。至于贪图虚荣，吃喝玩乐而去兼职的想法那就更不可取了，不仅与兼职的目的相背，而且会养成很不好的生活习惯，弄不好还会毁掉自己。

034

成功总是连接着奋斗和毅力

1849年9月26日,“生理学之父”巴甫洛夫诞辰。

马克思说:“在科学的入口处,正像在地狱的入口处一样,必须提出这样的要求:这里必须根绝一切犹豫,这里任何怯懦都无济于事。”伟大的“生理学之父”巴甫洛夫的一生就揭示了这个道理。

1849年9月26日,巴甫洛夫诞生在俄罗斯中部一个乡村神父家庭。他学习刻苦,成绩优异,先后在国内外的几所著名高等学府读书。他终生从事自然科学研究,特别是生理学的研究。开辟了实验研究生理过程的新纪元,成为世界上第一个获得诺贝尔奖奖金的生理学家。一生能在其研究的领域,哪怕是某一分支有所造诣就很了不起了,而巴甫洛夫在血液循环生理学、消化生理学和高级神经活动生理学三大领域内都有杰出的贡献。他的成就从哪里来?巴甫洛夫活到87岁,从他开始从事研究那天起,可以说就再也没有间断过。他的全部时间都是在生理实验室度过的。直到逝世前,他还在草拟一份日后的工作计划。

我们可以想象到巴甫洛夫那刻苦的身影、匆忙的脚步,正是一生的奋斗使他走向了科学的高峰。现在的一些大学生急功近利,做事缺乏耐心、不细致,不肯吃苦,没有毅力,这样是什么事也做不好的。

035

请远离烦恼

大学生朋友们好!

“闹心”是很多大学生的口头禅。看到你们闹心,家长、老师也着实跟着你们闹心,可是做外人的又有什么办法呢?我们是过来人,我们知道闹不闹心不取决于外部环境,根本还在于你自己怎样来看待你自己、看待你身边的一切。要知道,地球每天都在转动,但是它一定不是为你自己在转动,你身边所发生的一切,自有发生的原因。一定意义上讲你根本改变不了你身边的环境,你只能适应。其实,很多事看开了你也就不再闹心了。比如许多学生会对学校感到不满意,但是如果你这么想:你现在就是一个在寒冷的冬天里焦急地等着公交车来临的人。车来了,有的人能上去,有的人上去了只能站着。那么你觉得是上车了站着好呢,还是没上去车好呢?显然所有的乘客都会宁愿选择上车站着也不愿等下去。而你现在就是一个在车上站着的人,所以你没有什么烦恼的理由的。上课有上课的闹心事;吃饭有吃饭的闹心事;睡觉有睡觉的闹心事;交友有交友的闹心事……你现在大了,那种“饭来张口,衣来伸手”“无忧无虑”的日子已经离你而去了。

036

不能忘却孔子的生日

公元前551年9月28日是孔子的诞辰。

孔子,名丘,字仲尼,春秋鲁国人。孔子出生的年代离我们今天已有2569年了。多么漫长的岁月啊!可是虽然岁月漫长,却正如孔子所说:"逝者如斯夫,不舍昼夜"。几千年的时光就这样匆匆而过了。孔子被称为"圣人",为中华文化乃至世界文化做出过巨大贡献。

大学生们恐怕没有多少知道孔子的生日的。西方文化先进的部分可以吸取,但我们绝不能由此忘了我们自己的祖宗,我们没有理由妄自菲薄。我到美国考察大学文化时,在密歇根大学就建有"中国文化研究中心",西方世界日益感到东方儒家文化的影响在扩大。哈佛大学教授亨廷顿所著的《文明的冲突与世界秩序的重建》一书也把东方的儒家文化作为当今世界具有巨大影响的三大文化之一来看待。虽然现在世界已进入全球化时代,但是全球化不是同质化,每个民族的发展一定要建立在自己优秀的文化基础之上。习近平总书记在山东考察孔府时说:"中华民族有着源远流长的传统文化,也一定能创造中华文化新的辉煌。"

孔子所创立的儒家文化,就是中华传统文化的优秀代表。当然,孔子所提倡的儒家文化也不全都是精华,其中也残留着糟粕的东西。大学生要与时俱进,继承优秀的,传承文明的,把中华文化不断发扬光大。请记住孔子的生日!

037

中国人民任人宰割的时代一去不复返了

1949 年 10 月 1 日,毛泽东主席在天安门城楼上,庄严宣告:“中华人民共和国中央人民政府今天成立了。”在国歌声中,毛泽东亲自按动电钮,升起了第一面五星红旗。

中华人民共和国的成立,是开天辟地的大事件。中华民族是个伟大的民族,曾经,中国遭到了帝国主义的入侵,加上封建主义、官僚买办阶级的压迫,“三座大山”压得中国人民喘不过气来,那时我们已是家破人亡,无法过自己的日子。当时有各种“主义”要挽救中国,最终在中国共产党的领导下,是社会主义救了中国,使中国人民翻身得解放,从此可以自己过自己的日子了。我们由一穷二白这样一个穷国发展成为在世界民族之林中具有举足轻重地位的大国。中国人民任人宰割的时代一去不复返了。

当然在我们前进的道路上还有许多困难:这有国情的问题,有我们自身管理、建设上的问题,更有西方社会的西化、分化问题。随着中国的崛起,西方世界必然会竭尽阻挠之能事,会给我们制造许多麻烦,对此大学生朋友们必须有清醒的认识。你们都是爱国的,爱国就不能空喊口号,不能成为看客。你们要以自己的实际行动为我们祖国的强大贡献你们的力量。前几天我在学校体育馆给全校新生做了“大学 · 大学生 · 人生”的专题报告,我告诉学生们大学就是爱国的产物,国家办大学就是要培养一批又一批合格的建设者和接班人,大学生就是要为中国梦的实现继往开来。只有我们真正强大了,我们才能真正扬眉吐气地过我们的好日子。许多学生私聊我。有个学生说:“我真正懂得了作为一名大学生,只有为祖国着想才能有所作为。我一定要成为这样的人。”大学生朋友们,历史的接力棒现在交到了你们的手里,你们要加油啊!

038

一定要分清雅俗

大学生们知道电视是什么时候发明的吗？95 年前的今天，即 1925 年 10 月 2 日，英国发明家贝尔德发明了电视。

1928 年春，贝尔德研制出彩色立体电视机，成功地把图像传送到大西洋彼岸，为卫星电视奠定了基础。1946 年，贝尔德患肺炎去世，后人对电视的研究仍在继续。1962 年，通信卫星被送上太空轨道，各大洲之间的通信已不再有什么困难。还是那句老话：没有人会随随便便成功，贝尔德也是经过了上百次的实验才成功地发明了电视。

我第一次看到电视是在 1976 年 9 月。我当时是一名知青，我下乡的生产队比较富裕，是全县屈指可数有电视机的生产队。毛泽东同志逝世的追悼会，我就是通过电视机收看的。1978 年，刚上大学的时候，我们班里只有一个学生家有电视，大家都羡慕不已。如今，这算什么呢？

电视的普及丰富了人们的文化生活，使人类的文明得以广泛传播。但是，负面作用也不小。以追求收视率为目的，使得许多电视节目没有档次。大学生是有“大学问”的人，一定要分清雅俗，不要把那么多美好的时光都消耗在那些无聊的娱乐中，不然你会发现，自己的头脑会慢慢变得空荡荡的。

039

大学生不能盲目崇外

1909 年 10 月 5 日,大学士张之洞病逝。

张之洞是中国近代史上十分有影响的一个人物。他是河南人,任过两广总督、湖广总督、军机大臣等要职,官至体仁阁大学士。张之洞是洋务运动的主要代表人物。

他自幼学习刻苦,除学习四书五经等儒家经典外,他还自学了《孙子兵法》《六韬》等多篇兵学名著,这为他日后从政和治学打下了基础。

甲午海战中国失败后,张之洞看到了中国的落后,上奏了一道《吁请修备储才折》,希望朝廷总结失败教训,变法图治。康有为称张之洞"有天下之望"。张之洞在近代教育史上贡献巨大,他亲自创办了自强学堂、三江师范学院等高等学府。1903 年,他上书提出:办学应首重师范。并拟初级师范学堂。他所生活的年代正是中西文化激烈冲突的时期,张之洞著《劝学篇》,系统阐发了洋务派的"中体西用"的主张,提出"旧学为体,西学为用"。

张之洞等人的《奏定学堂章程》1904 年 1 月被批准,当时被称为"癸卯学制"。这是中国近代第一个以法令形式公布的在全国范围内推行的学制。1905 年 9 月,张之洞请奏停止科举,以兴学校,得到清廷诏准。由此结束了 1300 多年的科举制度。这样的一些举措,对推动近现代中国教育制度的发展起了重要作用。应当说在当时那样的年代,张之洞就有敏锐的世界眼光,这是难能可贵的,特别是对外来文化也不是采取拿来主义的态度,而是加以选择,以“我”为主体,这是很有见地的。

今天我们已处在全球化的过程中,对外来文化应当抱有什么样的态度,这是一个很现实的问题。大学生不能盲目崇外,一味照搬国外的做法、全面接受国外的文化。

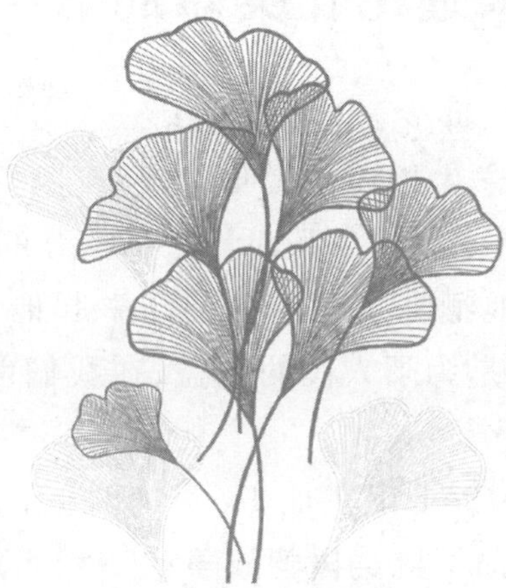

040

永远记住英雄的名字

1952 年 10 月 12 日,邱少云光荣牺牲。

邱少云这个名字大学生们还记得吗?

毛泽东同志曾经讲过这样一段话:成千成万的先烈。为着人民的利益,在我们的前头英勇地牺牲了。让我们高举起他们的旗帜,踏着他们的血迹前进吧!邱少云就是为了人民的利益,在我们前头英勇牺牲了的那千千万万英烈中的一员。

邱少云是四川人。1944 年在他 18 岁的时候便参加了中国人民解放军。1950 年夏天,他参加了抗美援朝战争。1952 年 10 月 12 日,在执行潜伏任务时,敌机在潜伏区投下了燃烧弹,有一颗恰好落在邱少云身边。他左腿上插的伪装物被引燃了,火苗迅速燃遍全身。在邱少云身边不到两米远的地方就有一条小水沟,只要他翻转一下,就可以熄灭身上的火焰。但是为了不被敌人发现,邱少云像一个铁打的人,纹丝不动,直到部队发起了进攻。邱少云壮烈牺牲了。今天在邱少云当年战斗过的 391 高地的石壁上,还刻着这样一行鲜艳夺目的红色大字:“为整体、为胜利而自我牺牲的伟大战士邱少云同志永垂不朽!”邱少云的精神鼓舞了无数后来人的成长!

当代大学生生长在和平的年代,坐在阳光明媚的教室里读书学习。你们已远离了那些硝烟战火、艰苦的岁月,但是邱少云身上那种不怕牺牲的精神你们应当永远地传承下去。学习也是一件艰苦的事情,也需要拿出勇气。我想,有了邱少云那种不怕牺牲的精神,还有什么困难能难倒你们呢?

041

简单地回答一下学生提出的几个问题（一）

1. 有的学生说在同学面前不敢讲话

这不要紧，这不是问题，慢慢地锻炼就好了。了解我的人都说我比较能讲。我也自认为我比较能讲，在众人面前讲话不发怵。大到给全校几千名新生做报告这样的规模我也不用准备报告稿。我也不是天生就能讲的。这得益于我在大学读书时的经历。大家知道，大学里经常以班级和团支部名义召开各种座谈会，在会上常常出现大家发言不积极的情况，弄得会议主持人挺着急。这时，我就说我讲讲。讲完后还是冷场。而为了添补时间，我说我再讲讲。就这样，学习讨论会变成了我的学习汇报会，主持人还觉得我很支持他的工作。人是社会中的人，必须有相互间的交往。而人与人之间交往的重要手段就是交谈。所以，要想在社会上很好地发展，没有“嘴皮子”上的功夫不行。因此，只要有讲话的机会，一定要踊跃发言，讲得有没有水平不重要，关键是得到了锻炼的机会。讲话前最好打好“腹稿”或写好草稿，讲话时最好不要念稿，把自己想要表达的意思用口头表述出来为好。当然，实在不行即便念下来也是一次很好的锻炼。

2. 有的学生说不知道怎样学习

上了一堂课，不知老师在讲什么。大学学习最好事先也要进行预习，知道教材讲到哪了，老师下堂课要讲什么。大学的学习跟高中不一样。高中的学习能测验出来，高考就是最好的测验。大学的学习有些能测验，如期末考试；有些不能测验，如课堂外学到的知识。因此，大学既要成为好学生，试考得好；更要成为优秀的学生，这里的优秀指的是素质全面。社会不喜欢书呆子。具体的学习方法会因人而异，因此也不可能有统一的学习方法。

3.有的学生谈到来到大学很迷茫

越不知自己要干什么，越要坚持住，不能消沉下去。这也是大学与中学的不同。中学时目标明确：考上大学。到了大学呢？考研？本科毕业后就业？专业和就业是怎样的关系？中学时目标单一，并且无论学校、家长、个人都很统一。大学就不同了，往往靠自己来选择和确立一个目标。依赖没有了，你就像一个突然失去了拐杖的人，不知怎样行走了。这是正常的，说明你在着急、在思考，还没有麻木。不要着急，很快你就适应了，慢慢也就知道自己应当干么了。

4.有的学生谈到专业问题

其实即便北京大学、清华大学这样的高校，如果让学生自主选择专业的话，有的专业当年的全部学生中一定会有超过50%以上的学生集中在这所学校最热门的专业里。从这点来看，可以说大多数学生都没有在自己最理想的专业里学习。但事实上他们学的都很好，都毕业了。当然也有个别的情况，这说明不了全部问题。这里一个重要的原因，是学生都懂得实事求是的道理。一切从实际出发，既来之则安之。没有任何一个专业会让你一定有出息，也没有任何一个专业让你一定没出息。大学生要成为“专业人”，更要成为社会人。某些行业需要专业的人才，社会这个“大市场”需要的是懂得社会这个“专业”的人。

5.有的学生谈到就业问题

现在考虑这个问题有点早。你们现在还是从专业上来理解就业的。人长大了，社会知识学多了，就会逐渐懂得：专业是为实现你的人生价值服务的。你的人生目标在哪里呢？或许是建立一个小的家庭，或许是能在大城市里有份工作，这都不错。但这都是燕雀之志，人当有鸿鹄之志。中国历代不乏这样的有志之士。古代有、近代有、现代有，你们中也应该有。因此，你们现在关注的重点还不应在就业上，你们应抓紧时间学好专业，读好社会这本“大书”，尽早地确定自己的人生目标，追求一种崇高的人生。

042

简单地回答一下学生提出的几个问题（二）

1. 有的学生谈到怎样才能成为人才？

我曾经认识一个会写点诗的学生，她在她所在的中学还算有点名气。但到了大学她便不再突出了。于是她变得自卑。为了证明她有诗人的才能，她从不宽裕的生活费中拿出钱订阅诗刊这类杂志摆放在床头。我后来跟她谈了好多次话，让她正确地看待自己、看待大家、看待社会。想成为人才是好事。什么是人才？怎样成为人才？这个恐怕难能有一致的标准，更难有唯一的模子拿来复制。我觉得什么是人才？从某种角度看，被需要的人就是人才。不然你很难成为人才。我大学毕业时曾想去西藏、新疆这样的地方工作，我觉得在这些地区落后，许多人不识字，我本科毕业，到这里办学校、培养学生……我就是人才，这样的人生多有价值啊！当年我们实行计划分配，若是有名额我就去了，我的人生之路就是另一种走法了。想成为人才一定要有让人才生长的“土壤”。我现在做辅导员的时候，跟学生常讲这样一个观点：不要在城里“蜗居”、成为“蚁族”，这能成为人才吗？到祖国需要的地方去建功立业，人才自然非你莫属。

2. 有的学生说要尽早工作，孝敬父母

一个不懂得孝敬父母的人，枉为人，甚至畜生不如。怎样才能孝敬父母？毕业了在城里“漂”？成为“蚁族”“蜗居”的一员？自己都养活不了自己，怎么孝敬父母？要把个人的价值实现与奉献社会统一起来，把自己培养成人才。有了社会的回报，不也就有了孝敬的资本？所以，眼下应当全身心地投入学习，增长本领，把自己培养得十分强大，不断积累孝敬父母的“本钱”。

3. 有的学生觉得自己无知

有的同学说，大家在一起谈论动漫、手机时，自己搭不上话。这也是正常的。每个人的家境不同。有的同学生活好些，新产品用得多些，眼界稍微开阔些。这不是什么坏事，但也没有多大用。

4. 有的学生说有生活上的压力

要辩证地看生活困难带来的压力。我曾介绍过我家访过的一个学生，这个学生的家庭生活非常困难。但是从我到她家到我离开，她的脸上始终带着微笑。她说她感谢她的父母，是他们让她更早地懂得了责任和坚强。生活困难没有吓倒她。她刻苦学习，以优异的成绩保送读了硕士研究生，并且主动到新疆做了一年的志愿者。她今年已经“研二”了。今年中秋节前夕，我到沈阳讲学的时候还特意带上月饼到她学习的学校看她。她表示毕业后要到新疆工作，我也是积极鼓励她。困难都是相对的，你强它就弱，关键看你怎样对待它。

5. 有的学生说其他同学过生日的时候“逼着”自己一起吃饭

同学在一起难免涉及交往的问题。有的同学家庭条件好一些、再讲究些，过生日的时候会讲排场，还让其同学随份子，不然就说同学不够意思。首先应当说，过生日用大吃大喝庆祝本就不好。和同学交往要有个度，要相互传递正能量。不要别人逼着你做什么你就做什么，超过了度的事一定不能做。这就是我在前面公众号中谈到“朋友”时说的，有的“朋友”当断则断，不然会给你带来不好的影响。

043

读大学必须记住的十二个关键词之一：崇真

大学生朋友们好！

自我的公众号开通以来，围绕“大学是什么”“怎样读好大学”，我谈了一些我的看法。很多学生、家长、辅导员私聊我，希望我再聚焦一下关键词。你们的需要就是我努力的方向。

我从1982年留校到现在，在思想政治教育领域耕耘了35年，算得上一名老思想政治工作者了。35年来，我做过辅导员、学院党总支副书记、学生处长、学工部长、学校党委副书记、省委高校工委副书记，没有离开过大学生思想政治教育岗位一天。是缘分使我和大学生朋友们走到了一起。我见证和陪伴了大学生们的成长。我深知一些大学生是怎样走向成功的；我也知道有的大学生为什么碌碌无为，甚至走向了毁灭。成功了的，我替他们、替他们的父母，也替我们的祖国高兴；失败了的，我替他们、替他们的父母，也替我们的祖国痛心。35年来，我在工作上不敢懈怠，我做梦都怕有学生“倒”在了我的面前。如果真是这样，这与良心，尤其是党性何忍？35年的大学生思想政治教育的实践使我深刻地认识到，要想读好大学，必须牢牢记住这十二个关键词：崇真、向善、乐群、厚德、明辨、好学、责任、刚毅、惜时、践行、慎独、健体。下面，我把我对这十二个词的感悟每天给大家推送一个。

大学不是从来就有的。最早的大学诞生在法国的巴黎和意大利的波洛尼亚，距今约有近千年的历史。为什么会产生大学？简单说来，就是要传承真理，所以崇真就成了大学追寻的方向。著名的哈佛大学校徽就是用阿拉伯文写的“真理”二字，寓意为：与柏拉图为友，与亚里士多德为友，更与真理为友。那么什么是崇真呢？

也可以有多方面的诠释，但是有一点是共同的：就是要为统治阶级培养传承人，具体说来，就是要教育学生爱国。为什么有了牛津大学？当时，亨利二世下令召回了正在巴黎留学的所有英国学生，他说：“英格兰不至于缺乏服务上帝及国家的优秀人员。”为了安置召回的学生，于是创立了牛津大学。柏林大学是现代大学的鼻祖。怎么建立起来的呢？普法战争中战败的德国意识到办大学，培养爱国者的重要性。所以校长费希特在演讲中大声疾呼，一定要培养为国家服务的人。

我国最早的大学是北洋大学（现在的天津大学），建立于1895年；北京大学，建立于1898年，它们建立的一个大的背景就是甲午海战，中国这样一个泱泱大国被日本打败了，对中华民族来说是奇耻大辱。像康有为、梁启超等一些仁人志士便要求维新变法。而维新变法的一个重要举措就是废科举、建学校，培养人才。从这点来看，我国的大学也是爱国的产物。

抗日战争时期，中华民族到了最危险的时候，为了拯救民族于危亡之中，中国共产党在延安建立了“中国人民抗日军政大学”，为国家培养了大批人才。他们有的牺牲在战场，有的成为社会主义建设的骨干力量。

一个不爱祖国的人，怎么会有崇高的追求？怎么会忘我地奋斗？也就不会有大的出息，甚至相反。所以，要想读好大学，最为重要的就是懂得“崇真”的道理，把祖国放在心上。周恩来同志当年说：“为中华之崛起而读书”，今天的大学生就应当为中国梦的实现而读书。须知，学习目的的问题解决了，你们的大学才能读好。

044

读大学必须记住的十二个关键词之二：向善

马克思在《青年在择业时的考虑》一文中说过这样一句话："自然本身给动物规定了它应该遵循的活动范围，动物也就安分地在这个范围内活动，不试图越出这个范围，甚至不考虑有其他什么范围的存在。神也给人指定了共同的目标——使人类和他自己趋于高尚。"这段话告诉我们，动物就过着一种本能的生活，遵循的是自然的法则。在动物世界里，没有真、善、美之分，当然也就没有高尚和低俗之别。而人就不同了。人是有思想的，不能像动物那样本能地生活。有思想，就有了对错，也就有了高尚和低俗的差别。那高尚和低俗的差别在哪里呢？

这可以简单地归结到善性上。《大学》一书开宗明义阐述的就是"大学之道，在明明德；在亲民；在止于至善。"习近平总书记在北京师范大学与师生座谈时也提到要有仁爱之心。仁爱之心不就是善心吗？就是要有善性。

你们是大学生了，大学生就是要跟小学生不同，要有更大的善性，也就是要更有个人的样子，使自己变得高尚。怎么读好大学？仅有专业知识是不行的。读大学，必须更多地丰富人文知识，懂得做人的道理。这就不能自私地活着。大学生一定要有关爱他人之心，同情他人之意。

别人的疾苦也是你的疾苦，别人的不幸也是你的不幸。要择善而行，力所能及地帮助他人。特别是在你们中间，还有些生活困难的同学，你或许在物质上不能更多地帮助他们，但是你们要懂得尊重他们、关心他们。一句温暖的话语往往会超过物质上的帮助，这也是你们善性的一种表达啊！

你为什么上大学？怎样读好大学？把学知识和培养你的善性结合起来，这样，你才有人的“味道”，你的知识越多，你的“人味”也就越浓。

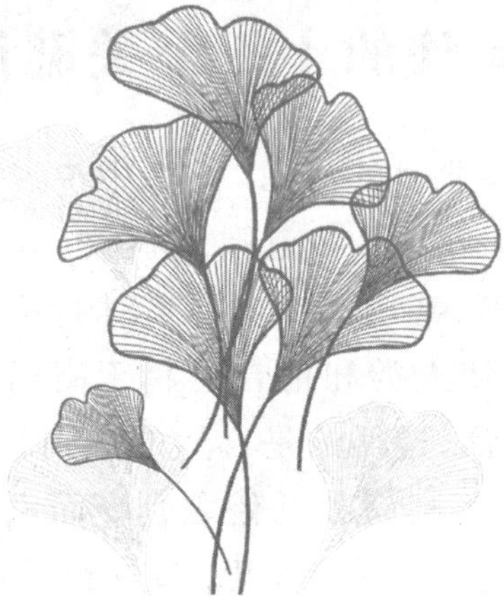

045

为中华民族的伟大复兴而读书

亲爱的大学生朋友们好!

举世瞩目的中国共产党第十九次代表大会于今日召开了! 这是人民政治生活中的一件大事,这次会议在我们党和国家的历史上必将产生巨大而深远的意义。中外5000多名记者将即时报道大会的盛况,世界上130多个国家都派来了记者,中国故事、中国声音将传遍世界的任何一个角落。厉害了,我的国! 中国,每一个中国人无不为之骄傲,为之自豪!

“五年来,以习近平同志为核心的党中央迎难而上、开拓进取,革故鼎新、励精图治,以巨大的政治勇气和强烈的责任担当,进行具有许多新的历史特点的伟大斗争,提出一系列新理念新思想新战略,出台一系列重大方针政策,推出一系列重大举措,推进一系列重大工作,解决了许多长期想解决而没有解决的难题,办成了许多过去想办而没有办成的大事,推动党和国家事业发生历史性变革。”这一切都是为了什么? 说到底还不是为了中华民族的伟大复兴——实现中国梦,为了满足人民的新期待,践行中国共产党人全心全意为人民服务的宗旨。毫无疑问,这次大会,必将为中华民族的伟大复兴——中国梦的实现产生巨大的推动力量。由此我想到了你们,想到了你们这些可爱的大学生朋友们。

实现中国梦是中华民族的伟大夙愿。中华民族曾经有过灿烂的辉煌,只是到了近代,由于帝国主义的入侵,我们落后了。我到美国考察的时候,在美国国家航空博物馆入口处的一根柱子上镶嵌着一块美国宇航员从月球上带回来的石块。凡是来此参观的人都会上前摸一摸,说是这能给人带来好运。我也上前摸了摸。我当然不是相信什么好运。我是为了增强我的责任感,为了教育我的学生们为祖国而刻苦学习。摸着这块从月球上带来的石块,我的心哇凉哇凉的,这块石头应当我们中国人先拿回来,我们中华民族早早就有了四大发明啊!然而,这已经是历史,已经无法改变。我们能把握的是现在,能改变的是未来!今天,中国共产党人齐聚北京,共谋中华民族伟大事业,共谋在以习近平同志为核心的党中央领导下,亿万中国人民怎样创造更加美好的明天!我们一定要实现中国梦,一定要实现中华民族的伟大复兴!

大学生都是爱国的,都希望我们的国家强大起来,在国际舞台上免受欺负,因此对实现中国梦也是怀着无限的渴望。中国梦怎样才能实现?习近平总书记说,我们现在站到了离中国梦实现最近的地方,中国梦的实现还要靠青年人的不断奋斗。"行百里者半九十",青年强则国家强。这就要求当代大学生在中华民族实现中国梦的伟大征途上继往开来。大学生们一定要牢记习近平总书记的告诫:空谈误国,实干兴邦!一切空洞的口号都是无济于事的。这就需要大学生们一定要有真本事,要为中国梦之实现而读书。

记得2005初春,日本修改了教科书,篡改南京大屠杀等历史事实,广大青年学生表现出了极大的愤慨,一些学生上街游行抗议。我当时因为工作的需要,到街上劝说学生。有个学生指着我说,"你爱国吗?"我说:"我的心情和你一样,我非常爱我的祖国,说我不爱国就像我说你不爱国一样,你同样接受不了。我的爱国就是教育你们爱国。"我告诉这些大学生们:"今天的中国国际关系,是由复杂的世界政治、经济、文化、军事、外交等多种因素促成的。说得直白些,就是社会主义和资本主义两种政治制度较量的结果。在联合国这个'餐桌'上绝没有免费的'午餐'。只有把我们国家建设强大了,在国际上我们才能少受欺负,才会有更强的话语权。你们这样做不仅爱不了国,弄不好还会误国。"这些学生听从了我的劝说离开了。

现在的大学生总体上表现出强烈的爱国热情,为中国梦的实现刻苦学习,增强本领,立志在实现中国梦的伟大事业中放射青春的异彩。我有个学生今年本科毕业后到哈尔滨工业大学读硕士,研究飞机发动机专业,他说他要读博士、做博士后,立志在祖国的航发领域哪怕是粉身碎骨也要有所贡献；我还有个学生，虽然家里生活十分困难，但是他选择了去西藏。他要“植大木以立长天，处江湖以忧国民”，在那里为祖国奉献一生。但是也有的大学生没有很好地解决学习的目的问题。有一次我看到一个毕业了的大学生，找了些学生帮他用蜡烛摆了“I Love You”在向学妹求爱。不是说求爱不可，而是说人生不能就这点追求，有大文化的人要“修身，齐家，治国，平天下”。“小家”要管，“大家”更不能忘，不然能有多大的出息！实现中国梦是当代大学生的使命和责任，谁都不是看客，都应当在实现中国梦的事业中竭尽自己的力量。也有的大学生，整天无精打采，碌碌无为，虚度了大学这段美好的时光，这实在是可惜。

习近平总书记说：现在，青春是用来奋斗的；将来，青春是用来回忆的。大学生朋友们，大美的时代一定做大美的事！党的十九大的召开，令人鼓舞，令人振奋！而对十九大的最好行动，就是用十九大精神引领你们的成长，为中国梦之实现而刻苦读书。这样，待你回首往事的时候，在中国梦实现的时候，你才能问心无愧地说：我为中国梦的实现出过力；我的一生值了！

046

正确看待诺贝尔奖

诺贝尔(1833.10.21—1896.12.10)是瑞典化学家、工程家、发明家,一生有355项专利发明,并在欧美等五大洲20个国家设立了约100家工厂和公司,积累了巨额财富。他在逝世的前一年立遗嘱将其遗产的大部分(约920万美元)作为基金,将每年所得利息分为五份,设立物理、化学、生理或医学、文学及和平五种奖金(即诺贝尔奖),授予世界各国在这些领域对人类做出重大贡献的人。

诺贝尔从小就接受了较好的教育,这为他后来的发展奠定了很好的基础。虽然从小他身体就不好,但是他意志顽强,敢为人先。诺贝尔事业上蒸蒸日上,爱情上却不顺心如意,他的第一个妻子早逝,第二个相好而无缘,第三个无知而自私。

诺贝尔留下了这样的人生名言:

(1)生命,那是自然付给人类去雕琢的宝石。

(2)我看不出我应得到任何荣誉,我对此也没有兴趣。

(3)人类在新发现中得到的好处总要比坏处多。

诺贝尔奖是人类迄今为止设立的最高奖项。可是,现在的“诺贝尔奖”也有点变味。自然科学我一点不懂,不敢妄加评论;社会科学还是可以说上几句的。达赖喇嘛凭什么获得诺贝尔奖?还有奥巴马一上台便获得了诺贝尔和平奖又是为什么?

047

读大学必须记住的十二个关键词之三：好学

大家常说的一句话是学生以学习为天职。这是说学习是大学生雷打不动的任务。而事实是现在的大学生对学习抱着各种不同的心态。有的大学生对学习如饥似渴；有的则以各种理由逃避学习，好像学习是为了他人学的。学生不学习怎么能行呢？这与工人不做工，农民不种地有什么两样？现在都到了大数据时代了，知识的增长速度用几何级来形容已经不赶趟了，不学习即意味着被淘汰。有的大学生对学习有畏难情绪，说白了就是怕苦怕累。知识都是人总结的，有什么学不会的呢？前几天在微信里还看到了这样一段视频：一个女孩儿非常不幸，很小的时候因为家中失火失去了双臂。到了上学的年龄学校认为她没有学习能力，她的父亲也觉得她无法学习，这样她被拒绝在校门外。但是一颗求学的火种在女孩儿的心中强烈地燃烧着，她不想将火焰熄灭。她跑到她家附近学校教室的窗外偷着听课，用脚夹着树枝在地上画。后来她被学校接受了，她的学习成绩超过了那些身体健康的孩子。再后来，她长大了，以顽强的毅力克服了常人难以想象的困难，又读上了大学。她不仅读了本科，还成了中国科学院心理学专业的硕士研究生，现在是一名励志讲师。我还认识一个用脚学习的人。这个人叫李雅楠，也是个女孩儿。出生的时候就患有先天性脑瘫。像上面那个女孩儿一样，李雅楠没有被不幸所吓倒，她一个字一个字地认，硬是掌握了较丰富的文学知识，并且学会了用脚打字。她写了一部 30 万字的书，后被评为“辽宁好人”。我想，看到她们，那些身心健全却怕苦怕累、不好好学习的大学生们，真应当脸红。大学生朋友们，怎样才能读好大学？不学习等待你们的只能是失败。想一想祖国对你们的需要；想一想父母对你们的需要；想一想你们对自己的需要，你们不学习干什么？一定意义上讲学习确实是个苦差事，但是看看前面那两个女孩儿，你们再苦能苦到哪去？想想你们的父母，你们再累能累到哪去？不要什么都想得舒舒服服的，那不更没法学习了吗？

你们要多跟图书馆“交朋友”，养成到图书馆学习的习惯。有个考上了研究生的学生跟我讲，刚来大学的时候她也不愿学习。她寝室有个同学常在图书馆看书，有一天她们一起到了图书馆，从此她再也离不开图书馆了。她认真地读书，早早确立了考研的目标。功夫不负有心人。她的愿望得以实现。

你们千万不要养成翘课的坏毛病。今天你或许是因为昨天的劳累偷了懒；明天呢？或许你就会找借口在寝室玩游戏；后天呢？你就可能因好奇而“翻墙”看点什么。一些大学生“坏掉”了，就是从翘课开始的。你们一定要汲取这样的教训。

我还想跟学生干部们说几句。你们能够牺牲自己的时间为同学服务，这是一种觉悟，值得肯定。但是你们一定要处理好工作和学习的关系。至于有的同学以培养能力为由放松学习也是不可取的。人最重要的能力是学习的能力，没有学习能力的人难能有其他能力。你们要处理好工作和学习的关系，要把因工作耽误的时间补回来，做到工作学习两不误。

048

在联合国舞台上扮演更重要的角色

1945 年 10 月 24 日，联合国成立。

应当说最初成立联合国的想法是美国的罗斯福和英国的丘吉尔提出的。太平洋战争爆发后，为了形成强有力的反法西斯联盟，美、英两国在征得了苏联的同意后，拟订了一个各国共同遵守的准则，即《联合国家共同宣言》。1942 年 1 月 1 日，当时美、英、中、苏等 26 个反法西斯国家在该宣言上签了字。1945 年 2 月，在雅尔塔会议上，罗斯福、丘吉尔、斯大林又进一步讨论了成立联合国的问题。联合国正式成立大会于 1945 年 10 月 24 日于美国的旧金山召开。中国代表团成员董必武在《联合国宪章》上签了字。根据宪章规定：联合国的宗旨为“维护国际和平与安全”“发展国际间以尊重人民平等权利及自觉原则为基础的友好关系”“进行国际合作”。美、英、中、苏、法五国是联合国的常任理事国。

七十多年了，联合国在国际事务中还是发挥了很多积极的作用。但是，某大国也借联合国的名义侵略过其他国家。现在我国在联合国的地位逐渐得以提升，但是与我们这样一个大国在国际事务中所应起的作用还不相称。随着我们综合国力的增强，在联合国这个舞台上，我们必将扮演更重要的角色。大学生们要奋勇担当哦！

049

读大学必须记住的关键词之四：乐群

“社会学”一词翻译的时候最先用的是“群学”。为什么呢？因为人是社会中的人，是群居动物，离群索居是无法存活下去的。笛福的小说《鲁滨孙漂流记》中为什么要找“星期五”给鲁滨孙做伴，为的也是能让鲁滨孙“活”下去，不然小说怎么写下去呢？在我国原始社会时期，对人的最严厉惩罚就是开除氏族部落。这意味什么呢？开除即意味着死亡，即使不被冻死、饿死，也要被野兽吃掉。

屠呦呦为我国拿到了诺贝尔大奖，为中华民族争了光。可是屠呦呦讲，这个奖不属于自己，属于集体、属于祖国。这里有谦虚之意，更有乐群之怀。没有团队的齐心协力，没有祖国的培养，屠呦呦的确难能站到科学的高峰上。大学生是知识群体，一定要培养自己的团队精神。今天的学习需要你们相互学习、相互鼓励、相互帮助，明天的发展同样离不开团队的支持，谁不“合群”谁就不会有所作为，谁就要被社会所淘汰。

世界上有 70 亿人口，得多大的缘分才能让你们走到了一起，尤其是还住到了一个寝室里。想一想，即便你活到 100 岁，还要有二十五分之一的时间是和同学在一起呢。

别说没理，有理不是也要让三分吗？怎样读好大学？大学不只是学知识的地方，也是培养你能力的地方。乐群，也是一种交往能力，它需要你认真地处理好你和同学的关系。

我在前面的文章中说过，当你毕业的时候，不仅要看毕业证的大小，还要看看你毕业证的“含金量”,这含金量就包含你不是孤身一人离开了校园,你还带走了一个团队。在你未来的征途上,这个团队就是推动你前进的强大力量。

050

读大学必须记住的关键词之五：明辨

习近平总书记在北京大学与师生座谈时，谈到要帮助青年学生系好人生的扣子。人生的扣子怎样才能系好？习近平总书记还特别强调要能做到“明辨”。他说，“广大青年要明辨，善于明辨是非，善于决断选择”。明辨就是善于区别是非；知道对错；懂得什么是该坚持的，什么是该反对的、放弃的。大学生一定不能只重视专业知识的学习，而忽视思想力的提升。

我在上课的时候问学生谁知道孔子的诞辰？结果只有一个学生举起了手。全球化时代已是你中有我，我中有你。问题是对外来文化应当抱有正确的态度。我的观点是：对外来文化我们可以微笑，可以握手，甚至也可以拥抱，但是绝不能“躺在人家的怀抱”。那样就失去了自主性，就会丢掉我们的根。所谓明辨，就是要大学生们能够做到“四个自信”，做到像当年竺可桢先生对学生要求的那样：“只问是非，不计利害”。对事物要有深刻的洞察力、鉴别力。古人曰：“学而不思则罔，思而不学则殆。”明辨，即要求大学生凡事多动脑，多问为什么。

大学生中非常认同“知识就是力量”这句话，有的大学里也是在显要处写着这句话。知识真的就是力量吗？知识或许是力量，像天使一样把你引进天堂；知识也可能是魔鬼，把你送进地狱。知识不会天然成为力量的。知识成为力量需要中介，就是要识之所知。那些在监狱里的曾经的高官哪个没有知识，但是他们权迷心窍，忘记了权力只有为人民所用才有价值、才有力量。若是只想用权力谋取自己的私利，早晚会落得身败名裂的下场。

有一次我到一个大学去看我一个朋友的孩子。我怕手机没电了到学校联系不上,就把这个孩子的电话号码写在了一个档案袋上。到了学校,手机果然没电了。我就站在路边想跟过往的学生借用一下手机。有的一听要借手机用,扭头就走;有的还没听你说什么马上就离开了。正在我犯难的时候,有个学生走了过来说,“用我的手机吧。”“你怎么愿意借给我用呢?”“我看你不是个坏人。”“你怎么看出来的呢?”他说他看我拿的是个大学的档案袋,言谈举止挺儒雅。我说“小伙子你还挺有明辨能力的。”我确实是个好人。我把我的电话号码留给了他,让他以后有事找我。

那几个学生为什么转身就走呢?说到底,是他们没有明辨的能力。或许他们从小就被灌输了对社会的片面看法,也或者是他们自己只看到了社会负面的东西。因为没有明辨的能力,他们就不能以积极的心态看待他们生活的社会,他们就把握不住社会的主流。

大学生朋友们,社会上有坏人,但是还是好人多,没有这种“明辨”能力,你们怎么投身即将进入的社会?怎么和人打交道?你的内心都不明亮,怎么能成为大气的、光明磊落的、令人尊重的人?孙中山先生说过这样一句话:世界大势,浩浩荡荡,顺之则昌,逆之则亡。大学生一定要增强自身的思辨能力,这样,才能在时代发展的大势中把握前进的方向,成为弄潮儿。今天,就是需要你们加深对新时代中国特色社会主义思想的认识,清楚地懂得中国和世界的联系、你和祖国的关系;懂得中国将向哪里去、你应去向哪里?把新时代中国特色社会主义思想作为评判自己行为对错的标准。怎样才能读好大学?没有这样的“明辨”能力是读不好大学的。

051

用李四光的爱国精神激励自己

1889 年 10 月 26 日是地质学家李四光诞辰。

周恩来同志说过这样一句话:“为中华之崛起而读书”。正是有了这样远大的抱负,才使周恩来同志最终成了人民的总理。李四光的科学之路也揭示了这一道理。

湖北的黄冈赫赫有名,李四光就出生在黄冈市的一个贫寒的家庭里。但是李四光学习刻苦,以优异的成绩考上了武昌高等学校。李四光起初并没有想在地质科学方面发展,当时的中国正是“国破山河在”的年代,李四光目睹了帝国主义军舰在长江上横冲直撞,军舰过后涌起的巨浪将渔民的小船掀翻到江里的场景。李四光内心充满了愤怒,他要学机械,造大军舰,把帝国主义赶出中国。造军舰要钢铁,炼钢铁需要矿石,就这样一个简单的逻辑关系,使李四光毅然选择了地质科学。

李四光在北京大学地质系担任过教授,他把自己的一生献给了地质科学。西方学术理论曾断言中国没有石油。李四光坚决不信,经过长期的研究和考察,在李四光的指导下,我国陆续发现了大庆油田、大港油田、胜利油田、华北油田。李四光为我国的地质科学做出了不可磨灭的贡献。

是什么决定了一个人的成功? 仅靠聪明是不行的。美国学者戈尔曼认为,一个人的成功中,智商只占 23%左右,所以成功的重要条件是非智力因素。爱国本身就是重要的情感,它可以为人的发展提供强大的精神动力。大学生一定要把个人的学习和国家的需要结合起来,让青春在奉献中闪光。

052

坚定政治信仰

1927年10月27日，中国共产党创建井冈山根据地。

中国革命的道路应当怎样走？南昌起义后，我们党开始认识到靠城市暴动的方式是不可能从根本上解决中国革命问题的。因此，以毛泽东同志为代表的中国共产党人走上了农村包围城市的道路。井冈山根据地就是中国红色军队在农村建立的第一个革命根据地。

井冈山的条件十分艰苦。战士们不仅吃不上一顿饱饭，还要时刻防范敌人的突袭。不仅是士兵，连有些党的高层干部对革命胜利都产生了怀疑、动摇的想法。毛泽东、朱德等军队领导人与战士们同甘共苦，坚定了革命必胜的信念。毛泽东同志为此写下了《星星之火，可以燎原》一文，用以教育全党上下。毛泽东说："中国革命高潮快要到来…… 它是站在海岸遥望海中已经看得见桅杆尖头了的一只航船，它是立于高山之巅远看东方已见光芒四射喷薄欲出的一轮朝日，它是躁动于母腹中的快要成熟了的一个婴儿。"

井冈山精神有着丰富的思想内容，其中，信仰的坚定性是十分宝贵的，是值得我们珍藏的一笔财富。大学生正处在人生的紧要关口，方向选择的对错固然是十分重要的，但是如何面对前进道路上所遇到的困难同样重要。不论遇到什么情况，心中的信念一定要坚如磐石。想一想井冈山精神，你们面前的困难真算不得什么。换言之，一帆风顺的道路会让你缺少对人生的感悟，也就没有了对人生深刻的体验，你也就不会感受到奋斗所带给你的快乐。

053

读大学必须记住的关键词之六：刚毅

没有人会独自成功，也没有人会随便成功。要想读好大学，一定要有刚毅的品格。英国有个学者叫简·古道尔，为了研究黑猩猩，她二十多岁时前往非洲的原始森林，并且度过了三十八年的野外生涯。有时她母亲陪着她去，有时她只身一人前往。她克服了无数常人难以想象的困难，最后完成了一部至今人们难以想象的学术著作——《在人类的阴影下》。

她本人曾获得了联合国所颁发的马丁·路德·金反暴力奖。此前这个奖只有南非前总统曼德拉和联合国前秘书长安南获得过。可以说在她所研究的学术领域至今还没有人能超越她。马克思在谈到科学研究的时候说：在科学的道路上没有平坦的大道，只有不畏艰险沿着陡峭山路向上攀登的人，才有希望达到光辉的顶点。

你们忘记了这样一句话吗？“打倒你的只能是你自己。”你不坚强谁能替你坚强？每个人都希望在自己的成长过程中能处在尽善尽美的环境。事实上这是不可能的。在你的成长过程中难免会有一些不如意，特别是有些家庭生活贫困、身体有残障的同学。越是在这样的情况下，越需要你们有不畏艰险的精神、刚毅的品格。

困难专爱“吓唬”那些惧怕它的人。你们知道那个背着母亲上大学的大学生吧？你们知道那个带着妹妹上大学的大学生吧？我还知道一个大学生，他的母亲几乎成了植物人，只有一点点微弱的意识。这个学生是个班长，每天除了学习还要有些班级工作要做，特别是还要到敬老院照顾他的母亲。他常常是坐在凳子上、趴在他母亲的床边度过整个夜晚。就是在这样的环境下,他的学习成绩也总是班级的第一名,后来他还入了党,成为辽宁省优秀大学生。

前两天我去长春的时候,我还参观了长春大学特殊教育学院教学成果展览馆,这里展现了许多身残志坚的大学生刚毅坚卓的奋斗足迹。

××,2008 级艺术设计专业学生,先天失聪,曾获得国家奖学金、全国残疾大学生励志奖、中国大学生自强之星、“长春市十佳大学生”称号。在校期间因酷爱舞蹈、篮球、乒乓球、滑雪等项目,多次参加国内外赛技活动,树立了自信心。现在在青岛一家设计公司做设计员。

××,全盲学生。2011 年毕业于长春大学。通过融合教育学习了英语专业,雅思考试成绩 7.0,被录取到英国杜伦大学特殊教育专业攻读硕士学位,毕业后又进入香港大学攻读法律硕士学位,现在中国人民大学法律研究中心做研究员。

这些大学生成长的环境都比较艰难,他们为什么能够很好地度过大学生活?应当说靠的就是刚毅的品格。所以,怎样才能读好大学?不要祈求一切都舒心如意。最为重要的是当你面对不幸的时候,你不惧怕、不退缩,不怨天、不怨地,刚毅坚卓、拿出最大的勇气,勇敢地面对这些不幸,直到彻底战胜这些不幸,真正成为生活的强者。

习近平总书记在党的十九大报告中说“历史只会眷顾坚定者、奋进者、搏击者,而不会等待犹豫者、懈怠者、畏难者。就是说,历史属于那些刚毅坚卓的人!

054

孩子们，一定要孝敬你们的父母！

亲爱的大学生朋友们,也可称你们为孩子们吧？我六十多岁了,我带的今年毕业的120个学生中,只有三个学生家长的年龄比我大,我自己的孩子也硕士毕业三年了,从年龄上看,我就是你们的父辈。当然在感情上,我们还需要进一步的沟通。我在校园里来来往往的学生,都有一种像我自己的孩子一样的喜欢。有时我在学生食堂吃饭,我还帮在我前面的学生买单,这样一是节省算账的时间,二是能够找到一种关爱孩子的感觉。我2013年来到大连海事大学担任了公共事业管理与人文学院2013级的辅导员,我跟他们说,我就是他们的"代理家长"。我每天都给他们发微信,跟他们交流;也不时地嘱咐他们需要注意的事情。他们都很懂事,也不惹我生气。毕业时他们说我是他们的"父亲",他们会回来看我的。我说我也会等他们一直等到连端一杯水的气力都没有的时候。知道为什么今天要跟你们讲孝敬父母这件事吗？这是因为昨天发生的一件事让我到现在仍然挥之不去。

昨天上午我在一所大学给参加教师职业素养培训的教师做报告。有个老师很信任我,跟我说了一下她孩子的情况。这个老师的孩子在读大三。有一次她和孩子因在一件事情上看法不一致,导致孩子发了脾气。她感到很伤心。这个老师和我交流时强忍着泪水。我当时心里也不好受,我能理解一个母亲内心那种痛楚:家长没有祈求孩子将来能够给他们什么丰厚的物质回报,他们只是希望孩子能够理解他们的那份心。

孩子们,你们长大了。你们上了大学,你们像一只只小鸟长满了羽翼之后飞出了你们的窝。但是你们不能因为长大了,就忘了你们是从哪里来的,就忘了你们父母曾经对你们的哺育。我看过这样一幅画:几只小鸟张着嘴站在鸟巢边上等待着它们的妈妈喂食。小鸟的妈妈嘴里叼着一条虫子在鸟巢的上方盘旋着把虫子放到小鸟的嘴里。有没有人能告诉我:这只鸟妈妈在喂食的时候,它已经吃饱了吗?它是不是还在饿着肚子呢?孩子们,你们和你们父母间的关系不就是这样吗?没有父母,哪有你们生命的降临、又哪有你们生命的存活啊!你们现在还没有体验,父母对孩子的那种疼爱是无法用语言来形容的。我也去过儿童医院。医院里孩子们一声声的啼哭,就像在撕裂着父母的心。若是那针在孩子父母的身上哪怕是多扎十针、百针能治好孩子的病,哪个父母也不忍心在孩子的身上扎上一针!日本有这样一则民间故事:有个不孝的儿子嫌弃他的母亲老了给他增添了麻烦。他便背着母亲往大山里走去,他想把母亲丢弃在那里。他一边走着,他母亲一边折下路旁的树枝丢到地上。儿子问:“丢树枝干什么?”他的母亲说:“儿呀,妈是怕你回去的时候迷了路啊!”这个儿子羞愧难当,又把他的母亲背了回来。这就是伟大的母亲:无论自己怎样,也不愿孩子受一点委屈。

孩子们,你们长大了,你们有了你们自己的生活。什么是你们的生活?你们要学习、要就业、要交友、要谈恋爱。但是你们不要忘了,孝敬你们的父母也是你们生活的内容,或者说是你们生活的重要内容。特别现在你们还在读书阶段,你们还没有独立的生活,是父母在供你们上大学。你们每一个学分的获得,难道不凝结着你们父母的血汗吗?没有他们的供养,你们能够安心地读书吗?为了你们将来有更好的发展,哪个父母不是倾尽所有。尤其是那些来自困难家庭孩子的父母。有个学生跟我讲:为了给他凑学费,他母亲借遍了村子里的人家。那付出的辛酸、异样的眼神,深深地刺痛着他,也激励着他。我去过许多困难学生家家访。每个家庭都有讲不完的故事。哪个家长不都是自己舍不得吃,尽量让孩子在学校别受委屈。孩子们,不孝敬你们的父母真是良心何在?岂不是罪过?

孩子们,你们长大了。但是在父母的眼里,你们永远是孩子,无论你在哪里,父母都会牵挂着你。我孩子读大学的时候,想他的时候我还会站在办公室,朝他读书学校的方向望一望。做父母的总是会跟你唠叨,他们唠叨的不一定有道理，但是你们一定要理解父母这份心。你们有了文化，父母讲得不对的地方，你们慢慢地跟他们交流，千万不要因为父母说得不对，便冷落、不搭理、瞧不起，甚至挖苦你们的父母。你们若是这样，哪里还有一点大学生的素质。父母不对，你们可以不厌其烦地开导他们，他们不就是这样拉扯你们长大的吗？你们拿出父母对待你们哪怕十分之一的耐心好不好？你们对人生还没有太多经验，对父母的唠叨还缺乏理解。而人生也不能事事都能体验。所以，还是要多借鉴一下别人的经验，父母的唠叨就是他们对人生最为负责的经验传授。

孩子们，孝敬不能等待。不是说非要等你将来有成就了才来孝敬父母。

你们在学校好好学习就是一种孝敬；你们在学校别惹是生非就是一种孝敬；听父母的话就是一种孝敬；常跟家里联系、哪怕报个平安也是一种孝敬。孝敬就是不要惹父母生气、让父母省心、让父母放心。孝敬父母是正事，一定要排在你们的议事日程上，这个时间是必须花的，并且要雷打不动地花。要知道，你们的孝敬，是父母一生最大的幸福啊！

孩子们，做个孝敬的孩子吧！请从现在开始。

055

读大学必须记住的关键词之七：慎独

慎独就是自己要管好自己。路是自己走出来的，人的一生谁也不能替代。现在的大学生靠家长包办的太多，特别在来大学之前，很多大学生的路是家长“替走”的，甚至自己的思想也是家长“主导”“培育”“代管”的，如果这样读大学，怎么能读好呢？

你们都是成年人，你们必须自己面对眼前的世界。有些事可以跟家长商量，有些事要你自己做主。该做还是不该做、怎样做应当你自己说了算。经过千辛万苦，你们总算来到了实现自己人生理想的重要的地方，你们一定要走好人生的每一步。使自己成功，恐怕不是很容易，需要付出很多；导致自己失败，却是一念之差的事。

慎独是多方面的，有思想上的，有行为上的。在思想上一定要保持积极向上的人生追求，不时地管理自己的“思想库”，不能让那些不健康的、乱七八糟的思想侵入你的头脑，不然，你就会被腐蚀掉的。至于行为上的慎独可以从多个方面考虑。

一定不能违法乱纪，这是你的底线。有个大学生在国内一个名牌大学读书，学的也是名牌专业，很是令人羡慕。但是他犯了杀人罪，被判处了死刑。这件事过去几年了，每每想起来我都十分心痛，一个风华正茂的大学生就这样葬送了自己的前程，这对他的父母是多大的打击啊！对国家也是不小的损失。还有的学生干些偷窃、诈骗的勾当，也受到了法律的惩罚，这都是因为没有做到慎独造成的。你们要遵守学校的校规校纪。有的大学生往往把学校的一些管理规定当成“耳旁风”,结果违纪了才“痛心疾首”。每年因考试作弊受处分的学生很多,有的学生跪在学校领导面前希望能给他一次悔过的机会。这正应了那就话:若知今日,何必当初。

慎独也是告诉你不能抱有侥幸的心理。每年都会有大学生因为违章使用电器受到处分的。这些学生往往这样想:这么多寝室我怎么会那么“背”被发现呢?慎独就是要你不能当面一套,背后一套;在大庭广众面前一个样,独处时又是一个样。我在做学校党委副书记的时候常到学生宿舍。有一次我正要从二楼往三楼走的时候,突然一口痰从三楼吐了过来。我一闪,这口痰吐在了栏杆上。这时我出现了,吐痰的那个学生也出现了。她认识我,我也认识她。这个学生是校学生会的一个干部。她一再地解释、道歉,这又有什么用呢?我对她的印象已经大打折扣了。慎独还包括管住自己的嘴。不允许抽烟就不要抽。有的学生因抽烟引燃了物品,结果藏不住了,受到了处罚。还有的学生在寝室酗酒。学校是有明文规定的,学生不准在寝室喝酒,有的学生就是不听。结果喝多了,从楼上掉到了楼下,摔成了重伤。喝酒的事自然东窗事发了。

大学生朋友们,希望你们能够记住中国的一句古语:一着不慎,满盘皆输。人生是个漫长的过程,靠装,靠侥幸,靠当面一套、背后一套是不行的。如果这样的话,你不是今天就是明天,不是现在就是将来,总是要露出马脚,到那时你的一切努力都付之东流了,留给你的只能是对人生的悔恨。一定要做到慎独,慎独也是一种习惯,养成习惯了,也就坚持下去了。

056

读大学必须记住的关键词之八：健体

有的学生会说，身体是自己的，锻不锻炼与别人无关。这是不对的。

人不是动物，人的存在不是本能的存在。从出生那天起，先是从父母那里，接着从学校、社会，生命的个体便源源不断地被注入文化的元素，可以这样讲，人的身体就是物质和精神的统一体。从这点来看，还真不能说身体就是自己的。对待自己身体的态度如何，一定程度上折射出一个人的生活态度和价值追求，也可以反映出一个人的社会责任。所以，总体看来，凡是努力锻炼身体的人，一般生活态度都积极向上；反之，则愿意顺其自然，听天由命。

毛泽东同志年轻时就有远大抱负，所以他就十分注意锻炼身体，在长沙读书的时候，他就常到橘子洲头游泳，留下了“到中流击水，浪遏飞舟”的壮丽诗篇。中国有句古话，”出师未捷身先死“。只有满腔热情，没有好的身体，再远大的理想也无法实现。党的十九大报告中提出，我们要建体育强国，要全民健身，也就是要为中国梦的实现提供强大的物质保证，让人民过上更加美好的生活。当代大学生肩负着神圣的使命，实现中华民族伟大复兴的任务落在你们的肩上。没有革命的本钱，怎能担负如此大任！

当然，锻炼身体还不仅仅是对国家，对社会有益的事，对自身也是有好处的。有了好的身体，自然可以保持旺盛的精力，学习起来也有劲头。你们生活在多么美好的时代啊！党的十九大提出，要不断满足人们对美好生活的新期待，想想你们未来的日子，一定比我们吃得更好，玩得更好。可是，如果没有好的身体，岂不吃啥都不香，啥也玩不了，那么多的美好你只能眼睁睁地看着，这是多么大的遗憾哪！况且身体不好，给自己也带来了诸多不便和痛苦。尤其当你年龄大了的时候，既给儿女添负担，也给老伴添麻烦。没有远虑必有近忧啊！我们年轻的时候，非常流行"年轻的朋友来相会"这首歌。歌中有这样一句词：再过二十年，我们来相会。当时大家听起来感到那么遥远，转眼却是快四十年过去了。年轻人啊，听听我们过来人是怎么说的吧，不听老人言，吃亏在眼前啊！

我在读大学的时候就注意锻炼身体。我当时想，家里穷，尽量少得病，为家里减轻经济负担，自己也少遭罪。另外，我非常渴望游览祖国的名山大川，我想，我要锻炼好身体，哪怕将来骑自行车也要看看这些地方。工作了之后，我还是每天都到操场跑步。从读书到工作，我们学校操场经常就我一个人在跑步。虽然冬季的时候天气十分寒冷，只要能跑，我就没有停止我的脚步。特别是做辅导员的时候，我想，我要给学生做榜样，要让学生感到我是一个有追求、有毅力的人。有一年有个毕业生到大连看我，他给我带了一件唐三彩，是一匹骏马。他说，我给他的印象就像这匹马，奔腾不息。锻炼，使我有了较好的身体素质。我上课，做报告，从来都是站着讲，我想，能站着的时候为什么要坐着呢？在我五十七岁的时候，学校举行男子网球单打比赛，我参加了比赛。在不分年龄组的情况下，我还获得冠军呢！我现在的教学、科研任务也很重，每天还要在公众号上发点东西。我的公众号从正式开通以来，平均每天能发二千字左右。记得有一天晚上我六点给学生上课，下课后自己开车到了机场，去北京参加教育部的一个会议。当天晚上十一点半到了酒店，简单洗漱一下便开始写，凌晨一点写完。第二天早上八点半在教育部开会，上午会议结束后，我就赶往机场，下飞机我再开车到学校给学生上课，上完课我回家还要写公众号的文章，保证明天要有文章发。我从上大学到今天，几乎没睡过午觉。很多人问我，这样身体受得了吗？想想和我同龄的很多人现在都行走在看病的路上，我还能够站在讲台上，还能为学生做些什么，真是很幸福了！我要继续锻炼身体，一是还能为国家做些有益的事；二是尽量不给孩子添负担；三是这些年我爱人对我的工作给了很大支持，我要成为终身陪伴在她身边的人！

大学生朋友们，锻炼身体一定要持之以恒，不能三天打鱼两天晒网。从这点来说身体是自己的，锻炼和不锻炼是不一样的。我常说的一句话是:身体是最“功利”的,你对它怎样,它就对你怎样。锻炼身体要讲求实效,不要形式主义,而最实际有效的锻炼方法就是到操场跑步,简便易行,要学会和操场“交朋友”。另外,锻炼身体要成为一种意识,随时提醒自己。比如,无论在哪里看书,不要一坐几个小时不动,偶尔伸伸腿,弯弯腰;或者可以站着学习的时候不要坐着。出差乘高铁的时候,大家都排队坐滚梯,我就走楼梯。坐车时间长了,我也是起身到车厢连接处活动一下身体。

“两利相权取其大,两害相权取其轻。”这点账大学生朋友们能算清楚吧?锻炼身体一举多得,何乐而不为呢?也许开始会有些难,坚持下去就会获得不一样的感受。

祝你们把身体锻炼得棒棒的;

把我们的祖国建设得强强的;

把你们的生活过得香香的!

加油啦,不要停下你们的步伐哦!

057

群众是真正的英雄

1948年11月2日，辽沈战役大获全胜。

辽沈战役是解放战争期间“三大战役”之首，这次战役东北解放军以伤亡6.9万余人的代价，歼灭东北国民党军47万人。

辽沈战役告诉了我们什么？军事指挥上的对错无疑是重要的，但是，任何战争都是人与人之间的战争。因此，战争胜负的关键还是在于人心的向背。正如毛泽东同志所说的：武器是战争的重要因素，但不是决定的因素。决定的因素是人不是物。为什么打仗？为谁打仗？战争的性质决定了战士们是贪生怕死还是奋不顾身。共产党的军队是正义之师，代表的是人民的利益，因此，战士们才能奋勇杀敌。而论指挥上，国民党方面也是会聚了不少黄埔军校的人才。我去过黄埔军校遗址参观，那里当年就是为国民党培养军事指挥人才的，国民党军队里有一批人是很懂指挥、很会打仗的。

大学生一定要有群众观念，党的宗旨是全心全意为人民服务，离开了群众必将一事无成。千万记住这样的道理：群众是真正的英雄，而我们自己则往往是幼稚可笑的。今天，在市场经济大潮涌来的时候，多少贪官忘记了党的宗旨，忘记了人民群众，结果不都落得了身败名裂的下场吗？要想成功，就得依靠人民，这样力量才会强大。

058

读大学必须记住的关键词之九：惜时

我喜欢读毛泽东同志的诗词。在中学的时候，我有一本红色封皮的《毛主席诗词》，书中的所有诗篇我都能倒背如流。毛泽东同志写过这样一句诗："一万年太久，只争朝夕。"那时自己十几岁，还不太理解，只觉得时间不是有很多吗？最愁的是自己什么时候能长大？长大了多好啊！岁月真是无情，转眼把我送到"耳顺"的年龄，想一想也着实可怕，总感觉自己一件事情都没有做好，便要退出历史舞台了。

我读大学的时候还是很惜时的，算得上争分夺秒地学习。我从来不舍得睡午觉；我家是大连的，我就在大连读的大学。周末的时候我时常回家看看父母，但不在家住，而是回到学校学习。之所以惜时，一是觉得机会来之不易。像我们这些下乡知识青年，能赶上高考真是一大幸运。在我们之前多少有才华的青年因为"文化大革命"，错失了上大学的机会。记得我们上学的时候，因为正处在百废待兴时期，大学的学习条件不好，一些青年学生发牢骚。《贵州青年》登了一篇大龄青年的文章，意思是"你们有什么牢骚可发？我们连读大学的机会都没有。"事实确实如此，我们也只有好好学习的份儿。二是觉得那么多优秀的人都在自己的前面，本来已经落下了，再不加把劲儿，不就落得更远了吗？我想：可怕的不是他们在我的前面，可怕的是我没有他们努力。我可能永远不能撵上他们，但是我绝不能再输在努力上。四年的大学生活稍纵即逝，我欣慰的是我还对得起我的这段时光；我还要感谢这四年的时光，它为我提供了创造未来人生的"物质"保障，这四年，“管”了我三十五年，乃至会“管”我的终身。

大学生朋友们，你们一定要懂得惜时。政治经济学有个基本的理论：剩余时间创造剩余价值。把这个理论借用到学习上，可以这样认为：你要想比别人学得好、比别人出色，那就得比别人占有更多的剩余时间。现在非常流行“成功学”。在我看来，想成功，这样两个要素是必备的：一是责任，二是剩余时间。有了责任，就会不顾一切；有了剩余时间，才能保证你理想的实现。看看那些成功地离开大学的学子，哪个不是惜时如金的人。每天叫醒他们的都是内心的信念而不是闹钟。他们从不舍得过周末，他们从不舍得闲逛商场，他们从不舍得把宝贵的时间用到吃喝上，他们从不舍得浪费每一堂课。他们把大量的碎片化时间全部变成了剩余时间，他们更是把假期当成了“第三学期”。亲爱的大学生朋友们，真没有大把的时间容你们肆意挥霍。在大数据时代，社会竞争是如此的激烈，你们努力了都未必能走到前面，不努力必然被淘汰。赶紧抓紧时间好好学习吧，大好的时光只有用来做大好的事情才有意义。对于你们来说，“大好”的事情就是要全面培养自己，在有限的四年时间里，把自己锻造得出类拔萃！

059

读大学必须记住的关键词之十：厚德

清华大学的校训是“自强不息，厚德载物。”只有“厚德”，才能承载“万物”。这也是我国大学文化十分强调的一点。《大学》一书中说：大学之道在明明德。何谓明德？明德 即大德，也可以说是厚德。怎样“明明德”？古之欲明明德于天下者；先治其国；欲治其国者，先齐其家；欲齐其家者，先修其身；欲修其身者，先正其心……心正而后身修，身修而后家齐，家齐而后国治，国治而后天下平 。宋朝大学者张载说过这样一句话：“为天地立心，为生民立命，为往圣继绝学，为万世开太平。”这里也是表达了要“厚德”的意思。

蔡元培先生在任北京大学校长时说：“诸君须抱定宗旨，为求学而来。入法科者，非为做官；入商科者，非为致富。宗旨既定，自趋正轨……”一个知识分子，学了那么多的知识，一定要懂得所学知识要为谁服务。抗日战争时期，浙江大学被迫迁移，途中学生围着竺可桢校长问了一个问题：我们怎样才算读完了大学？如果今天用同样的问题问一问我们的一些同志、家长，恐怕大家最关心的还是英语四级过没过？计算机等级证书有没有？律师证有没有？心理咨询师证有没有？会计师证有没有……都有了，那就考个驾照吧。大家把关注点都放到了学生技能的培养上。看看竺可桢校长是怎样回答的：“乱世道德堕落，历史上均是，但大学犹如海上灯塔，吾人不能于此时降落道德准则，切记：异日逢有作弊机会是否能‘磨而不磷、涅而不缁’，此乃现代教育试金石也。”什么意思啊？本有考试作弊的“机会”，但能够做到“磨而不磷、涅而不缁”，这就是最好的检验、最高的水平。“磨而不磷、涅而不缁”是《论语·阳货》中的一句话，意思是像坚硬的物品磨了以后不变形，染了以后不变色。比喻意志坚定的人不会受环境影响。

近日大家正在学习的先进人物黄大年，就是一个厚德的人。1982 年 1 月他大学毕业时在给同学的毕业赠言中写道：“振兴中华，乃我辈之责”。他将邓稼先等老一辈科学家作为自己成长的榜样，在祖国需要的时候，毅然放弃国外优越的物质条件回到祖国，为祖国的科学事业做出了巨大的贡献。很多人评价他是“纯粹的知识分子”，因为他“什么职务也不要，就想为祖国做些事”；很多人评价他是“另类的科学家”，因为他对待科研只一句“我没有敌人，也没有朋友，只有国家利益”。

大学生应当向黄大年学习，培养自己崇高的品德。学习知识无疑要有一定的智商水平，而既然能考上大学，你们相互间的智商又能差到哪去呢？可是在大学的四年里，乃至未来的发展中为什么同学间又会有那么大的差距呢？恐怕这个问题的答案只能从品德那里去寻找。厚德，为青年学子的成长明确了方向、提供了精神动力，这就是答案！事实也一再证明，那些一心只为自己“埋头”学习的人，没有什么作为，也不会有什么大的出息。这是因为自私自利的情感会限制其才能的发挥，说到根本上就是：德之不厚，何以承载重物！

060

读大学必须记住的关键词之十一：责任

责任，就是使命、就是担当。要想读好大学，必须时刻把责任放在心上。

1939年5月4日，为纪念五四运动二十周年，毛泽东同志在延安青年群众举行的五四运动二十周年纪念会上做了《青年运动的方向》的演讲，毛泽东同志在此提出这样一段论述："看一个青年是不是革命的，拿什么做标准呢？拿什么去辨别他呢？只有一个标准，这就是看他愿意不愿意、并且实行不实行和广大的工农群众结合在一块。愿意并且实行和工农结合的，是革命的，否则就是不革命的，或者是反革命的。他今天把自己结合于工农群众，他今天是革命的；但是如果他明天不去结合了，或者反过来压迫老百姓，那就是不革命的，或者是反革命的了。"这里，毛泽东同志十分强调的一点就是青年知识分子一定要与人民群众在一起，能够担负起历史的使命。爆发于一百多年前的五四运动，正是在民族危亡的时候，广大的青年知识分子，在中国共产党的引领下，勇敢地扛起了反对帝国主义、封建主义的大旗，起到了先锋和桥梁的作用，掀起了一场伟大的爱国运动。五四运动成了新民主主义革命的开端。八十五年前，日本帝国主义大举进犯我国，北平危机、华北危机、中华民族危机，在此背景下，广大的青年知识分子，高喊"打倒日本帝国主义"的口号走上街头，投入到声势浩大的爱国洪流中。当年一二·九运动的学生领袖之一宋黎在世的时候，我还跟他交谈过，他说当年就是强烈的使命感、责任感使他奋不顾身地参加了一二·九运动。

每个时代青年有每个时代赋予他们的使命和责任。党的十九大主题是:不忘初心,牢记使命,高举中国特色社会主义伟大旗帜,决胜全面建成小康社会,夺取新时代中国特色社会主义伟大胜利,为实现中华民族伟大复兴的中国梦不懈奋斗。当今青年学生,无疑担负着实现中华民族伟大复兴的使命和责任。习近平总书记指出:青年兴则国家兴,青年强则国家强。青年一代有理想、有本领、有担当,国家就有前途,民族就有希望。中国梦是历史的、现实的,也是未来的;是我们这一代的,更是青年一代的。中华民族伟大复兴的中国梦终将在一代代青年的接力奋斗中变为现实。亲爱的大学生朋友,你们一定要不辱使命、勇于担当,把自己的学习同亿万人民群众正在从事的伟大事业结合起来,不忘初心,牢记使命和责任,只有这样,你们才能读好大学。当然,在你们的身上不仅担负着实现中华民族伟大复兴的使命和责任,你们还担负着让你们的父母过上更幸福的日子的责任。有了这样的责任,你才能不惧怕前进道路上的任何困难。很多成功的大学生都有这样的体会:为了报答父母的养育之恩,他们有了强大的精神动力。我的许多学生都跟我谈过,他们的父母不容易,为他们付出得太多,他们一定要有出息,不能辜负了父母的养育之恩。可以肯定地说,带着这样的责任前行的学生,发展得都不错。

061

读大学必须记住的关键词之十二：践行

人类为什么要学习知识、传承知识、创造知识，说到底，是要应用到生产实践中，不断推动人类向更高级发展。大学生来到大学，既要学习理论知识，又要学习技能，培养自身的能力，而这一切都是要拿来使用的。马克思的著作浩如烟海，在马克思的墓上只刻了这样一句话：哲学家们只是用不同的方式解释世界，关键在于改变世界。这里的一个深刻内涵是：理论必须为现实服务，不然就没有意义。你的理论再明白、知识再丰富、能力再强，如果不学用结合，你就会成为空谈家，就会把知识变成“死”的东西，那你的理论、知识就等于白学了。大学生正处在风华正茂的时候，少有保守思想，这是你们的优势。但是因为年轻，又容易好高骛远、缺乏脚踏实地的作风，这又是年轻大学生的一大不足。所以，要想读好大学，一定要想办法克服自身的不足。比如加强社会主义核心价值观的学习。社会主义核心价值观是大学生人生的总开关，把握着大学生前进的方向。习近平总书记讲，大学生要积极培育和践行社会主义核心价值观。一些大学生对社会主义核心价值观不陌生，背起来头头是道，考试成绩也很好。但是自身却并没有很好地按照社会主义核心价值观的要求去做，这就失去了学习的意义。

实践是检验真理的标准，实践也会加深对真理的认识。我们很多大学生积极用社会主义核心价值观指引自己的行动，把对祖国的爱，转化为刻苦学习的动力。他们想的不是通过知识怎样改变自己、家庭的命运，而是增添“天下兴亡,匹夫有责”的时代责任感,用知识改变祖国的“命运”。他要到西藏奉献自己的一生。我们还有的大学生,积极投身到社会实践中,用所学的知识为社会服务。在服务社会中,他们感到自身在思想感情上和人民群众有差距,在知识能力上有不足,进一步认识到学以致用的重要性。要想读好大学,一定要“读书、走路、做人”。把课堂上、学校里学到的“死”的理论、知识、技能在实践中用活,让这些理论、知识、技能发挥出最大的作用。不然,你就会成为书呆子 ,那你的大学读得就没有价值了。当前,在以习近平同志为核心的党中央领导下,我们已经进入一个新时代。大学生一定做到像习近平总书记所希望的那样:坚定理想信念,志存高远,脚踏实地,勇做时代的弄潮儿,在实现中国梦的生动实践中放飞青春梦想,在为人民利益的不懈奋斗中书写人生华章!这就要求你们从现在开始培养理论联系实际作风,不空谈、不抱怨、勤勤恳恳、扎扎实实, 从我做起,从身边的事做起。久久为功,定有所为!

062

写给大学生朋友的话:理解

大学生朋友好!

有的学生私聊我的时候谈到因为不被理解而苦恼;有的学生希望我能就这个问题谈谈我的看法。这里我简单地聊几句。

谁都希望自己能被别人理解,这是一种心理的需要,也是一种被尊重的需要。而事实上并不是每个人、每件事都能被别人理解。我辞去省教育厅领导职务到大连海事大学转眼过去了四年,我当辅导员带的学生也已经毕业了。我在辞去领导职务的时候一定有些人不理解,现在也不可能所有人都能理解。每个人的处境不同,每个人的追求不同,每个人看问题的角度不同,每个人看问题的动机不同,每个人看问题的方法不同,每个人看问题的水平不同;有的人从骨子就没想理解你,有的人打心底里就想曲解你,有的人恨不能误解你,有的人甚至想陷害你。自古至今为什么有那么多的冤假错案,细分起来,从上面提到的原因里都可以找到答案。所以,要想做个完全被人理解的人,要想做个被所有人都理解的人是很难的。

关键是我们自己要理解自己、理解别人。对的事就坚持做下去;错的事就坚决改正。不是"日久见人心"吗?你是一个什么样的人时间会证明的。寻求"共识",忽略"一般"。记住你是在为绝大多数人活着,至于那极少数、极个别的人就由他去吧。

063

历史的规律不可改变

1917年11月7日,十月革命胜利。

人类历史的长河中有些日子具有特殊的意义,一百多年前的今天,即1917年11月7日是具有重大意义的一天。这天爆发了伟大的十月革命,她给人类的发展带来了新的曙光。

按照马克思主义的基本观点,人类社会要依次经过原始社会、奴隶社会、封建社会、资本主义社会、共产主义社会这样几个大的阶段。马克思主义从诞生那天起就一直遭到资产阶级的强烈反对,他们把马克思主义诅咒为人间的“幽灵”。然而,历史的规律不可抗拒,在马克思主义的引领下,人类出现了巴黎公社;继而诞生了苏联这个世界上的第一个社会主义国家;接着在东方又有了中华人民共和国的成立。

1991年,苏联发生了剧变,人类第一个社会主义国家“顷刻”间解体了。苏联的解体对我们有很大的影响,当时一些大学生开始担忧中国的社会主义会怎样。客观地讲,受错误思潮的影响,今天仍有的大学生缺乏“道路自信、理论自信、制度自信、文化自信”,这是大可不必的。人类社会的发展告诉我们,像奔流不息的江河一样,其进程从来就不是笔直的,时有弯弯曲曲,封建社会取代奴隶社会是这样,资本主义取代封建社会也是这样。“自由”“平等”“博爱”这类口号不错,但资本主义私有的社会制度不可能使其根本实现。苏联的解体只是社会主义发展中的一大曲折,人类终究要奔向共产主义这个历史发展规律是不可改变的。今天,在以习近平同志为核心的党中央领导下,中国特色社会主义伟大事业正焕发出勃勃生机,中国的世界影响力正日益增强。

大学生一定要把共同理想、最高理想和个人理想结合起来,只有政治上清醒、坚定,人生才会少走弯路,才会在奉献社会中实现个人的价值。

064

写给大学生朋友的话:恋爱

我和大学生聊几句恋爱问题。

恐怕人类社会最棘手的一个问题之一就是恋爱问题。这个问题太复杂,太难以把握。可是每个人又不得不面对,也实在绕不过去,对大学生群体来说自然也是如此。纵观大学生的校园生活,大学生活是否有意义,恋爱问题处理得如何甚为关键。可以这样来说,一些大学生的大学生活碌碌无为,甚至很失败,归结到一点,就是恋情所至。

大学阶段应当怎样把握自己的恋情?不赞成大学生在校谈恋爱的人会说大学不是恋爱的地方。这个观点不全对。从生理年龄来看,大学生已经成人,正是含苞待放的年纪,生理上有着强烈的欲望。可是,人是社会中的人。恋爱意味着结婚、意味着要成家育子,而家庭又是社会的基本细胞,因此从社会年龄看,大学生现在还真不是恋爱的时候。在大学阶段,大学生要为走向社会做充分的准备。我对我的学生就说过:你为孩子准备好奶粉钱了吗?你有没有考虑,当你有了孩子的时候,当孩子叫你爸爸妈妈的时候,你有脸面答应吗?孩子刚出生,你就下岗了,你对得起自己的孩子吗?仅从这点来说,你就不能随随便便恋爱,你必须以理智克制情感。况且,你是"大文化"熏陶出来的人,你不仅要"修身",还要"治国""平天下"!

有的学生说:"他喜欢我,他要跟我谈,我怎么办?"恋爱是单方面的吗?他喜欢你,你就喜欢他吗?他为什么喜欢你,喜欢你什么,这些你都考虑清楚了吗？打个不太恰当的比方：当你清晨还在梦乡的时候，有人就不约而同地来敲你家的门，你不觉得这个人没有礼貌，甚至很讨厌吗？怎么还值得你去喜欢呢？马克思告诉他的女儿，当有人来“敲门”的时候，一定要问清是谁，你总不能不问清楚了就投入人家的怀抱吧？

有的学生在中学就谈上恋爱了，有的是来到大学谈的。既然已经谈了，那就好好谈。有一次我在一所大学看到一对恋人在吵架，吵得很凶。我过去劝他们冷静些。我说你们要是有不可协调的矛盾就早点分手，还有份情意在。所谓好好谈也包括要处理好恋爱和学业的关系，不能因为恋爱荒废学业。现在有的学生对恋爱抱着无所谓的态度，或者说不是真心要恋爱，怎么说呢？这种恋爱观我不太赞成。既然不真心，何必要浪费时间？不负责任恋爱的结果常常是两败俱伤。

大学生特别要懂得爱是一类人的道理。因为法律、道德的因素，你们只能选择一人组成家庭。实际上符合你恋爱标准的、可以和你走到一起建立家庭的绝不止一人。打个比方来说，就像你生活在中国、生活在你读书的大学，那基本上就决定了你在中国、在你读书的大学选择你的伴侣；若是你出生后你爸妈把你带到了海外呢？你今天生长在海外、你在海外的一所大学读书，那你的人生伴侣还会在中国、在国内的大学吗？基本上不会了。这里想告诉你们的是：你们真不用太着急，你现在遇到的未必是最好的，待你生活的空间拓展了、视野开阔了，你的选择会更多的，那时你还会有可能后悔现在的恋人“档次”不够呢。果真是这样，无异于你从根上就为你的婚姻种下了不幸福的种子，这岂不是在拿自己的人生开玩笑。

我还想跟大学生朋友们说一下失恋了千万不要自杀的问题，这是底线。我在省教育厅工作的时候，有个学校报告有个学生夜里跳楼自杀在医院抢救。我半夜赶到了医院。这个学生救了过来，但是四肢、盆骨，还有其他骨关节都被摔得粉碎。看到这个学生的惨状，我都掉泪了，她的父母来了会怎样呢？大学生朋友们，既然他都不爱你了，怎么还为他自杀呢？自杀是什么？自杀是把痛苦留给了最爱你的人（父母）和你最爱的人（还是父母）！咬咬牙，一切都可以过去。过去了再看来时的路，你会感到自己当初的要自杀的想法是多么愚蠢可笑啊！

大学生朋友们，恋爱是美好的，但要把握住时节，这里指的不是自然的时节，而是社会的时节。不要轻易“出手”，恋爱了就要认真，但也不可忘乎所以。须知,恋爱只是你婚姻的一个环节,维系你未来家庭的幸福仅靠情感是不够的,还需要有事业和相关的一切。

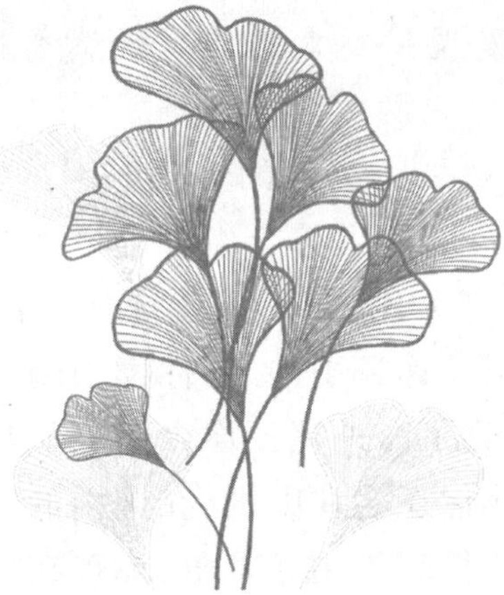

065

和大学生一起学“报告”

大学生朋友好!

日前,中共中央下发文件,要求全党认真学习宣传贯彻党的十九大精神。

中共教育部党组也颁发了通知,要求教育系统认真学习宣传贯彻党的十九大精神,落实立德树人这一教育的根本任务,坚持育人为本、德育为先,全面实施素质教育,培养学生社会责任感、创新精神、实践能力,把社会主义核心价值体系融入国民教育全过程,坚持不懈用中国特色社会主义理论体系武装师生头脑,引导广大学生树立正确的世界观、人生观、价值观,永远热爱我们伟大的祖国,永远热爱我们伟大的人民,永远热爱我们伟大的中华民族,写好教育“奋进之笔”。亲爱的大学生朋友们,习近平总书记指出:青年兴则国家兴,青年强则国家强。历史的法则决定了大学生群体必将成为未来中国特色社会主义伟大事业的骨干力量,你们中的一些优秀分子还将成为党和国家的领导人。因此,你们能否坚定地做到“四个自信”,对中华民族的伟大复兴至关重要。这就要求你们要认真学习好“报告”的精神,用习近平新时代中国特色社会主义思想武装头脑、指引方向。我是一名老思想政治教育工作者,也是一名老大学生,从今天开始,我会将我学习“报告”的一些体会与你们分享,若能为你们学好“报告”精神提供哪怕是一点点帮助也会使我感到莫大的欣慰。说得不对的地方请批评指正。因为这段时间太忙,恐怕就不能保证每天都发了,见谅!

让我们一起学“报告”吧!

066

重视科学理论的学习

“理论有什么用?”有的大学生会发出这样的疑问。

怎样回答这样的疑问呢?不妨让我们举一下远航的例子吧。乘过船的朋友估计都自问自答过这样的问题:在茫茫的大海上,为什么航行的船只能够驶向彼岸而不迷失方向呢?答案很简单,因为有舵轮在把握着方向。若问理论有什么用,答案同样很简单,它的作用就像舵轮一样。

伟大的革命实践需要伟大的革命理论。马克思、恩格斯十分重视科学理论的创立。1848 年 2 月,《共产党宣言》发表,深刻地阐释了“资产阶级的灭亡和无产阶级的胜利同样是不可避免的”重要结论,由此标志着马克思主义的诞生。巴黎公社的出现应当说就是这一科学理论产生的直接结果。

列宁提出了这样的论述:“没有革命的理论,就不会有革命的运动。”在帝国主义时代,列宁把马克思主义同俄国工人运动结合起来,创立了新型的无产阶级政党——布尔什维克党,并在理论上形成了完整的建党学说。俄国共产党正是在这一理论的指导下,取得了十月革命的胜利,建立了世界上第一个社会主义国家。

毛泽东明确地指出:“指导一个伟大的革命运动的政党,如果没有革命理论,没有历史知识,没有对于实际运动的深刻的了解,要取得胜利是不可能的”。中国共产党是按照马克思列宁主义的革命理论和革命风格建立和发展起来的无产阶级革命政党。以毛泽东同志为代表的中国共产党人,把马克思列宁主义的普遍原理同中国革命的具体实践结合起来,提出了农村包围城市,武装夺取政权的理论,取得了新民主主义革命的胜利。

回顾我们党的历程,可以清晰地看到:只要坚持了科学理论的指引,我们党就不断走向胜利;反之,则给党的事业带来曲折和损失。

以上可见,科学的理论对于伟大的革命实践有着多么重要的指导作用!

理论的海洋博大精深。在当今,学理论首要的就是要学习习近平新时代中国特色社会主义思想。

放眼今日之中国,在以习近平同志为核心的党中央领导下,我们又进入了新时代。这个新时代的一个重要特点就是国内外形势变化和我国各项事业发展给我们提出了一个重大时代课题,即必须从理论和实践结合上系统回答新时代坚持和发展什么样的中国特色社会主义,怎样坚持和发展中国特色社会主义。对此只有做出深刻的理论分析和政策指导,才会更好地坚持和发展中国特色社会主义。也正是紧密围绕这个重大时代课题,我们党形成了习近平新时代中国特色社会主义思想。习近平新时代中国特色社会主义思想,是对马克思列宁主义、毛泽东思想、邓小平理论、“三个代表”重要思想、科学发展观的继承和发展,是马克思主义中国化最新成果,是党和人民实践经验和集体智慧的结晶,是中国特色社会主义理论体系的重要组成部分,是全党全国人民为实现中华民族伟大复兴而奋斗的行动指南,必须长期坚持并不断发展。我们完全有理由相信:在习近平新时代中国特色社会主义思想的指引下,中国的现代化和中华民族伟大复兴的中国梦一定会实现!

其实,理论的作用不仅仅对于革命的运动具有重大的指导意义,就是对生存着的个人来讲又怎不具有实际的指导作用呢?从思想政治素质方面来看,没有正确的理论指导,一个人就没有“社会人”的含义,也就不会懂得人为什么要活着、怎样活着这样一个基本的命题。毛泽东同志讲,人总是要有点精神的;邓小平同志说要有理想;习近平同志强调不能“缺钙”。这“精神”“理想”“钙”是什么东西呢?就是一个人在正确理论指导下所产生的坚定信仰和不懈追求。为什么会有成千成万的革命先烈在我们的前头英勇地牺牲?为什么会有亿万人民群众为中国梦的实现继往开来?说到底,是他们“有精神”“有理想”“不缺钙”。反之,怎能方向明确?

怎能站得直、走得稳？怎能不向困难低头？怎能不稀里糊涂？怎能有所作为？一句话，没有正确理论指导自己的人生，这个人的存在对社会就显得毫无价值，甚至会走向社会的反面。许多曾经的高官在忏悔他们所犯下的罪责的时候都谈到了放松理论学习这一条。大学生朋友们，你们听到过下面这段话吗？“当我还在自由世界里的时候，我在思想上是无家可归的。没有价值观，没有原则，无所坚守，无所拒绝。头脑简单的人生活在并不简单的世界里，随波逐流，随风摇摆，兜不住的迷茫。要成为一个什么样的人，对我而言，是很不清晰的。”这是一个被判处死刑的大学生在法庭上的一段陈述，我们为他痛心、替他的父母痛心。但是，他确实警醒了你们：思想，不能“无家可归”；活着，不能没有“价值观”。“思想”“价值观”是什么？不都是理论吗？

亲爱的大学生朋友们，习近平总书记在“报告”中指出：“青年兴则国家兴，青年强则国家强。青年一代有理想、有本领、有担当，国家就有前途，民族就有希望。中国梦是历史的、现实的，也是未来的；是我们这一代的，更是青年一代的。中华民族伟大复兴的中国梦终将在一代代青年的接力奋斗中变为现实。”在你们的身上，寄托着党和人民的希望。你们责任在肩，必须砥砺前行。这就要求你们一定学习好“报告”的精神实质，用习近平新时代中国特色社会主义思想武装头脑。

为了你们学好科学的理论，国家在高等教育课程当中开设了思想政治理论课，这是战略之举、现实之措。习近平总书记还多次对上好思想政治理论课提出明确要求。从某种视角来看，这充分反映了中国共产党人对中国特色社会主义伟大事业的担当精神；反映了中国共产党人对办好人民满意的高等教育的负责精神；反映了中国共产党人对年轻一代大学生健康成长的关心和关爱。大学生们一定要利用好课堂这个主渠道学深学透“报告”精神，让习近平新时代中国特色社会主义思想在自己的头脑里深深地扎下根。当然，你们还要加强自学。你们要充分利用好自媒体平台不断丰富自身的理论水平。你们千万不能只顾专业课的学习，而忽视了理论的学习啊！

文化是一个国家、一个民族的灵魂。科学的理论是大学生健康成长的思想力。我衷心地希望大学生们学好“报告”，把习近平新时代中国特色社会主义思想内化于心，外化于行，这样你们就会形成无坚不摧的强大精神力量，你们就会在实现中国梦的生动实践中放飞青春梦想，在为人民利益的不懈奋斗中书写人生华章！

067

肩负起实现中华民族伟大复兴的神圣使命

亲爱的大学生朋友们，举世瞩目的中国共产党第十九次全国代表大会，是在全面建成小康社会决胜阶段、中国特色社会主义进入新时代的关键时期召开的一次十分重要的大会。这次大会的主题是：不忘初心，牢记使命，高举中国特色社会主义伟大旗帜，决胜全面建成小康社会，夺取新时代中国特色社会主义伟大胜利，为实现中华民族伟大复兴的中国梦不懈奋斗。这是对全党、全社会说的，自然也是对你们大学生们说的。习近平总书记指出："历史和现实都告诉我们，青年一代有理想、有担当，国家就有前途，民族就有希望，实现我们的发展目标就有源源不断的强大力量。"

翻开中国近代社会的历史，映入我们眼帘的是一幅多么令人心酸、令人愤慨的历史！偌大的清朝被西方列强瓜分得四分五裂，那大大小小不平等的条约，像一条条锁链紧紧地束缚着中华民族的发展。国败、家破、人亡就是那段历史最真实的写照。但是中国人民从来没有屈服过，中国的青年知识分子在挽救民族危亡当中从来都是起着先锋和桥梁的作用。一定意义上说，中国的现代大学就是在甲午海战后"知耻而后勇"建立起来的。

蔡元培先生在做北京大学校长的时候明确提出，大学就要为国家担当。伟大的五四运动充分地展现了中国青年知识分子为挽救民族危亡，奋不顾身的爱国精神。伟大的"一二・九"运动同样是青年知识分子爱国的产物。宋黎同志是"一二・九"运动的学生领袖之一，他在世的时候我请他给学生做报告，他说当初，就是感到我们让日本帝国主义欺负的连放张课桌的地方都没有了,再这样下去就要亡国,中国人都成了亡国奴,所以参加了“一二·九”运动。是使命、是责任,使广大的青年知识分子投身到民族复兴的伟大斗争中。我几次去延安考察,置身延安,你的耳畔总是会响起:“黄河之滨集合着一群中华民族优秀的子孙,人类解放救国的责任全靠我们自己来担承。同学们,努力学习,团结、紧张、活泼、严肃,我们的作风;同学们,积极工作,艰苦奋斗,英勇牺牲,我们的传统,像黄河之水汹涌澎湃,把日寇驱逐于国土之东,向着新社会前进,前进!我们是劳动者的先锋!”这首震撼人心的“中国人民抗日军政大学”校歌;你的脑海里总是会浮现出“抗大”学子英勇杀敌的身影。有多少中华民族的优秀儿女就英勇地牺牲在战场上。面对他们的骨灰,我们只能洒下崇敬的泪水。“抗大”不仅为中华人民共和国的成立立下了卓越的功勋,“抗大”培养的大批优秀知识分子,成为社会主义建设的领导力量,为中华民族实现伟大的复兴亦是做出了巨大贡献。

今天,在以习近平同志为核心的党中央领导下,中国特色社会主义进入了新时代。大学从来也没有像今天这样与社会的政治、经济、文化联系得如此紧密,这就要求大学必须切实地担负起“为人民服务,为中国共产党治国理政服务,为巩固和发展中国特色社会主义制度服务,为改革开放和社会主义现代化建设服务。”责任这是因为教育强则国家强,我们对高等教育的需要比以往任何时候都更加迫切,对科学知识和卓越人才的渴求比以往任何时候都更加强烈。如今我国的高等教育在校生规模已经位居世界第一。到2016年年底,全国高等教育毛入学率42.7%,再有几年我们就将达到50%的水平,这标志着我们高等教育已经进入普及化阶段。我们为什么要办如此规模的高等教育?显然“规模”不是我们的目的,我们的目的就是要做好“四个服务”。“四个服务”如何体现?归结到一点,就是看我们培养的学生质量如何?就是看我们培养的学生是否坚定“四个自信”,切实肩负起实现中华民族伟大复兴的神圣使命。

亲爱的大学生朋友们,十九大报告里说,“中国特色社会主义进入新时代,意味着近代以来久经磨难的中华民族迎来了从站起来、富起来到强起来的伟大飞跃,迎来了实现中华民族伟大复兴的光明前景。”“我们比历史上任何时期都更接近、更有信心和能力实现中华民族伟大复兴的目标。”你们应当感到兴奋!你们生逢其时,赶上了大好的时代。但是,你们一定要牢记习近平总书记的话:“行百里者半九十。中华民族伟大复兴,绝不是轻轻松松、敲锣打鼓就能实现的。”你们都能熟背“天下兴亡,匹夫有责”这句话,这句话不是用来考试的,不能只当作知识存储在脑袋里。在实现中华民族伟大复兴的征途上,你们不是看客,你们必须切实担负起你们的使命和责任。

亲爱的大学生朋友们,伟大的事业在召唤着你们,你们责无旁贷。你们要像习近平总书记要求你们的那样去做:勇敢肩负起时代赋予的重任,志存高远,脚踏实地,努力在实现中华民族伟大复兴的中国梦的生动实践中放飞青春梦想。

068

新中国的旗帜是烈士的鲜血染红的

1949 年 11 月 14 日,革命烈士江竹筠(江姐)被害牺牲。

小说《红岩》大学生一定都读过吧。“你是丹娘的化身,你是索菲亚的精灵,不,你就是你,你中华儿女革命的典型。”这是狱中难友赞颂江姐的诗句。这诗句,激励了无数中华儿女为新中国的解放奋不顾身。

江姐(1920—1949),四川自贡人。早年当了童工,1939 年加入中国共产党,在敌区积极开展抗议美军暴行和反饥饿、反内战运动。1948 年4 月,因被叛徒出卖被捕,关押在“中美特种技术合作所”(“渣滓洞”监狱)。

为了得到党的一些机密情报,敌人对江姐实施了一系列惨无人道的刑讯,用夹手指、坐老虎凳、灌辣椒水等酷刑折磨她。但江姐宁死不屈,表现出了一个共产党员特有的勇敢和坚强。1949 年 11 月 14 日,江姐与 31 名狱友一道壮烈牺牲于“中美特种技术合作所”,年仅二十九岁。中华人民共和国的旗帜就是用江姐这样烈士的鲜血染红的。

毛泽东同志曾说:“成千成万的革命先烈在我们的前头英勇地牺牲了,让我们高举起他们的旗帜,踏着他们的血迹前进吧!”今天的大学生已经没有了这种生与死的考验。但是,从先烈的身上,你们真应当学习他们那种为追求真理而忘我牺牲的精神。习近平总书记说:现在,青春是用来奋斗的;将来,青春是用来回忆的。大学生就应当发扬革命先烈这种大无畏的精神,在实现中国梦的伟大事业中书写人生篇章。在你们追求真理的过程中难免会有些困难需要去克服,想一想先烈们面对严刑拷打时所表现出的那种视死如归的豪迈气节,还会有什么困难能吓倒你们吗?

069

坚定地走中国特色社会主义道路

党的十九大报告明确指出:“道路关乎党的命脉,关乎国家前途、民族命运、人民幸福。”中国共产党和中国人民坚定地认为,只有中国特色社会主义道路而没有别的道路,能够引领中国进步、实现人民幸福。这就是我们对中国道路的自信。

纵观人类社会的发展,展现在人们面前的是一个不以人的意志为转移的客观历史进程。原始社会、奴隶社会、封建社会、资本主义社会、共产主义社会,这是人类社会必然出现的社会形态。不管旧的社会形态怎样企图永久存在,新的社会形态必然将之取代。

奴隶社会取代原始社会、封建社会取代奴隶社会、资本主义社会取代封建社会,都是这样。难道资本主义就会永世长存? 资本主义也必然被共产主义所取代。恐怕只是我看不到,你们也未必能够看到,相信你们的子子孙孙一定能看到。早在一个半世纪前,科学社会主义的创始人马克思就深刻地揭示了这一规律。马克思认为,一方面,生产的社会化与资本主义私人占有,由于它们性质的不相容性,必然发生剧烈的对抗和冲突,这种对抗和冲突必然导致经济危机,面对猛烈增长的生产力对他人资本属性的反抗,资本主义的生产关系和经营管理必须采取日益社会化的形式,这种变化标志着由社会占有一切生产力方面达到了一个新的准备阶段,也就是说实现共产主义的物质条件更加成熟;另一方面,资本主义的发展必然为自己锻造出掘墓人,即日益壮大的现代无产阶级。由于无产阶级同资产阶级的阶级利益是根本对立的,因而必然发生激烈的阶级斗争,由此导致新的社会形态的出现,即共产主义的出现(虽然今天西方社会发生了很多变化,但是马克思“两个必然”的结论并没有过时)。资产阶级的卫道士们听了马克思的话胆战心惊,他们为阻止这种思想的传播,使用了百般刁钻的手段:开除马克思的国籍;封锁他的书籍;把马克思的思想污蔑为“幽灵”。马克思逝世的时候,当时的统治阶级“手舞足蹈”,他们诅咒马克思的学说会“随着他的死去一道死去”。但是,事实与统治阶级的愿望相反,马克思的思想不仅没被消灭,反倒像一轮喷薄而出的朝阳,其光芒为社会主义的到来指明了方向。十月革命的胜利,为人类历史开辟了新的道路,从而使殖民地、半殖民地的民族解放运动从世界资产阶级革命的一部分变成了世界无产阶级革命的一部分。无产阶级已经觉醒,无产阶级在革命中掌握领导权的时代已经到来。中国为什么走上了社会主义道路,亦应当感谢“十月革命”开辟的新纪元。

历史告诉我们,中国封建社会的末期,摆在中国人民面前的不是按照历史的规律走资本主义道路的问题,中国社会的发展链条被打断了。毛泽东同志在《中国革命和中国共产党》一文中曾这样写道:“中国封建社会内的商品经济的发展,已经孕育着资本主义的萌芽,如果没有外国资本主义的影响,中国也将缓慢地发展到资本主义社会。”而在外国资本主义侵入之后,这种可能性就彻底消灭了。罪恶的鸦片战争打开了中国闭关锁国的大门,一群强盗闯入了我们的家园。他们把中国的土地分割成为若干块,成为他们各自的势力范围,他们像一只只凶恶的豺狼,贪婪地吞食着中国的财富。从第一个不平等条约——《南京条约》算起,近代中国社会腐败的清政府先后被迫同这些强盗签订了大大小小不平等条约。强盗们看好了香港、看好了厦门、看好了上海、看好了广州……凡是看好的,他们统统都要拿去。

他们把鸦片运到中国,麻醉中国人民的精神和肉体;把军舰开到沿海、江口,不满者格杀勿论。原本就很脆弱的资本主义经济怎能经得起这样的折腾!强盗的用意已经很明显:占领中国的市场,掠夺中国的资源,使中国变为他们的附属国和殖民地。毛泽东同志指出:“帝国主义侵略中国,反对中国独立,反对中国发展资本主义的历史,就是中国的近代史。”中国的出路在哪里?这时候中国的封建统治阶级早已被帝国主义的坚船利炮吓破了胆;中国的买办资产阶级又是完全依附于国际资本主义的,只能充当帝国主义在中国的代理人;而中国民族资产阶级则由于经济上的脆弱性,不可能进行彻底的反帝反封建的革命,以使中国成为独立的资本主义国家。

面对帝国主义的入侵,为了民族复兴,无数仁人志士不屈不挠、前仆后继,进行了可歌可泣的斗争,进行了各式各样的尝试:林则徐虎门销烟;三元里人民英勇抗英;洪秀全领导太平天国;康有为、梁启超、谭嗣同等人实行变法维新;孙中山创立中国同盟会,制定了"驱除鞑虏、恢复中华、建立民国、平均地权"为宗旨的同盟会纲领;辛亥革命推翻了延续两千多年的封建帝制……然而,这些都没有使中国彻底摆脱被帝国主义列强所奴役的命运,中国陷入内忧外患的黑暗境地,中国人民经历了战乱频仍、山河破碎、民不聊生的深重苦难。

大学生朋友们可能不知,除了从政治革命和政治改革入手进行改造中国的尝试外,还有主张"实业救国""教育救国""医学救国"的,但这一切只不过是良好的愿望而已。在帝国主义、封建主义和官僚资本主义的反动统治下,什么"实业救国""教育救国""医学救国",统统都是幻想。一切努力都失败了。帝国主义的侵略打破了人们在中国实现西方资产阶级的文明、资产阶级的民主主义和资产阶级共和国的美梦,促使人们对国家的前途和民族解放的道路做出新的抉择。毛泽东同志曾经指出:"一切别的东西都试过了,都失败了。"习近平在欧洲访问时也曾指出:"君主立宪制、复辟帝制、议会制、多党制、总统制都想过了、试过了,结果都行不通。"

伟大的十月革命,冲破了帝国主义战线,在地球六分之一的土地上成立了社会主义国家。这极大地鼓舞了全世界的无产阶级和一切被压迫民族。中国的先进分子正是从这里看到了决定人类命运的已不是资产阶级,而是无产阶级;已不是资本主义,而是社会主义。这是中国的先进分子在十月革命以后,用马克思主义来观察国家的命运所得出的结论。很明显,若是没有 1840 年后中国人民艰苦曲折的探索,若是没有 20 世纪 20 年代国际、国内政治经济的客观条件变化,特别是十月革命的出现和中国共产党的诞生,中国在选择什么样的道路这一问题上还将摸索一段时间。也正是有了上述条件,中国跨越资本主义阶段,直接走上了社会主义道路就成其为必然。1949 年 10 月 1 日,毛泽东同志在天安门城楼向全世界庄严宣告:中华人民共和国中央人民政府今天成立了。"这一天来之不易。

亲爱的大学生朋友们，当我们走进新时代的时候，我们既不走封闭僵化的老路，也不走改旗易帜的邪路，前者是条“死路”，后者是条“绝路”。要走，就坚定地走中国特色社会主义道路。这条道路是在改革开放的伟大实践中走出来的；是在中华人民共和国成立的持续探索中走出来的；是在对近代以来170多年中华民族发展历程的深刻总结中走出来的；是在对中华民族5 000多年悠久文明继承中走出来的，是近代以来中国人民长期奋斗历史逻辑、理论逻辑、实践逻辑的必然结果，具有深厚的历史渊源和广泛的现实基础，这是一条发展繁荣中国、稳定中国的新路、大路，说到底，这也是一条要靠你们坚定地走下去的路。

你们正当年！你们没有理由停歇，也没有理由彷徨，你们只有充分地准备好自己，沿着中国特色社会主义道路坚定地走下去，实现中华民族伟大复兴的中国梦才会在你们的接续努力中得以实现。

070

“世界是你们的”

1957 年 11 月 17 日，毛泽东同志在莫斯科大学礼堂向数千名中国留苏学生和实习生发表重要讲话：

“世界是你们的，也是我们的，但是归根结底是你们的！你们青年人朝气蓬勃，正在兴旺时期，好像早晨八九点钟的太阳，希望寄托在你们身上。”“青年人应当具备两点，一是朝气蓬勃，二是谦虚谨慎。”“世界上怕就怕认真二字，共产党就最讲认真。”

近一个半小时的接见和讲话，使大家沉浸在无比激动和幸福之中。“为党奋斗 50 年！”“为祖国工作 50 年！”的口号响彻礼堂。

我们这代人始终受到毛泽东同志对青年这种殷切期望的鼓舞，至今为中国特色社会主义奋斗了几十年，现在应当是把接力棒交给你们的时候了。你们一定要担负起历史所赋予你们的神圣使命。大学生朋友们，每个人都有满足个人利益的问题，但是个人利益的满足不能建立在自私自利的基础上。要把个人价值的实现与祖国的富强统一起来。你们现在还想不到那么远，到了我这个年龄，很多事情就看开了。什么权力、物质利益，都不是很重要的了。人活着关键不能让人家戳脊梁骨，不能让人家把我们看扁了。

071

中国特色社会主义具有强大的生命力

从1949年10月1日毛泽东同志在天安门城楼上庄严宣告中华人民共和国中央人民政府成立到今天，在中国共产党的领导下，我们在中国特色社会主义的康庄大道上已经走过了七十多个年头。但我们更感到自豪的是：中国特色社会主义以其排山倒海之势使我们这样一个曾被西方称为“东亚病夫”的国家在半个多世纪的时间里就实现了从站起来到富起来再到强起来的“华丽转身”，中国共产党领导下的中国人民使中国特色社会主义展示了强大的生命力，这不能不说是“个人间奇迹”。

大学生们不一定能知道“洋钉”“洋火”“洋油”“洋布”这样一些物质名词。这并不奇怪，因为你们没有经历过那段贫穷的岁月。我们这个年龄的人对这些物质名词一点都不陌生。从清朝末年的“洋务运动”到1949年历经半个世纪，全国工业只积累起14亿元的固定资产。其间主要工业品最高年产量为：纱有44.5万吨，布有27.9万米，钢有92.3万吨，原煤有6 188万吨，发电量有60亿千瓦小时。旧中国号称以农业立国，粮食最高年产量却只有1.5亿吨，棉花有84.9万吨。就是这样落后的生产力，经过国民党残酷统治，1947年同旧中国最高年产量相比，轻工业和粮食、棉花生产分别下降30%、70%和25%、48%。整个旧中国处于物价暴涨、经济破产、民不聊生的混乱状态。毛泽东同志把这个乱摊子叫作“一穷二白”。但是，这些并没有阻挡住我们建设社会主义大厦的步伐。毛泽东同志说，中国人民有志气，有能力，一定要在不远的将来，赶上和超过世界先进水平。

在中国共产党的领导下什么人间奇迹都可以造出来。中华人民共和国成立以后,我们迅速完成社会主义革命,确立社会主义基本制度,消灭一切剥削制度,推进社会主义建设。我们取得了第一个五年计划的胜利,有了自己的工业基础。党的十一届三中全会以后,我们实行了改革开放,极大地激发了广大人民群众的创造性;极大地解放和发展了社会主义生产力;极大地增强了社会发展活力,没用多长的时间我们解决了人民的吃饭问题。对此大学生可能不以为然。要知道我20世纪80年代上大学的时候还要凭“饭票”吃饭呢,常常是“饥肠响如鼓。”记得有位西方政客来中国访问的时候不得不丢弃他资产阶级政客的偏见说道:中国了不起,把一个十多亿人口的大国治理得人人有饭吃,这是奇迹。今天中国特色社会主义又进入了新时代,这更是历史性的跨越,我们的经济建设取得了令世人惊叹的成就。请看这样一组数字:国内生产总值从五十四万亿元增长到八十万亿元,稳居世界第二;对世界经济增长贡献率超过百分之三十;粮食生产能力达到一万二千亿斤;我国成为世界第一制造大国;2016年,我国国内生产总值占世界的份额为14.8%,比1978年提高13个百分点;2013—2016年,城镇新增就业保持每年1300万人以上;全国居民收入年均实际增长7.4%;人均寿命由2010年的74.83岁提高到2016年的76.5岁;2016年货物贸易进出口总值达到3.68万亿美元,成为第一货物出口大国;直接对外投资1701亿美元;出境旅游1.22亿人次;年末外汇储备30 105亿美元,均居世界前列。我们还有“天宫”“蛟龙”等重大科技成果相继问世。特别是人民生活不断改善。仅党的十八大以来,六千多万贫困人口稳定脱贫;贫困发生率从百分之十点二下降到百分之四以下;城镇新增就业年均一千三百万人以上;城乡居民收入增速超过经济增速,中等收入群体持续扩大。

数字常常是枯燥的,但上面提到的这些数字绝对算是奇迹。每一串数字都显示了中国特色社会主义的巨大创造力和生命力。中国,这个古老的、拿破仑称之为“睡狮”的国家已经醒了。不过有的大学生或许会说:“这也没有什么了不起,除一下我们的人口,我们的人均GDP还是排在世界的后面。”我认为持有这种观点的大学生朋友需要了解这样一个基本的事实:自从盘古开天地,三皇五帝到如今,中国的人口在世界上从来就没排过第二。现在是第一,中华人民共和国成立时也是第一。但是像上面介绍的那样,我们在半殖民地半封建社会时,民不聊生,还谈什么经济位次呢?

我们由“一贫如洗”到成为世界第二经济大国只用了半个多世纪的时间，就一种社会形态而言，这的确不长。美国的资本主义制度至今已有两百多年的历史，况且早期资本主义都带有掠夺的“基因”。中国的发展就是一个奇迹，这个奇迹是中国共产党领导中国人民坚定地走中国特色社会主义道路创造的。这个奇迹迎来了实现中华民族伟大复兴的光明前景；意味着科学社会主义在二十一世纪的中国焕发出强大生机活力。

大学生朋友们，党的十九大报告指出，改革开放之后，我们党对我国社会主义现代化建设做出战略安排，提出“三步走”战略目标。解决人民温饱问题、人民生活总体上达到小康水平这两个目标已提前实现。接着，我们党综合分析国际国内形势和我国发展条件，对从 2020 年到 21 世纪中叶又做了两个阶段来安排。第一个阶段，从 20 年到 2035 年，在全面建成小康社会的基础上，再奋斗十五年，基本实现社会主义现代化。第二个阶段，从 2035 年到 21 世纪中叶，在基本实现现代化的基础上，再奋斗十五年，把我国建成富强民主文明和谐美丽的社会主义现代化强国。如此伟大的目标多么令人鼓舞、令人心潮澎湃。我已经老了，但是我会“烈士暮年、壮心不已”，为中国特色社会主义贡献我所能做的一切。你们正处在大好的时代，我相信你们一定会自觉承担起你们的使命和责任，坚忍不拔、锲而不舍，使中国特色社会主义所具有的强大生命力得到最大限度的发挥，使我们中华民族以更加昂扬的姿态屹立于世界民族之林。

072

写给大学生朋友的话：占座

前几天网上又在炒大学生去图书馆占座的事。其中有反对的，也有赞成的。占座已经是大学里的常态，有点司空见惯，见怪不怪了。很快要到期末了，相信“占座大战”又要在各高校打响了。

我是不赞同占座的。我在写给我的学生的微信中说过这样一句话：占座是装进了知识，挤走了灵魂。占座本身看起来是小事一桩，不足挂齿。但是如果成为一种习惯、成为一种思维方式：凡事首先想到的是我的利益怎样保证，心中没有他人，即便你的知识再丰富又能怎样呢？知识不是这么“抢占”来的，知识也不会喜欢这样来对待它。既然你想占有知识，那就日积月累，不要三天打鱼两天晒网，这样知识才能对你“情有独钟”。

记得我在大学的时候也是经常到图书馆学习，没有座位了就站在那里看书、看报，常常一站就个把小时，这也没影响我的发展。黄旭华是中船重工 719 研究所名誉所长，他为了祖国的核潜艇事业，隐姓埋名、以身许国，阔别家乡 30 载，其间一次也没有回过老家。黄旭华说：“从 1958 年开始到现在，我没有离开过核潜艇研制领域，我的一生没有虚度。”当我了解了黄旭华的事迹后，我赞叹他的科学贡献，但是我更敬佩的是他的道德引领。

当然占座也涉及我们的日常教育管理问题。从学校管理来说，应当尽量解决好学生在校园里学习空间的创设问题，可以挖掘潜力，多摆放些桌椅，为学生的学习提供方便的条件；从学校教育来说，应当把思想政治教育工作做细、做实，要在实效性上下功夫。社会主义核心价值观教育是思想政治教育的重要内容,占座与社会主义核心价值观教育显然不相一致。思想政治教育不能只在形式上轰轰烈烈,解决具体问题时则没了下文。解决占座问题还需要有相应的管理制度,比如凡用来占座的物品一律视为无主物品,可以集中堆放到某个地方。学生党员、学生干部更不能带头占座。

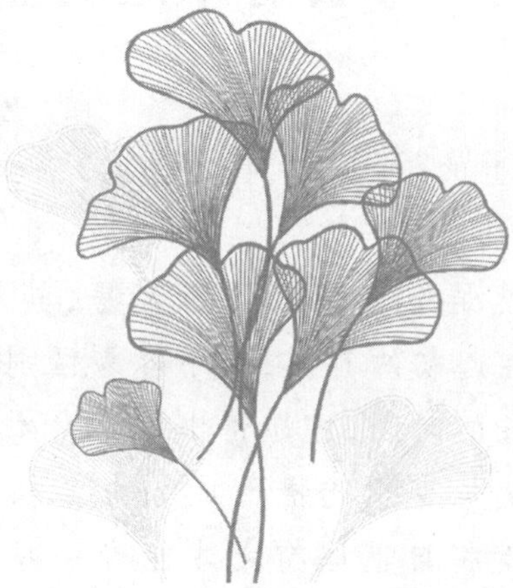

073

读章太炎《今日青年之弱点》有感

大学生朋友们好！

你们读过章太炎先生的《今日青年之弱点》一文吗？文中章太炎先生列举了那时青年的四个弱点：

青年第一个弱点，就是把事情太得看容易，其结果不是侥幸，便是退却。因为做一件事情，在起初的时候，很不容易区别谁为杰出之士，必须历练许多困难，经过相当长的时间，才显得出谁为人才，其所造就方才可靠。

青年第二个弱点，就是妄想凭借已成势力。本来自己是有才能的，因为要想凭借已成势力，就将自己原有之才能皆一并牺牲，不能发展……宗旨确定，向前做去，自然志同道合的青年一天多似一天，那力量就不小了。惟最要紧的须要耐得过这寂寞的日子，不要动那凭借势力的念头。

青年的第三个弱点，就是虚慕文明。虚慕那物质上的文明，其弊是显而易见的。

青年第四个弱点，就是好高骛远。在求学时代，都以将来之大政治家自命，并不踏踏实实去求学问。

对照一下，章太炎先生指出的那时青年的弱点，在你们的身上不也同样存在吗？现在社会上常常以什么“80后”“90后”“00后”来称呼当代青年，你们似乎也认同这样的称谓，好像只有这样才能够突出你们的特性、你们的存在、你们的价值。其实，无论是“几几后”，因为年轻人自身很容易带上章太炎先生指出的一些弱点，这恐怕不分时代、不分制度。不同的是，有些人能够及早认识到这些弱点，因而极力加以克服、加以改变，这就能使他尽早地成熟起来，从而变得强大，变得与众不同；而有些人则稀里糊涂，将这些弱点随着自然生命的消亡一同消逝。我相信大学生们自然是想成为前者的，那从现在开始就努力地克服你们身上的那些不足吧。

又快到期末了，你们可不能靠着侥幸取得好成绩呀。你们的人生还有漫长的路要走，要扎扎实实，一步一个脚印，贪不得虚荣。没有随便的成功，自己的强大才是真正的强大！我六十多岁了，每天都不敢懈怠，你们哪有资格惬意地潇洒！我建议你们：

少待在寝室，多去教室；少去茶吧，多去图书馆；少琢磨什么好吃的，多琢磨学到了什么；少看电影，多看图书；少逛商场，多去书店；少谈论穿戴，多交流思想；少依赖别人，多强大自己；少想能得到什么；多想应当付出什么；少想怎么容易，多想怎么坚持；少些夸夸其谈，多些扎扎实实；少想虚的东西，多做实的事情；少想能做多大的官，多想能有多大的学问。

074

为中华民族的伟大复兴而努力奋斗

1894 年 11 月 22 日，日军占领旅顺。

旅顺战役是甲午战争一次重要的战役。旅顺虽经多年防备，也不敌日军的进攻。1894 年 11 月 22 日，日军侵入旅顺，进行了血腥的大屠杀。

日军攻占旅顺后，对其进行了四天三夜的抢劫，有两万名百姓被屠杀。

英国人艾伦在他的《龙旗翻卷之下》中是这样描述这场惨无人道的大屠杀的：

日本兵追逐逃难的百姓，用枪杆和刺刀对付所有人；对跌倒的人更是凶狠地乱刺。在街上行走，脚下到处可踩到死尸。天黑了，屠杀还在继续进行着。枪声、呼喊声、尖叫声和呻吟声，四处回荡。街道上呈现出一幅幅可怕的景象：地上浸透了血水，遍地躺卧着肢体残缺的尸体；有些小胡同，几乎被死尸堵住了。死者大都是城里人。日军用刺刀穿透妇女的胸膛，将不满两岁的婴儿用刀穿起来，故意地举向高空，让人观看。

旅顺的“昨天”，是中华民族受人欺辱的写照，这段历史不可泯灭地雕刻在那里。“知耻而后勇”。大学生要认清自己的使命和责任，决不能让历史的悲剧重演。我在辽宁师范大学工作的时候，组织学生参观过“万忠墓”。站在累累白骨面前，学生们义愤填膺，纷纷表示要刻苦学习，为中华民族的伟大复兴而努力奋斗。今天我们进入了新时代，大学生一定用习近平新时代中国特色社会主义思想武装头脑，把我们国家建设得更加强大。我们不干涉别国，但也绝不允许别国对我们说三道四。

075

牢牢把握基本国情

习近平同志在十九大报告中指出，我国社会主要矛盾已经转化为人民日益增长的美好生活需要和不平衡不充分的发展之间的矛盾。我国稳定解决了十几亿人的温饱问题，总体上实现小康。但是，我国社会主要矛盾的变化，没有改变我们对我国社会主义所处历史阶段的判断，我国仍处于并将长期处于社会主义初级阶段的基本国情没有变，我国是世界最大发展中国家的国际地位没有变。全党要牢牢把握社会主义初级阶段这个基本国情，牢牢立足社会主义初级阶段这个最大实际。这是在提醒我们，我们并不是十全十美，我们不能骄傲自满，我们还必须以更大的勇气和担当行进在实现中华民族伟大复兴的征途上。

关于我们处于并将长期处于社会主义初级阶段，是 20 世纪 80 年代由邓小平同志提出的，此后历次党的代表大会都加以重申。1984 年，邓小平曾说过："中国是个大国，又是个小国。"所谓大国就是人多，土地面积大，是联合国安理会常任理事国。所谓小国就是中国还是发展中国家，还比较穷，国民生产总值人均不过三百美元。1990 年他又说："中华人民共和国在不长的时间内将会成为一个经济大国"，所谓"经济大国"，就是要尽快提高我国的综合国力，"把贫困的中国变成小康的中国""把落后的中国变成发达的中国"，以解决十几亿人口贫困的问题、发展的问题。从中华人民共和国成立以来，特别是改革开放以来，我国的综合国力大幅跃升，人民生活明显改善，国际地位显著提高，已经成为名副其实的世界经济大国和举足轻重的世界政治大国,从根本上彻底洗雪了国家耻辱,恢复了民族自信,树立起负责任大国的形象,增强了对世界事务的影响力,昂首从世界舞台的边缘走向世界舞台的中心。但是,“我们要经常记住,我们国家大,人口多,底子薄,只有长期奋斗才能赶上发达国家的水平。”邓小平同志在1992年春视察南方的谈话中语重心长地说:“我们要在建设有中国特色的社会主义道路上继续前进。资本主义发展几百年了,我们社会主义才多长时间!何况我们自己还耽误了二十年。如果从新中国成立起,用一百年时间把我国建设成中等水平的国家,那就很了不起!从现在起到20世纪中叶,将是很要紧的时候,我们要埋头苦干。我们肩膀上的担子重,责任大啊!”现在我们进入了新时代,上面我们也谈到了我们所取得的成绩,但是离人民的新期待还有差距;不平衡、不充分的问题还比较突出。以经济指标为例,现在我国经济总量已经达到11万亿美元,但人均国内生产总值只相当于世界平均水平的80%左右,到全面建成小康的时候,人均水平也仅接近世界平均水平。眼下我们还有几千万贫困人口,脱贫攻坚任务仍相当艰巨。我带的年级中有个学生,他的家虽然处在繁华的大城市里,但是家里一贫如洗。他家的地上摆放着一张“多功能桌”:吃饭的时候,这桌子就是饭桌;学习的时候,这桌子就是课桌;晚上睡觉的时候,要把这张桌子移开,我这个学生就睡在地铺上。到他家家访的时候,这个学生的母亲含着泪歉疚地对我说:“孩子要入团,因为要缴团费我就没有同意。老师,您说是不是耽误了孩子?”我也流泪了。这种不平衡、不充分在你们中还有一个十分突出的表现,就是有些学生是“含”着“金汤匙”“银汤匙”来到了大学;有些学生什么没“含”来到了这里。就在我写这篇文章的时候,我看到一则新闻。有个15岁的女孩,因为骨癌截掉了一条腿。为了筹集治病的费用,她每天都要拄拐杖卖东西。亲爱的大学生朋友们,看到和听到这些,在心痛的同时,你们是不是应当感到身上的责任重大?中华民族是个大家庭,中国共产党人的伟大历史使命就是不断满足每一个中华儿女的新期待。你们一定要牢牢把握住我国的基本国情,培养脚踏实地的作风,完成你们应当完成的历史任务。

076

毛岸英：中国人民的伟大儿子

1950 年 11 月 25 日,毛岸英在抗美援朝中牺牲。

中华人民共和国刚成立不久,朝鲜战争就爆发了。中朝一江之隔,乃唇亡齿寒的关系。毛泽东毅然决定派出中国人民志愿军赴朝作战。为了做表率,毛泽东不顾其他领导同志的劝阻,把自己的大儿子毛岸英派到了朝鲜。战争就是这样的无情,毛岸英在抗美援朝中牺牲。他的遗体被安葬在朝鲜平安南道中国人民志愿军烈士陵园。

毛岸英 1922 年 10 月 24 日生于长沙,牺牲时才 28 岁。在毛岸英 8 岁的时候,就随母亲杨开慧一道入狱,幸运的是敌人没有将他杀死。后来他到苏联学习,在苏联加入了苏联共产党,后又回到延安,转为中共正式党员。按毛泽东要求,他在延安附近吴家枣园学习种地,毛岸英是一个发展全面的优秀青年。

077

坚持党的基本路线不动摇

基于我国仍将长期处于社会主义初级阶段这个基本国情、这个最大实际，习近平同志指出，全党要牢牢坚持党的基本路线这个党和国家的生命线、人民的幸福线，领导和团结全国各族人民，以经济建设为中心，坚持四项基本原则，坚持改革开放，自力更生，艰苦创业，为把我国建设成为富强民主文明和谐美丽的社会主义现代化强国而奋斗。

应当说党的基本路线是我们党付出了大笔“学费”才得到的一笔宝贵财富。为此，我们党十分珍惜这来之不易的成果。党的十四大报告中指出：“我们要在20世纪90年代把有中国特色社会主义的伟大事业推向前进，最根本的是坚持党的基本路线，加快改革的步伐，集中精力，把经济建设搞上去。”邓小平同志也说：“基本路线要管一百年动摇不得”。把党的基本路线用简洁的语言来概括，就是“一个中心、两个基本点”。党的基本路线集中反映了我国工人、农民、知识分子和其他劳动者、爱国者的利益和愿望，是保证全体人民政治上、道义上和精神上团结一致，克服任何困难，争取胜利的强大精神武器，是我们事业能够经受风险考验，顺利达到目标的最可靠保证。党的基本路线字数不多，可是它包含的内容却相当的丰富和深刻。

关于社会主义的理论，早在15世纪末到16世纪初，资本主义尚处在萌芽状态的时候，就有人开始研究了，其代表人物就是大家熟悉的、认为羊“吃”了人的托马斯·莫尔。那时候，莫尔就敏锐地觉察到：资本主义私有制是人类的祸害。信奉莫尔的还有圣西门、欧文、傅立叶等，他们都把毕生绝大部分精力用在了抨击资本主义上面。但是他们的社会主义理论有一个致命的弱点，只限于说说而已，羊还是照样"吃人"。

打个比方来说，就像一个人在不停地殴打骑在身下的另一个人，打人的那个人就是资本家，被殴打的那个人就是无产者。这时圣西门走来了，欧文走来了，傅立叶走来了，他们看到了这种不合理的现实，他们站在一边声嘶力竭地大喊着：这太不人道了，不要打了！可是那个资本家还是照样殴打无产者，现状毫无改变。同样的一幕被马克思、恩格斯看到了，他们先是指出了这个"理论"的破绽："他们总是不加区别地向整个社会呼吁，而且主要是向统治阶级呼吁。他们认为，人们只要理解他们的体系，就会承认这种体系是最美好的社会的最美好的计划。""因此，他们拒绝一切政治行动，特别是一切革命的行动；他们想通过和平的途径达到自已的目的，并且企图通过一些小型的，当然不会成功的试验，通过示范的力量来为新的社会福音开辟道路"，他们根本不能找到埋葬资本主义的办法。这种社会主义的理论，马克思、恩格斯还给它起了个名字，叫空想社会主义。马克思、恩格斯比空想社会主义者高明，他们为受欺负的无产者指出了解脱被殴打的办法：无产阶级只有通过反抗，才能改变自己的命运，并最终达到解放全人类的目的。

但是怎样建设新生的社会主义国家？马克思、恩格斯并没有给出答案。这是摆在中国共产党人面前的一个严峻的课题，从某种意义上讲，一个不比推翻"三座大山"容易多少的课题。须知推翻旧的制度固然重要，但是巩固和发展新的制度又何尝不重要呢？搞不好人们就会怀疑社会主义的优越性。中国共产党人开始了探索：1956 年 9 月党召开了八大，大会决议提出，全党和全国人民的中心任务就是大力发展社会生产力，逐步满足人民日益增长的物质和文化的需要，把我国建设成为伟大的社会主义国家。那个时期，我们取得了很大的成绩。可惜的是，骄傲自满、急于求成的思想情结迅速滋长起来。赶英超美，大干快上，冒进的结果破坏了生产力。如果这时候我们能冷静地思考一下，还会较容易矫正我们走的弯路，遗憾的是我们的错误不仅没有及时纠正，反而爆发了"文化大革命"。

如此的贫穷人们自然会对社会主义产生疑问：我们搞了几十年的社会主义，难道我们得到的还是受苦受穷？大家知道吗？苏联解体的一个十分重要的原因就是经济没有搞上去。

邓小平同志举起了马克思主义、毛泽东思想的旗帜，他号召全党和全国人民把社会主义置于现实的基础之上。1978年底，党召开了十一届三中全会，全会拨乱反正，提出了实事求是，一切从实际出发的思想路线，这就为全党正确地思考怎样建设社会主义开辟了广阔视域。全会做出了把工作中心转移到经济建设上来和实行改革开放的伟大决策。全党上下深刻认识到：贫穷不是社会主义；发展才是硬道理。

如今，我们已经发展成世界第二经济大国。如果用“吃”的水平怎样把改革开放这四十年划为三个阶段的话：第一个阶段可称之为有没有吃的，第二个阶段可称之为吃得好不好，第三个阶段可称之为怎么吃得更好。亲爱的大学生朋友们，你们多有福气啊，你们现在就直接进入第三个阶段里。为什么会有这样的变化？不就是因为我们始终坚持党的基本路线不动摇吗？坚持党的基本路线不动摇使我们尝到了甜头。邓小平同志曾经讲过，除非发生大规模外敌入侵，无论在什么情况下都不能动摇这个中心 。就是爆发了大规模战争，打仗以后也要继续干，或者重新干。习近平同志强调要牢牢坚持党的基本路线这个党和国家的生命线，就是让我们一定不要忘了党的基本路线是我们的幸福线啊！

那么，坚持四项基本原则、坚持改革开放同坚持经济建设为中心是什么关系呢？道理是这样的，在经济全球化时代，关起门来搞建设是不可能的，我们必须把国门打开。随着中国特色社会主义事业的蓬勃发展，意识形态领域斗争会变得更加复杂，国家安全会面临许多新的情况。这就需要我们一定要两手都要硬。只有保持基本路线不变，我们才能为经济发展创造稳定的环境，才能保证人民日益增长的美好生活需要的实现。亲爱的大学生朋友们，你们明白了吗？坚持党的基本路线不动摇，就是要求你们一定要深刻认识党的基本路线这条生命线、幸福线对中华民族的伟大意义；就是要求你们一定不动摇地沿着这条路线坚定地走下去。只有这样，中华民族伟大复兴的目标才能得以实现。

078

学习恩格斯的品德

1820 年 11 月 28 日是恩格斯诞辰。

提到马克思，一定会联想到恩格斯。马克思与恩格斯这两位革命巨人之间的友谊，是世界上任何友谊都无法相比的。马克思对恩格斯的才能十分敬佩，说自己总是踏着恩格斯的脚步走。而恩格斯总是认为马克思的才能要超过自己，在他们的共同事业中，马克思是第一小提琴手，而自己是第二小提琴手。

恩格斯，1820 年 11 月 28 日生于德意志莱茵省工业城市巴门。在中学时，他的学业就非常优异，本打算读大学，他的父亲为了让他继承父业，阻止了恩格斯的大学之路。可以说，恩格斯对马克思主义的研究全部是靠着自学得来的，特别是结识了马克思之后，两个人融汇出滚滚奔腾的思想洪流。马克思被迫流亡到英国伦敦的时候，一家人经常以面包和土豆充饥，过着贫困的生活。恩格斯知道了这些情况后，为了资助马克思，使共产主义运动最优秀的思想成果得到传承，恩格斯用他的收入帮助马克思。在《资本论》完成的时候，马克思激动地对恩格斯说："这一卷能够完成，只是得力于你！没有你为我而做的牺牲，这样三大卷的大篇幅著作，是我不能完成的，我拥抱你，感激之至。"

马克思和恩格斯之间的友谊，应当是人类友谊的典范。友谊一定要建立在为人类的进步事业而相互的帮助上。大学生一定不要交那些酒肉朋友、搞哥们义气、没有原则。这不仅不会成就你的事业，反倒会耽误你的前程。

079

做一个有善心的人

大学生朋友们好！

你们都知道《国富论》这本书吧？其作者是大名鼎鼎的苏格兰人亚当·斯密。书中有这样一段极为精彩，也算极为深刻的关于人性的描述：

“无论把人看成多么自私，在人的本性中，明显存在着某些根本原则。一个人对改善别人的命运产生兴趣，将别人的快乐看成自己的必需。虽然，从中他并不能获得什么，只是看见它就感到满足。”

应当说，对“人性”这样一个基本的判断，激励和鼓舞了无数的人走在从善如流的路上。例如比尔·盖茨是不是应算作这样一个人？

比尔·盖茨曾经被看成是“铁公鸡”，一毛不拔。1994 年，他结婚了。同年，他的母亲去世。由此他改变了他的生活态度。他给每个儿女只留下 1000 万美金，其他的财产建立了“比尔和梅琳达·盖茨基金会”。基金会每年的分配比例大约是：15%用于美国国内；50%用于海外医疗事业，20%用于全球发展。如今，基金的使用已覆盖了 100 多个国家。这告诉了我们什么？人性不独属于某个国家、某种制度。一定意义上讲，人性的善恶不取决于外部的环境，关键是自身的内省、感悟。

特蕾莎修女这个名字你们听说过吧？从人性的角度看，特雷莎修女应当是一位具有完美人格的人！特蕾莎修女（英文名：Blessed Teresa of Calcutta，1910 年 8 月 27 日—1997 年 9 月 5 日），一生致力于解决贫困，他于 1979 年得到“诺贝尔和平奖”。我将介绍特蕾莎修女人生的文章收藏在文件夹里,经常打开看看。昨天晚上我又重温了她的一生。虽然我不赞成你们把大量的时间耗费到手机上,但是关于特蕾莎修女我还是建议你们能腾出点时间从网上找找关于她的资料认真读一读的,并希望你们能够细心品味、感悟人生。面对特雷莎修女,我们可以这样审视自己:我们的所有抱怨、不满足、不思进取,皆源于我们的心灵太狭小了,太平庸了,甚至太龌龊了。人啊,原本可以具有如此伟大的善性,只是可怜我们太渺小了,没有达到如此的境地!

你们还年轻,你们的人生从某种意义上才刚刚开始。你们恐怕永远追赶不上特雷莎修女的脚步,但是你们可以遵从人的善性,努力成为一个,将别人的快乐看成自己的必需”的人。你们都知道“止于至善”这句话的深厚文化底蕴,没有善心怎么能称之为人呢?这也是我国优秀传统文化的内在属性。所以,你们一定要做一个有善心的人。

080

在为人民利益不懈的奋斗中书写人生华章（一）

大学生朋友们好！

这些天我跟大家的心情一样，一直沉浸在兴奋、鼓舞当中。党的十九大让全球的目光聚焦到中国这头醒来的“雄狮”将要做的事情上。此时我的脑海里浮现出这样的片段：中华人民共和国刚成立的时候，西方社会侮辱我们是“东亚病夫”；曾几何时，还是他们，说我们这也不行、那也不行。现在，他们不得不瞪大他们的眼睛、竖起耳朵，静静地倾听中国共产党人对中国人民，也可以说是对世人的庄严承诺：到2035年基本实现社会主义现代化；到21世纪中叶，把我国建设成为富强、民主、文明、和谐、美丽的社会主义现代化强国。到那时，中华民族将以更加昂扬的姿态屹立于世界民族之林。亲爱的大学生朋友们，这是一个什么样的时间节点啊！到那时你们也就40岁左右，还不到60岁，这意味着，你们将全程参与实现中华民族复兴这一伟大实践。我今年六十岁了，多么羡慕你们啊！你们恰逢其时，生长在这样一个大有作为的时代！

青年是时代的急先锋、生力军。五四运动时，青年高举起爱国的大旗。“一二·九”运动的学生领袖之一宋黎生前跟我说过：他们当时就是不想当亡国奴。在近百年实现中华民族伟大复兴的征途上从未缺席过青年的身影。我们党总是对青年给予充分的肯定并寄予无限的希望。毛泽东说，“世界是你们的，也是我们的，但是归根结底是你们的”。希望在你们的身上。习近平总书记指出：展望未来，我国青年一代必将大有可为，也必将大有作为。特别是在党的十九大报告中，习近平总书记用了很长的一段，对青年进行专门论述，并寄予厚望，这在我们党的历次代表大会上还是第一次。习近平总书记说："青年兴则国家兴，青年强则国家强。青年一代有理想、有本领、有担当，国家就有前途，民族就有希望。中国梦是历史的、现实的，也是未来的；是我们这一代的，更是青年一代的。中华民族伟大复兴的中国梦终将在一代代青年的接力奋斗中变为现实。"亲爱的大学生朋友们，我们已经进入新时代，党的十九大已经将旗帜高高地举起，已经开辟了广阔的道路，从某种意义上讲，中国梦能否实现就看你们的啦。

再过几年，我国高等教育的毛入学率就将达到50%，进入普及化阶段。这个数字告诉我们的是，在全面建成小康社会，建成富强、民主、文明、和谐、美丽的社会主义现代化强国这一伟大实践中，大学将为祖国各条战线提供源源不断的生力军，尤其是你们中的优秀分子，还将走上党和国家的各级领导岗位。这是"长江后浪推前浪"的历史规律，也是"一代更比一代强"的青春责任。真可谓：你们怎样，你们所站立的祖国就怎样！你们时不我待，你们重任在肩。这就要求你们一定要做到像习近平总书记在十九大报告里希望你们的那样，坚定理想信念，志存高远，脚踏实地，勇做时代的弄潮儿。

习近平总书记说："理想指引人生方向，信念决定人生成败。没有理想信念，就会导致精神上缺钙。"理想信念坚定，前行的脚步才有力量。没有理想信念，你能明白什么！没有理想信念，你又能坚持什么！李大钊是中国共产党的创始人之一，三十八岁就被杀害了。他宁死不屈，相信"未来的世界必是赤旗的世界"。我拜谒过李大钊的墓，给他献过鲜花。一个理想多么崇高的人！令我肃然起敬。我说："先辈，我看您来了。"

我也去韶山给毛泽东献过花圈。那里有"毛泽东小道"。在橘子洲头，毛泽东同志发出了"到中流击水，浪遏飞舟"的豪迈誓言！在白色恐怖时期，有些人开始动摇了。毛泽东却坚定地相信：中国革命是"看得见桅杆尖头了的一只航船"；"已见光芒四射喷薄欲出的一轮朝日"；是"快要成熟了的一个婴儿。"朝鲜战争爆发后，毛泽东把他的儿子送到了前线。他说："怎么我毛泽东的儿子就不能去？"毛岸英牺牲在了那里。去朝鲜拜谒毛岸英墓时，我深深地鞠了三个躬。一个多么伟大的中国人民的儿子就安息在那里！

去邓小平故居参观时,我的脑海里浮现出的是一个青年前往法国寻求真理的身影。邓小平同志19岁就开始了职业革命家的生涯。邓小平同志自豪地说,我是中国人民的儿子,我深情地爱着祖国和人民”。按照遗愿,他的骨灰撒在了祖国辽阔的大海上。

我还拜谒过习近平总书记父亲习仲勋的墓地。习仲勋同志15岁就加入了中国共产党,他戎马生涯、出生入死;鞠躬尽瘁、死而后已,把一生奉献给了人民。

钱学森先生逝世的时候,我时任中共辽宁省委高校工委副书记,我在沈阳举办了钱学森事迹展。钱学森先生的儿子钱永刚跟我说:“我爸爸这辈子的理想,就是让祖国不受欺负。”

这些日子,你们都在热读《习近平的七年知青岁月》,习近平总书记就是一个具有崇高理想的人啊! 15岁,只是一个孩子的年龄,他就当了知青。我去过梁家河,看着他当年睡觉的那铺炕,我的脑海里浮现的是成群的蚊子、跳蚤叮咬的艰苦环境。但是,习近平总书记正是在这里同党和人民结下了深厚的感情,他向党组织写了十次入党申请书,成为一名光荣的共产党员。

看看这一路走来,他夙夜在公、殚精竭虑。只在这五年,就解决了许多长期想解决而没有解决的难题,办成了许多过去想办而没有办成的大事。亲爱的大学生朋友们,中国共产党人就是这样一些有崇高理想的人,他们就是靠着这样的理想,攻克了一个又一个看似不可攻克的难关,创造了一个又一个彪炳史册的人间奇迹。如今在习近平同志为核心的党中央领导下,我们比历史上任何时期都更接近、更有信心和能力实现中华民族伟大复兴的目标。使命呼唤担当,使命引领未来。作为一名老辅导员,我真心希望你们能将实现中华民族的伟大复兴作为你们的崇高理想追求,希望你们能跟着习近平总书记一起“撸起袖子加油干”,可千万别把他累坏了啊。我知道你们有些人还在个人理想的园地里忙碌着:想早点就业、早点有房、早点有车、早点成家、早点生儿育女。这我也能理解,满足人民的新期待也有你们的份儿啊! 但是,“得其大者可以兼其小。”只有把人生理想融入国家和民族的事业中,才能最终成就一番事业。你们不能学了这么多的知识就为了就业、成家、生孩子,再让孩子上大学、就业、成家、生孩子,这不就是在本能地活着吗? 你们的格局要大些,眼界要开阔些。大学者张载讲,为天地立心，为生民立命，为往圣继绝学，为万世开太平。习近平总书记说，人的一生只有一次青春。现在，青春是用来奋斗的；将来，青春是用来回忆的。你们生逢如此大美的时代，千万别错过了大有发展、大有作为的好时光啊！“止于至善”是文化自信的本质内涵。你们忘了吗？当年偌大的北平（北京的旧称）连个书桌都放不下了，今天你们有这么好的学习条件，可不能把学到的知识都当饭吃了啊！这里我给你们介绍一对父子的理想追求。这个孩子是我刚带过的一个学生。刚来大学时，他“犹如一叶扁舟漂泊于汪洋大海”，甚至想要逃离他的家庭。为了帮助他，我两次到甘肃家访。如今的他已经确立了坚定的理想追求，要去西藏奉献他的一生。他的父亲就是一个放羊的农民，感谢我把他的儿子培养成了一个爱祖国的人。我很感动。我跟这个学生说：“祖国的事你来管，你家的事我来管。”为了让他能够安心到西藏工作，我凑钱帮助他家翻新了房子，并把他的父亲接到大连游览参观。我给他买了1000多元钱的书，让他用知识改变他所在的地方的面貌。他说：“我一定朝着这个方向努力，否则无颜苟活于世上。”

081

在为人民利益不懈的奋斗中书写人生华章（二）

亲爱的大学生朋友们！

中华民族的伟大复兴，绝不是轻轻松松、敲锣打鼓就能实现的。你们一定要做一个脚踏实地的人。

我去英国的时候，瞻仰过马克思的墓。墓碑上刻着这样一句话：哲学家们只是用不同的方式解释世界，问题在于改变世界。你们千万不要忘了，实践性是马克思主义理论的重要品质。习近平说，“空谈误国，实干兴邦”。理想再崇高，不脚踏实地就等于空想。如今我国所取得的成就令世人瞩目。我在20世纪90年代末去美国的时候，看到美国的机场、铁路、公路，感到美国真是个物质发达的社会。现在看看我们的机场、铁路、公路那真是已经在引领着世界的潮流。日前特朗普访华，带来了他的外孙女阿拉贝拉用流利的中文演唱《我们的田野》、背诵《三字经》和古诗的视频，这是全球兴起“华语热”的折射。为什么会这样？那是因为一个强大的中国已经站立在世界的东方。

但是，亲爱的大学生朋友们，你们万万不可沾沾自喜、坐享其成。我要告诉你们的是，我国进入了新时代，随之我国社会主要矛盾已经转化为人民日益增长的美好生活需要和不平衡不充分的发展之间的矛盾。所谓不平衡不充分在民生领域就有不少短板，我们的脱贫攻坚任务仍相当艰巨。

我们年级有个学生，他的家虽然处在繁华的大城市里，但是家里一贫如洗。他家的地上摆放着一张“多用桌”：吃饭的时候，这桌子就是饭桌；

学习的时候，这桌子就是课桌；晚上睡觉的时候，要把这张桌子移开，我这个学生就睡在地铺上。家访的时候，学生的母亲含着泪歉疚地对我说：“因为要缴团费我就没有同意孩子入团。”听到这里，我也流泪了。像这样既没含“金钥匙”，也没含“银钥匙”就来到了大学的同学在你们中并不少见啊。要知道，我国现在仅贫困人口仍有几千万。每代人有每代人的使命。你们的使命就是全身心地投入到全面建成小康社会，建成富强、民主、文明、和谐、美丽的社会主义现代化强国的伟大实践中。这里我还要告诉你们的是，当前意识形态领域斗争依然复杂，国家安全面临新情况。你们知道吗？科学社会主义刚一诞生的时候，资产阶级就诅咒马克思的学说是“幽灵”；十月革命胜利后，当时十几个帝国主义国家联合起来要将苏联社会主义扼杀在摇篮中。东欧剧变、苏联解体后，西方世界“欣喜若狂”。

为什么在国际事务中我们会遇到一些“麻烦”，说到底是西方从骨子里就接受不了我们这样一个社会主义的大国在国际事务中发挥越来越大的作用。习近平指出：“中国将坚持和平发展道路，推动构建人类命运共同体。”我们会努力避免陷入“修昔底德陷阱”，成为为人类进步事业奋斗的政党。

但是那些曾经遏制我们、竭力阻挠我们的人会怎样？我们怎样才能让他们停止对我们指手画脚、说三道四？须知在联合国这张“餐桌”上是没有免费的午餐的。话语权是与一个国家的强大成正比的。绝大多数大学生都是爱国的，但是“道不可坐论，德不能空谈”，要于实处用力，从知行合一上下功夫。对你们来说，现在，就是让勤奋学习成为青春飞扬的动力，让增长本领成为青春搏击的能量；将来，就是牟足了劲让青春年华在为国家、为人民的奉献中焕发出绚丽光彩。

前些天习近平在接见全国道德模范时，将93岁的黄旭华叫到身边坐下。黄旭华为了祖国的核潜艇事业，隐姓埋名、以身许国，阔别家乡30载，其间一次也没有回过老家。两个月前我去了哈尔滨工业大学，我的一个学生在那读硕士研究生。读本科的时候我给过他力所能及的帮助。我跟他说，“你的任务就是‘为中华之崛起而读书。’”他保研后，我又对他说：“二十年后能不能成为院士？”他说一定不辜负我的期望，“将来在中国航发的创造史上一定会有您学生的成绩！请您放心。”

那天我带他参观了“侵华日军第七三一部队遗址”，对他进行个体爱国主义教育。我说:“你哪怕粉身碎骨也要拿下院士。”他坚定地表示,“我一定要做到”!

亲爱的大学生朋友们,我也年轻过。35年前我信心满满地选择了做辅导员,我带着理想、追求开始了我的职业生涯,我爱我的祖国,我爱学生们。我的理想就是教育我的学生爱国。

2005年我患了癌症,我拒绝了植皮、化疗、放疗等疗法,在手术刀口还没有长好的情况下就出院了。我缠着绷带在全省大学生纪念“一二·九”大会上讲话。我想,我要把这有限的时间献给我热爱的祖国、可爱的学生们。2013年,我坚决地辞去了厅级领导职务又当上了一名辅导员。有的领导劝我说:“你正厅级都不要了,以后看病怎么办?”我说:“1983年我申请去过老山前线,如果我去了今天就是“高山下的花环”。老百姓怎样看病,我就怎么看病。”

和学生在一起的这几年,为了在思想上引领学生成长,我给他们买了许多书籍、发了近200万字的微信;为了在生活上帮助他们,我给他们买月饼、买苹果、买衣服、凑回家的路费;我还去了十几个省份的学生家家访。

亲爱的大学生朋友们,习近平总书记多伟大啊!他带领着我们又走上了新时代的长征路。历史只会眷顾坚定者、奋进者、搏击者,而不会等待犹豫者、畏难者。习近平总书记说:“中华民族任人宰割、饱受欺凌的时代已经一去不复返了。”一个更加美好的未来在等待着你们。你们还等什么?人生没有如果,也没有彩排,需要你们的就是努力使自己成为祖国建设的有用之才、栋梁之材,为实现中国梦奉献智慧和力量。

亲爱的大学生朋友们!伟大的爱国主义者闻一多先生说:诗人最大的天赋就是爱,爱他的祖国和人民。在当今这样一个诗情画意的大好时光里,愿你们浓彩重墨、挥毫疾书,绘就你们人生最美丽的诗篇!

082

幸福来自你对职业的理解

1633年12月8日，明代科学家徐光启逝世。

徐光启生于嘉靖四十一年，即1562年，其父经商，徐家算得上是个富裕人家。徐光启从小就参加农业生产劳动，这对他后来的发展有所影响。

徐光启学习成绩很好，考过乡试第一名。在他42岁的时候又到京城参加中央一级的考试，中过进士。在京城，他曾想在仕途上发展，在京的7年时间里，他三进三出朝廷，曾做到礼部侍郎一职。但终因不得志，感到仕途黯淡，徐光启弃官回乡进行农业科学研究。

徐光启一生著述很多，《几何原本》是他很有影响的一部译作，而《农政全书》一书更是代表了徐光启最高的学术水平。为了写这本书，徐光启先后花费了几十年的工夫。这部书有70万字，分作60卷、12大类。后人把这部书称为“农业百科全书”。徐光启还在数学、天文、历法、生物等方面取得了很大的成就，在我国的科学史上是一位优秀的科学家。

大学生朋友们设想一下，如果徐光启当年不弃政从农会怎样？恐怕他的名字不一定会流传到今天。看来职业的选择没有最好的，只有最适合自己的。你们今天都站在职业选择的路口，将来做点什么？适合从政，你就选择从政；不适合，做点别的也没有什么。不要把从政看得太重，职业本身不会给你带来幸福，幸福来自你对职业的理解。

083

纪念“一二·九”运动

1935年12月9日,“一二·九”运动爆发。

大学生对“一二·九”运动十分了解。20世纪30年代中期,日本帝国主义侵占了东北之后,开始大肆向华北进犯。他们指使汉奸殷汝耕在冀东建立傀儡政权(冀东防共自治政府)。而此时的国民党政府不仅不积极抗日,反而准备成立冀察政务委员会,以适应日本侵略者提出的“华北政权特殊化”的要求。北平危急、华北危急、中华民族危急……偌大的北平连个书桌都“放不下”了。中国共产党发表了著名的《八一宣言》,立即得到了一切爱国民众的积极响应。12月9日,北平大中学校学生6000余人涌上街头,奔向新华门,向国民党政府军政部部长何应钦请愿,伟大的“一二·九”运动爆发。毛泽东同志说:至于“一二·九”运动,它是伟大抗日战争的准备,这同五四运动是第一次大革命的准备一样。

大学从一定意义上讲就是爱国的产物,办大学就是培养学生爱国的。但青年学生的爱国一定要在党的领导下进行。有的大学生一谈到爱国,就拿五四运动和“一二·九”运动来举例,提出为什么我们现在想上街却不让上街?其实,五四运动也好,“一二·九”运动也罢,说到根本上也不是自发的、盲目的爱国行为,中国共产党是做了大量的组织发动工作的。

宋黎同志是“一二·九”运动的学生领袖之一,他在世时我问过他关于“一二·九”运动的一些情况。他说他们当时也不知怎么做,是党组织告诉他们怎样做。今天我们已经建立起了中国特色社会主义制度,东西南北中,党是领导一切的。当社会上出现一些大的问题时,青年学生一定要有政治头脑,要坚定地跟党走,党叫干啥就干啥。千万不能跟着感觉走,否则就容易做出事与愿违的事情来。

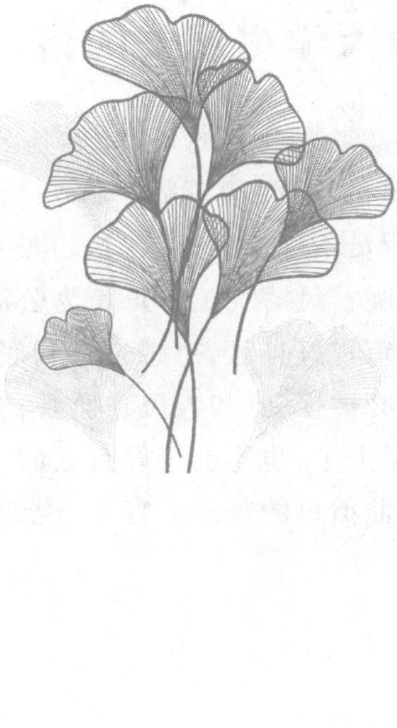

084

写给大学生朋友的话:考公

公务员简单地说就是掌握公权的人,既然是公权,就要为公共利益服务,不然就歪曲了公务员的性质,也就做不好公务员。这些年反腐风暴刮得很猛,有的人发出了官员不好当的感叹,这也使有的学生放弃了“考公”这条道。有什么难当的呢?风清气正不正是为公需要的环境吗?所以,大学生还是要在价值观上审视好自己,想想自己到底想要什么。陈毅同志当年说过:“手莫伸,伸手必被捉,党和人民在监督,众目睽睽难逃脱。”为自己私利考公务员,即便考上了,也不会干好自己的工作,恐怕早早晚晚是要出问题的。那些今天在监狱里的曾经的官员,说到底还不是在为公还是在为己的问题上出了错?

085

写给大学生朋友的话：考试

又到考试季了。有的同学平日里就很在乎考试成绩，到了期末更是废寝忘食地备考，一心要取得好成绩；有的同学平日里就马马虎虎。前一种同学这里就不必说了，关键是后一种同学不仅学习不努力，口中还振振有词："成绩差能怎么啦？比尔·盖茨大学还没毕业呢，关键是要有能力。"对此我不完全认同。会有那种在读大学的时候学习成绩很好，到了工作岗位上能力平平常常的同学。但是这只是个案，就总体来说，一个人的能力是和学习能力成正比的，而且学习能力在人的整体能力中处在最基础、最核心的地位。不然舒尔茨的人力资本理论岂不是错误的？比尔·盖茨大学没有毕业那也是个例，况且严格地说，比尔·盖茨不是大学没毕业，应当算学业优异，"提前"毕业。大学生朋友们，千万别拿所谓的能力作为自己懒惰的借口，用能力的"屏障"遮挡了自己的视域。

086

写给大学生朋友的话：考研

大学生都知道高等教育大众化理论吧？这个理论是由著名学者马丁·特罗提出的。1962 年，马丁·特罗首先提出了“大众高等教育”概念，1970 年提出“普及高等教育”概念，1973 年提出“高等教育大众化三阶段论”，至此产生了高等教育大众化理论。根据马丁·特罗的理论，高等教育的毛入学率低于 15%的属精英教育阶段；毛入学率大于 15%，小于 50%为大众化阶段；毛入学率大于 50%的为普及化阶段。我在 1982 年上大学的时候，我国高等教育尚处在精英教育阶段，经过三十多年的发展，到 2018 年年底，我国高等教育毛入学率达到了 42.7%，再有几年，就将达到 50%，这意味着我国高等教育即将进入普及化阶段。现在每年的研究生数量比我们那时的本科生数量还要多，这也正是高等教育大众化的一个特征，即研究生与本科生的比例在逐渐增加。其实大学教育可以简单地分为专科、本科、硕士、博士四个阶段，在高等教育大众化，甚至是普及化背景下，本科阶段可以简单地类比为精英教育阶段的专科教育。所以，若是有条件考研的话，还是应当选择考研。考研不只是提升你学历的问题，就像几天前我在公众号中谈到的那样，学习能力与综合能力成正比，那么读研呢？自然也会有助于你综合素质的提高。

087

用社会主义核心价值观指引前进方向

习近平指出，要“培育和践行社会主义核心价值观。社会主义核心价值观是当代中国精神的集中体现，凝结着全体人民共同的价值追求。要以培养担当民族复兴大任的时代新人为着眼点，强化教育引导、实践养成、制度保障，发挥社会主义核心价值观对国民教育、精神文明创建、精神文化产品创作生产传播的引领作用，把社会主义核心价值观融入社会发展各方面，转化为人们的情感认同和行为习惯”。社会主义核心价值观是实现中国梦的重要精神力量。

马克思在《青年在择业时的考虑》一文中说过这样的观点：动物只能安分地活动在“上帝”给它们划定的范围内，它们不试图越出这个范围，甚至不考虑有其他什么范围的存在。人与动物不同，人是有思想的，人有选择性。而有选择就有对错。选择的对错直接关系人的一生是否会“陷于不幸”。毫无疑问，谁都不愿意使自己的一生陷入不幸，这就需要有正确的选择，对青年学生来说，就需要用社会主义核心价值观武装头脑。大量的事例说明，价值观是个总开关，它时时刻刻都在支配着青年学子的言行。

当今的中国，正焕发着盎然的生机与活力，它给当代中国青年学子的价值观增添了绚丽的色彩，激发着他们在实现中国梦的伟大实践中奋力向前。与此同时，随着社会的不断发展变化，特别是受一些错误价值观的影响，当代青年学子身处复杂的文化环境之中。传统与现代的取舍，先进与落后的交织，东方与西方的碰撞，这一切令人目眩的社会生活现实在一定程度上使青年学生在价值观上表现出多元取向，引起他们心理、思想观念、生活方式发生变化。在当代青年学生中，既有表现出对社会主义和共产主义的科学、乐观、进取的人生的追求，也存在着对金钱主义、享乐主义、实用主义等人生的青睐；既有对"先天下之忧而忧，后天下之乐而乐"等中华民族优秀传统精华的继承和发扬，也有对迷信天命、消极无为、自私自利等人生糟粕的信奉；既有对西方文化思想中自我自强观念，竞争观念等蕴含着积极意义的人生态度的接受，也有对以个人为中心的悲观厌世、宿命思想等消极人生态度的仿效。

概括起来看，一些青年学生在其人生观上出现了人生目标的狭隘性、人生理论的模糊性、人生价值的自我性、人生态度的随意性等情况。很显然，这些与社会主义的核心价值观是格格不入的。这就更加凸显了当代青年学生以社会主义核心价值观引领自己健康成长的必要性和重要性。"行百里者半九十。""天下兴亡，匹夫有责"，实现中国梦广大青年学子责无旁贷。愿广大青年学生对自己的人生进行正确的选择，沿着社会主义核心价值观指引的方向奋勇前进，千万别在价值观上犯大错。

088

不能忘却的日子

12月13日是南京大屠杀死难者国家公祭日。2014年12月，侵华日军南京大屠杀遇难同胞纪念馆落成的时候我去参观过。希望大学生们勿忘国耻，肩负使命，在实现中华民族伟大复兴的实践中奉献自己的人生。

089

写给大学生朋友的话:困难

希望自己的人生一帆风顺是每个大学生的美好心愿,而事实上这是不可能的。你总会遇到不如意的地方,关键看你怎样对待。那些成功的人,往往都是愈难愈坚的人。他们把困难看成了生活的调味品,正是有了困难的激励,才使他们的人生过得有滋有味、丰富多彩。

090

写给大学生朋友的话:乐观

烦闷,是一些大学生的口头禅。其实,这大可不必。人生难免有烦闷,关键看你保持怎样的心态。乐观,无疑是治疗烦闷的良药。相信明天一定比今天美好。多想开心的事,属于你的那缕阳光谁也剥夺不去。中国革命处在最艰苦的白色恐怖时期的时候,一些人的思想产生了动摇。毛泽东同志却以大无畏的精神和革命的乐观主义态度在《星星之火,可以燎原》中写道:中国革命高潮快要到来,绝不是如有些人所谓“有到来之可能”那样完全没有行动意义的、可望而不可即的一种空的东西。它是站在海岸遥望海中已经看得见桅杆尖头了的一只航船,它是立于高山之巅远看东方已见光芒四射喷薄欲出的一轮朝日,它是躁动于母腹中的快要成熟了的一个婴儿。毫无疑问,这种乐观主义的态度,是战胜任何艰难困苦的必要条件。也可以说,在大学生群体中,一些大学生之所以能够圆满地完成学业、走向未来,不是他们没有遇到烦闷的事,而是他们以乐观主义的态度来克服那些烦恼的事。

091

写给大学生朋友的话:科学

提到科学,大学生们马上联想到的是自然科学。因为在许多学生看来,社会科学常犯错误,往往是“公说公有理,婆说婆有理”,没有科学可言。其实这是对社会科学的误解,也可以说是对科学的误读。一定意义上讲,科学的东西正是在同错误的东西的斗争中发展过来的,甚至可以说科学是从错误中走来的。这就像我们在谈到成功的时候总是说“失败是成功之母”一样。人们对科学的认识哪有一开始就正确的呢?社会科学是这样,自然科学也是这样。地球是绕着太阳转的,今天连三岁的孩子都懂得这个道理,而当年呢?布鲁诺就是因为相信哥白尼的“日心说”被活活地烧死。这说明人们对科学的认识往往需要一个过程,这也符合事物发展的规律。科学不可能同时被大多数人发现,一开始只能由少数人发现、被少数人认识并加以传播。因此,发现科学、坚持科学的过程往往是要付出代价的。马克思创立马克思主义的过程,也是一个艰辛的过程。马克思的学说一开始被诅咒为“幽灵”,马克思因为创立了科学社会主义一生遭到迫害,并为此穷困潦倒。大学生一定要有科学的人生态度,对真理的追求应当无怨无悔。对了的,就坚持;错了的,就改正。

092

千万不能造孽啊！

昨天在网上看到一条新闻：浙江有个28岁的小伙子，大学毕业后赌博上瘾，欠下了巨额债务。其父母卖了三套房帮其还债，还有600万元无法偿还。万念俱灰下，父母双双上吊自杀了。看到这里，我的心在流泪。我们能够想象到这对夫妻承受了多么大的压力，这里我们也无须再对他们说些什么，但是那个造孽的儿子，简直就是一个败类，他将怎么面对父母的亡灵？怎样能够洗刷清自身的罪过？大学生们，你们看了这条新闻会做何感想？事实上，像这个大学毕业生的情况虽然只是极端的例子，但是大学生中因为“以我为中心”导致的令父母伤心、绝望的事不是凤毛麟角。现在屡屡发生的校园贷，说到根上跟“自我”就有着必然的联系。

有的大学生想的就是怎样满足自己的欲望，哪管父母如何！贷来贷去的，偿还不了了，便想一死了之，把痛苦和债务都留给了父母；有的大学生图虚荣、讲吃穿，没钱了，便伸手向父母要，根本不管父母的承受能力；有的大学生没有把父母提供的费用用到学习上，而是整日打游戏，荒废了学业。大学生朋友们，父母生了你、养了你，你们本应当好好培养自己，为父母分忧解愁，怎么还能为他们增添忧愁，这是错误的，你们一定要养成诚实劳动的品德，不能年纪轻轻地就想投机取巧，想走捷径，想天上掉馅饼的美事。我小时候常听大人们说这样一句俗语：“从南京到北京，买的没有卖的精”。这句话你们也可以把它记在心里，当你想“一夜致富”的时候，就用这句话敲打一下自己、警醒一下自己。你想一想，那些行骗的人在为人民服务吗？他们怎么会让你占了便宜？现在网络陷阱确实不少，但是你不能埋怨陷阱太多，你要思考的是为什么偏偏是你掉了下去，别人安然无恙？20世纪80年代还没有网络，因而也就没有网络行骗。但是社会上同样有些人在绞尽脑汁地行骗。我出差到外地的时候，经常会看到有人在公园门口或广场的一隅利用扑克牌、象棋骗钱的，还真有人被骗。每遇到这样的情况，我看都不看他们一眼，我想，若是没有这样的定力，恐怕我早被骗得精光。大学生朋友们，你们都是接受“大文化”教育的人，活要活个人样。什么是人样？最基本的就是懂得感恩、要尽孝道。你们千万不能只为自己活着，不能为了满足自己的欲望不顾一切，把自己的父母都置于了死地，你这样是要被千夫所指的，哪还有人情味？就在早上写这段文字的时候，看到一则新闻：山东省枣庄市9岁男孩孙光辉的父亲日前查出肝癌晚期，母亲患侏儒症、糖尿病等无法劳动。孙光辉挑起家庭大梁，上街卖气球和爆米花，为父筹钱看病。

人啊，差别怎么这么大呢！大学生朋友们，你们身上千万不能再发生像上面那个毕业了的28岁大学生身上所发生的那种事情了。

093

写给大学生朋友的话：灵魂

墨西哥有个小故事:一群人在路上走。走着,走着,有个人站住了。别人问他:你为什么不走啦？这个人回答说:我发现我的灵魂没有带上。这个回答还是很深刻的,发人深思。灵魂没有了还往哪里走呢？即便走得再远又有什么意义呢？其实我们有些大学生整天也是浑浑噩噩,像丢了魂似的;有些大学生虽然显得很精明,那也是机关算尽;更有的大学生虽然看似可以“笑傲江湖”,最终还是落得个被历史所淘汰的结局。人,就是精神动物,技能再强,没有灵魂相伴,技能也只是死的东西,或者用不到正确的地方。果真如此,所有的努力都会变得毫无价值,或许正应了这句俗语:若知今日,何必当初!

094

“星星之火，可以燎原”

1930 年 1 月 5 日，毛泽东撰写了《星星之火，可以燎原》一文。

自从中国共产党建立以后，党领导的革命武装不断壮大，由此也使得党内一些同志产生了急躁冒进的思想，欲通过城市暴动，使革命成功于一役，结果导致了大革命的失败。中国的出路在哪里？毛泽东同志坚决地提出走农村包围城市，武装夺取政权的道路。就这样，中国农村第一个革命根据地——井冈山根据地建立了。

红军在井冈山时期的生活条件十分艰苦，又时常遭到敌人的进攻。在此情况下，一些官兵提出了“红旗到底能打多久”的疑问。为了批判党内存在的悲观思想，毛泽东给林彪写了一封信，即今天收录在《毛泽东选集》第一卷中的《星星之火，可以燎原》一文。

我在大学读的是政史专业，学过《星星之火，可以燎原》这篇文章。我非常欣赏毛泽东在文章结尾时的一段话：马克思主义者不是算命先生，未来的发展和变化，只应该也只能说出个大的方向，不应该也不可能机械地规定时日。但我所说的中国革命高潮快要到来，绝不是如有些人所谓“有到来之可能”那样完全没有行动意义的、可望而不可即的一种空的东西。它是站在海岸遥望海中已经看得见桅杆尖头了的一只航船，它是立于高山之巅远看东方已见光芒四射喷薄欲出的一轮朝日，它是躁动于母腹中快要成熟了的一个婴儿。

我大学毕业后做了一名辅导员，那时辅导员不被人瞧得起。我时常想起毛泽东同志这句话，它给我的人生以极大的激励。今天，大学生在成长的过程中也难免有一些不如意的地方，你们要向毛泽东同志学习。困难不可怕，比困难更可怕的是没有战胜困难的决心和勇气。

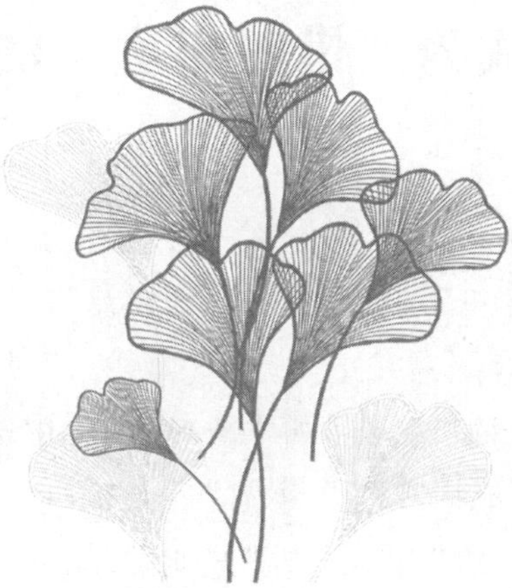

095

你要成为“惜时家庭”的一员

大学生朋友们好！

如果以对待时间的态度来划分的话，大学里可以划分两个“时间家庭”，现在就向你们介绍一下这两个”时间家庭”，看看你们各自属于哪个“时间家庭”的成员。

第一个“时间家庭”的“家长”叫“惜时”，家中老大叫“考研”，老二叫“考公”，老三叫“考证”，老四叫“博览”，老五叫“充实”，老六叫“健身”……另一个“时间家庭”的“家长”叫“废时”，家中老大叫“贪睡”，老二叫“贪吃”，老三叫“贪玩”，老四叫“贪恋”，老五叫“贪微”，老六叫“贪翘”……“微”“翘”你懂的。现在你知道你属于哪个“时间家庭”的成员了吧。

我读大学的时候，无疑属于第一个“时间家庭”的成员。我珍惜大学的时光，不舍得浪费分分秒秒。不敢说我是学习优秀的学生，但我敢说我是惜时如金的学生。那时学校住宿紧张，在头一年多的时间里，像我这样家在学校所在地（大连）的学生还要走读，每天要自带午饭上学、回家居住。坐公交车的时候无论坐着还是站着我都要看书。家里条件不好，夏天闷热，我就坐在马路边上借路边的灯光看书。有一次有个老人走到我身边说：“小伙子，你将来一定有出息。”我从来不睡午觉，现在也是如此。那时每天午间都是我看报的时间。假期的时候我就到区文化馆看书、看报、摘抄文章，常常是第一个去，最后一个走，有时还饿着肚子。成功学里对一个人的成功因素进行了复杂的分析，列出了 N 个条件，我以为，要想成功有这样两个条件是必须的：一个是责任；再一个就是占有比别人更多的剩余时间。其实谁也不比谁聪明多少，为什么有人成功了，有人没有成功，归结起来就是这样两个条件起了根本作用。有责任，就有了动力、有了目标；占有了比别人多的剩余时间，就保证了你责任的担当。就像龟兔赛跑一样，乌龟之所胜实乃胜在比兔子占有了更多的剩余时间也。由此说明，你是哪个"时间家庭"的成员，基本上就决定了你能不能有出息。

马上又要放假了。此前我曾写过《你不是带薪休假回家的》一文，意在提醒大学生朋友们一定把假期纳入大学生活当中。要知道，你们没有假期，回家只是转换了学习场所，你们可不能把假期"当真"了。谁把假期时间利用得充分，谁自然就比别人占有的剩余时间多。想一想，如果大学四年的生活里你每个假期都很好地利用了，你就比别人多了不知多少剩余时间，果真这样，你不成功谁能成功？大学生朋友们，还是抓紧时间学习吧！离开了大学，你们就不再有这样好的学习条件和学习心境了。现在在微信里"要放假了，好好地放松一下"的声音又多了起来，千万不要将放松看成是天经地义的。大学四年哪有什么闲时和忙时之分啊！

096

人民最伟大

淮海战役发起于1948年12月16日，结束于1949年1月10日，历时66天。此次战役的胜利，使人民解放军直抵长江北岸，使国民党统治的政治、经济中心城市南京和上海处在我军的直接威胁之下。

淮海战役是解放战争中具有决定意义的一场战役，邓小平同志任总前委书记。淮海战役充分体现了人民群众是真正的铜墙铁壁，涌现了无数新娘送新郎、父母送儿郎上前线的动人故事。可以说淮海战役的胜利是人民群众用小车推出来的。

“得人心者得天下。”中国革命为什么能够胜利？说到底，那是得到了人民群众的支持和拥护；蒋介石为什么垮台？最根本的原因还不是失去了民心！谁背离了人民，谁就要被人民所淘汰；大到一个政党、一种制度是这样；小到个人又何尝不是这样？没有人民群众的帮助终将一事无成。这个道理大学生一定要懂得。有的大学生自以为是，总觉得自己了不起，小小的年龄就养成了很不好的做派，这是万万要不得的。如果不加以改正，早晚是要吃大亏的。

097

为你的社会年龄润色

其实,每个人都有两个年龄,一个是自然年龄,另一个是社会年龄。自然年龄自然是自然得到的,就像你今年自然比去年大了一岁一样,你不想长大都不可能;社会年龄可不是自然得到的,它和自然年龄可能是同步的,可能是超出的,可能是滞后的,亦可能是相悖的。

现实生活中,大学生们往往对自然年龄比较关注,比如有些人过生日了要有点讲究,要庆祝自己又长了一岁;而对社会年龄则缺乏足够的思考。你由小学到中学,再到大学,那么大学生比小学生大在哪呢?仅仅是大在年龄上、大在学历上吗?显然不是。我国古代《大学》一书开宗明义便是“大学之道,在明明德,在亲民,在止于至善”。这里清晰地阐明文化多、知识多的人,应当明“明德”,“明德”就是“大德”,应当达到“至善”的地步,就是不仅要“齐家”,更要“治国”“平天下”。我国宋朝大学者张载讲:“为天地立心,为生命立命,为往圣继绝学,为万世开太平。”说的就是文化多的人应当是什么样子。现在有的大学生,还没有认识到自己比小学生到底大在哪里,自己的社会年龄并没有随着自己自然年龄的增长而增长。他们有的把读大学定位在就业上。就业为了什么呢?为了成家。成家为了什么呢?为了生儿育女。生儿育女又是为了什么?为了上大学。上大学为了什么?就这样,又开始了下一个循环。这不就是在本能地活着吗?

我是一位父亲,又特别感到有的大学生对父母没有孝心、不懂感恩,实在是让人伤心。我开通公众号以后,尤其是前几天被中宣部授予“时代楷模”以后，一些家长给我留言，讲述了他们孩子给他们带来的烦恼、担忧，有的学生还是硕士生。我是真能理解这些家长的苦衷，也是真想帮帮他们。但是我知道，“解铃还得系铃人”。关键是这样一些学生自身要改变啊！不能白长这么大，不能把学到的知识都“当饭吃了”。我们说要润色你的社会年龄，而家庭就是社会的基本细胞，父母就是你遇到的最重要的社会成员，不孝敬父母、不懂得感恩，那怎么配得上是接受“大文化”教育的人呢？有“大文化”的人，一定要视野开阔些，格局大一些；一定不能自然年龄增长了，社会年龄落下了。自己的小家要管，祖国这个大家更要管。只有“大家”富强了，“小家”才能富裕。当下，我们正站在离中国梦实现最近的地方。中国梦的实现还需要大学生的继往开来，还需要大学生有舍小家顾大家的情怀。中华民族有过伟大的辉煌，只是近代被西方列强欺侮了。每个中华儿女都希望我们的祖国能够以强大的身姿屹立在世界先进民族之林，这就要需要亿万人民努力地奋斗。特别是大学生们，历史的法则决定了你们将参与中国梦实现的全过程，实现中国梦你们责无旁贷。你们只有润色好了你们的社会年龄，你们的自然年龄才会凸显它的价值。不然，一个没有灵魂、只长自然年龄的身躯，于民族、于国家又有多大意义呢？

努力地做一个对祖国有益的人吧！一个对祖国有益的人，自然就是一个对父母有益的人。一个连祖国都不爱的人难爱自己的父母，换句话说，一个爱祖国的人一定也是一个爱自己的父母的人！

098

认清前进的道路

1940年1月15日,毛泽东在《中国文化》创刊号上发表了理论文章《新民主主义论》。在这篇文章中,毛泽东同志提出了我们向何处去,我们要建立一个新中国等著名论述;提出了中国新民主主义革命是世界革命的一部分;革命的领导者是无产阶级;革命的前途是社会主义;论证了中国革命必须分两步走:新民主主义革命和社会主义革命。该文是马克思列宁主义理论与当代中国革命实践相结合的伟大著作。大学生认真地读一下这篇文章,会对中国革命的昨天有深刻的认识,对我们业已坚持的中国特色的社会主义道路有更坚定的信念。

099

历史的规律不可抗拒

1924年1月21日，列宁同志与世长辞。

列宁于1870年4月22日出生在俄国伏尔加河畔的辛比尔斯克，父亲是一位具有民主主义思想的教育活动家，哥哥亚历山大因参加谋刺沙皇而被处死。家庭的环境对列宁早期有很大影响。

列宁早年对马克思的《资本论》进行了深入的研究，有了理论的武装，之后筹建了马克思主义小组，并将《共产党宣言》译成了俄文。其写的第一本著作是《农民生活中新的经济变动》，这时的列宁已由一个革命民主主义者转变为一个共产主义者。1903年7月30日，俄国社会民主工党在布鲁塞尔召开代表大会，会上形成了以列宁为核心的布尔什维克（“布尔什维克”是“多数派”的意思），布尔什维克及其思想体系的产生，标志着列宁主义的形成。在列宁的领导下，俄国人民终于取得了“十月革命”的胜利。“十月革命”胜利的意义是巨大的，它打破了资本主义天经地义的神话，苏联社会主义的建立开辟了人类历史发展的新纪元。

1991年12月25日，苏联解体了。由此使有的大学生对社会主义的命运产生了担忧，甚至怀疑中国的社会主义还能坚持多久。人类历史的发展揭示了这样一条规律：一种新的社会制度的建立和发展，总是会出现一些反复的，封建社会代替奴隶社会是这样，资本主义社会代替封建社会也是这样。苏联社会主义的失败，并不表明马克思主义的失败。如今，在以习近平同志为核心的党中央领导下，中国特色社会主义日益强大，由此必将推动人类社会向更高阶段前进。大学生应当深信共产主义的实现是不可抗拒的历史规律,只是过程会比较漫长,我看不到,恐怕你们也难能看到而已。

100

我为什么在寒假前写封信

再过几天，全国大学应当都放假了。假期对学生们意味着什么？其实，假期并不属于学生们，因为从根本上看，假期也是学生学习生活的组成部分，没有一个学生是“带薪休假”的。

因此，作为学生，就应当考虑好寒假里该干点什么。虽然老师们都有些安排和嘱咐，但是显然不可能有个统一的要求。所以，假期究竟做些什么，这就看每个学生在想些什么了，当然，这与家长也有关。我从事高等教育近四十年，通过对大学生的了解，我感到大学生身上折射出的是中学生的影子、家长的影子。所以，教育从来就不是孤立进行的，谈到大学生的寒假生活，自然要联系到中学生的寒假生活，联系到学生的家长们。因此，我想分别给大学生、中学生、家长写封信，从我的角度聊一聊寒假里学生、家长应当做些什么。

当然，我所谈的这些不可能完全符合每个学生、家长的实际情况，这里谈到的只是某几个点，是“即兴发挥”，有很大的局限性，主要是一种提示、一种提醒、一点建议，目的就是希望学生们别把寒假这么好的时光白白浪费了。

也许有的学生会认为我是多管闲事，或许是吧。你们怎么样确实和我无关。但是我总觉得你们怎样和国家相关、和社会相关、和你们的父母相关、和你们自己相关。我已经是六十多岁的人了，我几十年的教育实践告诉我，考虑问题不要从自身利益出发，对别人有利的事情不仅可以做，而且还应当多做。我年轻的时候就努力这样做，到现在这个年龄了怎么还会改变呢？自我开通公众号以来，我没有歇停一天，至今已写了六十多万字。毅力哪里来？就是我希望我所写的东西对别人有用。哪怕只对一个人产生了作用、有了影响、有了改变，就会给我激励，我就觉得我的付出是值得的。

101

寒假前写给大学生的一封信

可爱的大学生朋友们好!

又一个寒假开始了,你们打算怎样过呢?

你们都是成年人了,按道理不应当再让别人提醒、嘱咐了,可是事实上不是这样。一些大学生自我管理能力较差,还真需要时时提醒着。

寒假生活这么长,你们真应当好好规划一下,杂乱无章的寒假生活必然收获不大。应当说许多同学是有寒假规划的,甚至还没放假就雄心勃勃地想利用寒假这段时间做些有益的事情。但是他们只是规划而已,到家了就把规划抛到脑后了。新的学期在不知不觉中又开始了,一个假期就这样被白白浪费掉了,这实在是可惜。

规划好的事情必须认真来做,自己都管不好自己,别人怎能管好你。看看你们中那些学业优秀的同学,他们有一个共同的特点,就是充分地利用寒假的时间。有的同学准备考研;有的准备考公务员;有的阅读大量的书籍,以丰富自己的人文素养和专业知识;有的预习下学期的课程;也有的参加丰富多彩的社会实践活动。“不打无把握之仗”很重要。知识不是用来考试的,知识是为了应用的。知识喜欢对它“情有独钟”“爱心永恒”的人。有些同学总是突击学习,到期末了便夜以继日地复习,这样或许也能考出好的成绩,但是这样得到的知识忘得也快,待想用的时候也就忘得差不多了。所以,假期里的学习很重要,日积月累得来的知识才扎实。记得我读大学的时候,寒假我就到市里的一个文化馆学习,现在我的脑海里还能闪现出当时的一些场景：我坐在哪里，报架摆放在哪里，借书台什么样，我都清清楚楚。特别是有些知识就是在那里学的，现在还在用着。你们现在的学习条件多好啊，有电脑、有手机，就相当于身上带了一个“图书馆”，一定要充分利用好学习条件。知识不只是储存在硬盘里，更要多多装进脑袋里。

寒假里在家待的时间比较长，一定尽量地多留些时间给父母。千万不要和父母“貌合神离”，虽然身子在家里，心早就飞走了。父母都盼着你们回家，都愿意和你们在一起。你们是父母生活快乐的源泉。父母把你们培养大，对你们没有什么所图，你们就是拿出点时间陪陪他们，他们就心满意足了。你们千万不要整天一头扎到手机上、电脑里，对父母爱答不理的，这样他们会很伤心。不要嫌父母唠叨，父母是你一生中最疼爱你的人，你们就是在他们的唠叨中长大的。你现在长大了，不能有见识了，就觉得自己了不起了。有事好好跟父母商量着来，商量不通就先放那，不要强行去做违背父母心愿的事。有的大学生会说“我将来再报答父母”。你们有将来，你们的父母没有多少将来，他们需要你们的是现在。孝敬可不能等待。做父母的并不祈求你的“金砖”“银砖”，你的笑脸、你的问候、你的理解，就是他们最大的欣慰。我的父母已经不在世了，拿什么能换回我能再回到他们身边的时光？他们的逝去带走了我人生无法计算的幸福和快乐。

假期也可以做些兼职、参加些社会实践活动，有条件的学生可以到境内外旅游，但是这都需要把安全放在第一位。无论你在哪里，一定不要相信那些“天上掉馅饼”的美事，不能违法违纪。假期也不要贪睡，要养成好的生活习惯，尤其不要忘了锻炼身体，这一点很重要。

假期一晃就过去，要惜时如金哦。

祝假期开心快乐！

102

肩负起国家统一的使命和责任

台湾地区自古以来就是中国的领土。1624 年,荷兰殖民者侵占了台湾,对台湾同胞进行了长达 38 年的殖民统治。

郑成功是福建南安县人,在他年少时,国家正处在大动乱时期,救国救民的思想在他少年的心里就深深地打上了烙印。郑成功说:"台湾者,中国之土地也……今余即来索,则地当归我。"这是郑成功对荷兰殖民者的严正宣告,也是他"十年始克复先基"的意愿。1661 年 4 月 21 日,郑成功披甲执剑,率领大军浩浩荡荡从金门料罗湾扬帆出发,凌波越海去收复台湾。经过 9 个月的激战,荷兰殖民者不得不宣布投降。1662 年 2 月 1 日,被荷兰殖民者霸占 38 年的台湾又重新回到祖国的怀抱。郑成功收复台湾 5 个月后,因积劳成疾,不幸逝世,时年只有 38 岁。

台湾地区命运多舛。继荷兰之后,日本帝国主义又强行占领了台湾。第二次世界大战结束后,台湾又回到了祖国。中华人民共和国成立初期,由于美国的阻挠,祖国统一的大业没有完成。如今,时光又过去了大半个世纪,中国共产党人始终将统一祖国当成庄严而神圣的使命。邓小平同志提出了"和平统一,一国两制"解决台湾问题的方针;习近平同志在党的十九大报告中指出:"解决台湾问题、实现祖国完全统一,是全体中华儿女共同愿望,是中华民族根本利益所在。必须继续坚持'和平统一、一国两制'方针,推动两岸关系和平发展,推进祖国和平统一进程。""我们坚决维护国家主权和领土完整,绝不容忍国家分裂的历史悲剧重演。一切分裂祖国的活动都必将遭到全体中国人坚决反对”。“我们有坚定的意志、充分的信心、足够的能力挫败任何形式的‘台独’分裂图谋。我们绝不允许任何人、任何组织、任何政党、在任何时候、以任何形式、把任何一块中国领土从中国分裂出去!”这也是中国共产党人向中国人民所进行的郑重承诺。

今天是我们纪念郑成功收复台湾的日子,一是我们不能忘了那些为中华民族团结统一做出贡献的人们;二是希望大学生们肩负起时代的责任和历史的使命,为实现中国梦奉献力量。今日之中国在国际事务中的地位越来越高,但在我们的发展中、在实现祖国统一的大业中,仍有别有用心的人不时地给我们制造点麻烦。这些都需要我们无比强大起来才能得以解决。大学生们奋发努力哦。

103

一定居安思危

1935 年 2 月 2 日,《义勇军进行曲》诞生。

《义勇军进行曲》由田汉作词、聂耳作曲,诞生于抗击日本帝国主义侵略的战争年代。这首歌是聂耳原为上海电通公司拍摄的故事影片《风云儿女》所作的主题曲。由于它在影片中首尾两次出现,给观众留下了极为深刻的印象。因此,它很快成为中国最著名的抗战歌曲。中华人民共和国成立后,第五届全国人民代表大会第五次会议通过关于中华人民共和国国歌的决议,恢复田汉作词、聂耳作曲的《义勇军进行曲》为中华人民共和国国歌。2004 年 3 月 14 日,第十届全国人民代表大会第二次会议正式将《义勇军进行曲》作为国歌写入宪法。

“起来,不愿做奴隶的人们……中华民族到了最危险的时候……”可以说,我们这代人也是唱着国歌长大的,每当唱起国歌的时候,我都热血沸腾,望着冉冉升起的五星红旗,心中祝福着伟大的祖国繁荣富强。聂耳诞生在云南昆明,去世后亦葬在昆明。我参观过聂耳的故居,瞻仰过聂耳的墓地,聂耳身上表现出来的爱国精神对我的人生产生了很大的激励作用。

如今,在中国共产党的领导下,中国人民由“站起来”到“富起来”再到“强起来”,正行进在实现中国梦的伟大征途上。但是,应当看到的是,离中国梦的实现,我们还有一段很长的艰辛的路要走,这无异于一次新的长征。大学生是祖国的未来、民族的希望,在当今中华民族发展的重要时刻,亦应拿出当年“义勇军”那种胆识、那种气魄,把青春之血肉筑成新的长城。唯有如此,中国梦才能在一代代青年的奋斗中变成现实。

104

我又想起了大学到底最应当给予学生什么？

我2000年在北京师范大学攻读高等教育经济与管理专业博士学位，在写博士论文期间，我查阅了由美国当代著名教育家、纽约州立大学前校长、美国联邦前教育署长欧内斯特·博耶撰写的《大学：美国大学生的就读经验》一书（该书由北京师范大学出版社1993年12月翻译出版）。欧内斯特·博耶在书中系统地阐述了他对美国高等教育应当怎样培养学生、学生应当怎样读大学的看法。

书中有一段论述令我印象深刻。欧内斯特·博耶说道："教育的目的不仅是为学生的职业生涯做准备，而且要使他们过一种有尊严和有意义的生活；不仅是生成新的知识，而且要把知识用来为人类服务；不仅是学习和研究管理，而且要培养能增进社会公益的公民。"

20世纪末，美国哈佛大学校长尼尔·陆登廷在北京大学向800多名师生发表题为"面向21世纪高等教育的改革和发展"的演讲时表达了与欧内斯特·博耶同样的思想。他说："大学的研究工作有助于经济增长是重要的；大学教育像目前这样有助于学生找到满意的工作，也同样是重要的。但是，对于优秀的教育来说，还有更加重要的、不能用美元和人民币衡量的任务。最好的教育不但帮助人们在事业上获得成功，还应使学生更善于思考并具有更强的好奇心、洞察力和创造精神，成为人格和心理更加健全和完善的人。"

这是巧合吗？绝不是。在高等教育到底最应当给学生什么这点上，真正懂教育的人一定是将培养学生做人放在第一位。道理很简单，因为知识和能力从来都是从属于做人的。人都做不好，知识再多、能力再强，也体现不出它的价值；懂得了做人，即便一时知识少些、能力弱些，也会通过后天的努力弥补上。为什么我国传统文化中一再强调："大学之道"在"止于至善"，这里的根本指向也是做人的问题。学问越多，越要像个人样，越要懂得"修身、齐家、治国、平天下"的道理。

当下，"双一流"建设的"呐喊声"不绝于耳，这自有它的道理。但是对"双一流"的内涵一定要把握得准确，要像习近总书记要求的那样，突出我们的特色。我们不能一味地重视学科建设、专业建设，忽视人文精神的培养、忽视学生做人的教育。给学生以知识、培养学生的能力，显然是高等教育应当完成的一项任务，但是比此更为重要的确实是帮助学生解决树立人生追求的问题。

我在前些天写的一篇文章中提到这样的观点：有的学生把读大学简单地等同于就业，就业是为了挣钱结婚成家，结婚成家是为了生孩子，生孩子是为了送孩子上大学……我们有的同志也是认为大学就应当满足学生的这种需要。认真地审视一下中外高等教育的发展，这样的高等教育定位还是有些偏颇的。大学就要像个大学的样子，既不能忘了自己是从哪里来的，也不要忘了自己要往哪里去。让每个学子用灵魂来统领所学的知识和培养出的能力，激励学生自觉把个人的理想追求融入国家和民族的事业中，应当是大学最应当给予学生的。

105

伴着阳光的心态成长

之前作为颁奖嘉宾,我参加了中共大连市委宣传部主办的“七个一”家文化建设现场推进会暨大连市文明家庭颁奖晚会。

这些受表彰的每一个家庭都有着感人的故事,都传递了满满的正能量,使人感动、深受教育。

受职业习惯的影响,在这些家庭中,最使我动容的是一张照片中的女孩:高高的个子、美丽的面容、微笑的眼神。如果不是在现场,你想象不到她生长在一个什么样的家庭。当然打动我的不是她的外貌如何,而是她内心那阳光的心态。照片上看不出来。这个女孩的母亲是个残疾人,患有先天性小儿麻痹症。

在一些大学生看来,有这样的父母是他们的“短处”,他们会极力地阻止这样信息的传播。

记得有个大学生本来家里生活并不富裕,却声称自己的爸爸是“大老板”。为了满足自己那个虚荣内心,他以各种理由四处骗钱消费。有个大学生,父母从乡下到学校看他,他嫌弃父母“土气”,硬是不让父母到校园里。

照片中的这个女孩与刚刚提到的这两个学生正相反。她现在是在读硕士研究生,在读本科的时候,她参加了一次学校组织的演讲大赛,她的演讲题目是“我的母亲是个残疾人”。这不是自揭“家短”吗?她不说又有谁能知道呢?不过说出来了又能怎样?又有什么不好?

大学生朋友们，成长，是不能伴着压抑的内心的，它会使你喘不过气来；成长，一定要伴着阳光的心态，才会使你感到那么的释然，那么轻松、那么自然。成长，不只是年龄的增长，只要活着的人每天都在增加；成长更是一种担当，它需要带上你的责任和你的爱心。

大学生朋友们，谁都想在自己的成长中有个尽善尽美的环境，而事实上这是不可能的。

你要记住的是：你改变不了你所处的客观环境，你却可以转变你的心态。

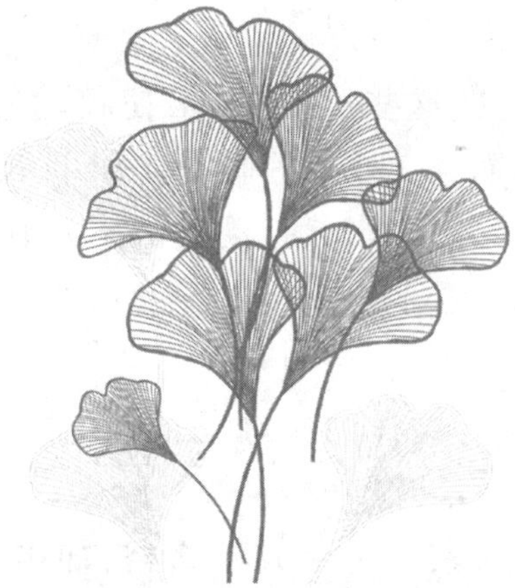

108

真不知有多少大学生知道龙梅和玉荣?

1964年2月10日,龙梅和玉荣保护了羊群。

龙梅和玉荣是内蒙古新宝力格公社牧民吴添喜的两个女儿。1964年2月9日那天早晨,牧民吴添喜因没空儿放羊,龙梅和玉荣便哀求母亲让她们俩去放羊,母亲同意了。

那天早上天空便飘起了雪花,快到中午的时候,天气变得更糟糕了,雪越下越大,风越刮越猛。三百八十多只羊像是被惊吓着了似的到处乱窜。姐妹俩只好跟着羊群奔跑。天渐渐黑了,气温降到了零下三十九摄氏度,为了不使集体的羊群受到损失,姐妹俩商定好绝不离开羊群。经过一天一夜的搏斗,姐妹俩走出了七十多里地,当寻找她们的人发现小玉荣时,她的下半身已被大雪盖住了。

龙梅和玉荣是我们那个年代学习的榜样,为了保护集体的财产差点献出了个人的生命。今天的大学生听起这样的往事有的会感到不可理解,甚至有的会觉得她俩是“傻子”:“干嘛为了集体的利益命都不顾了呢?”实际上即便是在今天,也是要大力倡导集体主义的。人是社会中的人,人是群居动物,离群索居是无法生活的。

多年前我去敦煌参观莫高窟,顺便去了月牙泉。当我站在泉边上的响沙山,望着夕阳下那茫茫沙海的时候,我的脑海中顿时涌出“劝君更尽一杯酒,西出阳关无故人”的诗句。此时的我孤身一人,显得那么渺小、那么孤单、那么无助。我真正理解了什么叫“西出阳关无故人”。我想,我们在进行集体主义教育时要是能有条件让大学生们在黄昏的时候一个一个地在响沙山上站立一会儿，所取得的效果一定要比只靠在课堂上的讲解强百倍。

大学生们应当懂得这个道理：

集体主义是个原则。人和人之间一定要友好相处，能帮到别人的时候千万不要吝啬。谁的心里都有一杆秤，你帮了别人多少，别人都有数。一个心中只有自己、自私自利的人，一时或许会得到些小利，但那是不会长久的。要想有大的出息，就要有大的视野、大的胸怀，胸中就要有他人、有祖国、有天下。现在一些大学生连和寝室同学的关系都处理不好，有的还弄得很紧张，一个重要的原因就是想自己的多，“利”大家的事做得少。在准社会化阶段都这样，将来怎样适应社会呢？无数实例说明，凡是一味强调自我而导致众叛亲离之人，恐怕充其量只能本能地过自己的“小”日子。

107

用奋斗迎候幸福的人生

2018年2月14日，中共中央、国务院在北京人民大会堂举行2018年春节团拜会，党和国家领导人同首都各界人士欢聚一堂，共迎新春。习近平在新春祝福中讲了这样一段话："只有奋斗的人生才称得上幸福的人生。奋斗是艰辛的，艰难困苦，玉汝于成，没有艰辛就不是真正的奋斗，我们要勇于在艰苦奋斗中净化灵魂、磨砺意志、坚定信念。"听到这段话，大学生朋友们做何感想呢？

我和我爱人的父母都去世了，孩子在北京工作，这样每年过年我们便可以"借机"到国内外没去过的地方过年。特别是我还有个走遍世界大学、建世界大学网站的愿望，因此这两年开始我们便不在大连过年了。今年我们决定到"新马泰"去。年前我和我爱人先到了泰国，我参观了十几所大学，然后到了新加坡。我的孩子从北京飞到新加坡与我们汇合，我们在新加坡过的年。

习近平总书记发表2018年新春讲话的时候我在新加坡。听到上面那段话我感慨万千。我的脑海中闪现着我的追求、我的奋斗之路。亲爱的大学生朋友们，我为什么能到新加坡来过年？我走了一条怎样的奋斗之路？我对习近平总书记所说的"只有奋斗的人生才称得上幸福的人生"有着强烈的共鸣。习近平总书记的人生轨迹就深刻地揭示了这一点。《习近平的七年知青岁月》告诉我们，无论环境多艰辛，只要敢于奋斗、坚持不懈，最终环境一定会被奋斗者所改变。我能理解他所强调的"奋斗"二字的精神内涵。一切都不会白来。我今年六十多岁了,我现在很幸福,也很知足,我感谢我的奋斗,感谢我的坚持!没有奋斗、没有坚持,有再好的愿望有什么用?我愿把我用奋斗所得到的幸福与你们分享,我希望未来的你们也能潇洒地去世界上的任何一个你们想去的地方。

我是一名知青,上大学的时候21岁,比现在的你们年龄大一些。那时刚恢复高考,学校条件不好,解决不了所有学生住宿的问题。没办法,我们这些家在大连的学生每天要通勤上下学。这还好办,每天早起些就是了。糟糕的是,每天的午饭要自己解决。这让我母亲很犯难。当家长的都希望自己的孩子在其他孩子面前有点面子。可是由于家里生活困难,我每天带的饭菜"质量"都不高,可是我挺了过来。

我这个人愿意旅游,喜欢欣赏名山大川,考察历史名胜,在大学期间我就想将来一定要将祖国的名胜古迹游览遍,哪怕是骑自行车旅行也要实现这个愿望。我第一次出省是大学毕业的第二年暑期。我自费到上海华东师范大学学习《青年学》。我从大连出发,乘船三十八个小时到了上海。虽然路途艰辛,但是到了上海当天我就不顾旅途劳累开始考察了。在上海学习的二十多天里,除了上课,只要有空闲,我就冒着酷暑到处看景点。有个星期天我去了杭州。天气热得差不多有四十摄氏度。我不舍得吃喝,就是"穷游"。我游览了坐落在西湖畔的岳王庙、秋瑾墓等名胜。傍晚的时候我渴得实在走不动了,花一角钱买了两大碗冰水咕咚咕咚地灌到肚子里,喝完后肚子那个痛啊,要了命似的疼。为了利用宝贵的机会多看些名胜,学习结束的时候我没舍得直接回到大连,而是买了一张从上海到沈阳的火车票,我想沿途看看名胜,之后到沈阳学生家家访。我从第一站苏州就下车了,这一路白天下车看景点,晚上接着坐火车走。我用了五天的时间看了苏州、无锡、南京、锦州的名胜。一路上我没买一瓶饮料,还记得在无锡太湖边上,我渴得实在受不了了,喝了一肚子的太湖水。当时是火车上非常拥挤,车厢闷得让人喘不过气来,我硬是强忍着不买任何吃喝的东西。这个习惯我一直保持到现在。无论在我贫穷还是富裕的时候,我确实舍得给学生花钱,但为我自己花钱则不是很舍得。坐火车、候飞机的时候,我从来不买车站、机场的饮料。我结婚的时候,没有举行仪式,只是自己家里的人一起做了顿饭吃。当天晚上我就回到学校的宿舍了,我的寝室就是我和我爱人的婚房。从家到学校我也没舍得"打的",而是倒了两趟公交车回到了学校。

困难没有吓倒我。我有一种“穷且益坚,不坠青云之志”的劲儿。我的耳畔常想起毛泽东同志说过的一段话:“中国人民面前现在有困难,将来还会有很多困难,但是中国人民不怕困难,一切困难都是可以克服的。中国人死都不怕,还怕困难吗?”这就是一个奋斗者面对困难所表现出的大无畏的傲骨!我发奋地学习、努力地工作。《国际歌》是我非常喜欢的一首歌。“从来就没有什么救世主,也不靠什么神仙皇帝,要创造人类的幸福,全靠我们自己。”一种社会形态是这样,就每个生存的个人来说又何尝不是这样?在我的人生字典里,从来查不到“抱怨”“牢骚”“犹豫”“彷徨”“等靠”“气馁”等毫无意义的词汇,我相信路在脚下,祈求尽善尽美的环境只是一种幻想。只要奋斗就一定会迈向下一个台阶。我没有午休、没有节假日,原来过春节的时候学校都要搞团拜,团拜一结束我就“躲到”办公室学习了,在做学校领导的时候也是这样。我优越于一些人的地方恐怕就是占有了比他们更多的剩余时间。这两天在新加坡过年,我也是白天游览,晚上写公众号文章,白天游览中的间隙时间还要用上。我能够有一点成绩,恐怕也是因为我始终感到我从别人那里得到了更多的帮助,我应当尽量少给别人添麻烦,尽量多给别人带去欢乐。

亲爱的大学生朋友们,我前两天在公众号上推送过一篇我写的“有谁容易?”文章,文中没有提到你们。但我知道,你们也不容易。特别是你们中还有很多人既没有含着“金汤匙”也没有含着“银汤匙”就来到了大学,用“一贫如洗”来形容一些大学生的生活状况并不为过。但是这又能怎样?你们应懂得的是:生活在一个什么样的时代、什么样的家庭环境是你无法选择的,好也罢,孬也罢,这都不是你的错。但是人是具有主观能动性的高级动物。人与动物的最大区别在于人不仅能够适应环境,更能改变环境。而这“改变”的法宝,就是不懈地奋斗。你要坚定地相信未来、相信自己,一切都是可以改变的,人生的价值是可以创造的。你有什么可畏惧的?你是一张白纸。你就是掌握画笔的人,你的人生你做主!不要犹豫、不必彷徨,更不可把大好的时光都无谓地消耗在牢骚和抱怨当中。记住习近平在党的十九大报告中的谆谆教诲:“历史只会眷顾坚定者、奋进者、搏击者,而不会等待犹豫者、懈怠者、畏难者。”你不是期待美好的明天吗?那就朝着美好的明天奔去。

没出正月都是年。在此给大学生朋友们拜年了！
祝你们新春吉祥！万事如意！
愿你们用你们的奋斗之笔，迎候你们色彩斑斓的幸福人生！

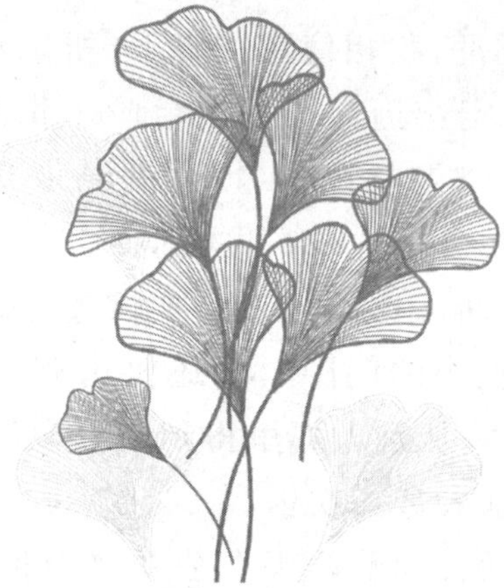

108

这个世界不会等你

“坐地日行八万里，巡天遥看一千河。”你动或不动，地球都在转动着；你变或不变，世界都在变换着。睡醒了一看，这个世界似乎只有昨天和今天的差别，其实世间万事万物已经在时间单位里大有不同。

我上大学的时候，能吃得起宫保肉丁的学生那是“富二代”，好多人家冬季的时候吃不起大白菜。如今的学生“躲着”肉食专挑青菜吃，说是这样既可减肥又可补充维生素。

我上大学的时候，哪个同学若是假期里到外市串了亲戚，同学们都会投来羡慕的目光，说是这有利于眼界的开阔。如今的学生出个省算啥新鲜事，假日里多少学生已经周游在海外，说是要利用假期开阔国际视野。

我上大学的时候，谁家的住房要是能有独立的卫生间，那是多么令同学羡慕的事。如今，你家的住房即便是有两个、三个卫生间又有什么可显摆的？

我上大学的时候，还根本没有“打的”的概念，现在私家车已经开始讲究起是什么牌子了。

我上大学的时候，还没听说自己的家里也可以安装电话，现在家庭电话差不多成了“历史文物”。

我上大学的时候，我班有个同学家里有台黑白电视机，我们几个同学在她家看过一回电视，那是家长给了我们好大的面子，现在，电视显示屏已经是彩色的了……

你站在哪里，就决定了你能看到哪里的风景；你变化到什么程度，就决定了你能感受到什么样的生活。有谁愿意只待在低谷，而无法领略山那边的风光？有谁愿意苟且地活着，只是一味地品尝别人的生活？你想站到风光无限处吗？你想品味属于你自己的生活吗？那就不要等待，那就加快前行的脚步，因为这个世界不会停下来等你。

不要抱怨父母没有把你生在富裕的家庭里，说这些根本没有用，这只是懒惰者的遁词。你要想的是当父母老了的时候你能为他们做些什么；你也有老了的时候，你又为自己准备了什么？你要看到的是，在如此“不平等”的环境里，父母把你送到了大学这条与其他同学并行的起跑线上，他们实在是竭尽全力了。你能跑多快，你能站到哪里，完全看你想跑多快、想站到哪里，跟父母已经没有什么关系了。你真没有必要羡慕别人比你有更优越的条件，这只会阻碍你奔跑的步伐。

世界就是这样变化着：那些“光脚”的往往跑在了“穿鞋”的前面。你就是你，你要做自己命运的主宰。唯有如此，你才不会被“毫不在乎”你站在哪里的世界落下。

谨以此文送给已经或即将开学的学子们。

109

不要连父母的伤心都满不在乎

在我的公众号，常常会有家长给我留言，诉说他们的烦恼和悲伤。他们说他们的孩子对他们会表现出满不在乎、无动于衷的样子。一些学生不接家长的电话；一些学生和家长说话毫无耐心。

这其中的缘由一定有家长的问题：有的家长会比较絮叨，理解不了孩子的心理；有的家长会只考虑满足自己的心理，顾及不到孩子忙不忙。这就需要做家长的尽量注意类似的问题，尽量把握和克制一下自己的情感。要知道，孩子大了，他们已经开始了自己的人生，有了自己的世界。

当家长的已经由孩子在孩童时的人生主导者转变为孩子未来人生的陪伴者，对孩子的态度已经由原来的“做主”转变为建议，孩子听不听你的还真不能以武断的方式来决定，“商量着来”应当成为家长和孩子间沟通的常态。如果当家长的总是抱着“孩子是我养的，叫孩子干什么孩子就得干什么，否则就是不敬不孝”的思想，恐怕这不仅无助于问题的解决，甚至还会加剧孩子的不满。

事物都是两个方面的。不管父母怎样，如果当孩子的不能从父母的角度考虑问题，不主动地妥协，以尽量让父母高兴，那就是当孩子的不对了。

大学生是接受大文化教育的人，更应当懂得做人的道理。况且有些问题本来就出在大学生的身上。要知道世界上再不会有像父母这样爱你们的人了，就这一点就足以让你们感激不尽了。父母生了你，养育了你，他们对你们没有别的过高的要求。他们年龄大了，他们像你们小时候希望待在他们身边一样，希望你们多待在他们身边。

你们上了大学，离开了他们，这会造成他们精神上的极大空虚，他们给你打电话、跟你唠叨，这其中有很大的成分是告诉你们做父母的时时在想着你们、挂念着你们。你们为什么就不能主动地给父母打个电话、报个平安呢？你们真的就忙到这个份儿上了吗？父母真的就到了让你“发烦”的地步吗？

显然不是的。对父母的这份情感你们千万不能满不在乎。一个对父母的伤心都不在乎的人，能在乎谁呢？又能被谁所在乎呢？你们还小，还没有走向社会，还没有结婚成家，因此你们就没有这种比较、这种感受。

要知道，这世间最无价、最真挚、最值得珍惜，也是最温馨的东西，恐怕就是父母所给予你们的唠叨、挂念了。

110

现在就要想老了的事（一）

现在就要想老了的事？这是不是有点滑稽可笑？亲爱的大学生朋友们，我是过来人，现在就想老了的事，对你们来说既是很现实的问题，又是很迫切的问题。

我辞去厅级领导职务到大连海事大学做辅导员，我常跟我的学生们说：你们一定要珍惜大学宝贵的时光。

光阴荏苒，岁月如梭。孔子在形容时间飞速流逝的时候用了“逝者如斯夫”这句话；毛泽东同志重上井冈山的时候形容时间流逝的飞速用了“三十八年过去，弹指一挥间”这句话；我跟我的学生们说：“你们的大学生活连眨眼的工夫都不够啊！”今年春节有的学生给我拜年的时候就说：“老师当初让我们珍惜时光，我们没有感觉，现在转眼毕业了半年多。”我说，很快你们就要张罗着十年、二十年聚会了。

你们一定要对未来做好准备。你毕业后从事什么职业问题、考研问题、婚姻恋爱问题等，这里我只想跟大学生朋友们说下面两点你们每个人都可以做到，而且想做就能做好的事情。

一点是你们千万不要太自私了。“自私”是社会学概念。太“自私”就是太“为我”、太“唯我”。人是社会动物，人的基本生存状态是群居，离群索居是无法生存的。人要是太自私了，到老了的时候就就“众叛亲离”，成为“孤家寡人”，就会变得孤独可怜，有需要的时候就得不到别人的照应。若是再活到了“死不成，活不成”的地步那不就是活受罪吗？人干嘛要把自己活到这个份儿上？俗话说："早知现在，何必当初？"说到根上，这样的人都是年轻的时候没有想老了的事。

大学生朋友们，你们千万不要本能地活着，不要现在觉得一切都好好的，我用不着别人。这是因为你们现在还年轻，你们还有资本，你们还是站在现在的基点想现在的问题，还没有站在现在的基点想老了的问题。

要知道，你们也有资本耗尽的那一天。你们一定要趁着现在还能付出的时候尽量多地付出些。付出你们的知识，付出你们的能力，付出你们的品德，哪怕付出你们的体力……做事不能只想自己，不想他人。

总之你现在付出的越多，你积淀的能量就会越多，待你老了的时候你曾经积淀的能量就会控制不住地喷发出来，你才会得到更多的。

我常想，现在科技如此发达，待你们老了的时候，人体器官会不会像现在汽车零件那样有需必应呢？若是人体的哪个器官出问题了，马上像换汽车零件一样再换一个不就得了，这样的话，人活上个一百几十岁的岂不是常态？

可是若真是这样了，到底是好事还是坏事呢？对有的人一定是好事，亲朋好友你来我往的岂不乐乎？而对有的人则未必了。想一想风雨雪夜时，一个人在那里孤零零地喘着气，这还哪有生命质量可言？哪有什么幸福可享？如果当真如此，即便活上二百岁又能怎样？

年轻人啊，我相信谁也不愿意在自己老了的时候会是这样的结局，那怎么办呢？那时的自己，是现在的自己"积淀"而成的，要想老了的时候亲朋好友不离不弃，那现在就要关心别人的事。

111

现在就要想老了的事（二）

我要说的第二点是你们一定要注意锻炼身体。身体是你们成就一切的基础。

有了好的身体才能保证你的学习；有了好的身体才能保证你的职业发展；有了好的身体才能保证你品尝到美食的味道；有了好的身体才能保证你领略到无限的风光；有了好的身体才能保证你的坚持、你想得到的一切。特别是到了老年的时候，你有了好的身体，就是支持儿女的事业、帮助儿女发展，就是为爱人、为亲朋好友、为社会减少麻烦，当然也是减少因疾病带给你的负担。

到了医院才知身体的重要，到了医院才知道有些老年疾病是在年轻时种下的。到了殡仪馆才知道，有的人是“老”死的，有的人是病死的。寿命已尽的人的逝去，一般来看，本人并不痛苦，有的人睡一觉就再没睁开眼睛，家人也不是太悲伤；那些病死的人往往本人要受到疾病的折磨，家人也悲痛得死去活来。

我想，一些天灾人祸造成的不可抗拒的疾病、死亡我们无可奈何，而有的疾病、死亡是我们一定程度上可以左右的，我们为什么不左右呢？

怎样左右？恐怕最为关键的就是你们年轻的时候是否注重锻炼、保护身体。所谓锻炼，就是要保证身体正常的运动；所谓保护，就是要有节制地使用身体，比如不能贪吃、贪睡。你的身体是“平衡物”，你现在“多占”的部分，早晚还要“找回来”。

我不懂医学，但按我自己的观察和体验，人的身体应当跟自然生长的其他生物差不多。需要水的时候加水；需要阳光的时候加阳光；需要营养的时候加营养，不需要的时候你再给它这些恐怕就没有用了，多了还可能适得其反。这就像到了收割的季节，再好的肥料对即将被割掉的庄稼也是毫无意义的。

我父亲86岁时去世了。85岁的时候从我家到他家我要给他打的，他硬是不肯，他要坚持挤公交车。我父亲晚年的生活习惯非常不好，从没有锻炼身体、保养身体的意识。他吃饭非常快，记得和我们吃饭的时候，常常是我们还没有吃完饭，他已经吃完躺下睡着了。

他要是晚年注意锻炼身体的话，再活几年应当没有问题。我父亲也算长寿，我觉得跟他年轻时的锻炼有关。我家经济条件不好，我父亲很勤快，在我的印象里他60岁前一直在忙活，特别在他年轻的时候。我家住在郊区，我父亲经常早上天不亮就到山上割青草（卖给奶牛场），然后再赶到单位上班。青年时期的被动锻炼，使他身体器官的功能得到了最大的发挥。

我在大学的时候把锻炼身体排在每天要做的第一件事。早上我第一个到操场跑步，每天少则几千米，多则上万米，就是假期里我也不间断。记得有一次外面飘着雪花，我穿着背心、短裤从家里跑了出去。经过一个车站的时候，一些穿着大棉袄、正在候车的人给我鼓掌。我根本没有运动的天赋，但是我成了一名万米跑运动员，我还创造过我们学校的万米纪录。真是一举多得啊！我锻炼了身体，为学院、学校争得了荣誉，综合测评还加了分。当然更重要的是我享受了现在美好的生活。

亲爱的大学生朋友们，请允许我称呼你们可爱的孩子们，你们总说"我的身体我做主"。事实上，你的身体不只属于你自己，你不能随意地糟蹋。注意锻炼、保养你的身体吧，你不只是活在现在，你也有老了的时候。

你们未来面对的将是一个多么美丽的中国，多么丰富多彩的世界！那时你能领略和感受到这些美好吗？多个因素中你的身体状况岂不是最重要的吗？

112

别累着了

“别累着了。”一些朋友常常这样来劝我。我感谢朋友们的关心。我懂得这个道理:累着了,身体就容易透支,容易吃不消,最后未老先衰,出师未捷身先死。人确实不要累着了。

可是,每个人对累的理解恐怕不一样。在我看来,累,有体力上的;有精神上的,也就是心态上的。体力上的累,注意一下休息,很快就会缓解;精神上的累,恐怕是真累,很难缓解。所以,人,一定不能累着精神,精神累了,身体不累,也会觉着累;精神不累,身体即便很累,也可能被精神所战胜,并不感到太累。

从消耗体能上看,我可能确实是一个很累的人。就从大学说起吧,那时我每天都要早晨到操场跑步,而且一跑就是几千米,甚至上万米。每天中午也不睡午觉,到现在也是如此。每天除了完成老师布置的学习任务外,还要安排自己读课外书。记得为了了解人是怎么来的,我到图书馆找到了多个版本的书来读。《马克思恩格斯选集》1~4 卷,《列宁选集》1~4 卷,《毛泽东选集》1~4 卷我都认真地读过,有些篇章读过多遍。我还经常早上跑完步后在操场边上背诵经典著作部分章节。那时没有现在这么方便的学习条件,很多学习资料都要手抄下来,再有的是从报纸上剪裁下来粘贴到卡片上,我足足粘贴了几千张这样的卡片,学习起来就方便多了。

参加工作后我也是只争朝夕地工作。我把法国词典大家利特雷的一句话写在一本工作手册的扉页上:

珍惜自己生命的人，总是在积极地工作，好像他会长久地活下去；同时，他又在争分夺秒地安排他的时间，好像他不久就要离开人世。以此来警醒自己。

我有些爱好，像下棋、打牌，我还喜欢集邮，但是这些都要给我的学习、工作让路，我尽量克制自己的“玩瘾”。在辽师大工作期间，我假期还玩玩；在教育厅工作期间，我很少打牌、下棋；回到大连海事大学后，我基本就是戒了“玩瘾”。我每天都在忙碌着，可以说是起早贪黑。四年里，仅我和学生的微信交流就有 200 万字。现在回想起来，真是不可思议。

我是博士生导师，也带硕士生，还要给本科生上课，还是辅导员，又有讲学和外出开会的事。每天都在连轴转。从上大学到现在，整整四十年了，我就这样不停歇地过来了。是啊，不累吗？说实话，我还真没觉得怎么累。我常想，有什么呢？昨天能过去，今天就能过去，明天照样过去。心态很重要。我每天乐此不疲，做着我愿意做的事。我渴望黎明的来临，我渴望每天新的开始，渴望见到可爱的学生们。只要心不累，身体上的累很容易缓解。有些人为什么总感觉累，一个重要的原因是心累，精神不快活，想得太多、太复杂，甚至好高骛远，这就休息不好，睡不着觉，这自然要累了。

再说了，人生从某种程度来看，也是累的过程，什么都舒舒服服能做成什么事呢？好多事并没难到那个份儿上，而是我们没累到那个份儿上。我常想，一些残疾人做成了我们健全人做不成的事，不就是因为我们没有他们累吗？他们做成的一些事恐怕我们健全人累到他们哪怕不到一半的程度就很容易做成。谈到累，这里我特别想跟大学生们说几句，你们千万不能只想着享受，却怕吃苦受累。没有累的积累，哪有甜的源泉？不累，能做成什么事呢？天下没有坐享其成的美事。

我刚当辅导员的时候，有一次我到一个学生寝室，看到一个学生躺在床上。“你怎么啦？”“头疼。”我知道他这是借口。那时我要求学生白天不准无缘无故地待在寝室里，课余时间都要到图书馆，教室学习。“你坐起来不行吗？”他坐起来了；“你站起来不行吗？”他站起来了；“你出去不行吗？”他转身往门外走。我说“你比父母还累吗？”这个学生说他错了。他从此再没有偷懒，毕业的时候以优异的成绩考上了国内某名牌大学的硕士研究生。

大学生朋友们，你们很多道理都懂，但是有些人往往就是以怕累坏了身体为由而不肯努力。我还真没看到有多少学生累坏身体的,若是真到了这个份上,那还真要注意了,并且要早注意,早加强锻炼,早调适。事实是很多大学生现在是“闲坏了”身体,有些肥胖恐怕就是“闲”出来的。

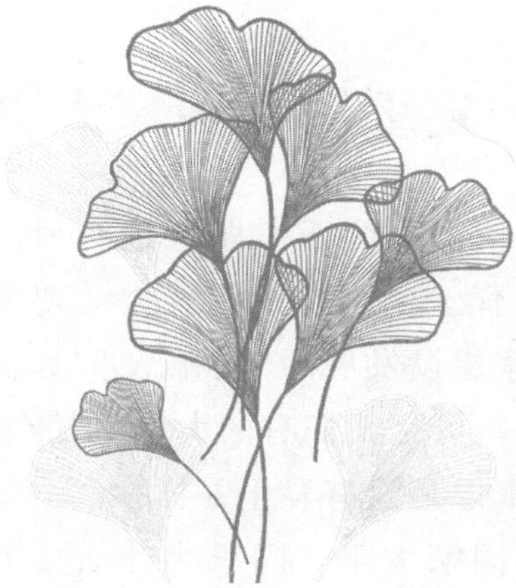

113

一定要关心国家大事

第十三届全国人民代表大会正紧张地进行着。这次大会的一个重大背景是我们走进了新时代。全国人民代表大会要研究与老百姓息息相关的诸多国家大事,是国家建设发展的“晴雨表”“风向标”。因此,就连境外媒体都给予了格外关注。可是我们有的大学生却在“一心只读圣贤书”,在他们生活的世界里,这事像是没有发生一样。

大学生一定要关心国家大事。国家为什么要办大学?你们读书的目的在哪里?这两者的关系要搞清楚。上大学有满足个人对文化追求需要的一面,也有满足个人对未来美好生活渴望的一面,但是读书更有为国家发展建设服务的一面,不然国家办大学干什么?正所谓“修身、齐家、治国、平天下。”刻苦读书是对的,知识是你的本钱。列宁讲,在一个文盲充斥的国度里是不可能建成共产主义的。习近平同志更是要求把学习当成人生的追求。你们应当懂得这样的道理:一定意义上讲,“识”之所“知”才是读书的根本。知识再多不知往哪里用,甚至把知识用到了错误的地方,那跟无知没什么两样,有些还会比无知更可怕。

校园里屡屡发生的“校园贷”,社会上发生的大量网络犯罪,都是有“知”的人干的。为了考研,为了就业而读书这可以理解,但是你不知国家要干什么,国家正在发生什么,你的这种读书实在是太盲目了。知识分子历来都是“风声雨声读书声声声入耳,国事家事天下事事事关心。”这里强调的就是学用一致,要清楚读书的目的,也可以说是要素质全面,要懂知识，更要懂做人。大学生一定要认识到，只做“单面人”是不行的，你所处的社会是个政治、经济、文化、科技的统一体，而其中政治的地位是领先的。你们要有正确的价值观，这是你们人生的“总开关”。

写到这里，我想起了一件关心国家大事与你们个人生活相关的事。十五年前，当时国家正在召开第十届全国人民代表大会。我有个学生到学校看我，谈话中无意聊到她的个人问题。她说别人给她介绍了男朋友。那个男孩儿看好了她，但她没有看好那个男孩儿。她说，交谈中不知怎么谈到了正在召开的第十届全国人民代表大会，那个男孩儿显得那么没有文化，连国家主席怎么产生都不清楚。她找了个借口停止了和那个男孩儿的交往。那个男孩儿恐怕到今天也不知道自己因为不关心国家大事而失去了一次恋爱的机会。

我认同我这个学生的看法。我经常跟我的学生们讲，你们谈恋爱一定找爱祖国，爱父母的人。

上大学为了工作，工作为了成家，成家为了生孩子，生孩子为了上大学……这样做的人只是本能地活着，不会有大的出息。大学生要有大格局，大视野，大追求。只有胸怀祖国，放眼世界，才会使自己活得大气，活得坦荡，活得洒脱，活得更有价值。

114

“距离”是可以“说话”的

我想起了这样一件事。我在大学里做学院党总支副书记的时候，负责学生党员发展工作。有一次在了解一个积极分子的表现时，同学们对她的评价不高。这个学生从表面上看，还是比较优秀的：年级主要干部；学习成绩名列前茅；能力也比较强，组织同学开展了大量有益活动。可是同学们为什么对她不认可呢？

这个学生也不服气。她认为她对同学一视同仁，从来也没在背后议论过同学，一些同学这样看待她是因为对她有偏见，甚至是对她的嫉妒。我专门找学生谈话了解，我觉得这个学生是有些问题的，那些负面评价怨不着同学，问题还是出在她本人的身上。她虽然口头上没有说张三长、李四短，但是她的形体语言会“说话”，她和同学间的距离已经告诉了她内心对每个同学的看法。

比如同学列举了这样的例子：

如果她和某个同学关系好，她和这个同学交谈时两个人之间的距离就比较近，亦显得比较亲密；如果她和某个同学关系一般，她和这个同学说话时的距离就相对比较远，亦显得比较平淡。同学们就是根据她和同学间的距离，判断出了他们每个人在她心中的位置，所以同学们才会有她把大家分成了三六九等的看法。

社会学中有种距离理论，它把人和人之间的交往的密切程度用四种距离来划分。

一是亲密距离。这种距离在 0 到 18 英寸(45.72 厘米),例如夫妻之间的距离就属于这个距离。

二是个人距离。这种距离在 18 英寸(45.72 厘米)到 4 英尺(121.92 厘米),表明两人的关系比较密切。

三是社会距离。这种距离在 4 英尺(121.92 厘米)到 10 英尺(304.8 厘米)。这种距离代表的密切程度比较亲密又差一截。

四是公共距离。这种距离在 10 英尺(304.8 厘米)到无穷远。这个距离表明彼此之间根本不太相干。

为了说明上面那个学生和其他同学的关系,这里举这样一个实际的例子:

某辅导员让甲同学(假设为上面提到的那个入党积极分子)告诉其他同学一件事。在告诉乙同学时,因甲和乙的关系比较亲密,甲同学会在亲密距离间告诉乙;如果是告诉丙同学,甲同学便会在个人距离告诉丙;如果是告诉丁同学,由于丁同学与甲同学关系一般,甲同学则会在社会距离告诉丁。这种不同的距离已经表明了乙、丙、丁等人在甲同学心中的位置。“此处无声胜有声”。甲不用说,乙、丙、丁等人通过距离“测量”,已经清楚了他们在甲同学心中的地位,感受到了甲同学从体内散发出的“温度”。

所以,我跟那个入党积极分子说,党的宗旨是全心全意为人民服务,这种思想是需要融化在血液中的。要做到全心全意为人民服务,就必须密切联系群众,就是要和每一个同学都保持同等的“亲密距离”。

这就需要修炼自身,保持内在的自觉性,靠“装”是装不出来的。这就要从根本上解决思想上入党的问题,这样才能在实际生活当中自觉按照党员的标准要求自己,和每个同学的关系,都能保持同等的距离,给大家送上同样的“亲密关系”。

115

输在了“起跑线”上又如何？

去年高考前，我在公众号里发了一篇文章，题目是“只要不输在品德的起跑线上就好”。我把“起跑线”划分为“知识起跑线”和“品德起跑线”。我觉得一些家长和学生太在乎知识的“起跑线”了，想尽一切办法不能输在知识的“起跑线”上。可在知识的“起跑线”上输了又怎样？又有谁没在知识的“起跑线”上输过？

我考大学的时候也想去北京大学，但是没有去上，在一所名不见经传的二本师范学院读书。我读书的学校和北大在知识的“起跑线”上差得太大。但是我现在也是博导，也曾任过厅级领导，恐怕不是每一个北大毕业的想有这样职务的学生都实现了他们的愿望。

我也很荣幸两次被邀请到北大做学生教育管理方面的学术交流。我孩子从北大毕业，我跟他说：“老爸很羡慕你能在北大读书，但是老爸在北大做过报告，你未必有这样的机会。”可以说当年考大学时在知识的“起跑线”上我输得很惨，现在我也多少挽回了点面子。

有一年我代表教育部对一所国内著名高校的辅导员基地建设情况进行考核。闲聊的时候该学校的党委书记问我是哪所大学毕业的，当我说出我毕业于省属本科师范学院时，他的脸上掠过一丝诧异的神情。即便在北大、清华读书的学霸，他们每科考试的成绩都是第一名？可能会有极个别的天才，但是绝大多数一定都“输”过，可是这影响了他们毕业后的成绩了吗？事实是又有多少读书期间被学霸甩在后面的同学，毕业后又将曾经的学霸甩在了他们的身后。

二十世纪六十年代,保罗·朗格朗(法国成人教育家,终身教育理论的积极倡导者和理论奠基者)在联合国科教文组织召开的第三届促进成人教育国际委员会议上以“education permanente”为题做了学术报告,引起与会者极大反响,后来联合国科教文组织将“education permanente”改为英译“lifelong education”,即“终生教育”。

在大数据时代,对知识的学习更显现出终生性的特点,传统的只有在学校才能学习的观念遇到了更为现实的挑战。今天谁如果还因是高考时的状元、毕业时的全优而沾沾自喜,想靠着学校阶段的学习一劳永逸地应对自己的未来,那等待他的结果一定不是被时代所淘汰,就是被现实碰撞得“面目全非”。

一些学生常常对所考的学校不满意、对所学的专业不顺心,这些可以理解。但是你必须改变你能改变的,左右你能左右的。当一切无法改变的时候,你只能最大限度地“省去”用于犹豫彷徨的时间。你本来在知识的“起跑线”上已经输了,如果再不全身心地投入到后来的赛程里,你就会被甩得更远,那只有被淘汰出局。

在“起跑线”上输了就输了吧,你只能认输。这是无法改变的现实。好在谁先冲到终点并不取决于谁先赢在了“起跑线”上。人生是长跑比赛,你还有很多机会超越那些比你先冲出“起跑线”的人,但是如果你再不加速度奔跑、并且终生奔跑的话,你就很难取胜了。

116

当学生干部会影响学习吗？

前些天我整理资料的时候，看到了几段我刚做辅导员时写下的文字，有的还没有完全成文，但是基本意思已经清楚了。虽然时间已过去了几十年，文中提到的几个问题仍挺有现实意义的，这里我重新编辑一下推送给大家。

当学生干部会影响学习吗？

文：曲建武

这个问题是大学生普遍关心的问题，不只是几十年前的大学生关心，现在的大学生也关心这个问题。在我的公众号上，这个问题被反复地问及。一些学生以当干部会影响学习为由拒绝当学生干部。

当学生干部会不会影响学习呢？这要看你怎样来处理两者的关系。在我国的古语里有这样一句话：鱼，我所欲也；熊掌亦我所欲也，二者不可得兼，舍鱼而取熊掌者也。

这里把鱼和熊掌对立了起来，自然鱼和熊掌就不可兼得。当干部与学习文化知识表面看起来，就像鱼和熊掌不可兼得差不多。当干部就要“身在其位谋其政”（当然也有身在其位不谋政的，这只是个别的），就要想为同学做些什么。做事情，难免就要占用学习的时间，而没有时间保证怎么会学习好文化知识呢？因此，有的学生干部学习成绩不理想，恐怕与当了学生干部有一定的关系。

不过当了干部就一定影响学习吗？恐怕这也不是必然的。其实鱼和熊掌是可以兼而得之的。

当年哈尔滨工业大学管理学院89级学生×××,担任校学生总会副主席职务,她全心全意为同学服务,在一次民意测验中获得了100%的信任票。她学习刻苦,每学期均获一等奖学金。她所在的班级是校三好班级,省先进团支部,她本人被评为全国优秀大学生。

×××为什么会鱼和熊掌兼而得之呢?

关键就是她把当干部与学习文化知识统一了起来。她认为,当干部首先就要学习好,不然同学们不信服你,那你就失去了号召力。她把当干部变成了促使自己好好学习的动力,这样就可以处理好当干部与学习文化知识两者间的关系了,鱼和熊掌自然也就兼而得之了。

去年我带的一个学生是年级的中队长,党员,为同学做了很多事情,她也没有因为当干部影响学业。她成了年级的学霸,毕业时以优异的成绩被保送攻读硕士研究生。她也是“鱼”和“熊掌”之兼得者。

说到这里,我还想起了我刚毕业当辅导员时认识的一个学生。他本来是团支部书记,因为怕影响考研,便辞去了这个职务,结果也没有考上研究生。

这里的关键还是不要把当干部与学好知识对立起来。两者关系处理得好,就会把不利变成有利,不仅不会影响学习,恐怕更多的是产生促进作用。

另外,大学生也要考虑这样一个问题:大学阶段,培养能力也很重要。一定意义上讲,知识少学了些,能力有所提高,也是划算的。

117

想起了“人有亡斧者”

“人有亡斧者”这则寓言大家都很熟悉,这里只是简单地提一下。这则寓言讲述的是从前有个人丢了一把斧子,因为他怀疑是他邻居的儿子偷的,因此他看邻居儿子的一举一动都像偷斧子的。后来他找到了斧子,于是再怎么看邻居的儿子也不像偷斧子的人了。

这则寓言要揭示的是:对客观事物的认识一定要实事求是,尊重客观规律,不要先入为主。人和人之间的交往,不要猜疑,否则的话,就会产生认识客观真理的障碍,就容易歪曲客观事物的原貌,就会影响人和人之间的和谐。

前几天我经历的一件事再次提醒我不能像“人有亡斧者”中丢斧子的人那样犯主观主义的错误。那天我外出开会,从家里出来的时候我随手把眼镜盒放到了包里,结果直到我回家也没用上眼镜。到了晚上我打开眼镜盒的时候,发现眼镜不见了。我回想了一下,我只有在开会的时候把眼镜盒和电脑拿出来一起放到了桌子上,开完会离开房间时我又把眼镜盒装到包里了,那眼镜一定是在房间里“丢”的。是我落下了,还是被人拿走啦?我想可能是我落下了,应该没人会拿眼镜的。不过若是贵重的东西丢了,恐怕想得就复杂了。随后,我坐到了写字台前。当我拿起一本书要阅读的时候,发现眼镜就夹在书中。原来我从家里带走的是空眼镜盒。我想,若是没找到眼镜,我会始终以为眼镜就是丢了。

看来的确是这样:许多事情与我们主观上的看法并不一致。因此,看事物、处理问题一定要注重调查研究,坚决克服主观的随意性。

“人有亡斧者”这类事情在大学生中经常发生,有的还会发展到恶劣的程度。

有过这样的报道,有个学生怀疑同寝室的一个同学偷了他的东西,硬逼着那个同学承认,结果大打出手,把对方打伤了,为此被开除了学籍。

当寝室发生了丢东西的情况,一定要冷静地分析处理。或许有的同学爱占小便宜,随手拿别人的东西,如果是“小”的东西,你可以这样处理:一是平时保管好自己的物品;二是可以给予你所怀疑的人适当的暗示,不过千万注意不能指桑骂槐;三是对于已经事实确凿的盗窃行为,可以私下找盗窃者聊聊;四是找辅导员反映情况解决。如果是贵重物品丢了,要及时反映到辅导员那里,由老师来处理。千万不要直接对质。更有的家长也跟着孩子指责对方,这是绝对不可以的。同学之间要和谐相处,不要互相猜疑,更不能散布你的猜疑。

118

杭州“外卖小哥”与一封农民的信

前几年，有个杭州外卖小哥火了。在中国诗词大会上，这个学历不高的小伙子一举击败北大硕士夺冠，赢得了人们普遍的点赞。真乃“英雄不问出处”，此时唯我独尊也！

外卖小哥的壮举再一次警醒了那些还在这也难学、那也学不会的学子们，外卖小哥用事实告诉我们：从来就没有什么“难学”“学不会”，有的只是“不学”“不想会”！在外卖小哥面前，“难学”“学不会”这样的说法统统是“懒惰”的遁词。

大学生朋友们你们对照一下自己：外卖小哥没有多余的钱买书，为了读诗，到书店背下来回家再默写，而你们学校的图书馆你有好好利用吗？外卖小哥空闲时，靠在铺位上用手机背诗，而你们的智能手机都用来干什么了？外卖小哥做过电话销售、工地拖电缆的小工、马路推销员、服务员、传菜员、洗车工、保安……你不就做着学习这一件事吗？外卖小哥背下了1071首诗，不知道你背下了多少个外语单词？外卖小哥第一次感受到了掌声如潮，而你是不是经常感受“重修”科目的滋味？面对外卖小哥，大学生朋友们，你们没有理由浪费你的青春，没有理由挥霍你父母的血汗，没有理由逃避你未来应当承担的责任。你这也难学，那也学不会，那你还来大学干什么？何不像外卖小哥那样送个外卖，努力一下还能享受到掌声如潮的滋味。

外卖小哥事件让我想起了一个学生家长写给我的一封信，这里我推送给大学生们读一读。

亲爱的曲老师，您好！

愚弟×××给您拜年了，祝您全家猴年吉祥、幸福！

自去年在寒舍惜别至今，忽一年矣。每思念起来，内心常觉十分惭愧！上善若水，师恩如山，以言难表。怀忐忑之情给您寄信，汝日百忙忍相烦扰。诚乃××之幸运，就读海大，近三年矣。曲导以恩师兼慈父般的情怀，谆言善导，哺育含教，培植学子，成人成才。实谓尽心尽力，至仁至德矣！真××之福缘及我全家之福缘也。时间如飞，后来者社会之希望也。希望孩儿在曲导的悉心教育下，学有所成，学有所用。为社会争光，给亲人争气。

善缘绵绵，后会有期。

愚弟××拜呈。

二月二十八日

亲爱的大学生朋友们，如果我让你们猜一猜的话，你会猜到这是一封农民写的信吗？这确实是一个没有读过几天书的农民写的信，写信的这个人，就是一个放羊的农民。

××要"植大木以立长天，处江湖以忧国民"，去西藏奉献他的一生。

我去过他的家，他信中提到的××就是我带过的一个学生。我帮助过这个学生，甚至改变了这个学生。于是这位农民朋友给我写了这封信。我在外出讲学的时候经常提到这封信，并且我一再强调：这就是一个放羊的农民写的信啊！你们整天拼学历、拼名校，就这封信的水平来说，你们有多少人连一半都达不到！赶快醒醒，找找和别人的差距吧。不要忘了，当你拿到毕业证的时候，不仅要看毕业证的大小，还要称一称毕业证的含金量。不要再让闹钟叫醒你了，当每天叫醒你的是内心的信念而不是闹钟的时候，你离这个农民的水平就不远了。

关键是解决思想上入党的问题

人的行动受思想的支配,思想正确行动才能正确。

有了正确的思想,再把正确的思想转化为坚定的信念,那就会方向明确、行动持久。无论对一个政党来说,还是对其每一个成员来说,思想的正确性都非常重要。

苏联在布尔什维克成员最少的时候,建立了苏联社会主义国家;苏联的解体恰是在苏联共产党成员最多的时候。

当今在中国社会,一些共产党员之所以能够不忘初心,牢记使命,全心全意为人民服务,那是因为他们解决了思想上入党这个问题;同样,有的共产党员之所以没有很好地践行党的宗旨,甚至与党和人民的利益背道而驰,说到根本也是没有解决好思想上入党的问题。

关于在思想上入党的重要性,列宁有句经典的话语:徒有其名的党员就是白给也不要。无论是一个政党还是个人,力量不是来自数量,而是来自质量。

中国共产党是个伟大的政党,在中国共产党的领导下我们从站起来、富起来,到强起来。特别是党的十八大以来,我们干成了多少原来想干而没有干成的大事;解决了多少原来想解决而没有解决的问题。我们正在向实现中华民族伟大复兴的征途上进发!

当然我们应当看到,今天我们是在一个党情、国情、世情都发生了深刻变化的环境下来建设我们的党,我们的党又是个有着 9000 多万党员的大党,从这个角度来看,一些思想不纯的党员“混到”党内这是难免的。这只是告诉我们,解决思想上入党的问题任重道远,我们还有很多工作要做,我们一定要高度地重视思想上入党这个关键问题。

“洁洁良”就是一个个别现象,对她所犯的错误依纪依规处理就是了。

大家要注意的一点是,对事物的认识一定要抱有辩证的、唯物的、全面的态度。

“洁洁良”代表不了辽宁师范大学、厦门大学党建的水平,作为这两所学校,既然问题已经出了,那就正确地对待,查找原因,举一反三,更好地改进自身的工作。

毛泽东同志一再主张“治病救人”。我们不能“一棍子把人打死。”罪犯还要改造呢? 还要让他们重新做人。人这一生真是不容易,难免犯些错误。“洁洁良”就是人民内部矛盾,学校依纪依规处理她,不是为了置她于死地,而是为了教育挽救她。

“洁洁良”自身一定要正确看待组织上的处理,要深刻认识到自己的言行所带来的严重危害,要能从教训中走出来,做一个有益于祖国和人民的人。如果执迷不悟、一意孤行,那可就大错特错了,那就必然被人民所唾弃。

特别是广大要求入党和已经入党的大学生,要用“洁洁良”来警醒自己,认真审视自己是否真正解决了思想上入党的问题。思想上不入党,组织上入党了没有什么意义。“混进”党里早晚会要暴露的,这对党和你个人都是损失。

各高校一定要深刻认识在大学生中发展党员的战略意义,要下大力气解决好大学生思想上入党的问题。尤其在一线做具体工作的同志,一定要把工作做深做细,帮助学生克服头脑中的不正确思想,不能让他们把错误的思想带到党内,更不能让错误的思想在他们的头脑扎下根。

我做辅导员时通过查阅档案了解到有个学生在中学就入党了。我担心她思想不成熟,开学后我给她写了一封信:

××你好!

早想找你聊聊,但想到你军训的辛苦,就不忍心打扰你,想让你好好休息一下。我现在在去哈尔滨的火车上,先给你发条微信,回去再找时间我们好好地聊聊。

你是我们年级唯一的党员，你应当感到自豪。我大学毕业时才入党，跟你比有差距啊！不过，你不能骄傲，不能自满，你的人生之路才刚刚开始。

党员意味着什么？意味着吃苦，意味着奉献！虽然时代不同了，但党的宗旨没有变。一些党员同志现在已经听不进这样的话语了，原因在哪里呢？是党的宗旨变了吗？不是，是他们违背了他们曾经许下的诺言。人啊，怎么能违背诺言呢？人的行为中还有比违背诺言更令人耻笑、令人鄙视、令人瞧不起、令人深恶痛绝的吗？我们庄严宣誓过，我们就应当兑现我们的诺言，举起的手即便粉碎了也绝不能再放下！

145人中就你自己是党员，你就是窗口，你就是方向。同学们就是通过你来认识党、了解党、信任党的。社会学有种理论，同辈群体对一个人的成长影响最大。你的一言一行很重要，你不只代表自己。老师希望你一定名副其实，给同学做出表率，为形成良好的班风、年级风气做出贡献！

这个学生给我回了信，她说，“真心谢谢曲导的教诲。此前我还真气馁过，感到没有信心，对问题看得过重。自从您请我们吃饭开始，接触了您，我好像突然明白了许多事情，坚定了对未来的信心。今天又收到了您的信息，我懂得了我的责任。请曲导放心，我一定兑现我的诺言，做好表率，成为一名名副其实的共产党员！”

为了坚定她的理想信念。我跟这个学生党员谈了无数次的话。她的思想已经基本成熟。毕业前夕，她获得了大连海事大学“十佳大学生”的荣誉称号。

我给她写了一封信：

××好！

这次你能获得大连海事大学“十佳大学生”的荣誉称号，说明你付出了巨大的努力，这是对你四年大学生活的回报，也是对你大学本科阶段学习的总结和概括。同时，像你说的，它又的确不是你个人的事，它展现的是人文学院几百名学子的风采。你为我们年级、为人文学院争了光。

看到你的今天，想到你的昨天。你带着美好的梦想来到大学。一次次的交谈，一段段的微信交流，你的思想在不断进步，不断成熟。人的强大一定是思想的强大、是思想的成熟，这一点十分重要。昨天我在向大家介绍你的时候强调的就是这一点。当然，思想的真正强大还需要不断地努力，需要在未来的社会实践中不断锤炼。大学的这段时间只是你成长的基础。

你始终在追逐梦想的路上。你要永不歇停。你刚来大学时我在给你的微信中谈到,全年级的学生中就你是党员,你多重要啊！举起的手即便粉碎了也不能再放下。在未来的学习、工作生活中会有无数个党员同志和你在一起,不管别人怎么样,你一定要像个党员的样子。你已经不属于你自己,你属于大连海事大学,你的一言一行代表大连海事大学。当然你更是党的人,要为党分忧,为党担当。在党的领导下,中国人民正奋斗在实现中国梦的伟大征程上,我们离中国梦实现的目标越来越近了。越是这个时候,越凸显了你们青年一代,青年党员的价值。要知道,我们党太需要一批又一批对她忠诚无比的优秀战士了。

这个党员学生是我们年级的中队长,起了很好的带头作用。她还是年级的学霸,有保送研究生的资格。她的成绩本来是可以申请到“985”高校的。她却申请了中国人民公安大学,并且选择了马克思主义理论专业,我很支持她。她说她将来要“不图名、不图利,为官一任,造福一方,做一名名副其实的共产党员。”虽然她已经毕业快一年了,但我们之间继续保留微信交流。我到北京的时候,还多次请她和北京的几个学生一起吃饭,了解她的思想情况。她说她对自己的选择无怨无悔。

120

缩短“心”与“口”的距离

有的同学留言说自己一讲话就打怵，问我有没有什么办法。

这能有什么好办法呢？也不会有千篇一律的办法。不过他提的这个问题大学生们还真得加以注意。

人是有思想的动物。人和人之间需要交往。没有交往，也就没有了人这个“群”的特征。而语言就是思想的符号，就是人和人交往的重要工具。所谓缩短“心”与“口”之间的距离，就是说要能够把内心的思想通过语言表达出来，实现人和人之间的正常交往。

有的学生说：“我在同学面前不敢讲话，即便有思想也表达不出来。”这不是个别现象。一些学生确实是这样，一说话就脸红，于是干脆就索性不讲话了。这怎么行呢？其实越是这样，你越不能任由这种状态发展下去。要知道你不是大学毕业就可以了，大学只是你走向社会的准备阶段，你还要走向社会。你必须要与人打交道，没有语言交流，那怎么与同事相处？那怎么干好工作呢？

我的体验是从“心”到“口”的距离不会天然地缩短，需要你主观上具有主动性。

我应当算能讲的。在我看来，是和一个人交流，还是和上千人交流，感觉上基本一样，从没有因和上千人交流心里就发怵。

想一想，我的口才应当就是在大学里练就的。

不记得刚读大学时我是不是就能讲，只记得当时只要有“讲话”的机会我就抢着讲。我们年级 130 多人,老师上课的时候经常提问,每每这时教室里会鸦雀无声。我觉得这是锻炼的好机会,于是我就举手发言。如果统计一下的话,我应当是我们年级课堂上发言次数最多的。

大学生一定要大胆地有第一次,有了第一次你就有了胆识,慢慢地你就不打怵了,讲起话来自然也就流利自如。

我现在上课的时候,也是不时地做些提问,有的同学就积极发言,而有的就不积极。不积极发言自然就浪费掉了锻炼从“心”到“口”的机会。当然学校里锻炼从“心”到“口”的机会还是很多的,比如演讲就是很好的锻炼机会。

要有信心。我刚留校做辅导员时带过这样一个学生:他的性格很内向,他说他跟他母亲都不怎么讲话。我想这怎么能行呢?我要对他负责。当时学校分给了我一间工作室,我没舍得自己一个人住。我找了三个同学和我住在一起。我把这个性格内向的学生安排在我上床住。他上下床都要跟我打招呼。这逼着他练就了口才。我也是有事没事地经常跟他交流。这个学生的口才就是这么被“逼”出来的。这个学生现在话讲得很好,现已经是名厅级干部了。

121

“能说”还要“会道”

这里的“能说会道”不是指“花言巧语”，而是在恰当的时机、恰当的地点，以恰当的方式表达出恰当的观点和思想。

我这个人在这方面就不是很好，比如说话比较急，特别是情绪比较激动的时候，说话像吵架似的。有时我自己能注意到，有时却注意不到。有时说话激昂些也无妨，但在“大场面”的时候，确实应当平和些。俗话说，有理不在声高嘛。

当然了解我的人也都习惯了，他们不会介意，若是初次见面，这种讲话风格就不是太妥当了。之所以跟大家讲要“能说”还要“会道”，这其中也有我个人的体验。既“能说”，还“会道”，你的讲话才能收到最佳的效果。

怎样才叫“能说会道”呢？答案会有很多种，在此不可能一一列举，如果能注意到下面我讲的这些，也算“能说会道”了。

这里没有先后顺序，想到了就把它列了出来。

1. 不要显摆。真理或许在你的“手”里，即便如此也没有什么了不得的。不能把别人都看成“阿斗”，这样会引起大家的反感，使大家拒绝接受你掌握的真理。

2. 不要抢着说话。该你讲你就讲，不该你讲千万不要抢着讲。最好先听听别人都讲了些什么，从中吸取有价值的东西。

3. 言简意赅。说话不要啰唆，反反复复，冗长拖沓。鲁迅讲，浪费别人的时间无异于谋财害命。不要总觉得别人没听懂，可能是你没有讲清楚。

能省一句话就省一句话，能省一个词就省一个词。

4. 不要插话。让别人把话讲完。不要别人还没有讲完，特别是还没有明白别人的意思就对别人品头论足。

5. 一定要守时。一些会议发言常常要限时，当你发言的时候一定遵守会议的安排，不要超时，到点就停止，宁可时间不足也不要超时。最后要给人一种意犹未尽的感觉。

6. 不要急躁。慢慢道来，把话讲清楚，让大家听明白。过急容易漏掉自己的思想和观点。

7. 和风细雨。讲话不要像吵架似的。大声讲话会使人对你讲话的真理性产生排斥。

8. 打好腹稿。不要想起什么就说什么。把要讲的话在“腹中”先过几遍，如果允许最好先写草稿。

9. 不要照本宣科。有些讲话有要求，必须照本宣科，那就只好如此。有些讲话没有这样的要求那就脱稿讲。这就需要熟悉所讲的内容。

10. “不鸣则已，一鸣惊人”。说话最好深思熟虑。这就需要日常的积累。

11. 说真话。真话才能感染人、打动人。真心才会换回真心。当然说话有时候也需要善意的“谎言”，就像医生有时对患者那样。

12. 含有真情。谁也不敢保证自己所说的话都是正确的，但是一定保证所说的话是含有真情的。所谓含有真情就是替别人说话。

13. 不说假话。谁也不傻。你欺骗了人一时，不可能欺骗人一世。说假话早晚会被戳穿的。

14. 不说套话。有话就说，没话就不说。不要没话找话说。

15. 说话要分场合。该说什么，不该说什么；该跟谁说，不该跟谁说；该在什么时候说，不该在什么时候说；该在什么地方说，不该在什么地方说，都要想清楚了。

16. 说话要算话。说出去的话就有如泼出去的水。说话不算话最让人瞧不起。做不到就不要说。

17. 不要盛气凌人。真理不是“编”出来的。你讲得对错跟你的地位、身份无关。

18. 不要漫不经心。说话要看着对方，不要望东望西的；不能答非所问;不能给人家一种应付的感觉。

19. 不要死犟。谁也保证不了所讲的话都是对的,错了就及时改正。莫忘了“虚心使人进步,骄傲使人落后”。

122

“知行合一”思想

习近平总书记指出：“‘纸上得来终觉浅，绝知此事要躬行。’学到的东西，不能停留在书本上，不能只装在脑袋里，而应该落实到行动上，做到知行合一、以知促行、以行求知，正所谓‘知者行之始，行者知之成’。”

每一项事业，不论大小，都是靠脚踏实地、一点一滴干出来的。“道虽迩，不行不至；事虽小，不为不成。”这是永恒的道理。做人做事，最怕的就是只说不做，眼高手低。不论学习还是工作，都要面向实际、深入实践，实践出真知；都要严谨务实，苦干实干，因为一分耕耘才有一分收获。广大青年要努力成为有理想、有学问、有才干的实干家，在新时代干出一番事业。我在长期工作中最深切的体会就是：社会主义是干出来的。

我正在北京，下午要给教育部青年干部做一场报告，实在没有时间谈我对“知行合一”的体会。

123

青春是为老年准备的

大学生朋友们好！

今天是你们的节日，首先祝贺你们青春快乐，人生幸福！

在你们节日的时候，作为一名有着近40年学生工作经历、至今仍然耕耘在大学生思想政治教育工作一线的老同志，我跟你们说些什么呢？

你们中会有的大学生说“我的青春我做主”“我们是自我的一代、思考的一代”“我们厌倦了那些乏味的说教”……

可是我还是要不厌其烦地跟你们说。我所说的每一句话未必都是对的，但都是含有真情的。说出上面这样一些话的大学生朋友也是因为年轻。因为成功的人生没有不借鉴别人经验的，凡是完全“自我做主”的人生很少有成功的。

你们正处在人生的重要阶段，这个阶段与你们的未来联系最为紧密，再容不得你犹豫彷徨、无所事事了。你必须对你的未来做出正确的选择，并朝着你选择的方向坚定地走下去。

为此我给你们提供下面这样几条建议：

1.做精神崇高的人

显摆物质富有的时代已经过去了，待你们老年的时候更是如此。

老年的时候人们(包括你的儿女)都会以你是否是一个得到别人尊重的人来评价你是否成功。那时谁也不缺吃穿，比的就是精神上的富有。

怎样才算精神富有的人呢？

毫无疑问，精神富有的人一定是热爱祖国的人。习近平同志在北京大学同师生座谈时对大学生提出的第一点要求就是爱国。祖国就像一个大家庭，每个人都生活在其中。如果每个人都只想自己的事，不管他人的事，这个大家庭就过不好日子，就会受人欺负。所以爱国不是喊口号，每个人都要尽己所能地为这个大家庭做事。不要计较，多做有益于人民的事，这样待中国梦实现的时候，你便能问心无愧地说我对得起我的祖国，对得起我的青春。你就会成为一个让人瞧得起、受人尊重、精神富有的人。

2. 做个有能力的人

党的十九大明确提出，到21世纪中叶我国将建设成为富强、民主、文明、和谐、美丽的现代化强国。这个时间节点意味着你们将全程参与到中国梦实现的伟大实践中。而中国梦是不可能轻轻松松、敲锣打鼓实现的，机遇和挑战是并存的。特别是由于价值体系的不同，西方社会不可能希望我们这样的一个社会主义的大国顺顺当当地强大起来，他们一定会竭力影响、阻挠和遏制我们的发展。

最近发生的贸易战，说到底是两种不同价值体系的较量。我们要想胜出，就得你们有本领。你们一定要刻苦学习，提高本领。不要片面地理解学历和能力的关系。学习能力是人的第一能力，没有学习能力难有其他能力。这么好的时光你们不学习干什么？到老了再想学就来不及了。习近平总书记这次在北京大学师生座谈会时对大学生提出的希望中就要求大家刻苦学习。有本领才能做事情，为祖国贡献大，老年才能得到的多，生活才会惬意洒脱。

3. 做个脚踏实地的人

年轻人富有理想，这是你们的优势。但是年轻人的弱点是往往好高骛远，缺乏脚踏实地的干劲。没有随便的成功。“不积跬步，无以至千里”。马克思的墓碑上刻着这样一句话：哲学家们只是用不同的方式解释世界，问题在于改变世界。毛泽东同志说，学习的目的全在于应用。邓小平说：不干半点马克思主义也没有。习近平总书记说，空谈误国，实干兴邦。而后在北京大学师生座谈会又提出“知行合一”。

这都是要求你们把理论和实际结合起来，在实现中国梦的伟大的事业中显出你们的本色。知识再多，能力再强，不为祖国服务，不为社会做有益的事情又有什么用呢？不要只想着干惊天动地的事，但求扎扎实实地做好自己应当做好的每一件事。既然你希望你的晚年也能拥有像有的晚年人那样拥有的令人羡慕的一切,那你就要趁着年轻的时候抓紧走好每一步。美好只能积累,等是等不来的。

4.做个勇于面对困难的人

人生难免有些不如意,关键看你怎样对待。

拿生活困难来说吧,有的学生因此而抱怨,失去信心,结果失败了;有的学生把困难当成动力,坚强地挺了过来。谁的青春都不容易。不要祈求尽善尽美的环境,那是不可能的。年轻的另一个名字就是奋斗。习近平总书记教导大学生们说:“现在,青春是用来奋斗的;将来,青春是用来回忆的。”到了老年的时候,能讲出多少美好的故事,取决于你现在写了多少自己的故事。没有奋斗就没有未来。没有美好的青年阶段,怎能有美好的老年时光呢?

5.一定处理好个人的情感问题

恋爱是和家庭结合在一起的,不以成家为目的的交往不叫恋爱。你们正处在青春最富有诗意的年龄,一段富有激情、浪漫的恋爱,的确是人生十分美好的事情。可是在婚姻这首美妙的乐章当中,恋爱占有多少“音符”?美好的时光都是短暂的。恋爱的季节匆忙而过。现实的婚姻生活摆在了面前。所谓现实,就是说婚姻不是生活在虚无缥缈的空幻世界里,婚姻是物质生活和精神生活的统一体。价值观念不同的人很难走到一起。但是只是价值观相同,两个人就能长久地厮守在一起?柏拉图式的爱情只是人们的一种美好愿望而已,存在决定意识。处在穷困潦倒之中是难以产生伟大的爱情的。一些人的婚姻不幸福,乃至于老年离异,说得直白些就是贫困造成。你想避免这样的老年阶段吗?那就不要在年轻的时候种下这样的种子。不要图一时的快乐和满足。

在最重要的人生时期做人生最重要的事:为老年打下扎实的基础。你们正处在恋爱的季节,这是从你们的生理年龄来说的,而从社会年龄来说你们还没有进入恋爱的季节。这就要求我们学会判断、学会选择、学会用理智克制你的欲望,战胜你的本能。多少大学生因为没有处理好这个问题影响了自己的一生。

6.锻炼好你的身体

身体是自己的。这是从你是一个生命自然体来说的,可是身体确实又不是你自己的，人的身上被注入了社会元素，这种社会的元素就是责任。没有好的身体就会给家里增添麻烦和经济负担；没有好的身体怎能孝敬父母；没有好的身体怎能好好工作。特别是到了老年的时候，没有好的身体，就会给儿女添麻烦；没有好的身体你不能成为陪伴在你最爱的人身边。锻炼身体可是不能等的事。我不懂医学，但据我观察，再结合我个人，我觉得人从自然属性来看就像庄稼一样。该需要照料的时候一定要精心照料，不然到了收获季节再怎样侍弄也不会有好的收成。

我现在四处奔波，超强度的写作，尽管有些疲劳，之所以还能应付下来，与我在大学读书时的锻炼有直接的关系。那时我每天都到操场跑上几千米，甚至上万米。别太懒了。把责任带在心上，把闹钟丢掉，让信念成为每天叫醒你的闹钟！

这是我早上坐车到机场，在飞机上写的，要下飞机了，来不及推敲了，不对的地方请谅解。

祝你们的今天美好，祝你们的老年快乐！

一个老思想政治工作者

2018 年 5 月 4 日

124

比生活困难更可怕的是没有生活的勇气

我在上大学的时候，家里就比较穷。我母亲曾问我："咱能不能不念书了？"我理解我的母亲，她希望我能早点工作，贴补家里。面对困难我没有气馁，反而变得更加坚强。我对我的母亲说："这个我不能听您的，我一定好好念大学，将来我会孝敬您的。"

应当说我在大学读书时十分刻苦，孝敬父母是我重要的思想动力。我不仅想到了，我也做到了。我父亲在世的时候我带他去看我给我母亲买的墓地。我问我的父亲这里行不行？我父亲说"我很满意，你妈在世也会满意的。"作为儿子，我感到我尽到了我自己责任。

读书时我是业余万米运动员，每天体能消耗很大，但是我舍不得吃，也的确没有钱保证每天需要的营养，我常常饿着肚子。由于营养不良，我体重最轻的时候只有 93 斤，浑身只剩下肌肉了。这些都没有吓倒我。"穷且益坚，不坠青云之志"。我挺了过来。

我常想：在困难面前若是失去了勇气会是什么样子？

多少成功了的大学生都有过生活困难的经历，但是在他们身上所体现的一个共同特征是：面对生活的困难他们都表现出了顽强的奋斗精神。

由于多方面的原因，大学生中会有一些学生仍然生活在贫困的家庭里，这是无法改变的现实。既然现实无法改变，那就改变自己，改变对待困难的态度。

我在来到大连海事大学做辅导员后，我经常告诉我带的年级里那些家庭生活困难的学生们要坚强起来。我对他们常说的话就是：出生在一个什么样的家庭是无法选择的，人生的价值是可以创造的。贫困不是你的过错，改变贫困却是你的责任。只要努力，一切皆有可能。那些家庭经济困难的学生绝大多数都考上了硕士研究生。我家访过的一个家庭生活困难的学生毕业时以优异的成绩被保送到了国内一所著名大学攻读硕博连读学位。她给我写了一封信，其中说道："有些时候，觉得您像我的母亲，时时刻刻关心着我；又觉得您像我的父亲，指引我方向。真的超级喜欢您，也因您是我的老师而骄傲！真希望能成为像您一样的老师，时刻关心学生并为学生指明方向，希望未来的某一天，我的学生也会因我而骄傲。"困难就是这样，你强它就弱。这个学生的资历再次证明了这一点。

此时我还想跟含着"金汤匙""银汤匙"来到大学的学生们说几句话：大学是个大家庭，你们来自五洲四海，可谓有缘千里来相会。你们真应当像兄弟姐妹一样友好相处。你们要力所能及地关心和帮助那些生活上需要帮助的同学。当然，这不是你们的义务，你们也完全可以不帮助他们。但是，你们绝没有任何理由瞧不起他们，更不能容许自己不尊重他们。要知道，有一种令人厌恶的人就是那些凭着所谓的生活条件优越、自以为了不起而瞧不起那些家庭经济生活困难的人。

125

和大学生谈谈择业问题

择业无疑是每个学生的大事，它涉及能否通过“知识改变命运”的问题，也可以说择业和每个人的人生幸福密切相关。因此，不用教育，每个大学生都会认真地对待择业问题。

1. 什么样的职业能够带来幸福？换种说法，有没有一种职业能够给你带来幸福

在一些同学看来，幸福就是职业带来的。有体面的工作、颇丰的收入的人，就一定是幸福的。还有的同学会认为能在大城市里择业、就业就是幸福，否则就不会幸福。

因此，有的同学想尽一切办法寻找体面的职业，想尽一切办法留在大城市里就业。在我看来，职业能够带来幸福是个伪命题，因为事实上没有一种职业会保证一个人的幸福。公务员幸福还是教师幸福？工人幸福还是农民幸福？空姐幸福还是列车员幸福？每个工作其中的快乐还是酸楚谁能说得清楚？我们能说在“北上广”的人就比深圳、珠海的人幸福？华东的人就比东北的人幸福？东北的人就比西北的人幸福？恐怕真不是这么回事。

既然如此，同学们应当怎样选择自己的职业呢？马克思在十七岁的时候就写下了“青年在择业时的考虑”一文，文中的思想到今天也不过时，依然闪耀着真理的光芒。同学们在择业的时候一定认真地看看这篇文章，领会文中的思想。就我个人的认识来看，在你们择业的时候还是应当深思熟

虑的。

所谓择业观就是你择业的目的。无论你从事什么职业，择业观要正确，千万不能只为自己着想。

择业一定要带着责任。择业绝不只是个人幸福的问题，你的心中要有父母、要有祖国。这样的择业也才能有大的视野、大的格局、大的追求；才会有大的作为，也才像接受过“大文化”教育的人的样子。

2. 要从需要出发

谁都想被别人看成人才。什么是人才？被需要的人就是人才。择业一定要选择到祖国需要的地方。我当年大学毕业时就想去边远贫困地区当一名老师。我是理想主义者。我当时的想法是：我是学文科的，若是能有个志同道合的学理科的女孩有同样的想法，我们在那里成个家，建所学校。从小学教起，然后把孩子们送进大学。果真是那样的话，联合国教科文组织都会关注我们。他们会纳闷：那么贫穷落后的地方怎么会有人考上大学呢？他们很快就会发现，原来有一对年轻人把他们的青春和学识都奉献给了那里。联合国教科文组织会不会把我们请去做文化大使，四处讲学？这是一道“无解”的题了。

现在我们一些同学非大城市不择业，这不一定是明智的选择。择业也要脚踏实地，要想长远。当年美国高等教育大众化后学生们也都是想留在纽约这样的大城市里。后来随着地区差别的缩小以及在大城市生活成本的增加，学生们对大城市就不是那么留恋了。而先前选择“二线”“三线”，甚至早先选择“四线”城市就业的学生都成了人才。我想我国的城市发展、地区间的差距也应当是逐渐缩小的，现在就选择到祖国需要的地方去的学生恐怕去了就是人才，待十年、二十年后再到这些地方就“难以”成才了。早去、主动地去，一定比晚去、被动地去好得多。我是主张立业在先的，有了立业的壮志何惧身处何处！

3. 要踏踏实实

习近平总书记在北京大学师生座谈时期望青年学生“知行合一”，做实干家。

现在的学生一个明显的问题是做事不踏实，急功近利。择业时想的是有什么样的薪资待遇。这可以理解，但是待遇一定要建立在扎扎实实工作的基础上。我现在的待遇应当说挺好的，我很满足了。想一想离开奋斗、离开坚持，能是现在这个样子吗？

我留校做辅导员的时候有人就劝我早点离开这个岗位，说是学生工作没有出息。我不这么看，做学生工作有什么不好呢？不就是麻烦些吗？不管从事什么职业，不好好干都是不行的。没有天上掉下来的馅饼。过去没有，现在没有，将来也不会有。

同学们一定要记住，谁也不会喜欢整天挑三拣四、牢骚满腹的人。不能活没干多少，却总嫌待遇不好。阳光总在风雨后，谁也不会随便地成功。没有付出哪来的回报？这都是基本的道理，不能只是嘴上说说。带着责任择业；到祖国需要的地方就业；踏实地对待自己所选择的职业。坚持！坚持！再坚持！能够做到这些，你就一定是笑到最后的人！一切的择业烦恼就会随风而去。

126

千万不能自杀

大学生朋友们!

无论处在多么艰难的环境下,你们千万不能自杀! 自杀是什么? 那是把人生最大的痛苦递给了你们的父母。你们知道吗? 你们自杀了,你们似乎摆脱了一切,可是你们的父母呢? 那真比挖去了心肝还难受啊! 以后还有那么漫长的日子在等着他们,他们将怎样挨着日子一天天地往下过呀!

我刚在大学工作的时候,一天我看到有个自杀了的学生的母亲在家人的搀扶下从教学楼往下走,这个学生的亲属手里捧着一个骨灰盒,一家人痛不欲生地哭喊着从我身旁走过。那情景深深地印在我的脑海里,这也成了我要努力做好学生工作的一个重要原因。

这段时间,我听到了多起学生自杀的消息。有的学生家长来到学校长跪不起;有的家长听到噩耗一下子晕厥过去;还有的家长不吃不喝。我能想象到他们是多么的悲伤。大学生朋友们,你们也是孩子,遇上天大的事你们也要活下去。只要活下去,对父母就是莫大的欣慰;只要活下去,事情就一定会有转机;只要活下去,你就会发现曾经的念头是多么的愚蠢和自私;只要活下去,你就会感到你昨天的痛楚根本不值得你付出生命;只要活下去,你就会找到你活下去的理由;只要活下去,你就会知道活着是件多么美好的事情! 这里我特别说一下莫因失恋而自杀。失恋了就自杀? 什么我失去了我的唯一,我还活个什么劲儿? 恋爱有唯一吗? 孩子们,你们别错误地理解爱情。

爱是一类人，不是一个人。有的人喜欢在有知识的人中寻找恋人；有的人喜欢在公务员中寻找恋人；有的人喜欢在教师中寻找恋人；有的人喜欢在军人中寻找恋人；有的人喜欢在经商的人中寻找恋人；有的人喜欢找和自己年龄相仿的；有的人喜欢找年龄比自己大些的；有的人喜欢找有艺术特长的；有的人喜欢找个外国人……不管你在哪类人中寻找恋人，也不管你谈过多少次恋爱，由于法律的约束，最后走进你家门的只能是一个人。因为我国的法律严格规定：我们的婚姻家庭实行的是一夫一妻制。假设你因甲而失恋了，你认为甲是你的唯一，因此想自杀了之。可是如果你再这样假设一下：你母亲生下你之后便把你带到了国外。你在国外长大、在国外读大学，那你不就没有认识甲的机会了吗？那你还能和甲产生恋情吗？你还会认为甲是你的唯一吗？这样来假设的话，你和甲就是地球上两个活着的互不相干的生命个体。

因此，失恋了，稳定一下情绪，可以在你喜欢的那类人中再找一个，相信一定会有这样的一个人在等着你。恋爱要有底线，底线就是不能自杀。

大学生朋友们，也是孩子们，别蠢了，他（她）都不爱你了，你不仅不惩罚他（她），还为他（她）自杀，把自己的命搭进去了，还把你的父母推向了永无摆脱的万丈深渊。

一定爱爱你的人，让那些不爱你的人远去吧。你若真想惩罚让你失恋的人的话，最好的办法就是不仅活下去，而且一定要活得比原来更好！

127

我为什么不赞同大学生谈恋爱

大学可分为四个阶段：专科、本科、硕士、博士。显然我这里不是笼统地不赞同大学生谈恋爱，硕士、博士阶段不在我说的范围内。本科生也要看是低年级还是高年级，我尤其不赞同的是低年级学生谈恋爱（当然高年级的同学不谈恋爱我也赞同，专科生可视为我说的低年级学生）。

这里说这样几点理由：

年龄低难以判断你的“爱”是源于真实的情感还是生理的萌动。

我们都知道这样一句话：情人眼里出西施。这是为什么呢？一个大活人站在那里怎么连是“丑”还是“美”都分不开了呢？我以为主要是此时的他已经完全被生理的萌动所驱使，欲望超越了情感。恋爱需要“看对人”。看对人需要眼力，而眼力来自思想力。要想不走眼，就要增强思想力。思想力的养成非一日之功，需要学习、需要积累、需要“慢慢”地成熟。简而言之，一进大学，还在低年级，不排除极少数同学天生就有“火眼金睛”，但是对绝大多数同学来说还是不具备准确地判断美丑的眼力的。不用科学地统计：早恋的失败率一定高于晚恋的，其中的一个重要原因就在这里。

恋爱与学业难以统一起来。人的精力是有限的，恋爱需要精力，学业也需要精力，这两大任务只能顾此失彼，就像“鱼和熊掌不能兼得”一样。有的同学会举出一大堆例子反驳我，说××就“鱼和熊掌兼得了”，他们双双考上了研究生。我经常跟我的学生们讲：当你毕业的时候，不仅要看毕业证的大小，还要称一称毕业证的含金量。

同样是毕业,每个人带走的知识的分量是不一样的。假设那些双双考上研究生的同学不谈恋爱的话,他们考研的成绩是不是还要高些？他们阅读的书籍是不是还要多些？我想这是一定的。也是不用统计就能看到:因恋爱影响考研的同学一定多于“鱼和熊掌兼得”的同学。什么时候干什么事,学生就要以学业为主。在全球化时代,人的竞争如此激烈,为什么不把全部的精力都用到学业上？用到全面培养自己的素质上？恋爱是早晚的事,而且你综合素质越强越能吸引你心中的他,你们恋爱乃至将来建立的家庭越牢固。

婚姻是存在和意识的统一。甜美的爱情不可能产生在空中楼阁里。我并不怀疑会有柏拉图式爱情的存在,但是这一定是极其的少,这里更多的成分只是人们对美好爱情的一种渴望和期盼。

现实是残酷的。恋爱时所许下的海枯石烂般的誓言,根本经不起贫困的物质环境的洗刷。一些人的离异不是感情没了,那是他们用于建立感情的物质基础塌陷了。没有远虑必有近忧。千万不要等到“拍大腿”的时候才悔不当初,这可真是来不及了。

影响恋爱的变量太多。这里可以打这样一个比方:如果要求所有的同学一进大学就必须谈恋爱的话,有的同学一定会在心里想,这一辈子要是能和××生活在一起那才幸福呢！现在你可以把这个你认为能给你带来一辈子幸福的人设为A。我敢说,待毕业的时候绝大多数同学心目中的A都会变成B,很多同学甚至不用毕业的时候,恐怕从设为A的第二天开始就陆续变为B、变为C、变为D了……

这是为什么呢？原因很简单,一些同学当初认为和××在一起就能幸福一辈子的那些条件发生变化了:有的不像想象的那么上进了;有的不像想象的那么爱学习了;有的不像想象的那么有才华了;有的不像想象的那么温文尔雅了;有的不像想象的那么心地善良了;有的不像想象的那么通情达理了;有的不像想象的那么志同道合了;还有的是又遇到了一个长得比A漂亮的、比A家境好的、比A有发展的、比A善解人意的……

当然还有更经不起考验的:A患了重大疾病;A的家庭发生了重大变故等,也有的即便谈到了最后,毕业前夕因为天各一方又不得不“友好”地说一声再见。真是何必这么麻烦呢？有一次在一所大学里我看到一对大学生恋人在吵架。我过去跟他们说:“你们要是想谈就好好谈,不然就早点分手,现在就吵,什么时候是个头呢?”

想恋爱就要想到这些变量,有时是他在变,有时是你在变。你们正处在“速变”的时期,双方都难于把握住自己。既然如此,何必投入那么多的精力和情感去做一件劳而无功的事呢?“瓜熟蒂落”“坐享其成”,你们何不待一切都稳当了再谈恋爱呢?须知这会省却你很多无谓的烦恼,为全面提升你的素质增添更多的剩余时间。

128

恋爱有标准吗?

我连着推送出“千万不能自杀”和“我为什么不赞同大学生谈恋爱”两篇文章后,有些大学生问我:“如果谈恋爱的话,我们应当坚持什么样的标准呢?”

这个问题实在不好回答,这是因为恋爱不可能像数学算式那样可以精确到小数点后N位数。所以要想给恋爱制定一个确切的标准应当是件不容易的事。不过我们仔细地观察一下可以发现,事实上每个人在恋爱的时候内心还是有标准的,如果将这些内心的标准归结起来,我以为这样一些标准可以作为恋爱时的参考。

1. 恋爱应当坚持“异性标准”

为什么说这一点呢?现在大学生中认同同性恋的多了起来。当然这是他们的自由。不过坚持同性恋的同学可能没有完全考虑清楚他们所依存的社会文化背景。能够看到的是,起码在一个较长的时期内,同性恋这种现象在我们国家是不可能被承认的。这关系未来婚姻的问题,乃至于就业等诸多现实问题。因此,大学生一定要做时代之人,遵从社会的主流文化,在恋爱问题上,相对同性恋来说,异性恋就是主流文化。

2. 应当把爱祖国、爱父母作为选择恋人的标准

人的情感是丰富的,恋爱这种情感并不是人情感的全部。恋爱被看成唯一的情感,只是因为人们处在恋爱期的缘故。人的情感还有很重要的方面,这就是爱祖国、爱父母。其实恋爱情感的真实性常常是由是否爱祖国、

爱父母来验证的。一般是这样,一个爱祖国的人才会真的爱你。道理很简单,祖国并不只是一个空洞的符号,人民是祖国的重要内容。一个能够对人民有爱的人,自然会爱你。爱父母的道理也一样。看看那些由恋爱到成家总是难为父母的婚姻,往往从根上就埋下了不幸福的种子。

3. 要把上进作为恋爱的标准

恋爱只是婚姻的前奏曲。恋爱期很快就会过去。一个只图花前月下的人,恐怕并不能算作对婚姻负责的人。爱是什么?爱是让所爱的人幸福。那么你拿什么让你所爱的人幸福?显然爱一个人就要对未来有追求,不能满足于现状。只有努力地创造,才能为爱源源不断地提供丰富的养分。

4. 门当户对是不是恋爱的标准

这确实不能绝对化。不过门当户对也没有什么不好。所谓门当户对,就是恋人双方生长的家庭环境和背景大体相当。门当户对的一个好处就是恋人容易形成共识,减少分歧,行为习惯保持一致性。

5. 学历是不是标准

不是有这样一句话吗?“话不投机半句多。”学历一定程度上表明的是一个人的文化水平。水平相当的人交谈起来比较顺畅,容易相互理解,这也可以看成是门当户对的一个方面。不过居家过日子不会照书本来,过于“书本化”对家庭和谐并不是“福音”。

6. 相貌是不是标准

爱美之心人皆有之。相貌确实是每个人都很在意的恋爱标准。这也是影响婚姻幸福的一个因素。但是,凡事都要把握好度。把相貌当成选择恋人的唯一标准一定是不对的。美丽的面容需要美好的心灵滋润,离开了后者,相貌再美丽不仅不会给婚姻加分,反而会带来不幸。

7. 志同道合是不是标准

这是恋爱双方常考虑的一个问题。有些恋人就是因为志不同、道不合最后分道扬镳。恋爱的双方最好志同道合。这是从大的方面说的,比如在人生追求上当然还是一致为好。不是有这样一句话吗?不是一家人,不进一个门。有部小说叫《青春之歌》,讲的就是余永泽救过林道静的命,为感恩林嫁给了余。最终因志不同、道不合,两人分开了。

129

大学生恋爱是不是应当注意这样几个问题

这篇文章是在火车上写的，想到哪里我就写到哪里，就是个人的看法。

我算一辈子没离开大学，尤其是没有离开大学生的人。大学生恋爱问题是个常说常新的话题，可以说这也是一个无论大学生群体还是他们的家长、高校教育工作者关注度较高的一个话题。前两天我写过几篇这方面的文章，引起了大家的关注，今天再写一篇这方面的文章，算是有始有终吧。

大学生谈恋爱应当注意哪几个问题呢？

1. 情感真实

恋爱是一种高尚的精神活动，情感一定要真实，不能抱着勉强甚至欺骗对方的态度谈恋爱。要审视清楚自己内心对对方的爱意到底是青春的萌动还是激情的涌动。没有爱意就不要谈下去了，越早分手越好，不然对双方都会造成伤害。

2. 莫误主业

不能因恋爱误了主业。学习是学生的天职。恋爱要有利于促进双方的学习。

恋爱是早晚的事，也可以说“好饭不怕晚”；大学的时光却是短暂的、宝贵的。这段时间学习的知识可以以几何级的速度增加。有的学生把恋爱当成了唯一，恋爱问题解决了，学业耽误了，这是不可取的。一定要处理好两者的关系，不能只醉心于花前月下，要把属于学习的时间留给学习。两者协调不了的时候，恋爱可以耽误，学业不能耽误。更有的学生为了“弥补”因恋爱耽误的学习，在考试时铤而走险作了弊，结果受到学校的处分，这都是你们要汲取的教训。

3. 莫忘父母

不能“娶了媳妇忘了娘”。恋人可爱，父母也可爱，要把两者兼顾好，不能把所有的情感都投入到恋爱上。该给父母打电话还是要打电话；该回家看看父母还是要回家看看；该和父母待在一起还是要和父母待在一起；属于父母的时间还是要留给父母。不能做让恋人欢心、让父母伤心的事。

4. 莫忘同学

不能因为恋爱忽略了和同学的交往。大学是个团队，一定意义上可以说谁在大学里建立的团队越庞大越有利于未来自身的发展，越会走向成功。很多热恋中的大学生忘记了这一点，把全部精力用到了和恋人的交往上，疏远了和同学的关系。特别是有的同学看到自己的恋人和别的同学产生矛盾的时候，不是帮助调解矛盾，反而没有原则地一味偏袒自己的恋人，起到了“助燃”的作用，这是恋爱中的大忌。

5. 文明恋爱

一定要文明恋爱。恋爱的情感是美好的，但不要肆意挥洒。在大庭广众之下还是要注意行为的文明，不然就成了一种本能，显不出受过“大文化”教育的样子。

6. 求同存异

要求同存异。十全十美的恋人恐怕很难找到。既然已经相恋了，就要多看对方的长处，相互取长补短，共同进步。恋爱只是婚姻的前奏曲，婚姻能否幸福前奏曲无疑是重要的，但是婚后的经营从一定意义上讲更重要。

7. 平等交往

要平等地交往。对双方的父母要一视同仁。千万不要觉得自己的父母是父母，对方的父母就不是父母了。这样的恋爱即便成功了，有一方也是不舒服的，这或许就为今后的家庭幸福埋下了隐患。

8. 情感为重

要重感情，轻物质。有的同学家境好些，恋爱讲排场，高消费。钱是你的，你有花钱的权利，我干涉不着。但是养成了奢侈的毛病可就是大事了，那是要败家的。当然这也不干我的事，我只是谈谈看法而已。我们有些大学生家境不好，却养成了爱面子的毛病，尤其谈恋爱硬撑着，花钱大手大脚，这着实不应该。要想父母挣钱多不容易，要把好钢用在刀刃上。一定以保证学业的需要为前提。如果靠着满足恋人的物质需求才能维持恋爱的关系，这样的恋爱还是早些终止为好。道理大家都懂，人的欲望是没有止境的。

9. 成人之美

要成人之美。苏联歌曲《山楂树》中有这样一句歌词："最勇敢最可爱的到底是哪一个，哦，亲爱的山楂树请你告诉我。"恋爱中的拿不定主意是正常的现象。既然你爱她，就尊重她的选择，不要让她为难。今天我们有的同学和情敌大打出手，还有恶意中伤的，这都是不可取的，还有的同学逼着别人和自己谈恋爱，这能得到爱情吗？

10. 注意安全

一定注意人身安全。有的同学太忘情了，很晚了还在外面流连。但应知道即便在校园里也要注意安全。有的同学谈恋爱回学校晚了，为了不被发现，翻墙、爬楼，结果发生了意外；还有的同学在外廉价租房，也是发生了人身伤害事件，这些对那些热恋中的情侣都是深刻的警示。

11. 好聚好散

恋爱是种美好的情感活动，既然你们曾经相互给予过、相互拥有过，就要珍惜这份情感，即便分手了，也不可反目为仇，由此成了冤家。你们都要长大的，都要变老的，曾经的给予会成为你美好的回忆；分手后的诋毁会给你带来愧疚的。

12. 不能自杀

失恋了一定不能自杀。这个问题前几天说过了，这里不想更多地赘述。记住生命大于一切！如果评选的话，为一个不爱你的人去死恐怕能评为人类最愚蠢的一种行为。

130

婚姻起码要“保值”

前几天推送了几篇关于大学生恋爱方面的文章，本想就写那几篇了。昨天我又想起了“五一”期间和朋友们在一起聊到的一个话题：怎样才能使婚姻幸福？我觉得这与大学生的恋爱以及他们将来的婚姻是否幸福相关，于是这里我还是想把我个人的看法推送给大家。

那天和几个朋友一起吃饭，不知怎么就聊到了怎样才能使婚姻幸福上面。看看有些家庭，不知怎么过着过着就不幸福了，甚至有的婚姻蜜月刚过完就分崩离析了呢？原因一定是多方面的，我以为有一点是造成婚姻不幸的重要原因：有的婚姻连起码的“保值”都没有做到，更别说“升值”了，这样的婚姻怎能维持长久呢？自然也就无幸福可言。

其实，婚姻的组成跟买股票差不多。当婚姻组成了的时候，对男女双方来说也就相当于拥有了“股票”。你为什么持有这支“股票”，而不握有那支“股票”，除了你的实力（占有资本的多少）而外，一个很重要的原因是你对你所持有的这支“股票”的判断：你一定信心满满地认为你所持有的这支“股票”有巨大的升值空间，或者说你认为你选中的这支“股票”起码能够保值，不至于贬值，不然傻瓜才会购买明知会贬值的股票。

而事实上很多婚姻的组成，或者说“股票”的持有者，在选择是否持有这支“股票”的时候并没有看错，也就是说其最初的判断还是正确的。这支“股票”从购买者的角度看很值得拥有，确实值那个“价”。但是当婚姻组成了后，即“股票”一买到手，情形就不同了。这时，家庭就相当于某个“企业”，股民手中持有的股票并不会天然地增值，只有细心地经营才能使手中所持有的股票有所升值，或保值，起码不至于贬值。但是问题就出在了这里。该企业并没有做到这一点，企业的经营不仅没有获得更多的利润，连持平也没有做到，而且利润大有不断下滑的趋势。毫无疑问，股票不断升值，一定是股票持有者最希望看到的结果；如果保值，股票持有者一般也能接受；但是如果一再地下跌，恐怕谁都接受不了，那就要考虑“忍痛割爱”，把手中的股票抛售掉。

一些人在恋爱阶段总是信誓旦旦：凭着现有的资本，好好经营，一定会使由婚姻组成的家庭（企业）不断发展壮大。结果成家了，两个人走到了一起，就忘了曾经的承诺，就不珍惜曾经的拥有了，以至于使自己手中所持有的“股票”快速贬值，这也就造成持有家庭这支婚姻股的“企业”出现经营危机，当之无力回转的时候，只好宣布该“企业”的破产。一段本应当幸福满满的婚姻，由于“股票”持有者的不专心、不善于经营，就这样走到了尽头。

在上一篇推送的“大学生恋爱是不是应当注意这样几个问题”一文中谈到恋爱要求同存异。我认为恋爱只是婚姻的前奏曲，婚姻能否幸福，前奏曲无疑是重要的，但是婚后的经营从一定意义上讲更重要。所谓“经营”就是要让婚姻升值，起码要保值，千万不能贬值，不然婚姻不仅不能幸福，还很难维持下去。

131

大学生要理性爱国

“谁不爱自己的母亲？用那滚烫的赤子心灵。谁不爱自己的母亲？用那闪光的美妙青春。亲爱的祖国，慈祥的母亲，长江黄河欢腾着，欢腾着我们对您的深情，蓝天大海储藏着，储藏着我们对您的忠诚。”

这首歌表达了华夏儿女对祖国的一片赤诚。每当听到这首歌的时候，我的心灵都会被深深地打动！

1999 年 5 月，我随教育部组织的一个团队去美国考察。这是我第一次出国，既觉得兴奋，也觉得新奇，飞机一起飞便恨不能立刻飞到异国他乡。可是飞机一着陆，我的心里顿时产生了一种莫名的惆怅：现在我脚下踏的是人家的国土，我已是一个远离祖国的人了。

当去唐人街吃饭，“唐人街”三个字眼帘映入的时候，我的心又立刻激动起来。语言、文字，这些平时用起来像呼吸空气一样自由的符号，凝结着一种多么深厚的民族文化、爱国情感。作为一个不愿被侮辱、被欺凌的民族，作为一个想在世界民族之林中处在前列的民族，没有理由不传承本民族优秀的文化，不捍卫本民族文化的尊严。

应当说，大学生们都是爱国的。我和大学生在一起三十六年，每当国家发生一些大的事情的时候，大学生们都会表现出激昂的爱国热情，这一点必须充分的肯定。但是与此同时，我们又要看到，一些大学生的爱国热情还处在“跟着感觉走”阶段，还比较盲目，这就容易表现出冲动，进而做出事与愿违的事情。这方面我们的教训很多，大学生们必须认真地汲取。

爱国无罪，但是爱国也不可乱来。爱国一定要理性，要对国家的发展起到积极的推动作用。

何谓理性爱国？我以为应当自觉地做到“四个弄懂”，这里我简单地加以阐释。

1. 要懂历史

在中国近代社会，西方列强逼迫清朝政府签订了大大小小的不平等条约。正是帝国主义的入侵，使中华民族陷入了深重灾难之中。

中国选择了马克思主义，选择了中国共产党，选择了社会主义，这是中华民族历史发展的必然。没有当初的正确选择，就不会有中华民族的独立，更不会有今天改革开放后崛起的中国。爱国，就一定要自觉地做到“四个自信”，跟着共产党走，党叫干啥就干啥。党的十八大以来，在以习近平同志为核心的党中央领导下，我们的国家正日益强大起来。

2. 要懂政治

20 世纪人类社会发生的最大变化是什么？不是物质层面的，而是制度层面的。即在马克思主义思想体系指引下，人类社会诞生了一种崭新的社会主义制度，由此形成了“一球两制”的政治斗争格局。这是西方世界绝不愿意看到的。

今年是马克思 203 周年诞辰，《共产党宣言》发表 173 周年。马克思主义从创立那天起，资本家阶级就诅咒科学社会主义是幽灵。马克思刚一去世，当时的资产阶级报纸就发表文章幸灾乐祸地说，但愿这个“红色博士”所创立的学说能够随着这个博士的死去而一道死去。

大学生理性爱国，就要有政治头脑，分清是非，坚定地走好我们自己的路、做好我们自己的事情。

3. 要懂大势

大势乃大的不可逆转之势。当今中国之大势就是一心一意谋建设，千方百计图发展，举全国之力在 21 世纪中叶实现中华民族的伟大复兴。

为此，我们就必须毫不动摇地坚持以经济建设为中心这个大政方针。而能否做到这一点，是否有一个稳定的发展环境至关重要。大学生必须审时度势，自觉维护社会的稳定，维护发展的大势。没有稳定的环境，不仅干不成大事，还会误了我们的好事。从这个角度看问题，稳定压倒一切，凡是不利于稳定的事大学生们坚决不能做。

4. 要懂责任

每一代人有每一代人的责任。习近平总书记指出:“中国梦是我们的,更是你们青年一代的。中华民族伟大复兴终将在广大青年的接力奋斗中变为现实。”从时间节点来看,当代大学生将全程参与中国梦实现的伟大实践,他们义不容辞地肩负着祖国发展、民族振兴的神圣职责。能否完成这样的任务,很重要的一点,就是大学生一定要把爱国热情转化为一种奋发向上的精神动力。要拿出比革命、建设时期多十倍、百倍的拼劲,“为中华崛起而读书”。空谈误国,实干兴邦。爱国需要脚踏实地。大学生要有真本领,要做实干家。要知道,只有今日大学生们不懈地努力,才有明日国家的繁荣和富强。懂得了这一点,大学生才会把满腔的爱国热情自觉转化为报国之行,做到理性爱国。

辅导员和大学生朝夕相处,教育引导大学生理性爱国有着天然的条件,一定要把自己的作用发挥好。

辅导员要和学生系起情感的纽带。思想政治教育要以理服人,也要以情感人。其实,当出现“理不服人”的情况时,常常不是因为理不正确,而是因为话从谁口而出。要知道,当学生对你没有人格佩服、没有情感认同的时候,学生是不会听你的。我就知道有这样的辅导员,当他教育学生听话、要理性爱国的时候,学生打心眼里就有一种抵触。一些学生想的不是辅导员说得对错,而是辅导员越让他往东,他却偏偏往西不可,他才不管这样会不会给辅导员工作造成被动、添上麻烦呢。

辅导员现在事务性的工作太多,这在客观上影响从思想上教育引导大学生爱国。这是目前还难以一下子彻底解决的问题。辅导员要尽量处理好教育和管理之间的关系,把思想政治教育摆在突出的位置。只有思想稳定了,行动才会自觉、持久。要大学生理性爱国,从辅导员自身来看,就要不断为大学生提供思想力。只有这样,大学生才会无论环境怎样变化,心中始终保持既定的定律,在我们的教育引领下,坚定地做到理性爱国。

132

你们为什么要好好学习？

之前我参加了大连海事大学航海学院召开的一个加强学风建设的会议，我做了即席讲话。我跟学生们讲了这样几点：

(1)因为你们不能不管你们的父母。父母生了你，养了你，他们把能给你的都给了你。我去学生家家访的时候，深切地感到一些家长拉扯出个大学生真是不容易，他们省吃俭用的。你们的父母会慢慢地变老的，他们需要你，需要你的帮助，靠着你他们才能过上更美好的生活。你们不能只想着自己怎样，而置父母的晚年于不顾。

有一次我在一所"985"高校里看到几个学生在草坪上打闹。我走了过去，对他们说"同学们，你们此时想到了你们的父母在干什么吗？你们不能在这么好的时光里糟蹋父母的血汗啊！你们要好好学习，报答父母的养育之恩。"我批评了他们。这几个学生站起来离开了。

(2)因为你们有抚养孩子的义务。转眼你们就毕业了，你们早晚都要成家的，你们还要有孩子的。你们不能让孩子生在一个令他们失望的家庭里。当孩子叫着爸爸妈妈的时候，你们一定要能够有尊严地回答道你就是他的父亲和母亲。

我在孩子还小的时候就跟他讲："你爷爷创造了环境养育了我；我创造环境养育了你；你将来也要有孩子的，你应当为你的孩子创造什么样的环境呢？好好学习吧。"你们不能刚有了孩子就失业了。一定要让孩子生长在一个衣食无忧、温馨和睦的家庭里，要为孩子的生长尽量创造好的条件。

(3)世界那么大,你们一定要去看一看,不然真是人生的遗憾。多少名山大川,多少高楼大厦,多少知名学府,多少名人故居,多少美味佳肴……人不能像动物那样只是在“上帝划好的范围内活着”。

(4)更因为你们要心中装着祖国。世界上那么多的民族,没有一个民族愿意自甘灭亡。要知道,四大文明古国,唯有我们中国传承了下来。中华文化源远流长,我们有五千多年的历史,今天我们站到了离中国梦实现最近的地方,就剩“最后一公里”了。你们只有走好这“最后一公里”,我们的民族才能更坚强地挺立在世界先进民族之林。我们绝不欺负别人,但是我们也绝不再允许别人对我们说三道四,给我们惹麻烦。

(5)因为你们生活在学习的时代。谁不学习,谁就会被时代所淘汰;谁不学习,谁就会一事无成。学习是你们的人生追求;学习是你们的生活方式;学习是你们的使命和责任。

133

一个我必须放在心上的人

我的公众号正式开通一年了,现在“圈粉”已超过35000人,这是我没有想到的。刚开通公众号的时候,我想每天能有个几百人看看,能对一些人,哪怕几个人有影响、有帮助也算没白忙乎。

一年下来,这么多人在关注着我的公众号,许多粉丝在我的公众号上留下他们的感言,鼓励我坚持把公众号开下去。

我感谢广大粉丝的关注。我写的公众号文章有的达到了一两万的直接阅读量。要知道我写的每一篇文章都是有个原则的,这就是绝不为了吸引眼球而哗众取宠,一定提供正能量。

当然,我的公众号能有今天这样的影响力,我要特别感谢一个人,这个人就是在后台默默付出的一名小伙子。

这个小伙子是一名在我们省一所专科学校正读大三的学生。公众号开通以来,每天我都是通过他把文章发出去。我和学生打交道三十六年了,和我交往过的学生是个什么样的学生,在我的心里还是清清楚楚的。

其实我要开公众号和这个小伙子一点关系都没有,对他来说纯是添麻烦、浪费时间。他本来可以有一万个理由婉拒我的,而可贵之处就在这里。这个小伙子绝对是心甘情愿地帮我的,即便是在假日里也是如此。特别是这个小伙子今年五月份要参加专升本的考试,这对他来说本是天大的事。一定程度上可以说我的公众号可以不开,他的专升本千万不能受影响。令我感动的是,有一次当我问他是不是这段时间停一下我的公众号的时候,他马上回复我说“不用，不用，没有影响。”怎么能没有影响呢？只不过是在这个小伙子看来，帮助别人比做自己的事情重要。一段时间里，我总是安不下心来，我生怕影响了他的考试，若果真是这样，我多对不起这个小伙子啊！

令我高兴的是，这个小伙子的愿望实现了，他如愿地考上了他向往的省内一所本科院校。前几天他给我写了一封信：

曲老师：

昨天公布了专升本考试成绩，我取得了一个全专业学生中偏上的分数。参考去年的录取线，应该能顺利考上大连东软。

在这里非常感谢平常曲老师对我的关心，更要感谢曲老师潜移默化的影响。

因为是跨专业报考，在初次学习高数时，我感到非常吃力，总想偷懒歇一歇。但是当我看到曲老师每天既有满满的日程，还抽出时间克服种种困难，坚持原创文章，上公众号和粉丝们互动。每封凌晨发来的邮件，都让我看到了坚持，学会了自律。此外在曲老师的文章里，有很多做事或学习的方法，一边编辑一边思考，也更坚定了我继续学习的信心。经过反复学习，最后高数考到了总分90%以上较为理想的分数。

有幸结识一个时代的楷模，一个伟大人格的灵魂，必将鼓励我继续好好努力。我会先做好一名学生，再做好一名党员，为祖国、为家人、为身边人，好好奋斗，出自己的一分力，发自己的一分光。

多好的一个小伙子！他把我给他添的麻烦当成了动力。看了他的信我给他回了一封信：

××你好！

看到你的微信，我十分高兴，太好了！你能如愿地考上你理想中的学校，我祝贺你！

这段时间你一定顶着很大的压力，因为对你来说，专升本毕竟是件大事，某种意义上说，它关系你未来的发展。你的成功，再次证明了我总是强调的一点：在知识的起跑线上输了不可怕，只要在品德的起跑线不输在就好办。

自公众号开通以来，你就默默地在后台为我服务。我很感动，也很感谢你。其实我在做着一件和你毫不相干的事情，但是你不这样看，你觉得这件事和我有关、对大家有益，于是你就拿出了时间，付出了精力。为什么我由原来每天都发一篇原创性文章改为节假日时不发了，我觉得我孩子的提示是对的：我能每天坚持写，但是确实不能让你每天都为我发啊！所以我还是决定从今年大年初二后逢节假日就不发了。当我跟你说这些的时候你却说没有事，不耽误的。特别是今年寒假期间，你有时网络也不方便，你要克服一些困难才能发。而你没有一点怨言，没有一句借口。你知道吗，这些日子里我的内心也一直是忐忑不安的。我担心你要是没有考上，那我多对不起你。现在都释然了，你考上了！

考上了本科绝不只是为了学历的问题，一定更好地做人，更好地丰富自己的专业知识。你年轻，在大美的中国能做多少大美的事情啊！不断努力，像你说的那样，为祖国、为父母、为他人做出你的贡献，做一名优秀的共产党员。

不久你就会来大连读书了，见你也方便了。你不要客气，你为我做了那么多，我也应当为你做些什么。有事联系我，我也会像你为我做事一样为你做事。

祝一切都好！

我会永远感谢这个小伙子的。一个把你的事放在心上的人你一定也要把他的事放在你的心上。

134

怕的是养成“赌博性思维”

我认为,有些考试作弊的学生就像赌徒一样,总想投机取巧,为了获得个人的利益不惜孤注一掷。

可想而知,以赌博性思维来对待考试,结果会是什么样子,到头来一定会碰得头破血流,丢掉一切。一些学生最终因考试作弊受到了学校的警告、留校察看等处分;还有因考试作弊被开除学籍的,这都是赌博性思维造成的。

可是尽管如此,每年抱有赌博性思维的学生还真不少,总有些学生一意孤行,铤而走险,置学校的考试制度于不顾,总是想“我怎么会那么倒霉?”“怎么输家一定是我?”结果待事情一败露,便顿足捶胸,追悔莫及。因此,人生一定莫做令自己后悔的事情。这就要借鉴别人的经验,汲取别人的教训,千万不能有赌博性思维。

我在大学负责学生工作的时候,就经常处理因抱有赌博性思维而考试作弊的学生。

说心里话,每当这个时候我都不忍心下手。我知道处分对这些学生意味着什么!虽然我们常讲允许犯错误,也要改正错误,在哪里跌倒再在哪里爬起来,可是须知有些致命性的错误还是千万不要犯,犯了还真难再爬起来。比如你已经被开除了,这就意味着你再也不会有机会在跌倒的地方爬起来了。

有一次有个学生考试作弊受到了处分。这个学生痛哭流涕,一再地表示她错了，对不起老师、对不起家长，哀求我能给她一次改过的机会。这个学生的母亲也来了，还要给我跪下。但我知道一切都来不及了。我眼角含着泪水把学生的母亲搀扶起来，我的心也跟他们一样痛。待我签字的时候我眼角的泪水滴到了处分书上。

还有个别的学生平日学习刻苦，不用作弊也能考得挺好，却偏偏也作弊。我在做学生处长的时候，处分过一个学生，这个学生是个学习部长，结果因考试作弊受到了留校察看的处分。她为什么作弊呢？她说她想得高分。这就像有的赌徒为获得最大的利益下了最大的赌注一样。

绝大多数考试作弊的学生还是因为平日里不好好学习。有的贪睡；有的有网瘾；有的有醉梦于花前月下；有的贪图其他方面的享乐，大好的时光就这样白白浪费了。

没有剩余时间怎么能有剩余价值呢？结果到考试了才开始着急，这可真来不及了，于是就出现了拿前途当赌注的事。

我在大学读书的时候，有些开学后要开的课程，我假期里就做好预习。一些客观性的知识如人物生平、事件发生时间、地点、经过等，不等课程结束我已经熟记在心。所以待期末考试的时候，见到这类客观性试题，我的脑海会像透视一样清清楚楚显现出这类客观性试题在教材中的位置。考试时客观性的试题哪怕丢上一分我也会在内心责怪自己，觉得这太不应该了。

没有什么好的办法，要想放弃赌博性思维，就得平日里抓紧学习。常言道，有备无患。只有准备的充分，才能应对自如，杜绝考试的赌博性思维尤其如此。

135

送给二〇一八届毕业生的寄语

亲爱的二〇一八届毕业生朋友们好!

当你们就要离开生活了四年的母校的时候,作为一名老师、你们的长者、你们的朋友,我想把下面这样一些话语送给你们。

1. 不要忙乱,再静下心来好好想一想四年的大学生活你的得与失。长处,发扬下去;短处,坚决摒弃掉。

2. 虚心地跟辅导员、了解你的老师和同学做一次交谈,让他们对你的大学四年做一次认真的点评。

3. 再好好想一想大学四年里亏欠老师、同学什么吗? 能弥补的一定弥补上。

4. 想一想为母校、为老师、为同学还能做一件好事吗?

5. 多记母校的好、多记老师的好,把母校、老师给你的美好带走,把一些不如意忘掉。

6. 慎重地处理好你们的恋情,无法维系的恋情一定记住他(她)曾经给予你的好。

7. 记住大学文化的“至善性”,把祖国放在心中。

8. 记住父母是天底下最爱你的人! 千万不能连父母的伤心都毫不在乎。

9. 家庭的幸福与恋爱的情感基础有关,更与经营婚姻的水平有关。一定珍惜在你生命最需要幸福的时候来到你身边的这个人。

10. 很快你们就要有自己的孩子。记住你什么样，孩子就什么样。孩子的幸福需要你们的付出，孩子的幸福也是你家庭幸福不可或缺的部分。

11. 再忙，也不要忘了学习。把学习当成你人生的一种存在方式。

12. 做一个实干的人。记住，哪里都不会欢迎斤斤计较的人。

13. 心中要有他人。心就那么大，腾出点地方，装一装别人。

14. 切记：社会不是为你“量身定制”的，自私自利的人必然被淘汰出局。

15. 远离需要“陪好”的领导。记住：需要“陪好”的领导是不可能“陪好”的。

16. 向上努力。

17. 不争而得，属于你的那缕阳光谁也剥夺不去。

18. 没有人会随便成功。不要急于求成。

19. 没有人会自己成功。任何时候都不要居功自傲。

20. 不要忘了你们是从哪里“飞”出去的，常回母校看看。

136

要充分地利用好假期

前天从沈阳往大连回的时候，在我旁边坐着一个小伙子。我坐火车、乘飞机一般不与邻座交谈。因为我是转车去大连的，上段路程我写完了微信，这段路程我想放松一下，便主动与这个小伙子交谈起来。我看这个小伙子像个大学生，我们的交谈便是从我的问话："您是大学生吧"？开始的。

我没有看错，这个小伙子是个大学生。他是放假往家走。交谈中我问他假期有什么打算？他说没有什么打算。我说这么长的假期你为什么不好好规划一下呢？他说没想过这件事。我想，像这个学生的情况绝不是个例，有许多大学生假期就是这样稀里糊涂过的。等开学了，又匆匆忙忙回到了学校，一个假期一无所获，这时间浪费得真是有点可惜。

我原来写过一篇公众号文章"你不是带薪休假回去的"，说的是一些大学生回家不是玩游戏，就是睡大觉，就这样把假期白白浪费掉了。在今天的教育中，家庭已经成为广义的课堂。要想学习好，仅靠学校课堂是不行的。现在有那么多的节假日，这使得很多课程设置在家庭。大学生一定要自主性地学习，研究性地学习。这就要把放假在家的时间充分地利用起来。谁能成功？成功有两大要素，一个是责任，一个是占有比别人多的剩余时间。责任会使你增添前进的动力；只有剩余时间才可以使你创造剩余价值。

假期里可以好好回顾一下自己上学期学过的课程还有哪些学得不扎实，需要弥补赶紧弥补；假期也可以预习一下下学期要学习的课程内容，待开学上这些课的时候你就会游刃有余，省出很多时间做其他应当做的事情。

假期尤其可以多读书。我们有的大学生假期里也从学校图书馆借了些书，打算假期里读，结果只是装装样子，开学便完璧归赵了。大学生不读书怎么能行呢？我告诉我的学生们，要把学习当成人生的存在方式。一定要多读书，读好书，读给你正能量的书。人没有思想力是不行的。这样看不远，也容易走错路。大学生千万不能使自己整天稀里糊涂。要想有思想力，也需要多读书。

当然假期里还可以做许多有意义的事情。可以考察旅游，开阔视野，陶冶情操，提升思想境界；可以做些实地调研，加深对社会的了解，增添自己的使命和责任。

总之，假期是包含在学校教育全过程的，作为大学生不能主观上就把它与学校教育隔断开来。看看那些大学生活过得充实，学业优秀的学生，他们的一个共同特点就是充分地利用了假期的时间。

137

迎新迎的是“心”

很快，一年一度的迎新又要开始了。为了迎接新生的到来，各学校也都是高度重视，要提前做充分的准备。

应当说各高校都想借迎新之机展示学校的风采，给新生留下好的印象，以开启学子们的新生活。因此，总体来看各高校的迎新也都搞得比较隆重、热烈、温馨、周到，使得来自四面八方的学子们有了回家的感觉。这样做是完全正确的，也是应当的。我们不是要教育学生爱国吗？不爱校能爱国吗？从这个角度看，对迎新工作怎么重视都不过分。

我在大学做过校党委副书记，主管过迎新工作。那时我也是想尽办法为学生提供最好、最周到、最细致的服务。记得为解决一些家庭生活困难的学生和他们的家长报到时喝水的问题，学校要求所有的食堂都要熬绿豆水，免费提供给学生和家长们喝。能喝多少？学生们喝得越多，和学校的感情不是越深吗？如果连绿豆水都供不起了，这个学校还能办下去吗？现在学校的食堂都被承包了，再提出这样的要求恐怕不合时宜了。其实可能还真不是这么回事。承包人考虑不到，学校管理承包人的人应当有这个考虑，负责学校迎新的领导同志也应当有这个考虑。

迎新，迎新，要常迎常新。对学生服务没有最好，只有更好。这就需要学校每年迎新的时候都应当不断挖掘潜力，使学校的迎新工作不断攀升新的台阶。

迎新的时候排在首位的还是要充分体现出大学文化那种温馨祥和的

氛围;体现出人世间那种只有校园内师生间独有的浓浓的情谊。千万不能忘了,迎新,关键迎的是“心”。全部安全报到是必要的,全部把心安在了校园里岂不是更重要?我希望学校能够举一反三,以周到、细致、温馨的服务赢得学生们的心,通过迎新尽快建立起学校这个其乐融融的大家庭。

受市场经济的影响,有的学校把迎新当成了商机,校园里到处充斥着叫卖声。校园内出售的一些商品,没有很好地考虑怎样使学生得到实惠,而是让商家赚取了最大的利润。这使得有的学生从踏进学校大门那一刻就发现,扑面而来的不是那种发自内心渴望的清新的文化,而是一种讨价还价的商业气息。一些学生千里迢迢来到了他们睡梦中不知呼唤过多少遍名字的校园,不仅没有被“暖心”,反而有些凉心,甚至伤心。这样的迎新自然得不到学生的真心。

迎新就是要“迎心”。想“迎心”就一定要暖心,这就要有爱心。

新生来到学校,一定不能让他们产生无着落感。迎新无小事,他们的事就是学校的事。他们的事件件有着落,他们的心就会颗颗有温度。

五年前我在做新生辅导员的时候,他们入学后我召开的第一个座谈会就是家庭生活困难学生座谈会。我告诉这些学生们,从今天开始我就是他们的“代理父母”,谁也不准饿着肚子来上课,吃不上饭找我。我还给他们准备了5000元钱,谁都可以用这个钱,只需留下一句话:在他将来有能力的时候一定回报母校,帮助学弟学妹完成学业。

后来有个学生在给我的信中说道:

很感谢您对我的关心与照顾,很荣幸在这里能够遇到您。曲导真的很感谢您像父亲一样照顾我们、关心我们,身为一名您的学生,我感到万分荣幸。从小在山沟里长大的我,第一次受到有这么多好心人的帮助,在这里我感受到家庭的温暖,尤其是您——曲导,您对我的照顾,我无法用语言来形容,我本以为我到了这里后,会很孤单、很无奈。但因为有了您,我摆脱了这些困扰,我真的很感谢您。在这里,您是我最亲的人。您对每一位学生都像对待自己的子女一样,我们在这里真的体验到了家的温暖。您说了很多令我们一辈子都铭记在心的话,您说了“我绝不会让你们任何人饿着肚子来上课”。当时,我流泪了,因为第一次遇到这么好、对我们这么关心、为我们这么付出的老师。我真的很感动。这句话我会一辈子记在心上。

这个学生来自西藏,四年里克服了很多困难,毕业时学习成绩在她们专业里排名第二，并且向党组织递交了入党申请书。她说她要回到家乡去，走出来也是为了更好地回去建设家乡。她要让更多的孩子走出大山。

迎新就是“迎心”，迎新一定要“赢心”！

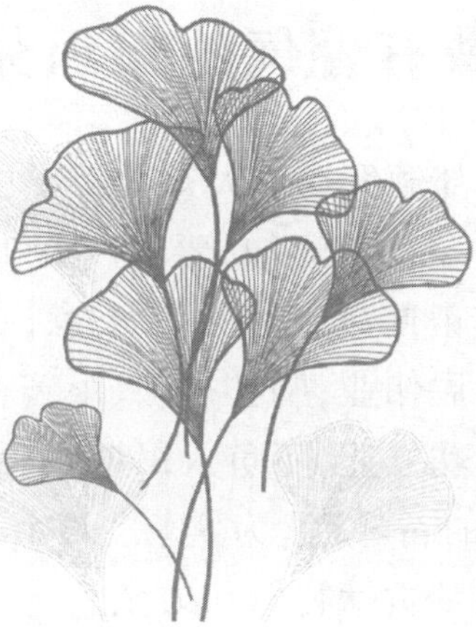

138

做有骨气的知识分子

日前，中组部、中宣部颁发在广大知识分子中深入开展“弘扬爱国奋斗精神、建功立业新时代”活动的通知，要求广大知识分子自觉弘扬践行爱国奋斗精神，不忘初心、牢记使命，增强“四个意识”，坚定“四个自信”，把个人理想自觉融入国家发展伟业；胸怀祖国、艰苦奋斗、开拓创新、无私奉献，在祖国最需要的地方建功立业，不负人民期望；勇于担当民族复兴大任，不辱时代使命，做新时代的奋斗者，为实现“两个一百年”奋斗目标、实现中华民族伟大复兴的中国梦贡献智慧和力量。

应当说，与国家和民族同呼吸、共命运，这是知识分子的秉性决定的。

知识分子顾名思义就是有知识的人。有知识的人应当什么样呢？宋代大学者张载曰：“为天地立心，为生民立命，为往圣继绝学，为万世开太平。”这就是说有了那么多的知识，就不能只想自己这个小家的事了，要明明德，要止于至善。作为知识分子要主动承担起历史所赋予的神圣使命。

放眼中国社会，历来不乏为民族担当己任的仁人志士。秋瑾，不愧为“鉴湖女侠”，明知抓住了要被杀头，却偏偏是精心地打扮自己“等着”来抓，最后昂胸抬头走向刑场。谭嗣同，拒绝了别人让他逃走的劝告，面对死亡，仰天长笑，留下了“望门投止思张俭，忍死须臾待杜根。我自横刀向天笑，去留肝胆两昆仑”这样慷慨和悲壮的诗篇。闻一多先生为反抗国民党的黑暗统治，硬是把自己的命活生生地献了出去。有人曾告诉他李公朴被杀后下个目标就是他，闻一多就是不放弃“最后的演讲”。这次演讲真就成了他最后的演讲,演讲结束后还没有走到家,闻一多就被国民党特务枪杀了。我去过闻一多先生遇难处,闻一多先生当年那视死如归的身影立刻浮现在我的脑海里。抗日战争时期,大量的知识青年投奔到延安,他们有的在"抗大"成为培养知识分子的人,有的英勇牺牲在抗日前线。

中华人民共和国成立后,国际上的反动势力总想"掐死"我们,他们对我们实行"核讹诈"。此时,钱学森先生冒着生命危险回到了祖国。前些年我去美国考察的时候,特意去了加利福尼亚州理工学院,在那里亲身感受钱学森先生那坚定的爱国情怀。

什么是知识分子?

不就是这种"不能让中国人受欺负"的铮铮铁骨吗?知识分子就是要有这种为了国家不怕死的精气神。知识分子不只是知识堆砌出来的,知识分子一定是在担当民族大任中成长起来的。

遗憾的是有的知识分子,论知识也很丰富,但是他们并没有将所学到的知识都运用到祖国的改革发展当中,极为个别的甚至与人民讨价还价,这十足没有知识分子那种使命和担当,着实让人瞧不起。

国歌有这样一句歌词:中华民族到了最危险的时候。

今天可以说中华民族到了最关键的时候。贸易战只是一种表象,一种遏制、阻挠我们发展的方式,我在较早的一篇文章中有所阐述,这里不再赘述。

不管怎样,我们已经走到了这里,不管怎样我们绝没有退路,不管怎样我们必须坚定地走下去。

每个时代有每个时代的使命,每代知识分子有每代知识分子的担当。我们必须走好"最后一公里"。作为当代知识分子就应当向钱学森先生这样优秀的知识分子学习,把自己的理想同祖国的前途联系在一起,把自己的人生同民族的命运紧密联系在一起,扎根人民,奉献国家。一定做个有骨气的知识分子,让人瞧得起,千万不能让别人戳我们的脊梁骨。

139

增长你的“社会年龄”

2013 年 7 月，我从省教育厅到大连海事大学做了一名辅导员，完整地带了一届学生，跟他们朝夕相处了四年。2017 年 7 月，他们像一只只长满了羽毛的小鸟，飞向了属于他们的天空，我要完整地带一届学生的愿望得到了满足。

2017 年 7 月，我满六十岁。我是按照六十岁退休设计的，学校说博士生导师六十五岁退休，仍让我担负培养博士生的任务。可我的兴趣还是在学生工作上，于是我又主动担任了学校来自新疆地区的 50 多名学生、来自西藏的 10 名学生的指导教师，我还在学校建立了“孤儿家庭”，从思想、学习、生活等方面力所能及地帮助孤儿学生。

前天晚上，我从外地回来，请了暑期没有回家的学生吃饭，与他们进行了交流。他们有的要考硕士研究生，有的要考公务员，有的要工作，我跟他们说，无论将来做什么，一定要不断增长自己的“社会年龄”。有个学生问我：“什么是社会年龄，怎样增长社会年龄？”

社会年龄是相对自然年龄而言的。自然年龄是自然增长的。人只要活着，明天就比今天大一天，明年就比今年大一岁，无须设计、无须努力。社会年龄可不是自然获得的，不是说年龄大了，自然就明白事了。想得到社会年龄，就要进行设计，就要努力地争取。不然即便你的自然年龄增长了，你的社会年龄不仅没有增长，甚至还有可能逆增长。自然年龄是自然停止的；社会年龄可不是自然停止的。有的人活着，就像这个人根本没存在过一样;有的人还会因罪大恶极被剥夺自然生命;有的人逝去了,那就是逝去了;有的人逝去了,逝去的只是他的自然生命,他的社会生命永世长存。

何谓永垂不朽?肉体的生命顷刻间就会化为乌有,不朽的只能是人的精神——这精神所依附的社会生命。具有社会生命是人与动物的根本不同。人活着就是活的社会生命。所谓“好好活着”,那指的就是社会生命,说的是越活越要活出个人样。

怎样增长你的社会年龄呢?

首先就需要你认真地思考你的人生,你要扪心自问:“我到底想成为一个什么样的人?”“成为一个好人”一定是大学生朋友们的共识,有了这样的人生设计就要需要你朝着这个方向努力,只想不做是不会增长你的“社会年龄”的。

大学阶段是你人生的重要阶段,这个阶段你把自己设计成了什么样的人,为你自己锻造了什么样的“坯子”,很大程度上决定了你将来会成为一个什么样的人,决定了你社会生命的长短。

社会生命的重要表征是“无我”,这“无我”对个体而言,就是心中要有他人;对集体而言,就是心中要有祖国。你生活在人的社会里,就必须想为他人能做些什么,不然你就是在本能地活着。

“现在我能为他人做些什么呢?”能做的事情多着呢!比如你掌握了一种好的学习方法、实验技巧,你可以急不可耐地告诉你的同学,而不是小心翼翼地隐藏着,担心别的同学学会后取得好成绩,占了保研名额。

你可以积极配合别的学生干部开展好班级活动,而不是想帮了他们后你得不到优秀干部表彰怎么办?同学病了,你可以为他打水、买饭、到医院看望,而不是考虑耽误了学习时间,影响了学习怎么办?在寝室可以腿脚勤快些,眼里有活,而不是寝室整洁不整洁与我有什么相干?放假同学拿东西下楼,不要只是“祝假期愉快”,转身便打电游了;假日里,你可以当志愿者、做公益活动,而不是躺在家里刷抖音、打游戏……

社会年龄与自然年龄一样,都是一天天、一年年积累起来的,谁也不能从一岁一夜之间就活成了一百岁。大学阶段正是积累社会年龄的重要时间节点,希望大学生朋友一定要把握机会,不断增长社会年龄,在自然年龄这张图纸上,描绘自己不朽的人生。

140

由“霸座男女”想到“占座学生”

这两天“霸座男女”火了。他们所表现出的那种对道德的藐视、对别人利益的不屑一顾令人愤慨。

与此同时，他们的行为也着实让人费解：人怎么能无赖到这种地步？简直就是在明火执仗地“抢劫”，这与强盗有什么两样？毫无疑问，对此类行为必须加大管理力度，一味地谴责是没有意义的，有关部门要切实负起责任，坚决杜绝此类事情的再发生。

由“霸座男女”我想到了“占座学生”。“霸座男女”的行为不可理喻，“占座学生”的行为不是同样令人嗤之以鼻吗？

一定意义上讲后者的恶劣程度并不比前者差多少。因为前者恐怕没有什么文化，而后者呢？可是接受了“大文化”教育的人。他们所学知识虽多，却没有表现出大文化的样子，令人痛心。

大学生为什么要学习？为了期末考出好成绩？为了考上研究生？为了考上公务员？这都不是学习的根本目的。学习的根本目的还是要“识”之所“知”，用所学的知识把自己“打扮”得更像个人的样子。因此，学习的意义首先是满足做人的需要，也就是懂得要做个什么样的人。没有品德的提高，即便期末成绩考得很好，拿到了奖学金；即便考上了研究生，进一步积累了知识；即便考上了公务员，将来有了更大的权力，这又有什么用呢？

占座就是不文明的行为，就是个人利益至上的表现。

人啊，怎么能只顾及自己，毫不利人呢？我读大学的时候，学校学习条件有限,图书馆常常人满为患。我是图书馆的常客,每到图书馆都会看到占座的“景观”。我想,以这样方式获取的知识再多又能怎样?那时还有“占报”的。有的学生把几份报纸叠起来看,只图自己的方便,别的同学只好等他看完了再看。真是无法考证这些学生现在是不是都很有学问、都很有出息,但我从来不占座、不“占报”,现在不也挺有出息吗?

我在做辅导员的时候,要求学生的是把品德放在第一位,学习知识一定是为了培养品德。我建议学生尽量到图书馆学习,因为图书馆就是最适合学习的地方。同时我告诉学生们,到图书馆不要占座,不然脑袋里虽装进了知识,却挤走了灵魂。

学生占座与学校的教育管理有一定的关系。从学校来说,一是要尽量为学生的学习创造条件,保证学生有足够的学习空间。前段时间到广州科技学院考察的时候,看到学校新建了一个图书馆,宽敞明亮,环境温馨,进到图书馆就有学习的冲动,到处都是舒适的座位,学生根本不用占座。再就是要加强管理。要教育学生讲文明、讲道德。我们仍处在社会主义初级阶段,在当今的国情下,我们办了如此规模的高等教育,最大限度地满足了人民群众读大学的愿望,这是我们的制度优势。虽然我们现在有些方面还满足不了学生学习的需要,但是随着国家的发展,这些会得到不断改善的。

学校不能让学生以条件为借口,便形成占座的习惯,养成不好的品德。一些人常讲思想政治教育是虚的。这是对思想政治教育的误解。思想政治教育是实实在在的。人的思想会通过其行为表现出来。杜绝占座可以多管齐下。发展党员、评选先进、思想道德修养与法律基础课,都可以把是否占座作为考核的内容。

总之,思想政治教育不能绕着问题走,不能总是去发现问题。一些已经存在、已经发现的问题,就应当把它及时解决掉。越是“老大难”的问题越是要花大气力来解决。占座就是一块硬骨头,但是必须“啃下来”。一个占座成风的学校是不配“文明学校”这种称谓的。

141

不是参加的社团越多越好

2018级新生陆续开学了，各高校又纷纷燃起“百团大战”的烽火。各社团各显其能，都想抓住新生急于参加社团的心理，招兵买马，壮大队伍。有些学生也是东奔西投，恨不得参加所有的社团。新生们不要盲目地参加社团，要知道，并不是参加的社团越多越好。

我们不是常说做什么事情都要先问问为什么吗？参加社团也是如此。你为什么要加入社团？你有各种各样的理由，如培养能力，增进交往等。但是你接着要问的是，只有参加社团才能培养能力、增进交往吗？你假设一下，即便你增进和社团同学间的交往了，但是和班级同学的交往却疏远了，那你所谓的增进与同学的交往是不是有点顾此失彼呢？

你要培养什么能力？组织能力？管理能力？当好班级干部、主动地为同学服务，不是同样可以培养这方面的能力吗？特别是有的同学为了樊比而加入社团，“别的同学都参加社团了，而且参加了好几个社团，我也不能落下，不然就输在了‘起跑线’上。”每个人的情况不同，确实没有必要这样来攀比。

参加社团要从自己的实际出发，要缺什么补什么，不要抱着从众心理。参加社团要围绕学习这个中心，这个学习指的不只是专业学习，要真正有助于自己能力的提高。参加社团还特别要注意社团的思想性，就是要考虑你要加入这个社团的宗旨是什么？它要怎样实现其宗旨？它将怎样帮助团员提高能力，怎样引导团员的进步？不然社团参加的挺多，但都是一群

"漫无目的"的人集合在了一起,既浪费了时间,又浪费了精力,有的还要搭上物力(有的社团就是吃了两顿饭,然后就一哄而散了),更重要的是还影响了学习,真是得不偿失。

学校有关部门要加强对社团的管理,使社团有序、健康地发展。

我在美国哥伦比亚大学见过的一个学生社团,给我留下了深刻的印象。这个社团就像我们的志愿服务社团,他们的宗旨是帮助学校周边一个社区的贫困老人。他们几人一组每天都在学校的中心区出售学生们手工制作的小手工品,有书签、卡片、小的学习用具等物品,还有小糕点,这些小手工艺品和糕点有学生亲手做的,也有其他同学做完送给他们出售的,全校师生都知道这些学生不是"勤工致富",他们要用挣来的钱为那些贫困的人服务。一个小书签制作成本可能就一美金,但是有的学生、老师会用五美金、十美金买来,变相地为这个社团筹集资金。我第一次去哥伦比亚大学是1999年,2011年我第二次去哥伦比亚大学,第三次去哥伦比亚大学是2014年,三次都看到这个社团在卖东西。这个社团已经成为学校的一个品牌,就这么一届届学生接力下来。一个小小社团,牵动了全校师生爱的神经,汇成了校园爱的海洋。

有一次我在国内的一所大学,同样看到了有些学生在义卖。但是与哥伦比亚大学这个学生志愿服务社团比起来,文化品位就差得远了。当时正是食堂吃饭时间,有八九个学生在食堂门口摆了一张桌子,桌子上摆放了一些学生们从批发市场上买来的小手工品,除了这些学生站在桌子边上,没有人过来询问这些东西怎么卖。这些同学很无聊地在那站着,有的就在那嘻嘻哈哈地打闹。我问他们这是在干什么?有的说"为同学服务";有的说"锻炼能力";还有的说"体验生活",我觉得这样的社团活动真没有什么意义。他们为什么要这样搞呢?有个学生说到了"点子"上:学院要求学生都要至少加入一个社团,不然要扣表现分。

学校一定要注重社团的思想性,特别要加强理论性社团建设,做好理论性社团的指导,增强学生的自我教育。现在有的学校也是只顾社团的数量,参加社团的人数。统计起来每个学生都参加了社团,细分起来,很多学生都参加在健美、球类,甚至棋类等"娱乐性"社团,许多学校缺少有质量的理论性社团,忽视了社团的思想性建设。

社团是培养学生思想素质的场所;社团有利于学生的能力提高;社团

活动是学生大学生活的有益补充。社团建设一定不能违背其初衷,这样社团的作用才能得到最好的发挥,社团的存在才有意义。

142

一个挥之不去的身影

这是前几天我经历的一件事情。

那天我从大连乘高铁去沈阳。在大连站过安检的时候,我一边看着手机里的新闻,一边往前移动着。这时从我的身后传来了一个女人的声音:“包里有水和鸡蛋。”我回头望了一下,“她在喊谁呢?”我在纳闷。因为人群中没有人答应。“听见了没有?水和鸡蛋在背包里。”这个女人又往前凑了凑,直走到围栏边上再不能往前走一步。

“回去吧,回去吧。”站在我前面一个身高足有一米八几的大小伙子头也没有全回转过来,只是略微地侧了下身子,边甩着手,边不耐烦地答应着,那声音微弱得像只苍蝇在嗡嗡叫着,估计只有站在他身后的我才能够听得到。原来是在喊他。我抬头看了一下眼前这个小伙子,他手里拿着学生证,马上要过安检了,我猜想这应该是大学生要开学返校了,他的母亲到车站来送他。

小伙子过了安检,却没有回头,径直地往里边走。我撤了回来,站在一个角落里,注视着这位母亲。

这个孩子的母亲踮起脚尖直望着孩子的背影,眼角挂着泪水,满脸显出一副无奈的样子。她多么希望孩子能够回过头来看她一眼啊!可是就是这样一件很容易做到的事情,这个孩子也不做。此时他全然不顾母亲的感受,迅速地消失在他母亲的视线里。我没有接着过安检,我一直盯着这个孩子的母亲,我想看看她还会做什么?这个孩子的母亲双手紧攥着安检口外面的栏杆,朝着孩子离去的方向望了好一会儿,然后转过身去,抹了一把眼泪,向出站口走去。

昨天早上我还看了这样一段视频:有个叫安娜的妇女,非常可怜一头孤儿狮子,她把它当成“孩子”收养。她把这头狮子养大后放归到自然保护区。两年后,安娜实在想念自己抚养的这个“孩子”。她抱着试试看的心情去自然保护区寻找“孩子”的足迹。这头狮子在千米外闻到了“养母”身上的气息,一路狂奔过来。在它来到“养母”身边的那一刹那间,它突然放慢了脚步,它似乎不相信眼前发生的一切。接着它紧紧地把“养母”拥抱在怀里。

不知那些不懂感恩的大学生,你们是否看到了这个视频,你们是否想过:动物都懂得这种感恩,你们应当怎样!你们千万不要把你们学的知识“当饭吃了”,把“能耐”都用来考虑自己了。

你们的心中一定不能只有自己,你们不能全然不顾父母的感受。像我此前写过的一篇文章所说的,你们千万不能对父母的伤心毫不在乎。不顾父母的感受,这怎么行呢?这会遭到众人的谴责和鄙视的。记住:感恩父母是大学生必备的、重要的品德。而一个人品德不好,知识再多、能力再强也是毫无意义。

当然,做父母的也要尽量地和孩子多沟通,也不要觉得孩子是自己生的,是你把他养大的,就把孩子当成了“私有产品”,想怎样就怎样,想让孩子怎样孩子就应当怎样,这样就容易使你和孩子间产生隔阂,就容易造成孩子的叛逆。你说的话他就会当成耳旁风,任你千言万语,他自有一定之规。到了这个时候再想让孩子听你的,就有些迟了。

143

上好贫困这一课

怎样面对生活贫困？这是很多家庭生活困难的学生开始大学生活的第一课。

这一课必须上好。学校要想办法来帮助这些生活困难的学生，学生个人也要自立自强，勇于面对生活的困难。我资助过一个家庭生活困难的学生，今年考上了大学。昨天我给她写了一封信，鼓励她克服困难，很好地度过大学生活。她回复我说：“嗯，叔叔我会好好努力，今天开始军训了，我绝对不让自己这四年白白荒废。”

今天我把这封信推送给大家，特别是分享给家庭生活困难的同学们。

××你好！

大半年前，你爸爸那无助的声音仿佛还在昨天，转眼间你便迈进了大学的校门。你曾经在梦中千百次地追问过的大学和你现实中的大学有什么差别吗？现实是令你兴奋还是令你失望？

你不容易。你在家庭生活十分困难的情况下却能和别的同学一样，齐步走进大学，足见你的刚毅、你的追求、你的自信！

我们的相识也算是缘分。大半年前，你爸爸在报纸上登载“求助信”的那天，我正要去北京参加中央宣传部授予我“时代楷模”荣誉称号的新闻发布会。我刚到飞机上坐下，便顺手拿起了《半岛晨报》。你爸爸写的那封“求助信”一下子跃入我的眼帘。我的心顿时咯噔一下。我一定要帮助你，不能让你过去的努力付之东流；不能让你这么小的年龄就泯灭了心中的梦想。你爸爸说,他实在支撑不下去了,而你再有半年就要参加高考了,若是没有人资助你,你就只能中断学业。飞机马上就要起飞了,我恨不能下了飞机,在第一时间联系上你。这一路上,我的脑海里全都是你,我能想象到你的每一天都是怎样度过的,仿佛能够看到你爸爸那无助的目光。一下飞机我就联系上了你爸爸,因为他不会操作微信,我只好告诉他让你加我的微信,才方便把钱转给你。你知道吗?那天我打电话的时候,我能感受到你爸爸在电话里激动的样子。你爸爸很朴实,不会说什么,只是一个劲地叫我好人,他用哽咽的声音说:“我的姑娘有救了。”那一刻,我的眼眶湿润了。

你没有倒下。高考结束后,你告诉我你取得了全校高考第一名的好成绩,虽然你读的不是重点高中,但是这个成绩足以保证你能读上令你满意的大学。我替你高兴,我在心里祝贺你,我想我一定安排时间到你家看看你。那天到你家的时候,你爸爸又讲了许多你的故事。你爸爸说你很懂事,懂得感恩,不怕吃苦,总是比较乐观。你爸爸很自豪,他感到为你的付出有了回报。我知道你爸爸为你累坏了身子,你是他的希望,他的未来。你一定要好好读大学,将来报答你爸爸的养育之恩。

不管怎样你现在站在了大学的起跑线上,你跟大家一样,又开始了你人生的新赛程。你打算怎样参与到这场比赛当中?你的战术是什么?好好设计自己的路。你应当坚信的一点是:即便第一个跑到终点的不是你,你也一定会缩短此前落下的距离。

在此,我不想嘱咐你应当怎样去刻苦地学习,学习的基因应当说在大学这样一个你从未经历过的美好环境里一定会得到更好的激活。我只想告诉你一定要上好“贫困”这一课。你要记住的是:出身于什么的家庭是你无法选择的,但是人生的价值是可以创造的。我知道无数出身于贫困家庭的孩子,来到大学后他们不气馁、不服输,奋发向上,都圆满地完成了学业,现在在祖国的各条战线上贡献着智慧和才能。在我资助的学生中就有发展很好的,他们都在努力地做好自己的事情,用所学的知识感恩父母、回报社会。

我年轻的时候家里生活就比较困难,我挺了过来。当然我也知道我们有的来自贫困家庭的同学,被眼前的困难所吓倒,不思进取,犹豫彷徨,结果一无所成,有的甚至毁掉了自己。你有了战胜贫困的基础,没有什么可以难倒你的，一定要拿出中学时那样一种不服输的劲头。

我们国家还处在社会主义初级阶段，发展不平衡不充分的问题在你们同学中就能反映出来。你的同学有的很有钱，他们花钱会大手大脚。不要跟他们比这个，这个没有什么可羡慕的。要比就比品德、比学习、比这一生谁对社会做出的贡献大。只要不懈努力，你就会在奉献社会中实现你的价值，你给予社会的越多，社会给你的也就越多。你现在年轻，还体会不到，谁都不希望自己在年轻的时候有艰辛、有磨难，但是一旦拥有了就是财富。为什么呢？因为贫苦就是一所学校，也是最好的老师，你若是能够正确地面对，这些不利的因素就会变成你前进的强大精神动力。千万不能图虚荣。现在校园里有很多的校园贷。怎么发生的？有的就是有些学生为了穿名牌、买高档手机等图虚荣发生的，结果让自己跌到了深渊里，白白葬送了前程。这真是令人痛心、令人惋惜、令人警醒。世上没有卖后悔药的，一定要防患于未然。

要注意锻炼身体，养成好的习惯。我在大学里就非常注意锻炼身体，每天坚持跑几千米，甚至上万米，后来我获得过我们学校的万米冠军。北方寒冷的时候要有零下二十摄氏度左右，即便再冷，我也坚持着。锻炼身体可以为你的发展提供体力保障，同时，少得病不仅少痛苦，也是省钱啊。人要择其善行而为之。

你父亲和你相依为命，你突然离开了家，他会很不适应。空闲的时候多和家里联系，让他放心。和家里联系的时候帮我带个好。

尽快适应大学生活，能自己处理的事情不要麻烦别人，有需要的时候也不要硬撑着，该跟老师说的及时联系老师。

有需要我的事跟我说，我会力所能及地帮助你。到你那里开会讲学的时候我会去看你。

祝心情愉快！一切安好！

144

谈谈大学生的交往

人是社会中的人,不可能离群索居。笛福的小说《鲁滨孙漂流记》中也不是只孤零零地描写了鲁滨孙一人,作者还找来了星期五与他做伴。

现代社会人与人之间的交往更加紧密,老死不相往来已是一个传说。大学生群体尤为如此,与同学、与老师、与社会的交往一刻不能停止。因此,来到大学的学子们必须搞好和不同群体之间的交往,这也是你们大学生活能否成功的重要方面。在此我想到这样一些交往群体。

1. 老乡群体

“老乡见老乡,两眼泪汪汪。”这是我国流传下来的一句谚语。初来乍到的学子们通过老乡来加快对大学生活的了解,也未尝不可。但是大学生对大学文化的了解最好还是通过校园主渠道来进行。老乡的素质参差不齐,有的会给你积极向上的引导,有的却可能给你一些消极的东西。因此,和老乡之间的交往一定要不卑不亢,要有原则。要早点离开素质不高的老乡,有的更没有必要继续交往。尤其是女同学遇到了素质不高的男性老乡,必须坚决地离开,不能顾及情面,越犹豫,越容易使他得寸进尺,甚至酿成大祸。

2. 教职工群体

辅导员是大学里离你们最要信任的人,他们负责引领你们的人生。因此,对辅导员一定要给予应有的尊重,他们是走在你们前面的人。怎样度过大学生活你们要多听取他们给你们的建议。当然也会有个别的辅导员对学生还不是太负责任，和学生的交往没有原则，甚至有的辅导员会让你“表示”点什么才给予你承认。这个时候你不要投其所好，你只管做好你应当做的。要相信，你的表现早晚都会被承认的。不能养成小小的年纪就想投机取巧的毛病，这样早晚会出问题的。

专业老师是教你知识、培养你能力的人，因此要感谢老师的付出。对老师要尊敬，要积极配合老师的教学。老师都喜欢学习好的学生。因此对老师最好的尊重就是好好学习。不要不好好学习还想取得好成绩，没有这么“便宜”的事。知识都是自己的，人要有真才实学。不要把心思用在耍小聪明上。如果遇到喜欢小恩小惠的老师，你要离他远一点，即便他给了你“好成绩”，也不是在帮你，反而会害了你，绝不能做这样的事。有的老师或许在某一知识点上没有你们水平高，也没有必要张扬、显摆自己，你们可以课下跟老师交流，不要在课堂上让老师下不来台。

你们还要经常与其他在学校工作的人打交道。要懂礼貌，要学会谦和。遇到态度不好的工作人员，可以向有关部门反映，没有必要非要论出个谁是谁非。不要觉得你是大学生，在食堂就餐就瞧不起那些卖饭的人，即便真是他们错了，也要想到自己的身份，不要吵吵闹闹的，更不能发生打架等不文明行为。还有宿舍门卫师傅，他们都是你们父辈年龄的人，他们很辛苦，每天在为你们服务。千万不能因为你们的原因和门卫发生不愉快。即便不是因为你，也不要和门卫争吵，有事可以向辅导员反映，让有关部门合理解决。

3. 同学群体

你们来自五洲四海，要相互团结，相互帮助。从长远看，要知道每个同学的发展也有可能是你的发展，不要为了眼前的利益，例如入党、奖学金、助学金等和同学闹得面红耳赤、不可开交。心中要有他人，要力所能及地帮助别人。离开了大学你再想为同学做点什么还没有机会了。要有“吃亏”的准备，不是说吃亏是福吗？谁也不傻，你为同学做的，同学都会记在心上。

要特别注意和寝室同学间的交往。世上七十亿人，得有多大的缘分让你们几个人住到了一起，并且还要相处四年。一定多看别人的长处，不要把在家养成的不好习惯带到寝室。要眼勤、手勤、腿勤，保持寝室良好的卫生环境。不要斤斤计较，干活累不死人，再多干点又能怎么了？辩证地看，勤快的人也更多地锻炼了自己的身体。特别是寝室同学生病的时候,一定要多关心、多帮助,能为同学打壶水、买顿饭也好。这个时候最忌讳的就是抱着与己无关的态度,显得冷漠无情。

谁也不能自己成功。离开大学的时候若是能够带走一个团队,应当是成功的大学生活的一个标准。这个团队也可以说是你交往的一批朋友。朋友相交一定要真诚,不要趋于利而往,千万别总想着自己能得到什么好处。绝不能交狐朋狗友,这对你不仅不会有所帮助,反而会耽误你的前程。每个同学都应是你的朋友,不要把同学分成三六九等。

4.“渣滓”群体

这是指那些根本没有法治思维的人。这种人校园里有、社会上有,可以说到处都有。遇上这种人能躲开就尽量躲开,这和见义勇为、与错误的行为做斗争不是一回事。

交往是种能力,也是水平。大学生一定要提高自己的交往能力,这也是大学里你必须学好的一门课。

145

别误读了“知识就是力量”

我在许多大学里都见到过这样的标语口号，有的学校还把它作为景观雕塑，置放在校园里十分醒目的地方，为的就是提醒学子好好学习，增长知识。

知识真的就是力量？

我有一年到牛津大学考察的时候，找到了培根当年教书的地方。为了纪念培根，在一段用水泥浇筑的墙上有一段话，内容就是培根什么时候在这里教过书，什么时候去世的。虽然文字不多，但是我却站在那里思考了良久。培根为什么说出“知识就是力量”这样的话？应当怎样理解这句话？

培根生活的年代正是宗教统治的年代。一切为宗教服务，一切思想都要符合宗教教义，那是一个暗无天日的年代。培根大胆地喊出了“知识就是力量”的口号，这在当时是“大逆不道”的，它犹如一道闪电，划破了漫漫长夜，给了人们新的思想、新的启迪、新的力量！人们由此看到了真理的光芒，并愿意遵循这道光亮走向远方，彻底放弃那禁锢了他们不知多少年代的愚昧说教。应当说，人类打破了宗教的藩篱，“知识就是力量”的口号还是起到了巨大的作用。

今天离培根喊出“知识就是力量”的口号的年代已经过去了几百年。

时代在变，人类在变，一切皆在变。如果不加分析而一味地盲从这个口号，恐怕就不合时宜了。

“知”“识”是统一体。“知”是前提，“识”是目的。“识”之所“知”，“知”才有意义，有价值；不“识”之所“知”，“知”便毫无意义。“知”之越多,也可能给社会带来更大的危害。也就是说,知识或许是天使,把你领进天堂;知识也可能是魔鬼,把你送进地狱。一些高官走进了监狱,这是为什么?说到底还不是不“识”之所“知”,没把所“知”用到正确的地方。前一段时间大家对“疫苗案”深恶痛绝。痛定思痛,大家想过没有?谁制造了“疫苗案”?是朴实种地的农民吗?他们可没有这个本事,还不是所谓的“知识人”干的。主犯× ×就是生物学方面的硕士,她的团队也是集合了一批“知识人”。

还有现在校园里谈之色变的校园贷,这背后有着一个多么庞大的犯罪大军?这支“队伍”怎么突然冒了出来?还不是因为这些年我们培养了众多不“识”之所“知”的“知识人”,就是这样一批刚走出校门的“知识人”回过头来就坑害他们的学弟、学妹,置他们的学弟、学妹死活于不顾。可见不“识”之所“知”怎么能行呢?

说到这里,我还想起了前几年因犯杀人罪被处以死刑的国内某著名高等学校一名硕士生在法庭上的一段陈述:

“当我还在自由世界里的时候,我在思想上是无家可归的。没有价值观,没有原则,无所坚守,无所拒绝。要成为一个什么样的人,对我而言,是很不清晰的。这迷茫与想要有所改变的内心诉求成了我身上最主要的矛盾。我一直在认识自己。某日,我在某电视节目里听到一句话,成功的人都是善于制定规则的。这话在当时我的心里引起了强烈的共鸣。我恍惚地以为我找到了突破口,我要成为一个善于制定规则的人,在生活中要不吃半点亏,还要欺负欺负别人。也许就是这样模糊一种的认知隐隐地引领着我犯下了这个罪大恶极的过错。”

他是学医学的,他用他掌握的医学之所“知”“技术”毒死了他的同学。足见不“识”之所“知”会有多可怕啊!

知识不会天然地形成力量。

作为教育工作者,一定要当好大学生的人生引路人,让学生懂得学习的目的是什么,帮助学生解决好为什么学习的问题;作为学生,一定在丰富自己专业知识的同时,丰富自己的人文知识,懂得只有将所学的知识用到正地方,“知”之越多才越有价值。

146

大学不是用来过节的

现在的节日真是太多了。这也是社会进步、人民生活水平不断提高的一个反映。从社会角度来看,有张有弛,欢乐祥和,岂不快哉!

可是从学生角度看,同学们可真不能太把节日当回事了。马上就要过中秋节了,还不等你们回过神来又将迎来国庆节。“过节多好啊!”有的同学兴高采烈的,就等着放假过节了。

同学们,大学不是用来过节的。你们来到大学应当有个目标,应当清楚地懂得离开大学的时候要带走什么。

你们非常有必要对你们的大学生活做个规划,并用充分的时间来保证规划的实现。

你们千万不要被一个接一个的节日打乱了步伐,把你们的规划割裂得七零八落。我曾跟我的学生们说过,孔子在形容时间飞逝时用了“逝者如斯夫”,几千年过去了;毛泽东同志在形容时间飞逝时用了“弹指一挥间”,三十八年过去了。要我说,四年的大学生活连眨下眼的功夫都不够。有个学生在我上个月过生日时给我写的生日祝福里提到我跟他们说的这段话,他说当时他们没有理解这些话,觉得四年的时间很漫长,想干什么都可以。结果现在毕业一年多了,很多想做的事都没来得及做,真后悔当初没有很好地珍惜时光。

很多大学生离开大学后都后悔没有很好地珍惜大学时光的感慨。可是又能怎样呢?时光不能倒流。这是经验之谈,同学们应当从中汲取要注意的地方。

你们应当扪心自问一下：你们曾经付出了那么多来到了大学，来干什么啦？来享受啦？来过节啦？不是这样吧！

你们都是怀揣着美好的梦想来到了大学。梦想怎样才能实现？政治经济学有个基本的理论，剩余时间创造剩余价值。这个理论同样适用于你们的学习。没有剩余时间你怎能保证你学习的水平、能力的提高呢？无数事例告诉我们，成功的人有一个共同的特征，那就是占有了比别人多的剩余时间。他们都是少睡觉、少吃喝、少过节的人，他们都是在勤奋道路上争分夺秒、急速行进的人。大学时光是你们培养发展自己的最好时光。同样的时间用在现在，你们的知识会以几何级的速度增加。

我曾经带过一个学生，家里很贫困，但是他不气馁。我鼓励他抓紧时间刻苦学习。每年暑期他都不舍得时间回家，春节期间回家也是待几天就返回学校学习。寒冷的教室里只他一人在学习。一次我拿件棉袄披在他身上，让他坚持下去。我想，这样的学生怎能不成功呢？后来这个学生在东北师范大学读完硕士后，又到北京大学攻读博士学位，现在是一所大学里的教授。我去年送走的那届学生，一些读了硕士学位的学生，基本上都是只过春节的人，即便春节回家，也是如饥似渴地学习，平日里他们更是做到了惜时如金。可以说他们的今天都是用时间，某种意义上说也是用节假日换来的。

谁比谁聪明多少？谁又比谁笨多少？最终决定你们差别的一定是谁比谁更充分地占有了剩余时间。谁要是把心思都用到了过节上，那基本上就决定了你不会有多大的出息。“我不是也毕业了吗？”有的同学会以此来宽慰自己。请不要忘了，当你离开学校的时候，你不仅要看毕业证的大小，还要称一称毕业证的含金量。同样是毕业了，每个人的“含金量”是绝不一样的。

147

还是要解决为什么当干部的问题

前两天在我的公众号上有个粉丝给我留下了下面这段话：

曲教授您好！

我是您的粉丝，是一名大二的在读生，最近我对自己的校园生活有些迷茫，想听听您的看法。起初我本着锻炼自己的初衷在大一期间担任班级的班长，大二时又参加了学生会，虽然在工作中自己的很多能力得到了提升，但是在学习方面的付出也比其他人少了。其次我平时喜欢读读课外书，现在也很少有时间读了，每天工作得也不怎么开心，心里总是空荡荡的，不知道应该怎么取舍。所以占用您宝贵的时间想听听您的建议，希望您予以指导。

现在正是高校选拔新生干部的时候，这位同学虽然是大二的学生，但是他所谈到的想法，对高校学生干部来说具有普遍性。此前我就学生干部这个话题谈过一些看法，这里我再针对这个同学的想法跟大家做公开的交流。

××同学你好！

谢谢你对我的信任，向我坦诚地讲了此时你做学生干部的感受，并向我征求意见。

你说的这种做学生干部的感受在学生干部中很普遍，有的学生干部像你现在一样，在做了一段时间之后，便开始考虑应不应当做学生干部了。

有的在经过深思熟虑后，就只顾一头了：或继续做干部，学习能怎样就怎样吧；或放弃了做学生干部，专心学习了。你现在应当怎样做呢？

其实上述两种做法我都不太赞同。这样的做法是把当学生干部与学习对立了起来，搞得非此即彼。事实上大多数学生干部既工作得很好，学习得也很好。这里的关键问题还是怎样处理好两者的关系，核心还是要解决你为什么当干部的问题。

你自己最清楚自己。当学生干部自然要占用一些时间，你觉得这会影响你的学习。你若真是这样珍惜时间，你是不是应当把当干部所占用的时间争分夺秒地补回来呢？你不是"职业革命家"，当干部到底能占用你多少时间呢？这些被占用的时间真的无法弥补吗？退一步说，你即便不当学生干部了，你就一定会把这些本用于当学生干部的时间用于学习吗？我就知道有些学生担心当干部影响考研，结果不做干部了却并没有把省下的时间用于学习上，研究生也没有考上。

你说你做学生干部是为培养自己的能力。许多同学当干部都是基于这样的初衷。事实上这样的初衷就容易把当干部与学习对立起来。在你认为培养能力没有学习重要的时候，或者说在你认为你的能力已经培养得差不多了、够用了的时候，你就会权衡利弊，就会重新做出选择："我为什么还要当下去呢？"这时恐怕你的内心想的就是自己会怎样，不能影响了自己。你把当学生干部仅仅看成了自我发展的平台。如果你当学生干部的时候不是把提高自己的能力放在第一位，而是想怎样为同学服务好，提高能力在今天是为同学服务，明天是为社会服务、为人民服务，那你还会放弃这个当干部的机会吗？

不要非此即彼。学习的时间就像海绵里的水，就看你怎样利用了，只要挤，就一定能挤出来。还记得"诗词大会"上外卖小哥怎样击败了北大硕士吗？你知道鲁迅先生讲过这样的话吗：哪里有天才，我是把别人喝咖啡的时间都用在写作上了。

我写的上一篇公众号文章——"大学不是用来过节的"。我的意思是说现在你们的剩余时间太多了，谁利用不好剩余时间，谁就创造不了剩余价值。以这样的视角来看你当学生干部与学习的关系，即便你确实因为当干部影响了学习，那么你如果能够充分地利用剩余时间，你是不是同样可以把当干部占去的学习时间给补回来呢？你说你想看书，如果你对读书真是如饥似渴，节假日里你会读多少书啊？在睡觉前，在火车上、飞机上、轮船上能看多少书？为什么非要计较当干部用去的那点有限的时间呢？我在读大学的时候，做班级的生活委员，我每天都为同学打水扫地，偌大的公共教室也经常是只有我自己在打扫，还要给同学领饭票、发饭票，杂活一堆，的确占了我不少的时间。可是这并没有影响我的学习。我每天不睡午觉，也没有节假日，把能用上的时间都用到学习上了。

不要总想“顺顺当当”“舒舒服服”，事物都是在不断地克服困难中发展的、变化的、前进的。在客观条件已定的情况下，人的主观能动性将发挥主要的、决定性的作用。

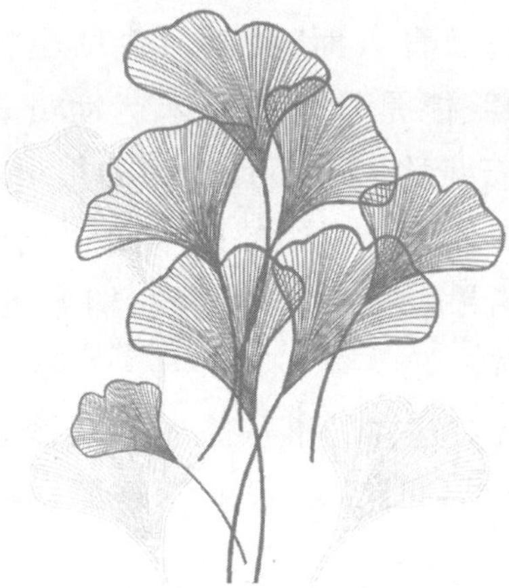

148

要正确地看待荣誉

1. 做对的事

我在大学的时候表现还是不错的。我非常听毛主席的话,要在德智体几方面都得到发展,成为有社会主义觉悟的有文化的劳动者。德育方面,我天天为同学打水扫地;智育方面,我学习成绩也很不错;特别是体育,估计谁也没有想到瘦小的我能是学校的万米运动员。但是我记得在大学期间我就得过一次校级“三好学生”,而且得到的很艰难。开始负责投票的同学做了手脚,唱票的和往黑板上写票的两个同学把选我的票念成了他们的票,我没有选上。因为结果令全班同学诧异,辅导员介入了,了解了事情的真相,重新选举我才当选。

我个人很不以为然,对这样的事从来看得很淡。我始终坚持这样一条信念:只管做对的事,能得到什么根本就不重要。这件事使我知道一些同学把“荣誉”看得很重。

2. 把事做好

我在辽宁师范大学工作了二十二年,我的工作还是不错的,我当过辅导员、学生处长、校党委副书记。当辅导员的时候,我代表全市高校青年在全市高校纪念“一二·九”大会上讲过话;当学生处长的时候,在全省有关学生工作会议上介绍过经验,也被邀请参加过全国性的学生处长会议;当校党委副书记的时候,我们学校接受教育部本科教学水平评估,因为我主抓的学生工作出色获评优秀。

可是在辽宁师大的二十二年里，我没有获得几次表彰。对于荣誉，能让的时候我都让了。我在省里工作了八年半，自我表扬一下，我的工作也是可以的，对得起组织的信任。这八年半，我没有得过一次表彰。有一次在省委宣传部开会，我们常务副部长说："应当给你个党的优秀宣传思想干部称号"，我坚决不同意。有没有奖励，我工作该怎样干还怎样干。

3. 勿图虚名

去年底我被中宣部授予"时代楷模"荣誉称号，这个荣誉还是很重的，我感谢大家对我的认可。大家不知道的是我并不想要这个荣誉。此前，我专门在电话里跟省里负责这项工作的同志沟通过，我说就不要宣传我了。看我没有干部级别我是怎样做学生工作的；再看我没有这些表彰我是怎样照样做学生工作的。我就想做个没有名、没有利，却始终坚守在学生工作岗位，自觉做好学生工作的思政人。待我死后你们愿意怎样宣传就怎样宣传。

省里还真跟中宣部沟通了，由于部里主要领导已经批示了，就这样我被推向了全国。我从到大连海事大学那天起，就跟学校有关部门都讲过，什么这先进、那先进的就不要报我了，我真不在意这些。我始终认为，在学生心中有个好口碑比什么都强。

4. 何妨一让

重要的是你想成为一个什么样的人，荣誉都是身外之物，跟你成为一个什么样的人半点也不相干。现在正是高校学生评选各种先进的时候。有个学生讲，他有个同学表现很优秀，上到学校、学院下到班级里的表彰都"非他莫属"。我觉得这也不是不可，人家也当之无愧。

不过若是我的话，我还是想能让的时候最好让一让，何必都自己得呢？大家是个团队，谁也不能自己成功，军功章一定也有大家的份儿。一让，你就会海阔天空；一让，你就会简单放下；一让，你就会得到更多的认同。我们说大学是个团队，就是说待你毕业的时候不能只身一人孤零零地离开。怎么才能不孤零零地离开？这需要"利益均沾"的，什么好事都让你得了，大家怎么能愿意和这样的人在一起呢？

还有的同学为了个人的荣誉不择手段，比如通过败坏别人名声的方式拉票。这里当然有推选的科学性问题，不过最根本的还是个人品行的问题。大学生是年轻的一代，正处在世界观、人生观、价值观确立的关键时期，如果年纪轻轻地就养成了这样的坏毛病，那将来为了个人的私利怎么能不绞尽脑汁？怎么能不不择手段？如果真是这样，那你怎么能和大家相处得好呢？说严重些，那离监狱还会远吗？所以，一次荣誉的得失无关紧要，若是不能放平心态，培养良好的品行，那事就可能大了。

149

今天，大学生应当怎样爱国？

爱国是大学生思想政治教育永恒的主题。今天，大学生应当怎样爱国？在中华人民共和国成立69周年之际，为了纪念这个对于我们中华民族、我们的祖国意义十分重大而深远的日子，我将我于2014年出版的《大学生理性爱国研究》这本小册子分期推送给大家分享。希望广大思想政治教育工作者们，尤其是思想政治理论课教师、辅导员，能够把对大学生的爱国教育摆在思想政治教育的突出位置，下大气力对大学生的爱国教育做深、做细；希望大学生朋友们，能够自觉做到理性爱国，走好“最后一公里”，为实现中国梦贡献力量。同时这本小册子，对广大思想政治教育工作者和大学生朋友们认清贸易战的本质会提供有益的帮助。

爱国是流淌在每个人心中的血液，不可阻挡。中华民族生生不息，从远古走到现在，虽历经无数磨难，却坚强地挺了过来。中国如今已成为世界第二大经济体，国际话语权、国际地位在日益攀升。

以爱国主义教育为重点，深入进行弘扬和培育民族精神教育是大学生思想政治教育的一项重要任务。我在大学生思想政治教育领域工作了三十多年，当过辅导员，当过学生处长，当过校党委副书记，我还当过辽宁省委高校工委副书记、教育厅副厅长，在一线和大学生们摸爬滚打过，在省级层面主抓过大学生的思想政治教育工作。在爱国这个问题上我的感觉是大学生群体都是爱国的，他们从骨子里希望我们的国家强大起来。奥运会的成功举办其中就蕴含着当代大学生饱满的爱国情怀，许多大学生表示，祖国的需要就是我们前进的动力和方向。但是多年的大学生思想政治教育实践也使我认识到，一些大学生对国家的热爱还处在情感阶段，缺乏理性，往往跟着感觉走。在他们看来，“爱国有理”“爱国无罪”，爱国就是想做什么就做什么。这样做的结果往往是做出了一些事与愿违的事情来。思想政治教育必须加强大学生爱国行为的引导，把他们对祖国情感上的认同引导到理性的认同上来，只有这样，大学生的爱国才会更自觉、更坚定、更有力量。

怎样引导？思想政治教育有个重要原则即以理服人。一个人的行为之所以不同，归根结底都是“理”在起着作用，看他认了什么“理”。多年的工作实践使我感受到，现在的大学生都是从校门到校门，人生阅历浅，在应试教育的指挥棒下，他们更多关注的是专业课的学习，对“理”关心得不够。这也不能全怪我们的学生。看看我们今天的家庭和学校教育，无论是家庭还是学校，重视的都是学生的科技教育而忽视人文教育，这就使得现在的大学生头脑“简单”，看问题的方法和水平都有欠缺。

《漫谈》一书的着眼点就在于通过对历史的追溯和对现实的分析，让大学生把握社会发展的脉络，对大学生今天怎样爱国有理性的思考。学生是可以引导的，就是说他们是讲道理的。只要我们肯下功夫，耐心细致地做，大学生就会用理智战胜情感。现在有种倾向需要注意，我们的思想政治教育有着重事务、轻理论的问题，对思想政治教育采取简单的办法，以“管”代替了“教”，代替了“引”，在大学生爱国这个问题上也是如此，最终是“管住了人，管不住心”。一旦出现一些在大学生看来是他们表达爱国情感的“机会”，他们便会“挣脱”平日里我们对他们的“束缚”而随着内心的感觉冲出校门。

大学生爱国主义教育涉及的方面很多，辅导员是重要的骨干力量。学生们在想些什么，辅导员是第一时间掌握信息的人。辅导员必须注重从思想上引导学生的成长，这是辅导员主业中的主业、硬功夫中的硬功夫。思想上不解决问题，大学生没有理性，学生其他方面的工作就白做了。辅导员要加强理性思维，提升自身的理论水平，对学生头脑中存在的错误思想能够在有苗头开始就加以解决，不能等他们形成“理论体系”了再去解决，这样就没有效果了。

《漫谈》里许多大学生爱国主义教育的实例都是我亲身经历的。虽然我已在大学生思想政治教育岗位工作了三十多年,但是谈到大学的思想政治教育,我始终感到爱国主义教育这个主旋律一定要常抓不懈。我把《漫谈》呈现给大家,就是希望能够与广大的思想政治教育工作共同努力,把大学生理性爱国这个问题搞好。大学生的幸福快乐以及国家的富强和谐就是我们思想政治教育工作者的崇高追求。

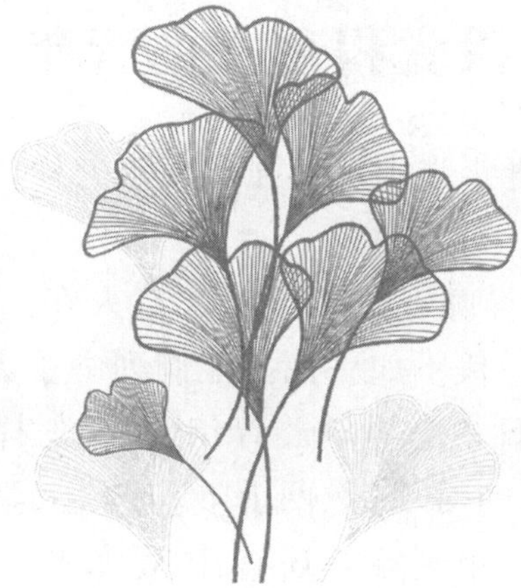

150

我怎么就没觉得现在的青年不行啦?

青年兴则民族兴,青年强则民族强。青年怎样,这个民族、这个国家就怎样!

那么现在的青年怎样呢?悲观论者大有人在。他们像“九斤老太”一样,认为现在的青年是一代不如一代。他们列举了大量的事例来支撑他们的观点。像网上讲的“日本怎样培养青年,我们怎样培养青年”,结论是我们的青年不是日本青年的对手;像网上炒作的“大学生干部都是些精致的个人主义者,根本不想国家利益”;还有什么“娘炮”,反映了当代青年失去了阳刚之气……这些都被用来佐证他们的观点。一言以蔽之,在悲观论者看来,现在的青年不行了。

从二十世纪八十年代当辅导员算起,到今天也算是经历了三四代青年的成长过程,一代不如一代的声音不只是今天才有,每代都有。我算是改革开放后培养的第一代青年大学生,那时候就有人说我们是垮掉的一代,不如二十世纪五六十年代的大学生;后来又评价起“70 后”“80 后”,说他们不仅不如五六十年代的大学生,比八十年代的大学生也是差得很远。事实表明,用这样的观点看青年,根本不是唯物主义观点。一代更比一代强。我们现在实现了 GDP 世界第二了,这是气吹出来的吗?是天上掉下来的吗?从一定意义上讲,不正是这几代青年人干出来的吗?今天,党的十九大又明确提出,到二十一世纪中叶,我们要实现中国梦的伟大目标。中国梦一定能实现,只是我可能看不到了。中国梦谁来实现?靠的不就是正奋战在实现中国梦伟大实践中的青年人和被有些人认为不行了的“00后”“10后”“20后”吗？有资料显示：当下的年轻人正在成为中国航天航空、核能、电子、芯片，高铁等领域的栋梁，而这些担当者平均年龄却只有39.4岁。

我带的去年毕业的一个学生，被保送到哈尔滨工业大学读硕士研究生。他从去年开学到今年暑假，两个假期没有回家，连大年三十都在学习。他攻读的是飞机发动机专业。我写信鼓励他一定刻苦学习，拿下这个专业。我还到哈尔滨去看他。这个学生立下了为“中华之崛起而读书”的宏图大志。他给我写信说：“在未来中国航发的创造史上一定会有您学生的成绩，请您放心。”

我还有个学生要“植大木以立长天，处江湖以忧国民”，去西藏奉献他的一生。在学生毕业给我送来的留言中，学生们的共同心声是不辜负母校、老师的培养，一定做对祖国、对人民有作为的人。

这段时间我去过许多大学做报告。有“985”院校，有普通本科，有高职高专，还有民办院校。我报告的主题就是做社会主义事业建设者和接班人。我的报告集中阐释了习近平总书记今年五月在北京大学师生座谈会上讲话的精神。报告的思想性、政治性浓厚。可是我没觉得学生“不行了”“逆反了”，也没觉得现在的学生只想自己的利益。每当讲到爱国的时候，学生都会报以热烈的掌声。

有一次我在一所“985”高校给新生做报告，我结合当前的贸易战跟学生讲到爱国。报告结束后我跟学生进行了互动。

前几天晚上，我在平顶山学院学校广场给6000多名新生做了《大学 大学生 人生》的报告。全场气氛热烈，学生不时地对我报以掌声。报告结束后，一些学生给我发微信，表达了他们的感受。有个学生说：“感谢您这么辛苦给我们送来了这么丰富的精神大餐，我懂得了要有大爱。大爱就是对祖国之爱。”

当代青年是大可以信赖的一代。从去年学生毕业后我开通了“仍然在路上”公众号，每当推送爱国方面文章的时候，我的公众号上都会有青年学生留下感言，都有学生表示要做一名热爱祖国的人。“贸易战”一开始，我就写过一篇公众号文章。我的观点是：“贸易战”是鲜活的思想政治教育活教材。这里我谈到“贸易战”说到底是不同社会政治制度的较量。说深一点，从政治看问题的话，美国为什么要打“贸易战”？一定意义上讲也是失去了演变的耐心。早在中华人民共和国成立的时候，美国就制定了对付我们的战略，这就是“把和平演变的希望寄托在我们党的第三代和第四代身上”，现在已经过去几代了？党的十八大以来，以习近平同志为核心的党中央，带领亿万人民群众坚定地走中国特色社会主义道路，教育青年用社会主义核心价值观武装头脑，凝心聚力跟党走。他们看明白了，想等中国的“00后”听他们的也只能是痴心妄想了，他们不能等了，也不想等了。

我们常讲要相信未来，那就是要相信青年。因为年轻，青年人难免会有一些不足，但是这绝不是青年的主流。

特别应当看到的是，一段时期以来，我们太急于把经济搞上去了，由此忽视了社会的精神文明建设，放松了对青年的思想政治教育。还有在党风建设方面，我们也是出了很多问题。这些对青年学生都会产生负面影响，现在青年中存在的很多问题都与此有关。党的十八大以来，我们加强了社会思想文化建设，加大了反腐力度，加强了马克思主义意识形态教育，加强了学校立德树人工作，青年学生的整体精神风貌有了很大改变。我们现在可以肯定地讲，广大青年是愿意跟党走的，中国特色社会主义道路更加深入人心。

我们国家这么大，又处在社会主义初级阶段，发展的不平衡、不充分必然从各个方面表现出来。

但是这都是发展中的问题，不是社会制度的问题，也就是说，反映在青年身上的诸多问题都是可以通过我们的工作逐步加以解决的问题。

当然，青年中存在的诸多问题，也恰恰提醒我们要更加关心和爱护青年的成长，帮助青年及时克服他们身上的不足。从高校来讲，一定要对“双一流”建设的内涵有科学的认识，学科建设的宗旨也是为人才成长服务的，而人才的核心素质还是价值观，也就是为什么学习的问题。科技，永远是人文的科技，科技必须为人文服务。要像抓科技教师队伍建设一样抓人文教师队伍建设。当前尤其要建设好思想政治教育教师队伍，特别要建设好思想政治理论课教师队伍、辅导员教师队伍，要制定切实可行的政策，着力建设一支职业化、专业化、专家化的辅导员队伍。

对青年绝不能捧杀。我们的舆论宣传一定要加大正面宣传，优秀大学生到处都是，要传递正能量。我倒觉得我们一定要认识到今天青年教育的复杂环境。那些想唱衰中国的人难道不想唱衰青年？不唱衰青年怎能唱衰中国？不捧杀，不棒杀，看主流，削“枝杈”，我想，这才是我们对青年所应抱有的正确态度。

151

何谓活在当下？

一些大学生把“活在当下”当成了口头禅，不思进取，顺其自然，甚至破罐子破摔，及时行乐，对自己的人生采取了不负责任的态度，这实不可取。

何谓活在当下？我以为应当把握这样两个方面：

一是正确地看待过去，忘掉那些使你烦恼的事情，积极向上地过好当下的每一天。有些学生因为多方面的原因使自己对“昨天”不满意。比如，有的学生家境贫寒，因此感到自卑，没有战胜困难的勇气；有的学生没有考上理想的大学、理想的专业，由此感到自己很失败，失去了对未来的信心。这可不行，活在当下告诉你的是，过去的就让它过去吧，你要抓住现在。家境贫困怎么啦？那不是你的过错。事物都是两面的，你利用好了，坏事也可以变成好事。我常想到我在省教育厅工作时家访过的一个家境十分贫寒的学生。我去她家家访的时候，这个个头不高、看起来弱不禁风的女孩子脸上始终带着微笑。她告诉我说，她感谢她的父母，是他们让她更早地懂得了责任和坚强。我去她家那年她在大学二年级，学习成绩在年级里排在前十名。我佩服她的勇气，鼓励她好好学习，让她有困难找我。这个学生从来也没有向我倾诉她的困难。后来她被保送读硕士研究生。去年中秋节我到她读书的学校看她，她表示毕业后要到新疆工作，做一名对祖国有用的人。我在辽宁师范大学当学生处长时资助的一个“不坠青云之志”的学生，现在已是大连市的正局级干部。

每个考上大学的人的心目中都有理想的大学、理想的专业。这个可以理解。但是事实是必然会有些人考不上自己理想的大学、理想的专业。这又能怎样？行行出状元。哪个领域不需要人才？哪个领域没有专家？关键是你怎样理解大学，怎样认识大学文化。待你离开大学的时候，带走知识、带走能力是重要的，但是比此更重要的是你能真正懂得你为什么要读大学，将来你想成为一个什么样的人。学校、专业是不是决定你将来的必要因素，决定你的是你不能输在品德的“起跑线”上。从某种角度看，你既然已经认识到你被落下了，你为什么不利用当下奋起直追呢？不然你会落下得更远。

二是你要利用当下做你应当做的事情。“没有远虑必有近忧”。有人做过调研，人老了的时候最后悔的事就是年轻的时候不刻苦、没奋斗。可是晚矣。人生没有重来啊！有个哲人也说过这样的话：如果每个人都是从七十岁往一岁活，人人都能成为伟人。我也相信这一点。问题恰恰是人都是从一岁往七十岁活。这句话告诉了我们什么？那些成为伟人的人一定都是用今天弥补昨天，在当下却为了明天而活着的人。什么及时行乐？你现在的乐都是本能给你带来的，本能“耗尽”了呢？你还拿什么乐呢？当你到了老年，你没有“资本”了，你怎么过呀？别忘了现在是你人生最美好的时光。你当下的学习是以几何级速度积累你的知识的，为什么不充分利用好当下的时光好好学习，培养本领？

当你离开大学的时候，千万别只带走了一个人，这个人还走进了你的家门。这样你会很孤单，很没有力量。你一定要利用好当下，和同学们好好相处，不要对别人的事漠不关心。你今天怎样对待别人，别人明天就会怎样对你。

你不要懒惰。当下是你锻炼身体的最好季节。把身体锻炼好了可谓一举多得啊！少得病，就少痛苦；少得病，就少花钱；少得病，才能保证当下你有充沛的体力学习文化知识、保证你能力的提升，明天可以更好地工作，领略无限的风光，尝尽天下的美食。将来待你老了，好的身体就是为儿女减少麻烦，就是为儿女的发展创造条件，有了好的身体也才能与相爱的人白头到老。

活在当下，就是要好好活着，就是要负责任地活着，就是不能随随便便地活着。活在当下，这和有些学生认为的犹豫彷徨、顺其自然、及时行乐根本不是一码事。

152

你有什么做不到的?

前些天在手机报上看到这样几条新闻:

一条是“高空王子”阿迪力在黄河大峡谷成功通过一段1880米长,最高处距水面达180米的钢丝;

二是云南丽江的和志刚11岁时被高压电击失去双臂,多年来他以口代手,练习毛笔字,成为一名书法家;

三是南京女孩儿王忆出生时患上小脑偏瘫,9岁开始握笔,18岁发表第一部小说。近10年来,她用一根手指敲出近100万字,出版了6本书。

看到这样几条新闻,我又想到了大学生。

现在有的大学生总是对自己的环境不满意,整天抱怨这,抱怨那的。有什么可抱怨的?越抱怨,你越没有前进的动力,越会失去战胜困难的勇气。路是走出来的,你不走,谁能替你走?

大学生一定要坚强起来。其实,困难并不可怕,可怕的是没有战胜困难的勇气。

我读大学的时候家庭条件不好,我母亲甚至希望我别读大学了,早点工作贴补家里。我理解我的母亲,但我不是带着责任,一种让我的父母晚年生活幸福的责任开始了我的大学生活。谁能瞧得起我?我又能拿什么让别人瞧得起?我的内心形成了一个强大的信念:穷有什么?还能一死不成!

大学生朋友们,如果你有一种无往而不胜的精神力量,什么困难能阻止你前进的步伐?

你们或许有些难处,可是你们再难,有你们的父母难吗?我知道一个大学生,父母是拾荒者,每天很艰难地维持生计。但是他们从来不说自己的难处,他们告诉他们的孩子一定好好读书。这个学生很努力,入了党,学习成绩优秀,正全力考取硕士研究生。在我的学生中,有很多在大学阶段家庭生活困难的,但是他们从不气馁,从不抱怨。他们把所有的时间都用来赶路前行。他们现在有的做了厅局级干部;有的当了大学的教授;有的成为优秀的中学教师;有的经商发了财……总结他们的大学生活,在他们身上体现出的最重要的品质就是在品德线上他们不认输。他们目标明确,刚毅坚卓,就是要用知识改变一切,做生活的强者,做命运的主宰者!

亲爱的大学生朋友们!大学,给你开辟了一条通向未来美好的道路。但是,能否实现你的美好,还取决于你怎样来走大学这条路。生活不会眷顾犹豫者、彷徨者,只有那些脚步坚定、日夜兼程的人,才能走向美好的明天!

一定挑选好摆放在床头的物品

存在决定意识。客观的事物总会在大脑中反映出来。你看到什么就容易想到什么，你喜欢什么，也就容易追求什么。

因此，客观环境怎样必然对一个人的成长产生积极或消极的影响。一般来讲，积极向上的人，总是努力创造积极向上的客观环境；消极颓废的人，自然陷在消极颓废的环境里。

当然，客观环境有大环境、小环境，还有“微观”环境。有些环境显然不是你能左右的，国际关系、社会发展、教育改革、学校管理，甚至与哪些同学住在一个寝室……这些客观环境都不是你能决定的，你只能适应。你所能做的只是从现存的客观环境中汲取积极向上的力量，避免消极的影响。有些环境则完全是个人可以选择和创设的，比如不去网吧。一些“微观”的环境怎样，那完全取决于你怎样创设了。这里我就想跟大学生朋友们说说床头这个“微观”环境的创设问题。

我要告诉大学生朋友的是：一定要挑选好摆放在床头的物品。

有的大学生在床头摆放了一堆消极颓废的物品：有的是思想内容不健康的书籍；有的是低俗的画报、广告；有的是令人消沉的音乐作品；有的是以打打杀杀为内容的游戏光盘，置身于如此恶劣的“微观”环境里，怎么能按时睡觉呢？如此这般自然就休息不好，于是就打破了生活规律、就翘课、就想亲自“体验”些什么，就想放纵自己。结果大学生活就这样被自己葬送掉了，有的学生甚至毁掉了自己的一生。

想想我在大学读书的时候还是非常注意挑选摆放在床头的物品的。记得我的床头就摆放着马克思恩格斯选集著作、《列宁选集》《毛泽东选集》。每天睡前躺在床上看到的是马克思恩格斯选集著作、《列宁选集》《毛泽东选集》,每每这时脑海里便浮现出他们的一些文章,一些论述,如有的记得不清楚、不准确,便把书打开随意地翻一翻,温故而知新。那时马克思恩格斯选集著作、《列宁选集》《毛泽东选集》中的许多论述我都能背诵下来,这种自我创设的床头"微环境"还是帮了很大的忙。

和住我同寝室的一个同学,家庭条件比较好,为了学习英语,他买了一台录放机。这台录放机就摆放在他的床头。起初睡觉前他都要听听英语录音带,这种"微环境"对他学好外语有一定的帮助。但是很快这种积极向上的"微环境"就被他改变了,他改听歌曲了。起先他是想借音乐入睡,结果陷入不可自拔的境地。每天听得昏头涨脑的,不能按时起床,有时翘课,不仅影响了英语学习,也影响了专业课学习。他说恨不得把收录机砸碎了,可是又下不了那个狠心。

我曾写过一篇公众号文章——"大学生活是从寝室开始的",说的是大学要注重学生寝室文化建设。实践证明,抓好寝室文化建设是十分重要的。不过在寝室文化建设方面我们现在还不同程度地存在着重物质环境建设,轻精神环境建设的问题。加强寝室文化建设一定不能忽视了后者。寝室是思想的园地。因此,在加强寝室文化建设的时候,我们一定要帮助学生创设好"微环境"。"微环境"创设好了,学生们才能积极向上地追求他们的大学生活,待他们离开大学的时候,他们才能带走他们最应当带走的东西,他们的人生才会过得有价值、有意义。

154

把命运掌握在自己手里

其实我们讲的生命有动植物的生命和人的生命，就动植物的生命来讲，它们的命运完全是一种适者生存的运行轨迹，就像恐龙和其他一些动植物灭绝，气候的变化使它们的生命戛然而止，这只能怪它们的命不好，它们自身无法改变这种生命的运行轨迹。而人的生命与动物的生命有着根本的不同，人不仅能够适应环境，而且可以改变环境，由此人的生命运行轨迹就有了自然生命和社会生命之分。就人的命运来讲，自然生命之命运是否一帆风顺还真有个“命”的问题，你的社会生命之命运是否一帆风顺，是否坎坎坷坷，是否戛然而止，这就不是自然之命所左右的了，你的社会生命之命运如何完全掌握在你自己的手里。这就像乘坐飞机，飞机失事了，乘客的生命戛然而止，这就得认命了，飞机上的乘客是左右不了自己的自然生命的。可是能不能乘得起飞机，这就看你的社会生命了。你付出的多，你得到的就多，你就买得起机票，你就乘得起飞机，而你的自然生命之命运是无法帮你购买机票的。

把命运掌握在自己的手里，就是要你创造你的社会生命，不要把自己的生命只看作自然的运行过程，甚至寄希望于上苍的保佑。

当年我有个学生家庭生活十分困难，但是他不气馁，不惧怕。他确立了考研的目标。寒假的时候他只是回家过个年便急忙赶回学校。空旷的大教室只有他一个人在学习，虽然寒冷，但是他就是这样坚持着。他考上了研究生，现在是一所大学的教授。这个学生把握了自己的社会命运。他说若没有当初的奋斗，怎能有今天这样的生活。

人生就是一个把握社会命运的过程，谁不努力，谁一味地相信所谓的自然命运，谁就会被生活所捉弄。现在有的大学生看不到这一点，总愿抱怨，缺乏奋斗精神，把自己的人生建立在自然命运的基础上，这多幼稚、可笑，多不靠谱。这会毁掉自己的。就像有的大学生，忽视了自己社会生命的发展，靠着自然生命活着，一进大学就谈恋爱，这都是不靠谱的事情。恋爱是种社会行为，不取决于你的自然年龄是否成熟，关键看你的社会年龄是否成熟。没有社会年龄的支撑，自然年龄很快就“耗尽”了，正如再美丽的花朵也有凋谢的时候一样。有些上了年纪的人也是说自己的命不好，其实不是命不好，而是他们没有把握自己的社会生命。大学生们一定不要懒惰、不要抱怨、不要等待，要趁着年轻多为自己的社会生命注入丰富的物质和精神元素。无数实例告诉我们，只有那些把握了自己社会生命的人才能够潇洒地“走”一回。

155

做一个温暖别人的人

昨天早上读手机报看到下面这样几条新闻：

河南信阳一名小贩在车流中捡拾从自己车上掉下的橘子，一队消防员经过，立即下车帮他捡完。

江西宜春一位老人掉进荷塘。医学影像专业学生李月雯赶到，和好心人一起下水救人，还为他做心肺复苏。最终老人脱险。

5 年来，甘肃初二女生张靖涵每年都会攒下 1000 元零花钱资助周边贫困学生。

应当说这几件事都不是什么惊天动地的大事，虽然事情小，但很暖心。毛泽东同志在《纪念白求恩》一文中说过这样一段话：

“一个人能力有大小，但只要有这点精神，就是一个高尚的人，一个纯粹的人，一个有道德的人，一个脱离了低级趣味的人，一个有益于人民的人。”

上面这几件事体现的正是这样一种精神。

有人说现在世态炎凉，其实不是世态炎凉，而是你抱有了炎凉的心态。就像什么“人走茶凉”一样，那是因为你从来就没有沏过热茶。

我毕业做辅导员时去过一个困难学生家家访，我给了这个学生 20 元钱。这个学生的母亲念叨我一辈子。后来她家的日子好了，她硬是让她的儿子到大连给我送丹东东港产的螃蟹，说这螃蟹比大连的螃蟹好吃。

我在省里工作的时候我去看过这个学生的母亲。她身体不好，患有高血压。那天我去看她的时候,她坚持着到地里给我摘了个草莓放到嘴里。当我吃下这个草莓的时候她跟她的儿子说:“你妈能闭上眼睛了。”我的眼圈红了。今年暑假我又去看了这位老人。她已经92岁了。为了避开吃饭的时间,我告诉她我下午三点到她家。结果当我到她家进到屋里的时候,桌上摆满了丰盛的农家饭菜。我当时就流泪了。她说“老师你吃了吧。”虽然我一点都不饿,但还是强吃了很多。我说“大婶我还会来看你的。”

你没有光,怎么能散发出热?你没有热,别人怎么能感受到温暖?又怎么能有温暖反射到你的身上?

有一次我去香港特别行政区考察大学的时候,我给我的学生每人买了一大块巧克力。我没有打的。我把我背着巧克力爬坡的照片发给了我的学生们。老师想要告诉你们的是,心就这么大,腾出点地方装一装别人吧,别太自私了,做个温暖别人的人。学生回复我说:“导儿每次出远门都想着我们,看您拎着袋子上坡的照片,真的很感动。导儿辛苦了!”“谢谢曲导!做您的学生真的觉得好暖、好幸福啊!真的不知道该如何报答您对我们的爱,真的好幸运能遇到您这么好的老师。我希望我以后也可以做一个像您一样温暖的人。”

我常跟学生们讲,世界上七十多亿人口,你们能够来到同一所大学、同一个学院、同一个年级、同一个专业,甚至同一个寝室,这得多大的缘分。你们千万别只想自己的事,只想眼前的事,不能太自私了。同学有困难需要帮助一定要力所能及地给予帮助。

我知道一个学生,学习成绩挺好,一心只想考上研究生,对同学的事不闻不问。有一次她同寝室有个同学患病了,这个要考研的同学怕耽误复习考研的时间,就没有管那个患病的同学。那个患病的同学找了另一个寝室的同学把她送到了医院。结果大家都对考研的那个同学有意见。

一定做个温暖别人的人。一个人走路太孤单,自私的人一定是孤单的人。帮别人就是在帮自己,给予别人温暖,别人才能给予你温暖的回报。大学文化讲的是“至善”,毫无疑问,给予别人温暖是大学文化的应有内涵。

156

写给学生的一封信

前些天，我写了一篇坚定教育信心的文章，文中谈到作为思想政治教育者一定要对教育充满信心，从教育原则来看，没有不愿接受教育的学生，只有不会教育的教师。

我现在讲授“思想道德修养与法律基础课”，常常听到有的同志说这门课不好上，学生不愿听，可是我就没遇到这种情况。

这里我把学生写给我的和我给学生写的信推送给大家分享。

小伙伴们好！

看到你们写给我的信了，我很感动，心中久久不能平静。

我在从省厅“下来”的时候，有的朋友对我说现在的思想政治教育不好搞，学生们有逆反心理，你强调什么，他们反感什么，一定要慎重考虑。我当然不信这些了。我想，谁不愿意接受真理呢？只要我真心关心学生，学生就一定会悦纳我的教育。今天你们用给我写信的方式又一次证明了我的选择、我的看法的正确性。你们听从了我的引领，要做爱祖国、有担当的时代好青年，老师很是欣慰，老师替你们高兴。

大学是你们人生成长过程中的一个十分重要的时期，当你们离开大学的时候一定要带走正确的价值观。这比带走专业知识重要得多。我在我的公众号中、在课堂上经常跟你们强调的就是人生有两条起跑线，一条是知识的起跑线，一条是品德的起跑线，人生跑到终点的一定是在品德线上不输的人，希望你们一定牢记在心。

你们生逢伟大的时代，中华民族站到了离中国梦实现最近的地方。还剩“最后一公里”了，想一想中国梦实现的时候，我们中华民族将会以怎样的身姿屹立在世界民族之林？我们不会欺负别人，但是再也休想有人对我们说三道四。可以说就是为了这一天，老师奋斗到现在，并将“鞠躬尽瘁，死而后已”。虽然老师恐怕看不到那一天了，但只要想到那一天，想到为了中国梦的实现我付出过，心中还是会悠然升起一种自豪感。现在接力棒交到了你们手里，你们将全程参与中国梦实现的伟大实践，这“最后一公里”你们一定要走好。

你们要有格局，要有视野，要把个人的发展和祖国的命运结合起来，“大家”好了，你们的小家才能好。中国梦不会轻轻松松、敲锣打鼓实现的，需要你们具有不怕牺牲的精神。你们特别要看到的是，在我们实现中国梦的实践中，有人还会竭力进行阻挠和干扰。我想你们是不会答应的，在这场无硝烟的战斗中你们必须打赢这一仗。

由于发展的不平衡不充分，有些同学的家庭还比较贫困，从一定意义上讲，这给来自这样一些家庭的同学带来了不同程度的困难。老师多次讲过，困难并不可怕，可怕的是面对困难缺乏战胜困难的勇气。困难是死的，人是活的。老师希望这些同学能够坚强起来，战胜这些困难。奋斗的人生才精彩。谁都不希望自己在成长的过程中有这样或那样的不如意，然而一旦克服了它们，你就拥有了一笔宝贵的财富。

和你们在一起上课的时候你们给我带来了幸福和快乐，老师感谢你们。虽然课总有结束的时候，但我刚开始上课的时候不就跟你们说了吗？我们不是一门课的关系，我们是四年的师生、一生的朋友。在校园里、在社会上、在你们未来的人生道路上，老师只要活着，就会始终把你们放在心上。有需要找我，我定会力所能及地帮助你们。不要怕麻烦我，我就是不怕麻烦才来到你们身边的。

我在去北京的飞机上给你们写了这封信。我要到北京参加一个改革开放四十年访谈节目。飞机马上着陆了，下飞机就把这封信发给你们。虽然我们的物理距离有些遥远，但是我们的心却紧密相连。

祝你们一切都好！

爱你们的曲老师

157

对勤工俭学要正确地把握

勤工俭学的定义是什么？百度里做了这样的解释:勤工俭学是我国某些学校采取的自力更生、勤俭办学的一种方式。学生利用学习以外的时间打工,把所得的工资作为学习的费用。

可见勤工俭学涉及两个层面,一个是对学校而言的,另一个是对学生而言的。作为学校来讲,应当充分利用勤工俭学这种方式,更好地培养学生。对学生来讲,可以通过勤工俭学的方式更好地促进自己的学习。

一些学校对勤工俭学把握得还是很好的,把勤工俭学列入教学计划当中,体现了对学生"劳"的培养,避免了学生"四体不勤,五谷不分"。像前几天介绍的成都职业技术学院就做了很好的尝试。但是也有一些学校没有很好地把握勤工俭学的内涵,把学生当成了劳动力,变相地租用出去,学校得到了劳动报酬,对学生培养会起到什么样的作用则考虑得不是太多。显然后一种做法是不可取的,需要加以改进或改变。

从学生个人来看,对勤工俭学的把握也是有很大的差异性。有的学生通过勤工俭学既很好地服务了社会,锻炼了自己的能力,培养了自己"劳"的精神,又得到了经济报酬,为自己的学习、生活创造了条件,这样的勤工俭学是可取的、有意义、有价值的,应当大力提倡。但是有些学生却不是这样,他们对勤工俭学没有正确地把握。他们不是把勤工俭学作为助学的手段,而是另谋其他,不仅没有促进自己的学习,反而影响了自己的学习。

有的学生把勤工俭学当成了致富的手段。这些学生利用暂时的优势,以勤工俭学为名,一味地多挣钱,有的成了小富翁。结果虽然钱挣了不少,学业却没有得以提高,反而止步。这样的勤工俭学是短视的,只看到了眼前,没有看到长远。千万不能把勤工俭学当成致富的手段。

有的学生把勤工俭学当成了满足自己物质需求的手段。这类学生家境不错,满足他们的学业生活绰绰有余。但是他们想追求更"富裕"的生活,追求高消费,把大好的学习时光浪费在"勤工俭学"上,其结果同样是生活水平上去了,学业却落下了,这同样不可取。

有的学生把勤工俭学当成了满足自己虚荣心的手段。看到别的同学用名贵化妆品,自己也想用;看到别的同学穿名牌服装,自己也想穿;看到别的同学有高档手机,自己也想有……家里满足不了怎么办?那就通过勤工俭学来解决。这大可不必。学生以学习为天职,从某种意义上说,把学业搞上去了,将来什么都有了。学业若是耽误了,毕不了业,那损失不就大了?我知道好多这样的案例,为了满足自己在物质方面的虚荣心,有的学生嫌靠勤工俭学钱来得慢,于是铤而走险,偷盗别人的财物,结果被开除了学籍,甚至锒铛入狱。

还有的学生出发点不错,勤工俭学的目的与上面那几种情况不同,想的是通过勤工俭学锻炼自己的能力,因此把大量本应用于课堂(学校)学习的时间,用到了勤工俭学上。这也是没有正确地把握勤工俭学的一种表现。勤工俭学是有培养能力的功能,但是培养能力不只是勤工俭学这一种途径。特别是一定不能忽视了学习能力的培养,在学生的各种能力培养中,学习能力是最重要的能力,没有学习能力,其他能力恐怕也难能培养的很好。

注意安全也应当是正确把握勤工俭学的应有之意。这里的安全是多方面的,像合同的签订、行业的选择、时间的早晚、交通的状况,等等,都要考虑。我知道有个学生想做家教,结果被骗,遭到了侮辱;还有个学生没有签订合同,结果受伤的时候没有得到应有的治疗;还有因为纠纷没有得到正常的劳动报酬的。

勤工俭学无论对学校和个人都是一种有益的助学模式,但是一定要正确地把握好,以使其正向功能得以最大限度地发挥,不然就会得不偿失,甚至适得其反。

158

肯钻研就没有办不了的事

前两天早上阅读《新闻早班车》的时候看到下面这条报道：

四川中江县的游克珍只读过三年书，却自学电脑把村级电商服务站点做到全县第三。她说，肯钻研，就没有办不了的事。

正好有位同学在微信中说，他对他所学的专业不满意，问我怎么办？不知这位同学如果读了这则报道是不是会有点启发。

游克珍没有读过大学，却有这样的学习认识，实属难得。这也再一次告诉我们，知识不都是在课堂上学到的，只要想学习，社会也是课堂，关键要有肯于钻研的拼搏精神，有“终身学习”的教育理念。

上面提到的那位大学生朋友的情况不是个例。现在有些同学总是抱怨自己的专业不理想，由此便放松了自己的学习，导致有的只想混个毕业证，有的落下了一大堆学分很难毕业，这样的学习态度十足不可取。

大学阶段的学习首要的还是要有正确的学习观，养成终身学习的教育理念。大学生应当“既来之，则安之。”既然已经来到了大学，读上了自己喜欢的专业更好，没有读上也没有什么了。我知道很多大学生刚读大学的时候开始对自己的专业很不满意，若是当初有条件转专业的话早就转了。

其实专业兴趣也是可以培养的。既然改变不了专业了，不满意又有什么用呢？最上策还是能够培养起专业兴趣。不是行行出状元嘛。实在培养不起兴趣，那也不能“随心所欲”，丢掉了学习，也就是一定要保住你的底线。底线是什么？底线就是你要保证能够毕业。一些大学生在对自己所学的专业不满意又改变不了现状的情况下,采取保证底线兼学其他的做法,这也不失为一种解决问题的办法,这总比放松了学习要好得多。

还有的大学生因为对所学专业不满意想退学重考,我觉得这大可不必。是有这样的学生因为对所学专业不满意退学重考了,但是成功的不多。大学生一定要懂得"热爱"是最好的老师。想想在过往学习条件极其有限的情况下,许多人都可以无师自通,现在都进入自媒体时代了,如果你真想会点什么,恐怕没有学不会的。

就像游克珍告诉我们的那样,"肯钻研,就没有办不成的事"。一位没有上过学的人都能做到,大学生就更没有做不到的事了。还是把用来抱怨、放松、犹豫、彷徨的时间用来学习自己喜欢的知识为好。

写到这里,我又想起了即将走上读研之路的大学生朋友们。首先祝你们考研成功。不过我想,有些同学虽然考上了,自然还会觉得没有考上自己满意的学校、满意的专业。不过这不要紧。十一年前我孩子考大学的时候我就跟他说过:"无论你考在哪里,都证明不了你能不能对得起老师、对得起父母。对不对得起是需要盖棺而定的。"虽然我孩子当时考的是本科,这与考研的道理是一样的。

人生应当追求的不是学历、专业,追求的应当是品德的高尚。要把专业学习用来为你的人文精神服务。习近平总书记说,要把学习当成人生的追求。如果你们确立了这样的价值理念,这比你们考在了哪里、读了什么专业要重要得多。不要焦躁,放平心态。你们这么年轻,多有资本啊!

人生路上跌倒了还可以爬起来,况且你们已经行走在路上。一切可以从头再来,关键是不要停下前行的脚步。只要心中有梦想,前行的脚步就有力量!相信自己,相信未来,你们一定会在成功的路上走得更远!你们的梦想一定会实现!

159

更要记住孔子的生日

你知道孔子的生日吗?

今晚是平安夜,大学生无人不晓。有一次在做报告的时候我问有没有知道孔子生日的?从学生的表情中同样可以看出来他们很茫然,似乎从来就没有想过这个问题。也没有觉得这是个问题,他们的眼神告诉我,他们没有多少人知道孔子的生日。

这些年来,受多元文化的影响和商业活动的推动,平安夜、圣诞节这样的日子,被炒作得红红火火,可谓“深入人心”,大学生们也乐此不疲。

反观我们的一些红色节日,像五四青年节、国庆节,若是不组织,恐怕是过不起来了。知道孔子生日的人太少了。

我们不是排外主义者,不是一味地反对西方的节日。文化是一种人类的共同现象,一切优秀的文化都要大力地传承和发扬。对于一种外来文化,大学生们加以了解,从中吸取合理的成分,这未尝不可,这也是对外来文化应当抱有的科学态度。我跟我的学生讲过,对外来文化可以微笑、可以握手,甚至可以拥抱,但是绝不能躺进人家的怀抱,那样就失去了独立性,那还怎么过我们自己的日子?事实上一些大学生面对西方文化时还缺乏这种科学的态度,对外来文化不加取舍地一味拿来,更有个别的学生对西方文化情有独钟。

《国际歌》唱道,从来就没有什么救世主,也不靠神仙皇帝,要创造人类的幸福,全靠我们自己。大学生们应当懂得,打倒你的只能是你自己。我们作为过来人深有体会,没有奋斗就没有一切。正如马克思所说,宗教就是一种麻醉人的鸦片。你们千万不要太当真,以免误了自己要走的路。尤其是不能相信邪教。多年前有个大学生相信了“邪教”,结果在广场上自焚,断送了自己美好的前程,教训极为深刻。

中华文化博大精深,为人类的文明做出过巨大贡献,大学生一定要记住孔子的生日(公元前551年9月28日),增强文化自信,过好我们自己应当过好的传统节日、名人生日。要积极追寻、传播、发展中华优秀的传统文化,把自己在精神上变得强大起来。要有国际化的视野,在积极吸收和借鉴外来文化合理元素的同时,把中华优秀传统文化传播出去,让世人更多地知道孔子的生日、了解、熟悉优秀的中华传统文化,不然我们就会忘祖、忘根,我们的民族就会“漂浮不定”,这是万万不可以的。

平安是福,“平安”这个词还是不错的,在此祝大家平安吉祥、顺心如意!

160

每次的分别都可能是最后一次相见

前天上午9时许,北京交通大学市政环境工程系有3名学生在学校东校区2号楼环境工程实验室,进行垃圾渗滤液污水处理科研实验期间,实验现场发生爆炸,事故造成这3名参与实验的学生当场死亡。

听到这个噩耗,我的心真是被揪了一把,年轻的生命就这样瞬间化为乌有,他们的父母得多么悲痛?他们的亲朋、同学、老师得多么难受?他们早上离开宿舍的时候是怎样的心情?其他同学见到他们的时候是否送上了问候?有谁能够想到当日早上的分别竟是与他们的最后一次相见。

我真是记不得有多少次这样的场景,自己熟悉的,比较熟悉的、甚至是亲人和朋友的人,分别了就再也没有相见。

我在省教育厅工作的时候,有天早上上班,一到单位就接到一个朋友的电话:“你知道某某去世了吗?”我愣住了,“怎么可能?昨天下午还在一起开会呢。”“他昨天夜里突发心脏病去世了。”

我留校做辅导员的时候我们学院的党总支书记对我很好,我在沈阳工作放假回大连的时候还经常去看他。有天突然接到他女儿的电话:“曲叔,我爸因车祸去世了。”我一听脑袋嗡的一下,“你别急,我马上赶回去。”我那天身体不舒服,我躺在后车座上回到了大连,给我这个老领导料理了后事。

我有个学生,国庆节放假前四天还好好的,第五天发高烧,第七天就去世了。国庆节没有过完,他还不到五十岁,而就在国庆节前不长的时间我们还在一起吃了饭。

2014 年暑期我到美国考察大学文化,在十几天的时间里我的一个刚五十多岁的朋友和一位六十几岁的老师相继去世了,我连送都没能送上他们。我的大学同学有好几个也去世了,他们中有的从毕业分开我就没有再见过。

我们学校有个辅导员晚上下班还好好的,第二天一上班大家就传开了:他那天夜里因心脏病去世了,再也没有了上班的机会,他去世的时候才29 岁。我母亲的去世也很突然。正月初八我还在我母亲家,初十上午便接到了我弟弟打来的电话,说我母亲去世了,简直不敢相信自己的耳朵。

一个个生命就是这样匆匆地离去,再也不可能知晓现实世界的阴晴圆缺,可是我们活着的人呢?

我经常想,人和人在一起真是需要缘分,在一起了就好好相处,力所能及地帮助别人。我和我工作单位的门卫师傅关系都很好,在学校的时候,中秋节、元宵节我给他们送月饼和元宵,在教育厅的时候我常常给他们送些土特产。从省厅回到学校又做辅导员的时候,我想我更应当珍惜这“最后一次”和学生一起的机会,让自己生命的每一天活得精彩、活得有价值。

我常跟学生们说,世界上七十亿人,而我们能够来到一起,这得多大的缘分!从自然年龄上说我是你们的父辈,从社会年龄上我不敢说我是你们的父辈,但是我会努力成为你们的父辈。从今天开始,谁也不准饿着肚子来上课,谁也不准饿着肚子要求进步,吃不上饭找我,有我吃的就有你们吃的。我会说到做到。还有,你们在大学期间若是患上疾病,得了小病自己看看,若是得了大病找我,我带你们看。

为了离学生近些,我在学生宿舍边上租了一套房子,我就住在学生的身边,这样学生睡得安稳,我睡得也安稳。我几次亲自开车送学生上医院。学生毕业的时候说,“老师平常没少请我们吃饭,能不能我们请老师吃一次饭”。我说这个不可以。我感谢四年你们带给我的欢乐,这是你们在学校时我们最后一次吃饭,还是我来请你们吧。

我带的学生去年举办毕业晚会的主题是“毕业不说再见”。我已经是六十多岁的人了,真的每个人都能再相见吗?有的恐怕就永远地分别了。我只能珍惜现在。我本来是打算学生毕业我正好六十岁,我就退休了,学校说我是博导,最少干到六十五岁。这样我又主动做了我们学校新疆学生、西藏学生的辅导员，做了我们学校孤儿学生的“家长”，我向学校承诺，只要我能干动，我就永远是大连海事大学孤儿的“家长”。我还想待我退休了，看看我能有多少钱，我再把辽宁师范大学的孤儿、北京师范大学的孤儿组织起来，由我当他们的“家长”。我只是要更多地为学生们做些什么，让生命的每一天都过得等值，甚至超值……若是那些得到过，即便没有得到过我的直接帮助却了解我的人会说这是一个好人，九泉之下的我也就知足了。

逝去的就永远地逝去了，让他们安息吧！大学生朋友们，一定多想能为同学做些什么，甚至要想还“欠”同学什么，能弥补的赶紧把它弥补上。

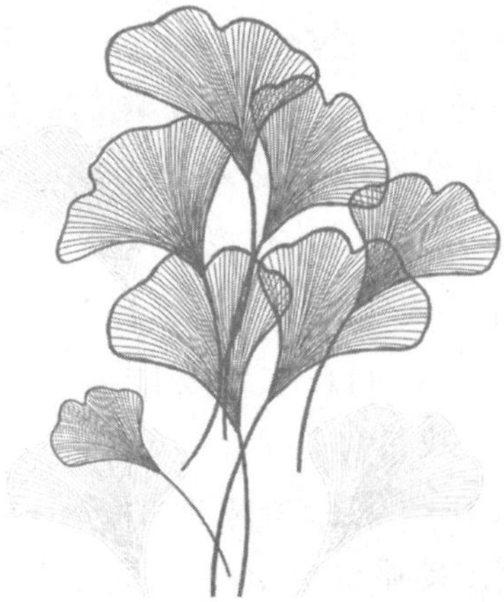

161

转眼就是一年

我2013年7月回到学校当辅导员的时候，有的学生问我："我们什么时候才能毕业？"我说"你们大学的时光连眨下眼的功夫都不够"。转眼他们毕业一年了，我也下来五年了。2017年12月29日，中宣部向全社会发布，授予我"时代楷模"荣誉称号，前天我参加了"辽宁好人"的盛典晚会。授予我"时代楷模"发布会的场景就像是在昨天。

时间就是这样总是在奔腾不息，我们感谢时间，带给了我们那么多美好的回忆；我们也怨恨时间总是那么匆忙地离去。时间的飞逝我们左右不了，我们所能做的只是尽量地使我们在属于我们自己人生的有限时间里做更多有意义的事情，成为一个让人点赞的好人，正像下面这两段话所告诉我们的那样：

珍惜自己生命的人应该总是在积极地工作，就好像他会长久地活下去；同时他又应该是争分夺秒地来安排他的时间，就好像不久他就要离开人世。

——法国词典大师利特雷

如果人只是为了自己而劳动，他也许能成为有名的学者、绝顶的聪明人、出色的诗人，但他绝不可能成为真正的完人和伟人。

——马克思

2005年底我患了癌症，但我拒绝了化疗、放疗，手术留下的刀口还没拆线我就出院了。我担心自己剩下的时间不多了，我白天工作，晚上写书，在一个月的时间里写完了30万字的《识读大学》一书(由人民出版社出版)。这本书被评为全国思想政治教育学科创立三十年著作类一等奖。在这本书的序言里,我就用了上面这两句话,以表明我对时间和我做人的态度。

162

你急躁不安什么？

有位同学在发给我的微信中说，要期末考试了，他总是急躁不安。为什么急躁不安呢？这恐怕还是由自己的心态造成的。

我孩子当年考大学的时候我给他写过一封信。信中我告诉他看试卷的时候一定认真审题，不要想与考试无关的东西。题容易了，不要想是不是能当“状元”了；题难了，不要想一旦考不好会不会对不起老师，对不起爸爸妈妈了。这些都与考试无关。对得起还是对不起不是由一次考试决定的，是需要用一生来证明的。这里，我主要是提醒他保持好的心态。

我们有的学生考试的时候想的不是好好答题，而是能不能拿到奖学金，能不能成为“状元”；能不能把别的同学落得更远；当然也有担心考不好会不会影响到毕业的……心态不安稳，考试时就容易急躁不安。

考试就是考试，是对你平日学习的检验。学习是为了增长知识、培养能力的，不是为了拿奖学金的。能拿到奖学金没有什么不好，拿不到奖学金也没有什么大不了的。关键要有好的学习态度，要有好的学习理念。许多成功的人士在大学读书期间都没有获得过奖学金，也就是说他们的学习并不优秀，可是后来也都发展得很好。

关键是平日里要扎扎实实地学习，通过考试检验一下平时学习还需要注意些什么，还有哪些方面需要加强。考试也不是为了当“状元”的。大学是为你一生做准备的。今天当了“状元”，明天又放松了学习，这又能怎样？即便今天没有当上“状元”，你能坚持不断地学习，后天的“状元”还不是非你莫属？还有的同学想把别的同学落下得更远，那就大可不必了。这是一种虚荣的表现。你就是你，把你的最大潜能发挥出来就可以了。

当年我在做学校党委副书记的时候处分过这样一个学生：她学习很好，是学院的学习部长，每次期末考试她都名列前茅。这不挺好了吗？可是她心态扭曲，非要把别的同学落下得更远。结果她因考试作弊，受到了留校察看的处分。

至于有的同学担心考试成绩不好影响毕业显得着急，这可以理解，但是这不是急在现在的事。平时都干什么啦？平时不抓紧，到了考场还能来得及吗？

学生都怕考试，这是一种常态心理。学生也可以不怕考试，这就要有超常态的心理。怎样才能做到超常态？那就要平时好好学习，把知识学扎实了。要去掉那些与考试无关的杂念。

我在大学读书的时候，就不怕考试。考试对我来说是个享受的过程。当打开卷子那些熟悉的内容跃然纸上的时候，我真是有一种“守株待兔”的感觉。我的脑海里马上能闪现出那些概念在书上的哪一页。考试时我从来没想我能得到什么，我想的就是通过考试找到自己的不足，赶紧弥补上。

163

假期是你学校学习的拓展和延续期

小伙伴们好！

又一个假期开始了！你们在想些什么呢？你们又打算做些什么呢？

有的学生会想："我可自由了，我的假期我做主"；有的会想："忙碌了一学期，我可要痛痛快快地放松一下自己了"；还有的同学会想："我要好好地睡大觉"；更有的学生会想："我可以通宵达旦地在上网玩游戏了。"总之，假期成了许多学生休闲、游乐的好时光。

转眼就要开学了。一些同学弄不好就会脑袋里空空如也，甚至疲惫不堪地返回学校。他们没有什么收获，整整一个假期就这样被他们白白地浪费或挥霍掉了。这是多么可惜的事情啊！我也真是替这样的同学感到痛惜。我原来跟大学生朋友们讲过："你们不是带薪休假回去的。"就是提醒大学生朋友们，千万不要把假期这么多的时间都用到了休闲娱乐上面。适当地放松是可以理解的，但是你们绝不能把假期全部的时光都虚度了。假期本来是用于你们养精蓄锐、以利再战的，结果你们却适得其反，这样的假期对开学后的生活没有一点帮助。你们一定要提醒自己注意这一点。

学生的天职就是学习。从这个意义上来说，学习是排在你们面前的第一要务。不学习怎么体现你学生的身份？要把假期看成你学校学习的拓展和延续，而家庭就是你广义上的课堂。特别是在信息化时代，要想学习好，仅靠学校这个课堂是不行的。事实上现在有很多的课程已经设置在假期、设置在家里。

这就需要大学生朋友们一定要自主性地学习、研究性地学习、如饥似渴地学习、争分夺秒地学习。

怎样才能成功？成功学有着浩如烟海的著述。其实，怎样才能成功可以简单到用一句话来概括，那就是带上责任，利用好剩余时间。

道理很简单：没有责任的人，就没有奋斗、没有坚持。责任是你走向成功的起始点。而时间是你走向成功的重要保证。没有剩余时间就没有剩余价值。谁比谁聪明？谁比谁愚笨？为什么有人能够成功，有人就会失败？大家都懂的：成功最喜欢和勤奋作伴。正如鲁迅先生所讲的那样："哪里有天才，我是把别人喝咖啡的时间都用在写作上了。"

钱是一个问题，但是也可以"苦游"。一切都舒舒服服的恐怕也会失去一些旅游的乐趣。我带的前年毕业的一个学生，还是个女生，家里条件并不好，却创造条件，利用假期去了比那些家庭条件优越的同学多得多的地方。只是要注意安全罢了。可以利用假期开展社会实践；可以考察调研；可以做志愿服务；当然也可以勤工助学。我们有的同学利用假期打工了解了社会，这也是种学习。这种学习可以学到在学校里、课本上学不到的东西，值得提倡。但是值得注意的是，有的同学的打工不是为了了解社会、贴补生活需要，而是为了"致富"，改善自己的物质生活。这是短视的、不值得的。

假期里还可以好好回顾一下自己上学期学过的课程还有哪些学得不扎实，需要弥补的赶紧弥补。假期里可以预习一下下学期开设的课程内容，待开学老师讲授这些课的时候你就会游刃有余，就会省出更多的时间用来做其他应当做的事情。

前天我写了一篇公众号的文章——"你急躁不安什么"。文中说有的同学一到考试便急躁不安，担心考试成绩不好影响毕业。临时抱佛脚是不行的。充分地利用好假期的学习时间，就一定会"治好"一到考试便急躁不安这种"病"。

小伙伴们，你们马上就要踏上回家的路途。老师希望你们张弛有度，过一个既严肃又活泼的假期。待开学的时候，一定带上你们应当带回的东西。

开学见！

祝旅途愉快！

给你们的父母问好！

164

你的失败就是不虚心造成的

谁也不能从年老往年轻活。如果那样的话,人人都会是聪明人了。看看那些成功的人,一般都是能够借鉴别人经验的人,也就是说他们都比较虚心,愿意向别人学习。

再看看那些失败的人,他们也确实有个共同的特征:自以为是,我行我素。完全可以这样来说,他们的失败都与不虚心有关。我常跟我的学生们讲:一定要多听听别人的意见,不要什么事都自己做主。老师的话不听,家长的话不听,朋友的话不听,这不成了"孤家寡人"啦?那怎么能会有智慧?有力量?每个人成长的过程中,多少会受到很多因素的影响,是否虚心就是一个重要的因素。你不可能什么都懂、什么都会,更不可能什么都行。遇到事情一定多思、多想,多听听过来人的意见,千万不要"一瓶不满,半瓶子晃荡"。天外有天,人外有人。狂傲自大早晚是要碰壁的。

亚里士多德多有学问,但他却说出了这样的话语:"我知我之不知。"有人把这句话翻译成:"我只知道一件事,我什么都不知道。"

其实,在《岳阳楼记》中,范仲淹讲过一句非常有名的话,这句话是:"不以物喜,不以己悲"。其中可以引申出这样一层意思:无论面对失败还是成功,都要保持一种恒定淡然的心态。失败且不说了,即便成功了我们也不要欣喜若狂、目空一切,一定要保持一种豁达淡然的心态。由此可见像亚里士多德、范仲淹这么有大智慧的人都如此谦虚,这足以说明凡是成功之人自有过人之处,而谦虚恐怕就是他们身上所具备的一个重要品质。

大学生正处在世界观、人生观、价值观确立的关键时期，处在为今后的人生打基础、做准备的发展阶段，还根本没什么成功可言呢。那就更要虚心学习别人的长处，查找自身的不足，多听听过来人的意见，要“夹着尾巴做人”。怎样度过自己的大学生活？人生未来的路怎样走？一定要好好思考，好好设计。

人不可能凡事都亲自实践，并在实践中摸索。等你亲自摸索到了恐怕来不及了，也没有什么意义了。

这就要寻找捷径。摆在你们面前的一条重要捷径就是借鉴别人的经验。如上所述，那些成功的人都是能够虚心地借鉴别人经验的人。千万不要总是觉得自己“有理”。“三个臭皮匠，顶一个诸葛亮。”要注意多吸收别人的智慧，多看其他同学的长处。要知道，谁也不愿意和一个总是“有理”的人待在一起。总是“有理”的人一定会成为孤家寡人。

我们有的学生干部就缺乏民主的作风，遇事不能跟大家商量，养成了“一言堂”的作风。说到底这跟没有谦虚的品格有直接的关系，这怎么能团结组织好大家一道前行呢？

特别是如果把这种作风带到了社会，那岂不是在自我失败吗？记住孙中山先生这句话：世界大势，浩浩荡荡，顺之则昌，逆之则亡。”怎样“顺之”？恐怕以个人之“浅见”是把握不了这世界上浩浩荡荡的发展大势的。

165

为别人不正是“为我”吗？

昨天有个粉丝在微信里给我写了一段话。他说：

首先感谢曲老师在百忙之中能和我这样一个普通的大龄学生聊天，谢谢您！其次听了您的演讲，其实我想问一个困扰我还有和我有相同思想的人的问题：我们从小受的教育、长大接触的传统文化，使我们常常把国和家放在我们的私人利益之上。但社会却教我们自私，我们也想为社会、为国家、为人民去服务，但真的很难坚持。别人会说你傻、说你是老实人，于是我们会去追求私利。但追求私利对我们具有这种为人民服务思想的人来说也是痛苦的。如果一心为大家服务，在当今也不是一帆风顺，因为别人会给你戴上功利的帽子！您如何去平衡这些？

看了这段话，我想用公开的方式给他回答，于是写了这篇公众号文章推送给大家。

××你好！

谢谢你坦诚地跟我讲了你思想上的困惑。你想成为一个关心国家、家庭，为别人着想的人。可是你又担心社会和周边的人并不认同你这样的人，甚至会嘲笑你这样的人。事实真是这样的吗？

其实我们很多人只是看到了社会表层的东西，只是对社会有一种肤浅的认识，认为好人吃亏、好人是傻瓜。好人有些时候确实会被自私的人欺负，确实像个“傻瓜”。但是这不是社会的主流。如果掀开社会这些表层的面纱，我们看到的社会的本质是什么样子呢？我去过北京劳动人民文化宫。在偌大的一个文化宫里，只矗立着一尊人物塑像。这个人叫时传祥。他是个淘粪工。一个淘粪工为什么能在这里以塑像矗立呢？还不是因为他“太傻”了；还不是因为他的心中只有别人；还不是他把别人的幸福当成了自己的幸福。

可以想一想，人即便再有钱又能怎样？有钱就能给他在这里树起一座塑像永作纪念吗？社会上历来都有“傻人”，在剥削阶级占统治地位的社会里有，在我们今天的社会主义社会里，在我们社会主义核心价值观的大力倡导下，这样的人更是层出不穷。每年我们评选出的道德楷模、先进人物，为什么他们的事迹会让人感动得热泪盈眶？还不是因为他们都是些心中有他人的人，也可以说他们都是些“傻人”吗？

再看看社会上那些自私的人，甚至自私到为了个人的私利走上了犯罪道路的人，他们在受到惩罚，乃至于被枪毙的时候，人们无不拍手称快。这又是为什么呢？还不是因为他们自私到了骨髓里？

我常跟我的学生们讲这句话：你是一个什么样的人，取决于你想成为一个什么样的人。监狱不是现在就有的，你想往那里去吗？同样，道德的“领奖台”也早就矗立在那里，你不想上去领奖吗？为什么要管别人说什么呢？

从一定角度讲，你不就是在为自己活着吗？在为成为一个自己想成为的那种人而活着吗？听别人的还能活出自我的色彩吗？我评讲师的时候把名额让出去了，有人说我傻；我做辅导员时寒暑假自费到学生家家访，有人说我傻；我辞去厅级领导职务更有人说我傻。当时如果到百度上搜索一下我，跳出来的第一句话就是“曲建武怎么辞职啦”？我想这里潜藏着两句关键的话：一句是曲建武是不是犯错误了，再一句就是曲建武是不是脑袋灌水了。正常人怎么能正厅级不要了回来当辅导员？有个领导跟我讲：“你正厅级没有了，你看病怎么办？”我想：老百姓怎么看我就怎么看。一个为别人付出的人怎么会没人管呢？我在评上“时代楷模”后，教育部陈宝生部长在会见我的时候说：“你是活着的时代楷模，一定注意身体。需要看病找我们。”我听了很感动。一些辅导员得知我患过癌症，经常嘱咐我注意休息。我的学生更是帮很多。

级别就那么重要？职称就那么重要？在我看来，什么职称、级别之类，只能显耀一时，退休了，那些证书都是废纸一张。有了学生就有了一切。人活着，最重要的是留下好的口碑，让别人记在心里。而一个自私的人、心中没有他人的人怎么能得到这些呢？做对的事，把对的事做到底。做一个在为别人服务中实现“为我”的人。这是一个什么样的人？这是一个追求精神生活的人，一个追求崇高的人，一个对他人、对社会有价值的人，一个让人不忘的人。

你知道这句话吗？

无论把人看成多么自私，在人的本性中，明显存在着某些根本原则。一个人对改善别人的命运产生兴趣，将别人的快乐看成自己的必需。虽然，从中他并不能获得什么，只是看见它就感到满足。

这句话是亚当·斯密在《国富论》一书中所表述的一句名言。它告诉了我们什么？关心别人、给予别人快乐，像流淌在人体中的血脉一样不可改变，是源于人的本性中的东西。至于那些自私的人，只能说他们违背了人的天然的善性。你想成为那样的人吗？

你既然想成为在为别人中实现“为我”的人，那你就坚持下去，你还哪有工夫管别人怎样说三道四呢？这也是我人生的一个感悟。

166

其实成功很简单

谁不想成功？怎样才能成功？现在成功学成了一门很热的学问，在书店里、机场的售书亭，都能看到不同版本的成功学方面的书籍在销售。

有的论述成功学的著作真可称之为鸿篇巨作，没有点体力的人拿在手里恐怕是翻不上几页就得放下。人人渴望着成功！我从来不看这类书。不是我不谦虚，主要是我觉得成功很简单，原本没有那么复杂，只是一些搞研究的人故弄玄虚，把它弄得高深莫测罢了。成功的条件梳理起来似乎多得让人眼花缭乱，但是若是精心地筛选一下，我认为只要做到了下面这样两条，成功就非你莫属：一是带上责任行走，二是利用比别人多的剩余时间。

有的学生抱怨自己的父母没有给他们创造好的生活环境，因此便变得消沉，没有追求，这当然不能成功。同样是困难的生活环境，如果能够积极地面对、能够带着责任来看困难，那结果就不一样了。我知道很多这样的学生，他们的家庭生活都很差，有的差到你无法想象。但是他们都从贫困走向了成功。

一个人如果把一生只看成了是自己的人生，只是为了自己而活着，那就不会有前进的动力了。即便有，那也是一时的，很难坚持下去。为什么有的学生动不动就讲“我不学了”，甚至有的不想活了，说到底那是心中没有责任。成功的法则告诉我们，一个人的责任越大，动力越足，成功也就越持久。

现在大学里都开设人生规划方面的课程,学生们一进学校也是抱着强烈的成功愿望认真地规划着自己的大学生活和未来的人生道路。规划自己的人生也是我的学生和我"规定"的一个动作。每当这时我都会跟他们讲,规划就是规划,一定意义上可以说规划就是纸上谈兵,规划得再好,没有实现规划的保证又有什么意义呢?拿什么保证?最为重要的保证就是时间的保证。

我带的学生中有些家庭生活状况不是太好,他们中有云南的,有江西的,有河南的。有的学生家困难的样子我家访的时候都不忍心照下来。但是这些学生都带着责任开始他们的大学生活。他们只争朝夕。每天第一个走进教室、最后一个回到寝室的恰恰是他们。他们毕业的时候有的被保送硕博连读;有的被保送攻读硕士学位。反观我们有的大学生,一进大学也是做好了规划,有的还规划得十分完美。结果这些美好的蓝图只是用来自我陶醉、自我欣赏的。这怎么能成功呢?你们必须惜时如金。四年的大学生活连眨眼的工夫都不够,还哪来吃大餐、逛商场、去歌房、玩游戏的时间?我还写过一篇公众号文章你不是带薪休假回去的。我们一些学生可真是充分享受了节假日带来的休闲、愉悦:放假带回去的书成了旅行的"伴侣";家里的书也是寂静地"呆立"在原处;打发时光的主要方式就是睡觉;闲暇的时候就是刷抖音……岂不知这要失去多少剩余时间啊!

我家生活就比较困难。记得年少时家里吃不起水果。过年买的苹果我母亲也是不舍得吃,常常是直到苹果放不住了(要烂掉了),我母亲才不得已把苹果吃掉。我读书的时候我母亲内心并不高兴。她希望我早点工作贴补家里。我理解我的母亲,这都是因为穷啊!我是带着"使命"和责任上大学的。我要改变这一切。后来我更懂得了一个辅导员教师对党、对祖国、对人民所应担负的责任,我一定要对得起辅导员教师这个称谓。

到目前,我已经公开发表著述(文章和专著)七百余万字。我还有个愿望,要成为中国乃至世界上留下关于思想政治教育文字最多的人。靠什么保证?唯有占有比别人多的剩余时间。

167

体育不单纯是体育

我坐飞机的习惯都是先浏览一下报纸,然后再写书或写公众号文章、给学生写微信。我从来不舍得在飞机上睡觉。有一次我去美国,十四个小时的旅途我没合眼。一路上我就是看书。过两个小时我就到服务间活动一下。飞机上所有的人都在呼呼大睡。美联航的空姐伸出大拇指向我点头示意:中国人厉害。我出版过一本《大学时节》的书就是在飞机上写的。我把大学分为150个"时节",每个"时节"我都用我总结概括的不少于20句富有哲理的人生格言给予回答。比如,当你拿到通知书的时候,在你欣喜若狂之后,你一定要想到你不过是七百万分之一;当你拿到毕业证的时候,不仅要看毕业证的大小,更要称一称毕业证的含金量;出生在什么样的家庭是无法选择的,人生的价值是可以创造的;到图书馆不要占座,你会装进了知识,挤走了灵魂;床头一定要挑选好摆放的物品;什么叫人走茶凉?那是因为你从来就没有沏过热茶……那时飞机上不允许使用飞行模式,我就把我总结的这一句句格言有时打在电脑上,有时写在报纸上、笔记本上,下飞机再整理出来,我一共写了3000多条。

昨天在飞机上翻阅报纸的时候,我看到一条新闻:

徐灿勇夺世界拳王金腰带。他是五年来首个问鼎羽量级世界拳王的亚洲面孔。我对拳击一窍不通。这个冠军的分量也不是我要估量的。我之所以看了这条新闻后立马在飞机上写了这篇公众号文章推送给大家,那是因为徐灿在赛后说的一席话触动了我的神经。他说,这是一场艰苦的比赛。为这场比赛他训练得十分刻苦,备战了很长时间。罗哈斯是一个强硬的对手,但是赛前他坚信自己可以拿下比赛。徐灿的力量来自祖国,他是中国人。

明知有困难,但是无所畏惧,因为心中有祖国。这就是徐灿成功的逻辑关系。

徐灿的成功也再次告诉了我们这样的道理:体育绝不单纯是体育,体育是人的精神追求的折射。

说到这里,我想起了第二次世界大战中发生的一个真实的故事。德国侵占了乌克兰之后,乌克兰国家足球队解散了。这些球员在一家工厂做工。为了羞辱他们,占领军要跟这些球员进行一场足球赛。条件是他们只能输,不能赢。否则就对他们不客气。为了祖国的尊严,这群乌克兰的小伙子豁出去了,他们硬是赢了这场比赛。结果由于违反了德国人的赛前条件,比赛结束后,许多球员陆续地被杀害了。1981 年,这个悲惨的故事被改编成电影《胜利大逃亡》,好莱坞影星史泰龙以及球星贝利等领衔主演,再现了那段历史的血雨腥风。

我还想起了去年结束的世界杯足球赛。克罗地亚为什么能获得亚军?他们没有天时,没有地利,但是他们有“人和”。这是由一群出生在战火中、长在艰辛中的小伙子组成的球队,从他们开始踢球的那天起,他们就没想过能拿多少奖金。他们想的就是他们的祖国太需要这样一份荣誉了。

我更想起了我的大学生活。我在大学读的是政史专业。一进学校我就认真研读了《共产党宣言》。我坚定地相信“两个必然”的结论:共产主义必然胜利,资本主义必然灭亡。只不过是我看不到,你也未必能看到罢了。就像冰雪封不住江面一样,人类社会发展的规律是不可改变的。我郑重地向党组织提交了入党申请书,我要成为一名共产党员。我严格要求自己。在品德的培养上,我开始就是普通同学,一年后当上了班级生活委员,但是我想为人民服务不论级别。于是每天我都打水扫地,为同学服务。在学习上,我也十分刻苦,成绩属于我们年级上等水平。特别是体育上,这本来是我的弱项。我身高就一米六。但是我心中有党、有祖国,我要锻炼好身体为党多做工作(当然我锻炼身体还有一些其他想法,前段时间我写过这方面的文章,这里不赘述了)。

我每天都到操场上跑步,有时在零下近二十度的天气里只有我一个人在操场奔跑。放假回家我也不间断。有一年大年初一,外面飘着雪花,我穿着背心、短裤奔跑在马路上。路过一个车站的时候,好几个在候车的人自发地给我鼓掌。就这样,我成了我们学校的长跑运动员。我还打破过我们学校万米纪录。我家穷,学校给我的训练费我一分不舍得花。我想等毕业后我就到新疆、西藏当一名教师,让贫困的孩子走出大山(我的毕业志愿就是这样填写的,因为没有计划名额我就没有去上)。我把我四年积攒下的 200 元钱如数给了我母亲,我希望我弟弟结婚的时候能为父母减轻点负担。

我瘦得全身就剩骨架和肌肉了。最轻的时候 93 斤,最重的时候 103 斤,我在没成家前基本就这样的体重。虽然毕业后开始挣工资了,但是我寒暑假要自费家访,平日里还要为学生花些钱,我的营养仍然不足。但锻炼身体我还是照样不误。记得我们同事给我介绍个女朋友,她对我很满意,我对她的印象也不错。我说还是先问问你母亲什么意见吧。她母亲说"这个小伙这么优秀(我 27 岁就是处级干部了),怎么没有对象呢?是不是身体有病啊?"我说爱是一类人,不是一个人,别让你妈担心,我们不必谈了。

我刚做辅导员的时候,我要求学生们每天都要到操场跑步。我给他们做榜样。我告诉他们,体育代表的是一种向上的、不屈的力量,反映了一个人的追求,一定要把身体锻炼好。

想一想几十年我是怎么坚持下来的?锻炼身体确实是件苦差事,需要有不怕吃苦的精神,需要有坚强的毅力,尤其在身体达到极限的时候,如果心中没有祖国,如果只是为自己,恐怕早就放弃了。

168

为了过年能吃上白面包的肉馅饺子……

不是过年了硬要说过年的话。平时我也是这样想的,不过是要过年了,感触更深一些罢了。

人活着就是要有积极、向上、乐观、奋斗的生活态度。怎样都是一天,何不开开心心的呢?况且你不积极、你不向上、你不乐观、你不奋斗,你会改变什么?你又会拥有什么?

特别是对于像我这样从小生活在贫困家庭的孩子来说更是如此。我庆幸自己,没有被曾经的贫困所吓倒,我欣慰自己,积极、向上、乐观、奋斗成了我人生的主旋律。我从未向困难屈服过,我始终微笑着面对摆在我眼前的一切;我从未对自己的生活环境抱怨过,我还哪有时间消耗在这样毫无意义的事情上。在我童年的心灵里,我就种下了一颗种子:一定让母亲能吃上白面包的、肉馅的饺子。最终我做到了!

按照我们中国人的习惯,过年了,一定要包饺子。记得小时候我特别盼望过年。说是盼望过年,那是眼巴巴地盼着过年吃顿饺子。因为对我们家来说,过年的饺子就是全年中最大的盛宴,是对全家人最高的犒赏。我母亲是“小脚女人”,为了这顿盛宴着实出了不少的力。

我们家住在城郊,离商店有两三里地的距离。我母亲挽着个菜篮子到商店把这顿盛宴需要的原材料购置回家。我就像影子一样跟在母亲的身后,她那蹒跚的身影至今仍深深地印在我的脑海里。饺子好吃,但工序复杂。买回的原材料加工起来很麻烦。我家不宽敞。我母亲在地上转来转去，一会儿忙这个，一会儿忙那个，就这样，忙忙碌碌地包好了饺子。现在每当过年吃饺子的时候我都会想到我的母亲，想到母亲为这个家辛劳的付出。她老人家要是现在还在世该有多好！

真是再好的饺子也吃不出当年的味道了。

我母亲包饺子的时候，我就在旁边帮她把饺子摆到盖帘上。她包一个，我摆一个。我还在心里合计：包了多少个白面饺子，多少个混合面饺子，每人能吃几个白面的饺子。数不过来的时候我就掰手指头。我母亲说："数什么，够你吃的。"我家没有煤气，要烧柴火煮水来煮饺子。我便帮助母亲拉风匣（一种民间鼓风设备）。

说是盛宴，如果按照"星级"标准划分的话，我家过年包的饺子也只能算是最低级的，与家里在其他节日里包的为数不多的几次饺子比起来，就是饺子馅里的肉能多一些，不过仍然是以白菜为主，饺子皮多了些白面（以往包饺子舍不得都用白面粉，总是要掺和些粗粮）。

即便如此，我母亲基本上也是算好了包多少白面粉的饺子，多少混合面的饺子。所谓盛宴，全家人也就个刚好够吃，如果狼吞虎咽、互不谦让的话，这顿盛宴也不会体面地收场。每当吃饺子的时候，我都先把混合面包的、肉少的饺子先吃掉，然后再吃细白面包的、相对肉多一点的饺子，这样好像吃到肚子里的都是细白面包的饺子。

为了让儿女能多吃几个白面包的饺子，我母亲总挑拣混合面、煮破了的饺子吃。我父亲让她吃白面的。我母亲便笑笑说："这挺好吃的。"

我家住在东厢房，正房有个邻居家生活条件好，人家都是用细白面包饺子，饺子馅以肉为主。我问我母亲："人家怎么都是白面饺子呢？"我母亲呵斥我说："小孩儿别多嘴。"大了，我知道了，我家穷，没有人家生活好。说来也怪，从小我就不贪人家吃的东西。我和我父亲到邻居家串门，看人家要吃饭了，我就拽着我父亲的手往家走。

有的邻居嫌我们家穷，和我们说话的时候怪声怪气的。但贫穷没有吓倒我，我还真有点"穷且益坚，不坠青云之志"那股劲儿。我从上学开始，就是班上的好学生，一直受到老师的表扬。我也从不跟家里要东西，不跟同学比吃穿。

我 1976 年中学毕业下乡当了知青。终于可以挣钱了，我拼命地劳动。年底结算工分的时候，我们村子里只有三个人日挣工分 12.5 分，其中就有我一个。我们青年点从1968年建点,最高的人的日出工分才8分。我挣了120元钱。我把它攥在手里,坐火车一路都没有松手。回到家里。对我母亲说:"妈,我挣钱了。"我把钱交到了母亲的手里。

大学是我人生的重大转折,它使我懂得了更多的道理。虽然在班级里我家属于困难的,但是在面对困难我是最坚强的。

我上大学的时候我母亲希望我早点工作贴补家里。我母亲说:"能不能不上大学?。"我说:"妈,您放心,我将来一定会孝敬您。"我心里想:为了让母亲能吃上白面包的肉馅饺子,我一定要上大学。

每天早上我都在操场锻炼身体、锤炼意志。寒冷的冬季,操场上常常只有我一个人在奔跑着。望着宿舍明亮的灯光,想象着床上那温暖的被窝,我想的不是赶紧钻进被窝里,而是那些躺在被窝里的人都不是我的对手。我用知识改变了一切,用奋斗赢得了今天。我们家过年再不用犯愁用什么馅儿包饺子了,各种年货可以算是应有尽有。至于混合面饺子,那已经成了"考古名词"。我母亲已经去世二十多年了,每当给母亲扫墓的时候,我都会在心里默默地给她送上一份饺子,一份纯白面包的肉馅饺子。

也可以说正是为了这份白面包的、肉馅的饺子,我奋斗了一生。

我在大学入了党,成了党的人。我懂得了人民的幸福是我们不懈的追求。我抱定一个理念:每逢佳节倍思贫。我们能吃上饺子了,我们的每一个学生都能吃上饺子吗?我在当学生处长的时候,每年新年都让食堂提供场地、准备原料,组织全校困难学生包饺子。在做高校工委副书记的时候,我去过一些困难的学生家家访,有的孤儿过年真吃不上饺子,他们有的吃方便面过年。后来我多方呼吁,免除了他们的学费、住宿费,在过年回家时还给每人一点过年的钱。现在我正在筹集经费,今年5月4日正式启动,再过年的时候,哪个大学生若是吃不上白面包的肉馅饺子,找我!

大学生朋友们,我们的国家会越来越好。

我刚参加工作的时候,有的同志说:"这一辈子要是能有个六十几平的两室一厅的房子就满足了。"那时有的教授也达不到这样的水平。我说,这个标准太低。现在很多人都住上了百十来平的商品房,这是不是令你们羡慕不已?你们是不是也在感慨这一生要是有一套这样的商品房该有多好!我告诉你们,这没有什么可羡慕的。再有几十年,中国梦实现了,有了纳米技术在建筑上的应用,现在的商品房不又成了"贫民窟"?那时的房子可以防强震，会是全智能的，现在这样的房子你们怎么会看上眼？

明天更美好。这是中国特色社会主义道路必将带来的。只是美好的生活不属于犹豫、彷徨者。要想得到美好的生活，就要积极、向上、乐观地生活；就要有不惧怕困难的勇气；就要有坚持到底的决心和毅力。天上是不可能掉下白面包的、肉馅的饺子的。

169

把知识装进脑袋里

1946年2月15日世界第一台电子计算机问世。这是一次划时代的革命,人类由此无论在思维领域还是在物质领域都发生了深刻的变化。

在谈到科学技术推动人类社会发展中的作用的时候,马克思说过这样的观点:“手推磨产生的是封建主的社会,蒸汽磨产生的是工业资本家的社会。”马克思如果活到了今天,一定会对计算机的出现发表他的真知灼见。

有谁能够想到,美国研制成功的世界上第一台通用电子数字计算机“埃尼阿克”(ENIAC)(由1.8万个电子管组成,是一台又大又笨重的机器,重达30多吨,占地有两三间教室般大),其运算速度只是过了70多年,便由当时的每秒5000次加法运算达到现在最快的名为“Summit”的超级计算机的浮点运算速度每秒20亿亿次。打个比方来说,假如一个人每秒可进行1次运算,那他需要活到63亿年以上,他的计算的总量才能与Summit在1秒钟内的运算量相同。

更令人想象不到的是,随着网络的普及,人类很快进入信息化时代,笔记本电脑、手机成了人们生活的日用品,特别是成了大学生们的必需品。

应当说在信息化时代,电脑、手机的普遍运用,为大学生们的学习带来了极大的便利。

就拿资料的收集和整理来说,许多学习资料的收集、整理在电脑和手机上就可以随时进行。这比我们那个年代的资料收集、整理不知要方便多少倍。记得我在上大学的时候,为了查找学习资料,不知要跑多少趟图书馆、资料室。尤其是放假的时候，一些资料的查找更是无法进行。好不容易查找到的一些资料，整理起来也很麻烦。我们那时收集资料的主要方式就是把查找到的资料摘抄到笔记本上或粘贴在卡片上。

我读大学时摘抄、粘贴的卡片，我经常换着带在身上，阅览、背诵。可想而知，那时的收集资料的方式还是很原始的、慢节奏的，因而收集到的资料也是有限的。我曾经用了一个学期的课外时间，阅读了《悲惨世界》《基督山伯爵》《巴黎圣母院》《飘》《红与黑》等世界名著，我将这些名著中的名言警句摘抄了一本子；我还摘抄过马克思、恩格斯、列宁、斯大林论历史人物、历史事件等著述；摘抄过马克思恩格斯选集，《列宁选集》《毛泽东选集》中的著名篇章；摘抄过成语故事……

这些收集、整理的过程若是现今在电脑或手机上进行的话，恐怕用不了多长的时间就能完成，真不知比我们那个年代要快多少倍。事物都是两方面的。电脑或手机在收集和整理资料方面的优势是传统的那种摘抄的方式无法比拟的，它大大缩短了学习过程，使知识迅速地积累了起来。

现在的电脑、手机都有了过“百 G”的容量；移动硬盘更有“TB”级容量的了，很多学生收集的资料亦是按“百 G”单位计算的。但是这里的一个问题是：这种用电脑、手机，或移动硬盘收集、整理的知识有多少属于自己？

如果善于学习的话还好，有的学生会进行深加工、细加工，尽量地把需要的知识装进脑袋里；如果不善于学习呢？如果把这种资料的收集、整理只是当成了一种兴趣、爱好，不再进行“精耕细做”，那岂不就成了一个“搬运工”？其所做的只是把这些资料从这个“库”里搬运到那个“库”里而已，这对学习又有多大的帮助呢？

传统的资料收集、整理有其量少、缓慢的特点，但是其优势在于摘抄的过程就是加工的过程，再加上那种付出的艰辛，学习者自然会精益求精、学为所用，把收集、整理到的资料更多地装进脑袋里。我在大学读书的时候就有背诵的习惯，把我摘抄的许多名言警句、经典作家的论述、成语典故装进我的脑袋里，这样可以达到学以致用的目的。须知许多知识的运用是容不得你再到“库”里去取的。

要把知识装进脑袋里，而不是装在硬盘里。学习要用手，更要用脑。

现在很多学生丢弃了传统的用脑学习的方法，几乎不用笔了，这不可取。我建议还是随身带个笔记本：一是把平时摘抄下来的有用的知识反复地背诵（背诵法是十分有效的学习方法。我们所反对的是死记硬背，就是“囫囵吞枣”，不求甚解），变成自己的知识；二是把在课堂上、听报告中、行走在路上有感而发的东西及时记录下来，这些是你独有的知识。须知存在决定意识。离开了一定的“场景”，这样的知识恐怕再也不会出现。我现在的很多想法都是日常积累的。千万不要只增加了硬盘的容量，忽略了大脑的容量。

大过年的就讲学习，实在“不合时宜”，希望大学生朋友们理解。我写过一篇文章大学生朋友们可以找来看看。文章的题目是：“你不是‘带薪休假’回去的”。鲁迅讲：“哪里有什么天才，我只不过是把别人喝咖啡的时间拿来工作罢了。”

如果说我有一点出息的话，也不过是把别人用来午休、过年的时间用来工作、学习罢了。我在学校做党委副书记的时候，大年初一团拜结束后，我就到办公室学习了；从上大学到今天，我都没睡过几次午觉。想有点出息，就要占有比别人多的剩余时间，这是一条铁律。

170

日俄战争：中华民族任人宰割的战争

我是大连人。我在读书期间就多次去旅顺参观历史遗迹，接受爱国主义教育，增强自身的民族使命感和责任感。在我留校做辅导员的时候，也组织过学生到旅顺参观、考察，激发学生的爱国热情，教育引导学生为实现中华民族的伟大复兴而刻苦读书。旅顺就是中国近代社会一座“活的”博物馆。

今天是2月8日，大家还喜气洋洋地沉浸在节日的气氛里，我却想起了115年前的今天发生在旅顺的那场日俄战争。这是一场中华民族任人宰割的战争，中华民族让强盗欺负到了家门口，没有了一点颜面。

日俄战争是20世纪初日本和俄国为争夺中国和朝鲜而进行的一场帝国主义战争。它和美西战争（1898年，美国为夺取西班牙属地古巴、波多黎各和菲律宾而发动的战争）、英布战争（1899年10月11日至1902年5月31日，英国同荷兰移民后裔布尔人建立的南非共和国和奥兰治自由邦为争夺南非领土和地下资源而进行的一场战争。又称为南非战争、布尔战争或第二次布尔战争）一起，构成了自由资本主义进入帝国主义阶段的历史标志。

1895年，日本在中日甲午战争中获胜后，强迫清政府签订了丧权辱国的《马关条约》。该条约把中国的辽东半岛割让给了日本。在俄国看来，这使日本在中国捞取了一块偌大的“肥肉”。于是，沙俄联合法国和德国出面干涉。不久，日本又制定了“大陆政策”，企图吞并朝鲜，灭亡中国。1900

年，俄国乘八国联军镇压义和团运动之机，出兵侵占了中国东北全境。日俄间的矛盾日益加深。为了消除俄国对其吞并中国的干扰，1904 年 2 月 8 日夜间，日本不宣而战，偷袭了停泊在旅顺港的俄国舰队，日俄战争由此开始。战争的结果是俄国宣告失败，日本又夺得了对中国辽东半岛以及对朝鲜的实际控制权。

日俄战争使中华民族所遭受的苦难深深地记忆在我的脑海里，也始终警醒着我，一定要加强对大学生的爱国主义教育。

辅导员一定要把教育学生爱国放在工作的首位。教育学生爱国这个"弦"要时刻绷得紧紧的。这是我们的使命所系，这是我们的根本所在。

落后就要挨打，这是血的教训。要想不被欺负，就得培养好青年学生。有一次我到大连理工大学数学科学学院给新生做报告。我谈到大学生要认清"贸易战"的实质，担负起实现中国梦的伟大使命。学生都是爱国的。但是需要我们引领；需要我们常抓不懈；需要我们走在他们的前面。

171

坚持离成功最近

昨天晚上九点，我和我爱人从越南河内经广州中转，平安地回到了大连；我孩子经广州中转回到北京，今天上班了。回到家里我就在想，今天的公众号文章写点什么呢？

七天的越南之行还是令我有不少感受的，包括我昨天早上发的那篇“越南文化中的中华文化元素”，就是我的感受中的一部分。

我在河内的时候还专门考察了在越南排名第一的河内大学。一走进河内大学，映入眼帘的是在身体的右侧坐落着一座算是比较气派的大楼，大楼上有“蔡冠深文化中心”的字样。

百度上对蔡冠深做了这样的介绍：

蔡冠深，祖籍广东中山，香港中华总商会第四十六、四十七、五十届会长以及永远名誉会长。香港新华集团主席、香港新华国际金融集团主席、香港新华汇富金融集团主席及越南 Vina Capital 集团主席。

我今天推送给大家的这篇文章，跟越南之行既可以说有点关系，又可以说没有什么关系。有关系是说就在前天下午，也是我要离开越南前的最后一天，我在一个书店看到了一本介绍尼克·胡哲的杂志。

我想大家对尼克·胡哲并不陌生。他是澳大利亚墨尔本人。出生时便没有四肢，只有左侧臀部下面的位置有一个带着两个脚趾头的小“脚”。在父母的精心关心、教育下，胡哲学会了用身体仅有的“小鸡脚”打字。

八岁时，胡哲的父母把他送入小学。但是因身体残疾，胡哲饱受同学的嘲笑和欺侮。十岁时，他曾试图在家中的浴缸溺死自己。后来他坚强了起来。奋斗！奋斗！奋斗！坚持！坚持！坚持！这成了胡哲人生的主旋律。他成功了！他在澳大利亚布里斯班市的格里菲斯大学毕业。这是一所很不错的大学，我于2015年和我爱人去澳大利亚一个学生家过正月的时候考察过这所大学。

胡哲于2005年出版了DVD《生命更大的目标》，他也收获了美满的爱情。他是著名的演讲家，去过世界上众多大学演讲，也来过我国的大学演讲。我在给学生做报告的时候，也是经常用胡哲奋斗、坚持的故事激励学生们。

在越南的书店见到了这样一本介绍胡哲的杂志，正好与我脑子里一直想写的坚持这个问题相吻合。

说是没有什么关系，那是因为胡哲属于全人类，无论在什么时代、什么社会环境下，胡哲身上所揭示出来的那种坚持的力量对我们每个人都有指导意义。

我的奋斗、坚持与胡哲无法相比，但是通过坚持所得到的那种成功的感觉在某种程度上和胡哲应当是一样的。今天的公众号文章我就来讲讲坚持与成功的问题。

我在越南期间，考察了胡志明市、岘港市和河内市的主要名胜古迹。特别是我还有个考察大学的“癖好”，我每到一地，首先要考察的是所在地的大学。这次越南之行也不例外。我在这三个城市除了考察了当地主要的名胜古迹之外，还考察了九所在越南、在当地较有名气的大学。七天的时间里我照了六千多张照片。我每天早起晚归。我介绍这些都是铺垫，我想说的是我的坚持。坚持什么？坚持每天推送公众号文章！

我在越南过年期间，没有一天停止推送公众号文章。尽管晚上回到酒店已经很晚了，我也很累。但是我要做的第一件事就是写公众号的文章，并在第二天把文章推送给大家。有三个晚上都是写到夜里快一点了。有的朋友给我拜年的时候也是说看我每天都推送原创文章，太辛苦了，要注意休息。我也问我自己：能行吗？我心里很清楚，只要略微有点动摇，就会停止下来。我坚持了，没有放弃，我又渡过了一个关口，我成功了！

几天好坚持，若是几年呢？

2013年我做辅导员的时候，我告诉学生们，我会每天给他们发微信。

从那时开始，每个学生过生日我都给他们送上少则几百字，多则上千字的生日祝福；社会上、校园里发生了较大的事情，我都会把我的看法及时地通过微信群告诉他们；我还把历史上出现的重要人物和发生的重大事件加以评价发给学生们。那几年，每天给学生发一两千字的微信是常态，最多的时候一天发过五六千字。我老眼昏花地在手机上一个字一个字地写着。这能行吗？我坚持了，我成功了。

学生毕业后，我开通了公众号。起初是每天推送一篇公众号文章，后来考虑后台负责推送的人忙不过来，便改为除节假日外每天推送一篇原创文章。到目前我已经坚持了一年半多了，写了 736 篇原创文章，累计字数 150 万字。2018 年我公众号上的全年文章阅读量累计 1098070 次。

有的朋友说，别说写了，读起来都需要时间。我为什么能做到？我坚持了，我成功了！

现在为筹集资金建立励志基金。这又增添了一份激励，更坚定了我的坚持。没有问题，请大家相信，我会坚持下去，我会取得成功！

学生工作的确“麻烦”事多，很多同志都是想尽法子离开学生工作。我有好多机会可以离开学生工作，但是我不离不弃。事，总是需要人来做。只要有意义、有价值就值得做。对的事就要把它坚持做到底。真是三十七年过去，“弹指一挥间”。

我坚持了，我成功了。我现在是全国时代楷模、全国教学名师，靠的就是学生工作、辅导员工作，说到底，靠的就是坚持！有的同志问我：几十年你是怎么坚持下来的？大道理就不讲了，我内心不变的信念是：昨天能够过去，今天也能过去，明天照样能够过去。把一生当成一天过！再难又能难到哪？

和辅导员们交流的时候，总有辅导员问我：“我是不是还要在辅导员岗位上做下去？”这里有的已经在辅导员岗位上工作了近二十年。我不禁要问，都工作这么长时间了还要离开？如果你以前做得很好的话，你就坚持下去，不然割舍了多“可惜”？如果你以前做得不是很好的话，那更要坚持下去。要利用今后这段不算很长的时间塑造自己新的形象，成为一名让学生记在心上的辅导员。这就够了。不然，你转又能转到哪去？请你告诉我，什么工作能天然地带给你别人对你的尊重？

坚持！坚持离成功最近。一切都在坚持之中。

172

怎么现在就能认输呢?

昨天我在公众号上推送了“把说的时间‘让给’做吧”一文。有位同学在我的公众号留言说:“曲老师,感觉您把辅导员的工作做到了极致。我是一个‘三天打鱼两天晒网’的学生,空有一腔热血,却输在了行动上。感谢您的文章!”

看了这位同学的留言,我有点替他着急,就给他写了这封公开信。

同学你好!

谢谢你对我的点赞!昨天我还说了,如果我写的文章哪怕能对几个人产生影响,也算我没有白忙活,也是值得的。你的留言又一次为我提供了把公众号文章写下去的动力。

我六十多岁了,真是到了“无欲则刚”的年龄。我在1988年结婚的时候,大连有个书法家要送我一副字,我就让他写了林则徐的“壁立千仞,无欲则刚”送给我。现在我对这八个字的理解更深刻了。人,一定要活得有骨气,有尊严,有价值。而骨气、尊严、价值这样的东西属于精神世界的范畴,是无法从物质世界里得到的。因此,人生就不能把追求建立在物质的富有上。真正幸福的人,一定是有骨气、有尊严、有价值的人,这就应当是给予别人帮助的人,而不是为了自己的私欲“夜不能寐”的人。从省里回到学校做辅导员的时候我就跟我的学生们讲:”我没有什么所求了。来到你们身边就是帮助你们实现人生的幸福;希望你们能够为祖国做些有意义的事情,对得起自己这一生。如果为了我自己,我这把年纪了完全可以‘逍遥自在'地度过晚年,哪里还有必要这么忙活?"现在我带的那届学生毕业了。我之所以要写公众号文章,从某个角度来说,就是为了能给像你这样认同我的人以帮助。

你应当是一个比较诚实的孩子。你说你"是一个'三天打鱼两天晒网'的学生,空有一腔热血,却输在了行动上。"从这句话能够看出你尽管有追求,但不是很勤奋。难能可贵的是你能认识到自己的不足,这很重要。上个月我写过一篇公众号文章"你的失败就是不虚心造成的",说的是有些人,明明身上有许多缺点,却没有勇气承认。整天咋咋呼呼的,结果一事无成。认识到不足就等于改掉了一半不足。只要你真正重视起来,改掉剩下的那一半不足,成功不就指日可待了吗?你说你现在"输在了行动上"这个我还不是很认同。你这样小小的年龄谈什么"输"呢?

你看过1977年恢复高考的试题吗?你来看看当年的英语试题:那时全国统一试卷,就是说考北大、清华考的也是这张卷。今天要是考这样水平的试卷的话,又有谁考不上北大、清华呢?特别是,那时的考生年龄也都很大了。他们都不是应届学生,也就是说与你们相比,虽然他们的年龄比你们大许多,可是他们的知识水平比你们却差许多。

但是,就是这代人,参与了迄今为止中国改革开放的全过程,他们中的许多人走上了党和国家的领导岗位,他们许多人站到了科学的制高点,他们在祖国的各条战线上贡献着他们的智慧和才干。他们为什么能做到这些?某种角度可以说,他们不就是不认输吗?不就年龄大些吗?不就是知识少些吗?只要不认输,损失的时间可以抢回来,丢掉的知识可以补回来。打倒你的只能是你自己。你这么年轻千万别把"输"字挂在嘴边。用为祖国、为父母、为他人,乃至为后代,来替换掉"输了"这个对你人生只能增添"负向力"的词。

你知道吗?在你这样年龄的时候,我还是名知青呢!那时我正在农村这个广阔的天地"战天斗地"。待我上了大学的时候,我惜时如金,争分夺秒,如饥似渴地学习,甚至可以说豁出命地学习。从上大学到今天四十年的岁月里,我没睡过几次午觉;现在坐火车、乘飞机的时候也是舍不得休息。如果说我也算一名略有点名气的学者的话,靠的是什么?

我有天分吗?没有!我有优越的家庭教育环境吗?没有!我有毕业于名字"响亮"的大学吗?没有!我唯一能够拿出手的恐怕就是不服输的

精神，别人能做到的我努力地做到，别人做不到的我也努力地做到。或许你现在由于你的耽搁确实被别人落下了一段距离，这不可怕。人生是场长跑比赛，跑向终点的人未必是起跑在前的人。只要不认输，始终坚持不懈，勇于追赶跑在你前面的人，那你就有了三种可能性：一是缩短了与跑在你前面的人的距离，二是与跑在你前面的人一起到达终点，三是超越了跑在你前面的人，率先冲向终点。

人生不能重来。这是一场多么富有挑战性的比赛！遗憾的是我连“报名”的资格都没有了。而你不仅有报名的资格，而且你已经开始了比赛。不能再犹豫了。记住谁也不可能停下来等你。年轻人，让我来告诉你，人老了的时候最后悔的是什么？最后悔的就是年轻时没有奋斗！这是有统计的。奋斗是什么？奋斗就是不服输，就是希望成为最先跑到终点的人！

你能做到！我希望你能做到！我相信你能做到！虽然恐怕我看不到！

夜深了，现在是1点15分，就写到这吧。你应当已经进入了梦乡。但是你不可能知道，我是患了感冒，一把鼻涕一把泪地给你写了这封信。

祝一切都好！

173

不要把考研看得太重

昨天我在公众号上推送了写给一位同学的公开信。我谈到“怎么现在就能认输呢?”昨天又正好是2019级硕士研究生查分的第一天。这篇文章对一些考得不理想的考生起了安慰的作用。

有位考生说:“曲老师,您好!今天是查询考研成绩的时候,我英语成绩很不理想,考上无望了。心情非常的低落。看到你的文章受到鼓舞。唯有不服输,我相信我也可以走出自己的天地。”

还有位考生说:“谢谢曲老师的这篇文章,带给我很大的动力。这段时间有点松懈,看到这篇文章又给自己鼓劲儿了!希望通过自己的努力,今年能收到心仪学校的录取通知书!祝曲老师新春快乐,身体健康!”

考试就是这样,总是“几家欢乐,几家愁。”考上了自然沾沾自喜。考不上呢?则愁眉苦脸。其实这都大可不必。

现在一些学生的考研很盲目。为什么要考研?这个一踏上考研征途就应当很清晰的问题,有的学生即便考上了、读上了研究生,也没有搞清楚。

我是主张能考研的还是考研为好。在今天这样的大数据时代,从某种意义上说,学历也是驾驭知识能力的一种体现。能更多地占有知识为什么要放弃这样的机会呢?

我带的学生问我的时候我都鼓励他们考研。特别是有的女学生本来能考上研究生,担心将来成为“剩女”,想放弃考研。“剩女”是学历造成的吗?“剩女”说明你更优秀了,能配上你的人更少了。这种情况下孰重孰轻呢？当然我更关注的不是一定要考研，我告诉他们的是一定要想清楚学了那么多的知识将来要干什么用？知识是力量，这是一个常识。可是我们往往就是在常识上犯了错。我多次谈到，“知识”是统一体，一定要“识”之所“知”。不“识”之所“知”，“知”之再多又有什么用呢？甚至会适得其反。因为知识是不可能天然地成为力量。这里取决于掌握知识的人想怎样使用知识。大家还记得前两年被判处死刑的林森浩（复旦投毒案凶手）吧？他是在国内排名前几名的大学学医学的，是硕士研究生，本应前程似锦，可是却到了九泉之下。问题出在哪儿？

林森浩做了注解。他在法庭上的最后陈述中说：“当我还在自由世界里的时候，我在思想上是无家可归的。没有价值观，没有原则，无所坚守，无所拒绝……要成为一个什么样的人，对我而言，是很不清晰的。”

看看不“识”之所“知”会有多可怕！还有这两天网上在热炒的某博士自杀事件，以及此前不绝于耳的哪个学校又有一个研究生自杀了……他们都实现了考研的愿望，但是他们又都没有从根本上解决为什么考研的问题。不知道为什么要得到的“东西”，怎么能嚼出它的“味道”？真可谓“塞翁得马，焉知非祸”也。

没考上研究生也没有什么了不起。我大学毕业的时候想去边远落后地区支边，就没有考研的打算。

我说过我是个理想主义者。我想我若是到了那里，当一名教师，把那些大字不识一个的孩子培养得很有文化，我会不会被联合国教科文组织发现呢？我今天会不会是一个文化使者，应邀到世界各地讲学呢？当然在鸡蛋没有站立起来之前谁也不会相信鸡蛋能站立起来。我的这些想法同样会被看成“幼稚”“可笑”“痴人说梦”。如果有来生的话，我还是想做这件事。即便不能让鸡蛋站起来，我也不会让鸡蛋“囫囵”地放在那里。“改变”就是我的品格、我的追求！

大学毕业后我留校工作了，我的同学有的考上了研究生。像下围棋一样他们占了“先手”。这些我毫不在意。我知道的是即便占有了先手也未必一定能赢下这盘棋。我的身边晃动的研究生身影越来越多了。他们趾高气扬，一副势在必得的样子。因为“先天”的不足，我更加发奋图强。我相信人生跑到终点的人一定是在品德线上不输的人，成功的人一定是占有比别人更多剩余时间的人。我坚持，我惜时如金，我努力工作、刻苦地读书。我知道,没有哪个书店只允许研究生进入的,没有哪一本书是只允许研究生借阅的。笔在我的手里,思想在我的脑海里,没有一本杂志只给研究生发表文章,没有一个出版社只给研究生出版书刊……

我评教授的时候,很多硕士毕业的教师都排在我的后面,虽然他们的学历比我高,但是我的科研成果比他们多。我是 1998 年评上教授的,2000 年我读了在职博士。时间节点上职称在前,学历在后,就是说我的博士学位对我评职称根本没有用。我为什么读了博士?一是工作的需要;二是给孩子做榜样(那时我孩子刚上初中,我要告诉他我本是可以每天"歌舞升平"的,但是我除了工作就是学习);三是多少有点"虚荣"(那时很多大老板都"混"了个博士,我差哪儿呢)。当然今天的环境与那时有了很大的不同。无须我赘述,大家都懂得。但是我想说的是,一些基本的规律和认识是永久的:如学历和能力绝不是等值的关系,学历是为能力服务的,从根本上说,能力重于学历。当然,一切还可以从头再来!昨天我不是说了吗?"怎么现在就能认输呢?"你真想成为一名研究生吗?那有什么难的?今年没考上,明年再考;明年没考上,后年再考——年轻就是资本!"外卖小哥"为什么能在"诗词大会"上击败北大的硕士?不就是他不服输,不就是他坚持不懈吗?

我并不赞同每个学生都要考研。不是那块"读书的料",就另做打算,没有必要非要读下去。争下了"这口气"又能怎样?人和人之间的确存在着差别。有的人属于学习型的,能考研就考研;有的人确实属于能力型的,做好实际工作也没有什么不好。为什么要因材施教?为什么要量体裁衣?恐怕道理就在这里。

174

此乃“成也萧何，败也萧何”也

翟天临，此前便可誉为家喻户晓的名字，只因我是“影盲”，却并不知道这个名字。我知道翟天临这个名字自然是在翟天临学位造假被网上吵得铺天盖地之后。

对翟天临，我原本不想说些什么。我写的公众号文章的主线，就是教育是什么，教育应当给予学生什么？我不厌其烦地，甚至声嘶力竭地呐喊高校要建设好辅导员队伍、上好思想政治理论课、加强思想政治工作，重视学生人文精神的培养，就是希望我们从事教育的同志，千万别只注重了就业率，忽视了择业观，不然就必然会发生类似翟天临这样的事情。翟天临只不过是为我担忧的、不希望出现的一种教育结果又增加了一个佐证而已。

事情到了尾声，我为什么又想说点什么了呢？昨天早上看手机新闻的时候，我看到了这条报道：翟天临被撤销博士学位，他的导师也被取消了博士研究生导师的资格。

看到翟天临站在表演学院门口的照片，我还是有些感慨的。

一个多么帅气的小伙子，又有着那么好的演技，通向未来的路是多么美好！多么辉煌灿烂！今天我们知道了，其实翟天临的毁掉只是早晚的事，因为在他离开学校的时候，已经带上了毁掉的种子，真是替他惋惜。

我想到了我到北京电影学院考察时拍的一张照片，这张照片照了好多年了。那天因为还考察了其他两所大学，走了很多的路，待我到北影的时候,已经感觉挺疲惫的了。可是一进北影的大门,我顿时精神了起来。一幅醒目的标语横贯在我的眼前:梦,开始的地方。我去了无数的大学,收集了无数的标语,像这样主题鲜明的标语实不多见。大学,梦开始的地方。多么令人渴望!令人神往!大学,学子们应当感谢的地方。大学就是梦开始的地方,她帮助了多少有梦想的人实现了梦想!

可是,大学又真的是使每一个有梦想的人开始实现梦想的地方吗?这是我的"职业病",是我的疑虑、我的担忧。我认为并不都是这样。恐怕一些人的梦想就毁灭在大学里。因为我们有的大学的教育还没有给予学生真正应该给予的东西。如今这幅标语自然在北影早已荡然无存了,估计学校也没留下什么照片。可是,我自己照的这张照片却深深地印在我的脑海里,无时不闪现在我的"大学　大学生　人生"报告的课件里。

现在每年新生入学后,都有些高校邀请我到他们的学校给新生做报告。我报告的题目就是:"大学　大学生　人生"。每当做报告的时候,我都会把我在北影照的那张"梦,开始的地方"的照片放在课件里。我要同学生们交流我对这张照片所蕴含的大学文化的理解。我要告诉学生们:大学或许是梦开始的地方,也可能是梦毁灭的地方,这关键看你从大学带走了什么。

这两天使我知道了翟天临这个人,也知道了翟天临的演技很不错。这与翟天临个人的努力是分不开的。当然翟天临应当感谢母校对他的培养,没有母校的培养,他也不可能有这样高超的演技。此可称之为"成也萧何"。

不过翟天临今天"毁灭"到了这个地步,难道学校能逃脱干系吗?显然不能,不然为什么要取消翟天临博士导师的博士研究生导师资格呢?

因此,从这个角度看,翟天临的毁灭自然要由翟天临自己来承担,但是学校的疏于教育管理,又怎能不使翟天临欲望膨胀、虚荣心大发呢?翟天临一定想过:博士就这样"轻松"地拿下了,那博士后又有什么两样?此又可称之为"败也萧何"。

教育到底应当给学生什么?这些年我们的教育不同程度地存在着市场化、商业化的气息。在一些同志那里,他们沾沾自喜、引以为傲的是教育的"GDP":学校又上了多少个重点学科;又新增了多少个专业;又获批了多少国家级项目(课题);又新建了多少重点实验室;又在什么样级别的刊物上发了多少篇文章;又新增了多少博士授权点;又新增招了多少博士;又毕业了多少博士……

前些天我在公众号上推送了一篇文章:教育要为学生的一生负责。文中谈到,我并不反对为学生的技能培养创造条件,但是我认为不能把此当成教育的全部。教育更为重要的是要让掌握技能的人懂得自己所掌握的技能应当怎样使用、为谁使用。这后者比前者要重要得多。翟天临年轻,还有资本,他所毁掉的只是他的昨天,那明天怎样?如果翟天临真的能做到像他在致歉信里所说的那样,翟天临还会站起来的。这也是我们大家所希望看到的。年轻人嘛,"病"来得快,去得也快。

但是我们的教育,可千万不能一再地冒险了,我们不能让学生的梦想毁在我们的校园里,毁在他们实现梦想的路途上。那我们应当怎么办呢?很简单,把立德树人作为教育的根本任务,作为我们衡量教育办得好坏的根本标准。

175

增强教育信心

半年前我在公众号上推送过我写的一篇文章:我怎么就没觉得现在的青年不行啦?我的主要观点就是要相信我们的青年,相信教育的力量。

客观上青年的身上是存在着一些缺点,但这不是主流。我们应当相信的是,青年总是积极向上的。他们身上所存在的诸多不足,恰恰是因为他们年轻造成的;这也恰恰告诉我们,一定要增强教育信心,加强对青年的引导。

我的教育实践一再证明这一点:学生都是好学生,只要我们多关心和帮助他们,及时地为他们解疑释惑,学生就会跟着我们走。

176

未经反思的生活是不值得过的

“未经反思的生活是不值得过的。”这是苏格拉底说过的一句名言。虽历经两千多年,真理的光芒仍具有极强的穿透力。

有一次我和一个学生在网上交流,他说他想当干部。我问他为什么要当干部?他说他要为同学服务。我说不当干部就不能为同学服务了吗?

我告诉他我在大学一年级的时候就不是干部。当时我们班 26 人,挑选了 13 人当干部都没有我。为什么?想当干部的同学争先恐后、慷慨激昂地发言,纷纷表示要为同学服务。等我说的时候我说我表个态吧,凡是大家争着抢着为同学打水扫地的时候我就不跟大家争了,大家若是没人打水扫地的时候我打扫。因为我“落后”的原因,就这样我在一年级的时候没有当上干部。当时我就想不当干部就不能为同学服务了吗?虽然我在一年级时不是干部,但是我们班的教室我扫的最多,为同学打水的次数也是我最多。我还经常一个人把我们年级联合使用的阶梯教室打扫干净,为上课的老师准备一壶水。由于我的表现优秀,第二年我们班在其他班级的“压力”下实行了改选,我选上了干部。我跟辅导员和班长说,我别的干不了,让我当生活委员吧。就这样,我给同学们打了四年水、扫了四年地。我跟这个学生说,做事一定要深思熟虑,要知道自己到底应当要什么,怎样才能得到自己想要的东西。这个学生说他想将来当公务员,有干部经历应聘的时候可以得到“先手”。

我想起了蔡元培先生在做北京大学校长时跟学生们说过的话。他告诉学生们大学不是给抱有个人目的的人来使用的。学商科者,非为致富;学法科者,非为做官。蔡元培先生的思想很明确,读大学不能只想自己怎么样,要有为民族担当的精神。若是只想自己将来怎样,那就失去了读大学的意义,那样早晚是要出事的。现在很多学生愿意当学生干部,而且愿意当"大干部",像班级委员这样的职位还嫌小呢;还有些学生就像上面那个学生想的那样,当学生干部只是他的初级阶段,为的是将来进到公务员队伍,有更大的权力,个人能得到更多的利益。这是不可取的,这样的生活就应当算未经反思的生活。

我带的学生也有要当公务员的。我跟他们讲:千万别忘了公务员姓"公",如果你把公权私用,那结果会怎样呢?一时或许会捞取些好处,但这能长久吗?这样的人能睡得安稳吗?最幸福的人不是睡觉最安稳的人吗?

陈毅元帅曾经讲过:手莫伸,伸手必被捉,党和人民在监督,众目睽睽难逃脱。我常想起有些曾经不可一世的高官,他们今天走进了监狱。为什么有了这样的结局?追溯一下他们的思想根源,难道与他们在读大学的时候一心想当大干部没有关系吗?与他们想当公务员却忘了公务员姓"公"没有关系吗?说到底这样的生活也是未经反思的生活。

我在留校做辅导员的时候,是经过认真思考的。我们系主任对我很好,私下里劝我早点上专业课,别上思政课,也不要当辅导员了。我没觉得辅导员有什么不好,上思政课有什么不对。在大学里让学生带走正确的价值观是最重要的,在大学里育人是最难的学问。而辅导员、思政课不正是干这个的吗?从事思想政治教育表面看起来没有大学问,也不会像有的学科那样能挣到大钱,但是人的幸福是金钱和权力能够带来的吗?我常想,有了学生就有了幸福,有了学生就有了一切。我六十多岁了,越发觉得名利都是身外之物,只要学生不忘你,就说明你的人生是有价值的、有意义的。

现在不仅有些学生对自己的生活未经深刻的反思,有些辅导员也是没有很好地反思自己的生活,工作缺乏热情。

辅导员怎么啦?在大学里最能体现育人情怀的职务当属辅导员,最能体现人生价值的也应当属辅导员。辅导员工作功在当代,利在千秋。越是年龄大了,品尝起辅导员这杯"茶"越有味道。当春节、父亲节、过生日、教师节,收到学生满满的祝福的时候,真是觉得辅导员就是天底下最幸福的职业。

177

只有工作干得好不好，没有工作好不好

时常会有大学生问我干什么工作好？眼下正是一些应届大学毕业生找工作的时候，这类问题又多了起来。

怎样说呢？若是让我来回答这个问题，我还真是觉得工作本身没有什么好坏之分，若是有区别的话只能是你对待工作的态度怎样。无论什么工作，干好了就好；再好的工作不好好干，也一事无成。

现今的大学生往往把挣钱多少、将来有什么发展看得太重。这里的发展还常常是自己能有多大的权力。很多事例告诉我们，年轻轻时就把权力看得那么重，就赚钱想得那么重，这样的人怎么能睡得安稳呢？睡觉不安稳又怎么能生活幸福呢？

我以为，选择职业还是应当像马克思说的那样，要增进人类的幸福和我们自身的完美。想开了，还真是这么回事，无论什么职业，只要有价值、有意义，把它干好就是了。

到底是公务员好，还是教师好；到底是干个体的好，还是在体制内的好；到底是干公安好，还是干消防好；到底是干医生好，还是当演员好……其中的甘苦谁能说清楚？

我在刚留校做辅导员的时候，熟悉我的人没有几人同意我做辅导员的，他们都希望我转到其他教学岗位；还有的想让我到市委机关工作，我都谢绝了。我没觉得当辅导员有什么不好，把学生培养好多有价值。

我在省厅工作的时候，我负责全省的大学生思想政治教育工作，是个

厅级干部。那时我有专车。有的人会觉得这多好,来来往往会很风光。可是我并没觉得专车有什么好。尤其党的十八大前,没有“八项规定”,到学校开会、调研的时候,校园里常常要造声势,例如:热烈欢迎××领导到学校检查指导工作。你们知道吗?我的心里可不好受呢。我就不希望让师生把我看成高高在上的官员,我打心眼儿里希望大家把我看成亲民的官员。有一次我到一所高校调研,这个学校的思政课教师全年也没有一分专项经费。结果晚上学校全体班子成员要陪我到本地刚营业的一个高档酒店吃饭。我实在是着急了,我说这绝对不行。这样的话老师们会怎样看我?我不愿要这样的形象。我让学校把晚上吃饭的钱拨付给思想政治理论课教学部,我觉得这也算我调研后解决了一点实际问题。后来我还过问了这件事,学校按照我的意见拨给了思想政治理论课教学部一些专项经费。

看看那些现在在监狱里的曾经的官员,他们曾有着多么令人羡慕的职业,可是他们做了什么成了人民罪人?

就是没法对他们进行调研,但这些人当年选择工作的时候恐怕想的就是钱和权的事。这都一再警醒大学生朋友们,你们无论干什么工作,一定要把它干好,想自己的利益太重,弄不好就出事了。我在从省厅领导职位回到学校做辅导员、上思想政治理论课后,有一次坐出租车,司机听说我是教授,他先是夸了我几句,然后话锋一转,他说:“你也没有我们好。我们愿意拉谁就拉谁,愿意喝茶就喝茶,愿意打牌就打牌。你知道吗?秦始皇建阿房宫与老农建茅房的欢乐是一样的。”你们看,这样的心态才会乐观地对待自己的工作。

想想我带的学生,有的已经工作了几十年,有的才工作了几年。几十年也好,几年也罢,有些学生刚一参加工作的时候对自己的工作并不满意,好在他们没有因此懈怠下去,而是积极地调整心态。他们对自己的工作也都有了满足感,有的还庆幸自己当初没有放弃自己的工作。

亲爱的大学生朋友们,你们的优势是勇于创新,敢闯敢干,但是你们一定要看到你们自身的一个不足,这就是容易好高骛远,急于求成,不能脚踏实地。希望你们无论选择了什么样的工作,一定要扎扎实实地做、一点一点地做。没有人会随随便便成功。大量的事实说明,成功等于不懈地奋斗加上不断地坚持。

178

关键是你想成为一个什么样的人

有的学生说他毕业后不打算从政，原因是仕途有诱惑，人容易掉下去。这未免有些绝对。这里过于强调了客观环境，忽视了主观因素。今天是包拯的生日，我想起了包拯的从政生涯。

包拯生于历史上的北宋时期，小时候包拯的家境就很好，是富贵人家的独生子，从小备受宠爱，受到了极好的儒家教育。包拯也是少年有志，28岁时便中了进士甲科。按照现在的官职说法，他被任命为一县之长。但包拯婉拒了这个职位，原因很简单，包拯生活的年代，也是一个提倡“父母在，不远游”的年代，包拯想一心在家陪伴父母。后来，在乡亲邻里苦心鼓励劝说下，包拯离开了家，正式踏上了仕途。

包拯以“包青天”的美名誉满天下，他刚正不阿，清正廉明，不畏权贵。在那个封建专权的时代，他做了许多在别人看来想都不敢想的事。六次弹劾“国丈”，硬生生把仁宗宠妃的堂伯父张尧佐给“弹”下马来；他七次弹劾酷吏王逵；四次弹劾皇亲郭承祐，让仁宗下不来台……

前年我到开封，专门考察了包拯祠。面对这位伟大的历史人物，我不禁肃然起敬。我在想，你是一个什么样的人，关键在于你想成为一个什么样的人。任何时代都会有无耻之辈，也会有仗义行侠之客。

抗日战争时期，日本帝国主义要炸平浙江大学，学校被迫迁移。途中学生们围着竺可桢校长问了一个问题：“我们怎样才算读完了大学?”老校长语重心长地说：“乱世道德堕落，历史上均是，但大学犹如海上灯塔，吾人不能于此时降落道德准则，切记：异日逢有作弊机会是否能‘磨而不磷、涅而不缁’，此乃现代教育试金石也。”老校长这里强调的就是人的主观意识，不要总是抱怨客观环境。

常在河边走，就是不湿鞋。这样的党员干部大有人在。这里的关键是他们不被环境所左右，而是在改造自己的主观世界上下功夫。所以，从政没有什么可怕的，可怕的是有的人确实抵挡不住客观环境中的一些诱惑，没有成为客观环境的主宰者却成了客观环境的奴隶。

179

一定要有坚定的政治信仰

在大学生中发展党员，具有战略意义，这关系党的事业后继有人的问题。因此，必须把在大学生中发展党员这项工作做好。

大学生党员一定要有坚定的政治信仰，要从思想上解决入党的问题。入党不在早晚，如果不从思想上入党，即便在组织上入了党也没有意义，甚至会给党的事业带来损害。

大学生朋友们知道陈公博这个人吗？

陈公博(1892—1946)，广东南海人，抗日战争结束后，陈公博曾潜逃日本，后被解回，于1946年6月3日以大汉奸的罪名被处决。陈公博早年还是做过一些好事的。他早期受到过康有为、梁启超思想的影响。从广州法政专门学校毕业后，他又考入北京大学哲学系。这时的北大，正好是蔡元培先生做校长，包容的思想文化使北大名师汇集，陈公博吸收了一些先进的思想文化。陈公博毕业后，在广东主编过《群报》，宣传过马克思主义，为中共广州支部的创立做了思想上的准备。1921年7月23日，中国共产党第一次代表大会在上海举行，陈公博作为广州支部的代表出席了会议。

遗憾的是陈公博没有在革命的道路上继续走下去。一大之后，陈公博便叛离了党的领导，并且声明与中共中央决裂，不再履行党的义务。抗战爆发后，他成为继汪精卫之后的二号汉奸，最终落得个遗臭万年的下场。

支撑一个人勇往直前的动力是什么？是信仰。信仰改变了，人生的路必然改变。现在一些大学生纷纷要求入党，这是好事，但必须解决信仰问题。信仰问题解决了,入党的人才能无愧于“党员”这个光荣称号。

我带的年级里有名学生党员,在刚来学校时发给我的微信中说“我气馁了。”我引导她怎样看待党的领导、怎样坚定政治信仰,做一名响当当的共产党员。毕业时,她的思想发生了很大的变化。她说:“将来要不图名、不图利,为任一方,造福一方,对得起党员这个称号。”有的学生没有被发展入党,便“哭鼻子”。哭什么呢?越哭越说明思想上不成熟。

有的学生入党是为了面子,看到别的同学入党了,自己也要入党,没有把入党当成自己坚定的政治信仰。有的学生入党是为了择业时加分。有这样的入党动机的人即便加入党的组织,又怎么能够为共产主义事业奋斗终生呢?这样的党员在大是大非面前自然坚守不了立场。

入党千万急不得。要更多地培养自己、磨炼自己。从一定意义上讲,晚入党对自己未必是坏事,这样可以使你的思想更加成熟。须知党组织使用干部从来不是按照入党的先后来的,不是有无数党员的发展都比他们的入党介绍人的发展要好吗?

180

做事莫忘“认真”二字

毛泽东同志曾经说过，世界上怕就怕“认真”二字，共产党就最讲认真。这是告诉我们，做事不可马马虎虎，麻痹大意必然出错。前天是皇家游轮“泰坦尼克号”在北大西洋撞上冰山的纪念日，我又想起了“认真”二字。

巨轮“泰坦尼克号”可谓家喻户晓，这艘巨大的钢铁构造物，1912 年 4 月 15 日，在其首航中，便因误撞冰山而沉没。结果船上所载的 2340 人中，有 1595 人丧生。当时“泰坦尼克号”号称是永不沉没的游轮，它的沉没所引起的震惊绝不亚于今天的“9·11”事件。

电影《泰坦尼克号》回顾了这一惨烈的历史瞬间，在生与死面前，人类演绎了人性的高尚和卑劣：杰克把生存的机会留给了爱人萝丝；老船长与轮船同归于尽；船上的乐队演出到生命最后一刻。当然这还不是我要说的，这里我想跟大学生朋友们说的还是“认真”二字。

大学生朋友们知道吗？

当时“泰坦尼克号”上唯一的一副望远镜被二副锁在了柜子里，而二副却没在船上，水手只能用肉眼瞭望；轮船发出求救信号时，离该船最近的船只“加利福尼亚”号却因电报员关闭了电报机而未能及时收到求救电报；轮船的救生艇设计得很结实，可以搭载 1178 人，因船员不了解，只上去了 651 人……

如果当时用望远镜瞭望而不是用肉眼瞭望的话，冰山就一定会在远处就被发现，如果真是这样，那么这场灾难还会不会发生？如果“加利福尼亚号”上的电报员及时地收到求救电报，那么会不会在第一时间对“泰坦尼克号”的落水人员施救？如果“泰坦尼克号”上的船员对救生艇的设计十分地了解，是不是可以将更多的遇险者解救上岸？也就是说如果这一切都正常的话，恐怕灾难就不会发生，即便发生了，损失也会降低到最小的程度。

再看看我们的身边，有多少事故的发生都是由于我们的不认真造成的。

前些天在盐城地区发生的化工厂爆炸事故，说到底也是一个做事不认真的问题。同样是发生在前段时间的由重庆飞往拉萨的3U8633航班，在四川空域内飞行途中时，驾驶舱右侧玻璃突然破裂，驾驶舱瞬间失压，气温降低到零下四十摄氏度……在意外发生后，万米高空中，机组副驾驶徐瑞辰半个身子被吸了出去，大量机载自动化设备失灵，机组向地面控制台发出了“7700”信号（表示遇到紧急状况），紧急求助。危急关头，3U8633航班机长刘传健，在自动化设备失灵情况下，依靠二十年飞行经验，手动操纵，成功让飞机备降在了成都双流机场，挽救了119位乘客和9名机组人员的生命安全。整个迫降过程前后仅仅20分钟。一位民航业界专家闻讯，称赞川航本次迫降是“一个奇迹”。机长刘传健为什么能在那么短的时间内排除了险情，一个十分重要的原因是他练就了过硬的本领，而这本领的获得应当感谢平日里一丝不苟、严肃认真的工作态度。

这就提醒大学生朋友们从现在开始一定养成做事认真的态度。不要什么事情都不在乎。有一次有个学生给我写份材料。没有多少字，结果一会儿用“您”，一会儿用“你”的，一看就不认真。我给他发微信提醒他一定认真做事，告诉他很多大错都是由小错引起的，做事越认真的人越不会犯错。这个学生后来做事就非常认真。

大学生是未来社会的生力军，只有现在就养成做事认真的态度，将来才能保持严谨的工作作风，才不会犯错。不是说细节决定成败吗？道理就在这里。

181

握紧爱国的接力棒

大学生们还记得今天是什么日子吗？125 年前的今天，清政府被迫与日本签订了《马关条约》。

1894 年，在美英帝国主义的支持下，日本发动了侵略中国的甲午战争。由于清政府的腐败，甲午海战以中方大败而结束。

1895 年 4 月 17 日，李鸿章代表清政府签订了《马关条约》。该条约允许朝鲜完全“自主”，实际上是承认日本对朝鲜的控制。《马关条约》割让辽东半岛、台湾地区、澎湖列岛等地；赔款白银 2 亿两；允许日本资本家在中国通商口岸设立各种工厂；开放沙市、重庆、苏州、杭州为通商口岸。

《马关条约》的签订，使中国社会一步步地走向了殖民地、半殖民地的深渊。

近代中国社会受到的欺负在世界史上是罕见的。中国的大量金银财宝被掠夺到国外。至今在国外许多著名的国家和大学的博物馆里，都陈列着来自我们中国的价值连城的珍贵文物。这些文物怎么到了这里？有一次我在英国牛津大学考察，我故意问导游：“这些中国的文物怎么都摆放在这里？”“贸易交换来的。”导游轻描淡写地说道。或许有贸易交换来的，可是又有谁能说清楚这些文物是不是被掠夺过去的？

我多次出国，只要有机会我都愿意到一些世界上的著名博物馆参观，而每当看到摆放在那里的中国的文物的时候，我的脑海里都会翻腾着电影《火烧圆明园》中英法联军大肆掠夺的场景。作为一名思想政治教育工作者，每当此时我都会增强自己的使命感和责任感，我都暗下决心，一定教育学生爱国，把我们的祖国建设得更加强大。

遗憾的是我们有的大学生忘记了这段历史，不能历史地、辩证地、全面地、发展地看待我们的昨天、我们的今天、我们的明天。

我们的国家现在是有些不如意的地方，有的人上不起学，有的看不起病，有的居住还十分简陋……但是这都是发展中的问题，不是我们的社会制度造成的。如果不是选择了马克思主义，不是选择了中国共产党，不是选择了社会主义制度，我们怎能站起来、富起来、强起来？

如今，我们已成为世界第二大经济体，站到了离中国梦实现最近的地方，作为当代大学生就应当义不容辞地担负起实现中国梦的时代责任，握紧爱国的接力棒。张载讲："为天地立心，为生民立命，为往圣继绝学，为万世开太平。"古人尚且如此，你们怎能落后？

你们真不能只想把学到的本领用到怎么能过好自己的小日子上，那不会有大的出息。记住你们怎么样，未来的中国就将怎么样。打开你们幸福大门的钥匙掌握在你们自己的手里。不要犹豫，不要彷徨，撸起袖子加油干。绝不能忘记我们民族史那耻辱的一页。不忘过去，不是我们要复仇，我们把国家建设得强大无比绝不是要侵略别人，我们只是想告诉那些不怀好意、别有用心的人，休想再对我们说三道四。

182

莫有贪便宜的心理

大学生朋友们不会知道历史上的今天这个日子曾经发生的一件事，1998 年 4 月 21 日，中国政府宣布《关于全面禁止传销经营活动的通知》，全国公安机关坚持对传销违法犯罪活动“零容忍”态度，继续以重点案件、重点领域、重点地区为抓手，紧盯传销犯罪新手法、新动向、新趋势，持续不断地对传销违法犯罪活动开展严厉打击。多年来，在政府的严厉打击下，传销的势头得到了有效控制。

当年一些不法分子利用了一些人急于“致富”的心理，把传销当成了夺取暴利的手段。在洗脑般的蛊惑和吹捧下，有个小镇上的女子，把自己刚生下来的孩子卖掉，拿到 9000 元钱加入传销组织；一批下岗工人，把家中仅有的积蓄拿出去买了一些原本没有如此之高价格的物品；一些农民卖掉了自己省吃俭用攒下的家当，到遥远的外地参加“致富”说明会；还有的大学生放弃了学业，参加了传销组织，再回过头来继续行骗。

我在省教育厅工作期间，常接到有的高校的报告，又有学生被骗到传销组织。可见传销活动还没有得到根除。为此，2017 年 8 月，教育部、公安部等四部门印发通知，要求严厉打击、依法取缔传销组织。通知强调，对打着“创业、就业”的幌子，以“招聘”“介绍工作”为名，诱骗求职人员参加的各类传销组织，坚决铲除。

网上有这样的报道：最新一份判决系法院于 2018 年 5 月 2 日做出。65 种“传销币”涉案超百亿，逾千万人买入。2018 年 4 月，廊坊、北海、南宁、南京、武汉、长沙、南昌、贵阳、合肥、西安、桂林被国家市场监督管理总局划分为“2018年传销重点整治城市。由此可见，总有人“前赴后继”加入传销当中，这其中还不乏大学生。

传销还没有彻底根除，现在校园贷之类的违法活动又猖狂起来，有的学生卷入其中，以至于因无法还贷被迫自杀，十分令人痛心。上个月我到一所大学做报告的时候，学校主管学生的副书记还跟我讲，有个学生因为被逼还贷，从宿舍楼上跳下自杀了。

都谁在搞传销、校园贷？这其中有多少是我们这些年培养的大学生？对诸如搞传销、校园贷这样的违法活动必须严厉打击；同时我们的办学也真是应当考虑仅仅有就业率是不行的，必须培养学生的价值观。当然，我这里还不是想说这个问题，我想说的是为什么会有大学生屡屡上当受骗。这里的原因也不止一个，贪便宜的心理应当是一个重要的原因。

大学生一定要戒除掉贪便宜的心理。从某种角度看，这种心理是万祸之源。

有这样一句俗话：“从北京到南京，买的没有卖的精。”搞传销、校园贷的那些人是干什么的，他们不就是要骗你的钱吗？他们早就把你的心理研究得透透的，怎么能让你占到便宜呢？那他们不成了为人民服务了吗？我从参加工作后走南闯北，在车站、旅游景点，到处可见摆象棋残局的、玩弄扑克牌的、算命的，任他们说得天花乱坠，我根本连看都不看他们。他们的命好能在这里算命吗？他们能搭上时间、搭上钱财让你娱乐、让你发财吗？多么简单的道理，大学生怎么还能不懂呢？

记住吧：天上掉不下馅饼。靠本事吃饭，靠能力发财。没有真才实学，没有奋斗，你就将一无所有。

183

担负起时代的责任

大学生不记得今天是什么日子吧？1970 年 4 月 24 日，这是让亿万中华儿女无比喜悦的日子：我国自行设计、制造的第一颗人造地球卫星“东方红一号”，由“长征一号”运载火箭一次发射成功。卫星运行轨道距地球最近点 439 千米，绕地球一周 114 分钟，用 20 009 兆周的频率，播送《东方红》乐曲。毛泽东同志曾庄严地说：“我们也要搞人造卫星。”中华民族的又一伟大梦想实现了。

记得我小的时候，也曾站在夜幕中，仰望星空，寻找“东方红一号”的身影，虽然那时还不理解这一事件的伟大意义，但是能够感受到人们发自内心的那种喜悦。

今天，伟大的中国人民正在加快赶超世界的先进水平，但与世界最强国相比，我们还有差距。

我在省里工作时，有一次到一所中学调研，在座谈会上，有个学生说：“我小的时候就知道美国的卫星飞得很远，我将来一定造一颗卫星比美国的卫星飞得更远。”多有雄心壮志啊！青年学生，就应当刻苦学习，把个人的发展和中国梦的实现结合起来，担负起时代的使命和责任。

184

你没有理由做不到

前几天在朋友圈看到《北京日报》客户端登载的一篇文章:49岁宿管阿姨考上了研究生。若文章不是在《北京日报》客户端这样正规的媒体登载的,还真是令人难以置信。

报道说,这个宿管阿姨连续三年旁听上海交通大学专业课程,花700多天背单词、坚持上网课,将和儿子成为同一届研究生。她叫原梦园,本职工作是上海交通大学留学生公寓的一名前台工作人员。她在值班时,每天早上10点开始忙碌,一直到晚上10点才能下班。2018年12月,母子一起考研,他们的共同科目是英语和政治,不同的是,儿子有数学两门专业课,她自己有汉语两门专业课。最终,儿子拟录取为复旦大学研究生,原梦园拟录取为广西大学汉语国际教育专业硕士研究生。

她是怎样做到的?对于考研,原梦园之前不敢想的。“后来儿子准备考研,我想着陪陪他吧,相互督促,至少有个伴儿。”就这样,她的考研之旅开始了。对于49岁的她来说,最大的拦路虎便是英语。“很多人都跟我说,你这个年纪就不适合学语言。”但原梦园并不妥协,“我没有别的诀窍,就是不断重复。”她向记者展示背单词的记录,连续700多天,一天都未曾懈怠,“老了记忆力确实不行,但背了忘,忘了再背,我不放弃。”利用互联网的便捷,原梦园还报名参加了英语和政治的网课,坚持在线完成了500余个课时。在与留学生的日常交流和生活谈心中,她也坚持用英语表达,以此锻炼口语和听力。最终,她以53分的英语成绩成功过线。眼下,这位学生眼中的前台阿姨即将启程去广西大学读硕士研究生,开启她人生的又一个新篇章。原梦园还说:“我渴望学习,始终在学习的状态中。期望有考上博士的那一天。”原梦园告诉记者:“你只管努力,生活总会在意想不到的时候给你惊喜。”

大学生朋友们读了这则报道做何感想?你们还有时间刷抖音吗?学习到底有多难?既然你们能考进大学,说明你们的智商是够用的。谁能比谁聪明到哪里?谁又比谁笨多少?关键看谁比谁占有了更多的剩余时间。没有剩余时间怎么会有剩余价值呢?学习难,难又能难到哪去?这都是懒惰者的借口而已,说一千道一万是没有责任、没有追求使然。49 岁的宿管阿姨都能考上广西大学这样高等学府的研究生,你们怎么还能考试不及格,甚至毕不了业呢?

185

让青春在创新创造中闪光

大学生朋友们好！

今天是你们自己的节日——五四青年节，作为一名老思想政治教育工作者，我向你们的节日表示祝贺！愿你们青春飞扬，在创新创造中闪光，谱写人生美丽的华章！

青年，一个多么富有青春活力的群体，在青年的身上寄托着祖国的未来和民族的希望。

我也有我的青春，不过与你们相比，我的青春就没有你们这么幸运了。我十九岁的时候响应毛主席号召，到农村广阔天地干革命。在那里与贫下中农一道战天斗地，吃了不少苦，那时的饭经常是吃了上顿没下顿。幸运的是两年后恢复了高考制度，我考上了大学，有了学习的机会。

我非常感谢这段岁月，它使我懂得了责任、懂得了奋斗、懂得了坚强、懂得了坚持！我现在很知足了，这与那段岁月的影响有很大的关系。青春就是这样，奋斗的青春才有意义，有坚定信念的青春前行的脚步才能坚定！

诚然每代人的青春环境会有所不同，但是青春的本质是一样的：青春不是用来浪费的。正如习近平总书记所说的那样：现在，青春是用来奋斗的；将来，青春是用来回忆的。

无论在什么样的环境里，永不停歇是青春不变的旋律。我知道你们也很不容易。我从参加工作至今，去过许多学生家家访，一些困难学生家的情景我历历在目，有的学生家庭生活困难的程度如果不是亲临其境真是难以想象。我跟这些困难的学生讲,越是这样越是要让自己变得坚强!

打开你家幸福大门的钥匙就在你的手里,打倒你的只能是你自己。我多次出国,最初的时候我们国家还不富裕。现在我们强大了,西方又来干扰我们,不断给我们制造麻烦。当然这也从另一面说明我们还不是足够强大,在国际事务中还没有更大的话语权。让国家变得更强大,也正是你们青年一代的使命。修身、齐家、治国、平天下。孝敬父母的事要管,国家兴旺的事更要管,国家强大了,自己的小家自然会跟着富裕起来。

日前,习近平总书记在"纪念五四运动100周年"大会上发表讲话。习近平总书记语重心长地说:"青年是整个社会力量中最积极、最有生气的力量,国家的希望在青年,民族的未来在青年。"

今天,新时代中国青年处在中华民族发展的最好时期,既面临着难得的建功立业的人生际遇,也面临着"天将降大任于是人"的时代使命。新时代中国青年要继续发扬五四精神,以实现中华民族伟大复兴为己任,不辜负党的期望、人民的期待、民族的重托,不辜负我们这个伟大时代。

大学生朋友们要牢牢记住习近平总书记的教诲,担负起时代的使命和责任,莫负青春,勇于奋斗,让青春在创新创造中闪光!

186

不能忘却的日子

今天是个什么日子？大学生朋友们或许忘记了，或许不知道，1999 年 5 月 8 日清晨，中国驻南联盟使馆被美国轰炸。

说来也巧，这天我正随中国教育部的一个考察团在美国考察大学，这是当时我国在美国级别最高的考察团。一听到这个消息，我们全团成员异常愤怒，都欲停止考察回国。我们请示了中国驻纽约领事馆，领事馆通知，说考察可以照常进行，随时保持联系，一切要统一安排。回国后我查看了一些资料，也看了电视节目中有的专家的讨论，对美国为什么要炸中国驻南联盟大使馆进行了多角度分析，认为美国有多重考虑，这里不去细说。

我当时在美国感受最深的一点是，意识形态的差异性应是所谓“误炸”的一个重要原因。在美国，当时对科索沃战争的报道只有两种主要的声音：一种是我国记者的报道，通过中央电视台四套节目在美国播出；一种是美国政府的声音。两种声音截然相反。从我国的新闻报道中，国际社会和美国民众可以了解更多战争的真相，这是美国政府所不能容忍的。

大学生不能忘记今天这个日子。大使馆是一个国家延伸的领土。轰炸一个国家的大使馆就是对一个国家的公然侵略。美国之所以敢冒天下之大不韪，这是他们奉行霸权主义的行径。但同时这件事也再次警醒我们“落后就要挨打”，这个道理我们一定要铭记。

我们现在强大了，站在了离中国梦实现最近的地方。就剩“最后一公里”了，大学生们要担负起历史的使命和责任，让中国梦在你们的手中实现。我们是主张和平的民族，我们不会去复仇，更不会去侵略别人，但是我们要切实做到任何人休想再对我们指手画脚、说三道四。

邵云环烈士的遗体安葬在八宝山公墓。前年我去八宝山公墓找到了她的墓。我给她献了一束鲜花，深深地鞠了一躬。今天是三位烈士牺牲20周年的日子，写下这段文字，也就是对他们的纪念。

烈士们安息吧！

187

和新疆学生的交流

我很重视对新疆学生的教育引导。我来大连海事大学带的人文管理2013级的学生毕业后,我又主动地当了新疆和西藏学生的指导教师。他们毕业的时候,我自费为他们举办毕业晚会。很遗憾今年的毕业晚会我没参加上,我便给他们写了几句话:

小伙伴们好!

十分想参加你们今晚送别毕业生的晚会,实在是“身不由己”,我要去北京参加个会议。当你们晚会开始的时候,我已经在飞往北京的飞机上,所以,我只能写上几句话,让×××给大家读一下。

此时我想到去年的这个时候,也是在这里,我们欢聚一堂,述说着那些发生在校园里你们身上的故事,与毕业的同学告别。转眼又是一年的时光,大家又要送别今年毕业的同学,此情此景让人留恋,让人难以忘怀。

你们像一株株小树沐浴着阳光雨露一天天茁壮成长。大学四年,你们不只是学到了知识,加深了友谊,更为重要的是你们增强了使命和责任,懂得了做人。看到你们的成长,老师打心眼里替你们高兴。

你们来自遥远的新疆,那里是祖国的一块热土,那里有养育你们的父母,那里需要你们的感恩,那里需要你们的付出。前行吧,回到家乡去,把自己的聪明才智毫无保留地贡献出去。

没有人会独自成功。你们能有今天的样子,离不开母校的培养、老师的关爱。别忘了你们的翅膀是怎样长硬实的。常回母校看看,老师在这里随时等着你们的归来。我们不只是四年的师生,我们是一生的朋友。大连这边有事别忘了联系我哦。

像孩子长大了要离开家一样,舍不得你们离开你们也得离开。这里我只能送上我衷心的祝福:

祝你们的明天一切都是那么美好!

188

不能忘却的发生在重庆防空隧道的窒息惨案

中国抗日战争期间，1938 年 2 月 18 日至 1943 年 8 月 23 日，日军对战时“中华民国”陪都重庆进行了长达 5 年半的战略轰炸，史称重庆大轰炸。

据不完全统计，在 5 年间日本对重庆进行轰炸 218 次，出动 9000 多架次的飞机，投弹 11500 枚以上。重庆大轰炸的死者达 10000 人以上，超过 17600 幢房屋被毁，市区大部分繁华地区被破坏。其中，1941 年 6 月 5 日，为躲避日本帝国主义的空袭，在重庆防空隧道发生了窒息惨案。

日军轰炸机飞临上空的时候，众多民众躲到了防空洞内。洞内既高温又严重缺氧，市民们在洞内待了 10 个小时，除身处三十洞口附近的近百人得以出洞幸免于难外，其余近万名避难人员皆因窒息而死，其场面惨不忍睹。死者们挤压在一起，有的被撕烂了衣服，有的皮肤变成蓝黑色，面目全非。在死亡的 9992 人当中，儿童就有 1151 人。

亲历这一过程的朱绍臣说，他是从死人堆里爬出来的。敌机来袭时，防空洞都在摇晃。黑暗中，周围的人开始躁动，场面乱极了。正在这时，有人说空袭警报解除了，人群就争先恐后地向外挤，那个时候能吸上一口外面的空气就是幸福。当他随人群挤到防空洞的三申店岔道口时，紧急警报又响了，洞里的空气紧张起来，已经挤出防空洞的人拼命往里钻，里面的人则使劲朝外挤，你推我攘。这时，有人惊恐地大喊“踩死人了！踩死人了！”人群更加骚动起来，你拥我挤，争相逃命，渐渐有人晕倒了，有人有了轻生的念头，不断用头往墙上撞，也不知道有多少人被踩死踩伤，甚至有人用刀子割自己的手腕、喉咙……

在谈到造成这次惨案的原因时,可以把国民党政府组织市民的疏散不力和隧道内设置不完善算作一条。但最为根本的还是因为日本帝国主义的入侵,没有日军对重庆的大轰炸,哪里会有万名市民都拥挤到狭窄的防空隧道中。

如今,历史走过了 78 年。重庆市每年都以各种方式纪念这个日子,以告诉今天的人们不忘那段受人欺辱的历史。不过也有很多国人早已忘却了这次伤痛。

列宁讲,忘记历史就意味着背叛。当代大学生应当牢记历史的昨天,担负时代重任,把祖国建设得更加强大。中华民族是爱好和平的民族,把祖国建设得强大不是为了复仇,更不是为了欺负别人。我们为的就是让人民过上更幸福的生活,绝不让历史的悲剧重演,也再不允许有人对我们指手画脚、说三道四。

189

对的事就不要在意别人怎样说

有个学生跟我说，他做事缩手缩脚，总怕别人说三道四。他说他挺痛苦，问我怎么办。

这能怎么办呢？解铃还须系铃人，这只能由你自己来解决了。

事实上由于生长的环境不同，每个人做事自有每个人的道理，别人的意见只能是参考，做什么、怎么做，最后还是要靠自己拿主意。只要是对的事就坚决把它做到底，不要在意别人说什么。况且有些人的看法就是随意的，有的看法也不是认真的，还有的是不负责任的，更有的是不怀好意的。我六十多岁了，经历了很多事。有些事听从了别人的意见和建议；有些事就是自己坚定自己的主意，做自己想做的事。

当年我高考的成绩比有的经济类高校分数线要高，有的朋友就建议我到经济类高校读书。可是他不了解我要做教师的想法多么强烈。我到今天更是这样认为的，天底下最好的职业就是教师。我学习很努力，一个重要的原因就是让自己学到更多知识，不然怎么当老师呢？

我大学毕业志愿填写的是去西藏、新疆等少数民族地区做教师，我想，那里需要人才，到了那里我会大有作为。有的朋友知道了我的想法，劝我别去了。我去意已定，绝不悔改。只是因为没有计划指标，我留校当了辅导员。这时又有老师和朋友不赞同我当辅导员，劝我早点离开辅导员队伍，免得耽误了自己。我美国的一个朋友还要给我担保，让我到美国发展。对大家的关心我心存感激。可是我认为，在大学里最有价值的课就是品德课，最难搞的学问就是育人。我是中国人，是共产党员，到美国能有什么发展呢？充其量就是个生存而已。我坚定了我的选择，近40年我没有离开大学生思想政治教育工作一天，我也成了这个领域的专家学者。

我在省教育厅工作期间，领导对我很关心，想安排我到大学当党委书记。我却觉得那样虽然行政级别解决了，却不是我擅长的，大家再评价我就是看我的党委书记做得怎样，我放弃拼搏了几十年的大学生思想政治教育有些可惜，等过些年我还是回到学校干我的老本行，做辅导员，上品德课，完整地带一届学生。于是在我56岁的时候，我坚决向省委组织部提出辞去省委高校工委副书记、教育厅副厅长职务到学校当辅导员，给学生上上思想道德修养与法律基础课。

我的这一举动就更不被理解了。有好意劝说的，也有怀疑的，到今天仍有不理解的，也有用心不正的。我若是顾及这些的话，那我就不会来做辅导员了，也就满足不了我在辅导员工作岗位上划上我职业生涯句号的愿望。

为了及时引导学生，为社会提供正能量，我开通了公众号，还真是很忙碌。考虑对大家有益，我便一直坚持着。大家都说我好吗？这怎么可能呢？有一次有个人就说我谄媚，还有几次我遭到暗中人身攻击的。看到这些，我都在心中一笑了之。尤其是后者，多龌龊，也不敢站到明面上，这样的人生怎么能幸福呢？

就在前些天，我在我们学校庆祝建校110周年大会上与校长签订了设立励志基金的协议书。我准备把获得全国教学名师得到的50万奖金全放到基金里，然后再“化缘”，把基金做大，帮助那些为祖国而刻苦学习的优秀大学生、辅导员、思想政治理论课教师。

在私下征求意见的时候，有个朋友劝我算了吧，说我要是这样做了，别人做不做？我想要是这样想，基金就建立不起来。

前天我在网上还无意看到一条说我作秀的帖子，我想这也太不了解我了，按照他这样的看法，我可以说是作了一辈子的秀，作这样的秀又有什么不好？对此，我更是不屑一顾。

我就是我。我能走到今天，就是坚持了把看对的事做到底。如果做什么事都看别人的脸子，太在乎别人的看法，那就什么事也做不成了。

当然，年轻人其实每个人都是如此，如何把握什么是对的事呢？这里一个重要的原则就是看你做事的动机是什么？是为我，还是为他？前者，一般总是错的；后者，则会是对的。在这样的前提下才可以“走自己的路，让别人说去吧！”我相信，千秋功罪，后人自有评说。

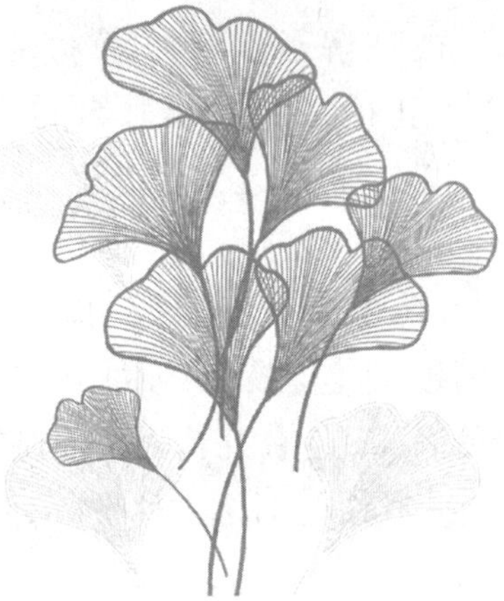

190

知识分子实当忧国忧民

1052 年,范仲淹卒于徐州。

大学生对范仲淹的了解,一定是通过《岳阳楼记》这篇不朽之作吧!“不以物喜,不以己悲。居庙堂之高,则忧其民;处江湖之远,则忧其君。是进亦忧,退亦忧。”“先天下之忧而忧,后天下之乐而乐”充分表达了一位知识分子忧国忧民的情怀。

范仲淹可算得上一位大知识分子。童年的时候,他的继父曾想让他从商,而他坚决不肯,执意求学。他学习十分刻苦,从他在滨州时流传下来的那段“划粥割齑”的故事中,足见范仲淹的勤奋精神。

因生活艰苦,范仲淹只得晚上熬一小盆稀粥,经过一个晚上的凝固,第二天就划成四块,早晚各取两块食用,这便是“划粥”;佐餐的菜蔬就是自然生长的野菜,他把野菜捣碎,拌上油盐就餐,这便是“断齑”。正可谓学海无涯苦作舟。

难能可贵的是,作为封建时代的一个知识分子,范仲淹功成名就之后,不忘百姓的疾苦,在任泰州西溪盐税监官时,他发现当地海堤年久失修,便亲自率万名民工奔赴海滨。施工经费不足,他还将自己的体己贴上。他以“宁鸣而生,不默中而死”的气节,开创了朝廷政治清明的先河。

《宋史》评价说:“每感激论天下事,奋不顾身,一时士大夫矫厉尚风节,自范仲淹倡之。”

今天的大学生也算得上知识分子了,为什么而学习还真是一个现实的问题。学习确有自我利益的需要,如将来找个工作,成个家,孝敬父母,但恐怕还不能仅此而已。这只是“小德”,也就是“齐家”之德。知识分子应当有“大德”,就是要“治国、平天下”“止于至善”,范仲淹的“先天下之忧而忧,后天下之乐而乐”讲的就是“大德”。

眼下离中国梦的实现就剩“最后一公里”了,大学生必须走好这“最后一公里”,这关系中华民族的命运问题。看看今天的世界,仍有人抱有霸凌思维,对弱小的民族和国家想干什么就干什么,即便对我们这样的大国也是指手画脚、说三道四。

“厉害了,我的国!”可是我们还没有厉害到想不让他们干什么他们就不敢干什么的程度。我们不能容忍这种状况永远存在下去。那怎么办?每代人有每代人的使命和担当。当代大学生就是要把自己的学习同祖国的命运结合起来,像周恩来同志那样,“为中华之崛起而读书”,为实现中国梦而学习。

想想千年前封建时期的知识分子都能做到“居庙堂之高,则忧其民;处江湖之远,则忧其君。是进亦忧,退亦忧。”“先天下之忧而忧,后天下之乐而乐”,当代大学生还能差吗?

191

做一名真正的知识分子

何谓真正的知识分子？知识分子可以有无数个解释。我以为，一个真正的知识分子一定是不以自己的得失论成败，而是在民族和国家需要的时候表现出一种胸怀坦荡、勇于担当的精神。

以这样的标准来看，马寅初先生应不失为一名真正的知识分子。

马寅初先生是中国当代经济学家、教育学家、人口学家。他自幼聪颖，学习勤奋刻苦。他早年留学美国，获得经济学博士学位，是我国第一位留学后获此学位的学者。马寅初回国后，拒绝从政，而是到北京大学任教。

马寅初不是中国共产党党员，却坚定地与中国共产党站在一起，坚决拥护中国共产党的主张。九一八事变爆发后，他发表《长期抵抗之准备》一文，批判蒋介石的“不抵抗政策”“攘外必先安内政策”，勇敢地同出卖民族利益的独裁统治进行斗争。李公朴、闻一多被国民党特务暗杀后，马寅初义愤万分，毫不顾及个人的安危，留下遗书，告别大家，赴南京中央大学演讲，揭露蒋介石国民党政府发动内战的罪行。为此，马寅初遭到国民党当局的迫害，被囚禁于息烽集中营达数年之久。但是马寅初刚正不阿，始终坚持抨击国民党黑暗统治的斗争。正如他自己所说，我无时无刻不与共产党在一起。

中华人民共和国成立后，全国人民掀起了社会主义建设的热潮，在那个人多干劲足、力量大的年代，马寅初以一名主人翁的态度谏言献策，冷静、科学、准确地提出了他的“新人口论”观点。

他认为,我们既要有计划经济,也应当有计划生育。可惜的是他的观点没有达成共识,更令人遗憾的是,他还为此遭到了批判。难能可贵的是,马寅初没有因此改变自己的主张,没有放弃对中国共产党的拥护,他始终爱着自己的国家。他不以个人得失论成败,表现出了一个真正知识分子的情怀。马寅初在教育领域辛勤耕耘了六十载,他总是强调教育要“学习新思想,确立为人民服务的立场。”他坚决反对不要党的领导的错误思潮。可以说,为了我们的国家和民族,马寅初先生付出了一生。马寅初的一生,也是坚决拥护中国共产党的一生。

今天,教育在实现中国梦的伟大实践中发挥着极为重大的作用。这种作用,是通过知识分子的担当体现出来的。一名真正的知识分子,就应当自觉做到“为人民服务,为中国共产党治国理政服务,为巩固和发展中国特色社会主义制度服务,为改革开放和社会主义现代化建设服务”。一名真正的知识分子,绝没有理由用自己的知识向党和人民讨价还价。

当代大学生亦算是“准知识分子”了,不久的将来就将走向社会,参与到中国梦实现的全过程。这就要学习马寅初身上所体现出的真正知识分子的品格,“识”之所“知”,莫把个人利益看得太重。一定把个人的幸福建立在国家强大的基础上,使自己活得坦荡,活得有尊严,活得有价值。

192

最好还是别犯错

前天我给大家推送了“我为什么能给学生写那么多的微信”一文,有个人在我的公众号上留言说:“犯错才能成长,没有犯过错,怎么能真的知道什么是错?”

我知道有这种看法的人还不少,在大学生中有些学生就对“犯错”不以为然,他们片面地理解了“走自己的路,让别人去说吧”,不撞南墙不回头。结果真撞上南墙,一切就晚了。

有的学生考试作弊,受到了处分,不仅学业有影响,就业也受到影响;有的学生不好好学习,贪图安逸,结果毕不了业;有的学生违章使用电器,结果引起了火灾,受到了刑事处罚;有的实施诈骗,受到法律的严惩;也有的虚荣心(贪图享受)作怪,参与校园贷,结果被逼自杀;更有极为个别的在政治上犯了错误……

行动受思想的支配,一切错误的行为都是因为产生了错误的思想,也就是在心灵上埋下了错误的种子。大学生正处在拔节孕穗期,需要阳光雨露。思想政治教育者是在学生心灵上耕耘的人,一定要给他们的心灵埋下真善美的种子,绝不能荒了学生心灵这片田野,更不能让学生的心灵生长“野草”。地“荒了”,学生就成了“废品”;若是长上“野草”了,学生就成了“毒品”,不仅毁了自己,还危害了社会。

人生没有彩排。有些失败是不可避免的、能够允许的、能够成为成功之母;有些失败是必须避免的、不能容忍的,像上面谈到的那些失败有的连命都没了,还谈什么从头再来。

别说在拔节孕穗期的青少年,就是成年人不是同样需要避免在思想上犯错吗?

河北省曾经有个叫李真的国税局局长,35 岁就有了这样的高位。起初他思想积极向上,想成为焦裕禄式的好干部,后来思想蜕变,心里长满了“野草”,大肆贪污受贿,结果被枪毙了。新华社记者乔云华在他临死前对他进行了专访,将李真的思想变化过程全部记录了下来,出版了《地狱门前》一书。由此可以看到,哪怕是有了高位的官员,思想上若是犯了错,不是同样可以做出魔鬼才能做出的事情吗?在我做省厅领导的时候,《地狱门前》这本书我经常拿来看,有时是为了讲课需要,有时就是随意翻翻。本可以变得崇高的一个人,为什么走进了地狱,根子只能从他的思想深处去挖。

当然,思想上的犯错有大小、多少之分。思想政治教育者就是要引导学生少犯错,特别不能犯大错,尤其不能犯致命的错。最好小错也不要犯,许多大错都是由小变大的。怎样才能做到这一点?那就要借鉴别人的经验,多听听过来人的意见和建议。西方有个思想家说过这样一句话:如果人都是从七十岁向一岁去活,人人都可以成为伟人。这里告诉我们的是,想成为伟人,就要多借鉴成功的经验;想一切都自己摸索着来,那就很难成功,甚至只能失败。

辅导员是大学生的人生导师。怎样才能体现导师的作用?重要的就是给学生思想力,增强他们人生识别、选择和判断的能力。这就要为学生提供正确的人生经验和积极的人生建议,这样就会使学生不走弯路、少走弯路,尤其不能走上邪路,更不会走上绝路。

193

重要的是你打算怎样从事你选择的职业

经过精心的考虑,大学生朋友们陆续地离开了校园奔赴自己所选择的职业岗位。选择什么样的职业是重要的,不过比选择职业更为重要的是你将打算怎样从事你所选择的职业。

许多大学生费了很大的心思选择了职业,可是没有从事多久便败下阵来。这是为什么呢?一个重要的原因是总想有个十全十美的职场环境,达不到自己的愿望,便牢骚、抱怨,结果就被淘汰了。

任何职业都是相对的,没有绝对的好坏,关键看你怎样从事。演员的职业好不好?有时为了达到所扮演人物的需要,要在短时间内要瘦掉十斤、二十斤。记者的职业好不好?有时为了得到第一手资料,需要冒着生命危险去卧底。医生职业好不好?有时为了救死扶伤,要一个手术跟着一个手术,直到累瘫在那里。律师的职业好不好?受到恐吓是常事……。我觉得辅导员职业真是挺好。前两天我刚写过一篇公众号文章《我为什么愿意做辅导员》,大家可以找来看看,这里不再赘述。

我从当辅导员那天起,不管别人瞧不瞧得起我,我还是瞧得起我自己的。辅导员的杂活多一些,这又能怎样?我想,每个学院就是一个团队,大家在一起,别人有需要的时候我能帮他们一下这是快乐的事情。有些辅导员抱怨杂活干多了,这是大学制度不完善造成的,等大学制度完善了,很多杂活你想干还没有了。

我当辅导员的时候,帮助过学院资料员取报纸;帮助过办公室老师打水扫地(他们的家离学校远);帮助过任课教师印考试卷子;因为没有电话,哪个老师的同学从外地来看他,我就得到他家把他找到学院,有时一天要找好几个;那时每天食堂吃饭都很拥挤,我们待食堂开饭的时候都要到食堂维持就餐秩序……

现在仍有一些辅导员不喜欢自己的工作,嫌麻烦。这样的职业态度怎能做好辅导员工作呢?没有这些麻烦学生能记住你吗?我为什么跟辅导员们说这些?我是想告诉辅导员们,没有付出就没有回报。只有热爱自己的工作,才能做好自己的工作。挑三拣四,这山望着那山高,这样的职业态度不可取。辅导员一定放平心态,做好该做的事情。既然已经选择了辅导员工作,那就扎扎实实地把它做好。千万不要想来想去、转来转去的,这样往往既耽误自己,也耽误学生,更耽误党和人民的事业。

举一反三,所有的职业不都是如此吗?事业是干出来的,不是抱怨出来的。只仰望星空是不行的,还需要脚踏实地。

194

担负起时代的使命和责任

“七三一”只是几个普通的数字，可是将它们连在一起，便有了特殊的含义，它使国人自然想到了那支恶魔般的部队——日本第七三一部队，他们对中国人民所犯下的滔天罪行罄竹难书。就是在七十九年前的今天，日本第七三一部队对华进行了细菌战。

1940年7月，中国人民反抗日本帝国主义的战争正处在十分艰难的境地当中，日本帝国主义为了达到征服中国的目的，不惜采取一切惨无人道的手段。当时日本第七三一细菌部队的队长是石井四郎，他率领这支部队开赴华北战区。他们将70千克伤寒菌液、50千克霍乱菌液和5千克染有鼠疫的跳蚤投入居民生活区和百姓蓄水池，结果造成被污染地区传染病流行，大批居民死亡，甚至许多人家全家死亡。日本帝国主义的法西斯暴行达到令人发指的程度。伟大的中国人民并没有被吓倒。经过艰苦卓绝的斗争，一时穷凶极恶的日本帝国主义被中国人民赶走了。

我回到大连海事大学当辅导员带的一个学生入了党，保送到哈尔滨工业大学攻读飞机发动机专业。我说这个专业太重要了，我们国家没有自主权，一定把它拿下来。毕业晚会上他说一定不会辜负我的期望。我拍拍他的肩膀说：“二十年后能不能成为院士？”第二天他给我写了一封信，其中说道：“昨天晚上您对我期望说20年以后希望我成为院士，我不敢大言不惭，但是也不会轻言放弃，我很郑重跟您承诺，在这将来的岁月里不断拼搏努力，读硕，读博，青年学者，我会勇往直前在路上，一步一个脚印，踏实工作努力研究，不敢说是为中华之崛起而读书，但愿为中国航发而贡献自己微薄的力量！我也一定不会辜负您的期望，在将来中国航发的创造史上一定会有您学生的成绩！请您放心！

他硕士报到那天，我去了哈尔滨。我没有到他的学校，我领他参观了侵华日军第七三一部队遗址。我告诉他，"当你没有学习动力的时候来看两遍。"参观要结束的时候，有美国和日本签署的秘密协定，美国同意日本把第七三一细菌部队的研究资料给美国一套，美国就宣布这些罪犯无罪释放。中国的主权、中国人民的感情，他们肆意地践踏。

当今世界，和平与发展成为世界的主题，但是，日本某些国家仍没有彻底放弃战争的思维，仍不时地给我们的发展制造麻烦。而某西方大国，更是坚持霸凌逻辑，总是制造事端，破坏世界正常的秩序，甚至极力干扰我们实现中国梦的进程。习近平总书记指出，中华民族没有战争的基因，但是我们决不会允许他人再对我们恣意妄为。

使命呼唤担当，使命引领未来。我们要不负人民重托、无愧历史选择，在新时代中国特色社会主义的伟大实践中，以党的坚强领导和顽强奋斗，激励全体中华儿女不断奋进，凝聚起同心共筑中国梦的磅礴力量！

这些都告诉了当代青年，一定要担负起时代的使命和责任，为实现中国梦而读书，只有把我们国家建设得无比强大，在联合国这个舞台上，才有更大的话语权，别人才不敢对我们另眼相看。

195

怎么入党前后不一样啦？

某个学生党员犯了错误，通常会听到这样的说法：这个党员入党前后不一样。言外之意是这个党员变了，入党前像个党员，入党后不像党员。

真是这样吗？怎么会变得这么快呢？其实不排除有的犯错的学生党员确实是入党前像个党员，入党后发生了变化，但是从根本上讲，那些犯错的学生党员入党前就不像个党员，只是我们的考察不深入，对其是否真正在思想上入党没有把握准。

大家还记得被网上炒得沸沸扬扬的“霸座男女”吧？那天我下课跟一个学生聊天。我问他去不去图书馆占座？他说他从不去图书馆。我说：“你怎么不去呢？”他说都是要求入党和考研的学生去图书馆占座，他没有要求入党。

占座怎么和入党联系上的呢？众所周知，入党有成绩要求，要想入党就得成绩好，要想成绩好有的要求入党的同学到图书馆占座。入党和占座就这样“天然”地联系了起来。

为了入党要学习好，为了学习好就占座，这思想上哪入党了，这根本就不够党员的标准。党员要全心全意为人民服务，也就是心中要有他人，怎么能为了自己学习好而不管别人的学习呢？这恰恰暴露出的是一个人的自私自利，而我们却因为他学习好而把他发展到组织中来。所以一到组织中来他便原形毕露了。当个人利益和他人利益发生矛盾时，他怎么会为了别人的利益牺牲自己的利益呢？他在心中会说“我在要求入党的时候想的就是自己的利益啊。”

我做过学院党总支副书记,负责学院学生党员发展工作。为了考察要求入党学生是否在思想上入党,我深入他们的生活学习当中。

有一次我到一个拟发展入党的学生寝室,这个寝室的门帘上有个很脏的手印(那时没有公寓化),我跟这个学生说,本学期不能发展你入党。他觉得有点委屈,解释说他这天不是值日生。我说你要求入党就要做到和别的同学不一样。别的同学不值日你就要自觉地担负起来,不然你和普通同学不都一样了吗?

还有一次我到一个拟发展入党的学生上课的教室,看到这个学生坐过的课桌里一堆瓜子皮。我也说这学期不能发展她入党。她说这是公共教室,跟她没有关系。我说共产党人不就是讲公共利益吗?雷锋做了那么多帮助群众的事,跟他有什么关系呢?

我在给学生上党课的时候,经常用这样一些例子教育要求入党的学生一定理论与实际相结合,真正做到思想上入党。若是思想不成熟入了党,对党的事业绝没有什么好处,对自己也不是什么好事。我在学院当了八年党总支副书记,全院学生后几年都是百分之百要求入党。这其中有随大流的。他们随入党这个流而不随别的什么流有什么不好呢?能够做到这一点,学生党员的现实表现还是起了很好的引领作用。

负责党员发展工作的同志,一定要以对党的事业高度负责的精神看待在大学生中发展党员这件事。要牢记列宁当年说过的一句话:徒有其名的党员就是白给也不要。列宁的话在苏联得到了验证:苏联在共产党员数最少的时候,建立了苏维埃政权,苏联又恰恰是在共产党员数最多的时候丢掉了苏维埃政权。不值得深思吗?

我们党由50多名党员推动了革命事业不断壮大,今天我们是一个有9000多万党员的大党,一定意义上讲,我们党的力量和这样一个庞大的党员队伍之间还存在着不协调的地方,为什么会是这样?不能不看到一些党员若是说他们都是混进了党内有些绝对,但是说他们没有解决思想上入党的问题还是恰如其分的。大学生是党的事业的接班人,解决好他们思想上入党的问题意义尤为重大!

196

不能忘却的英雄

随着岁月的流逝，有些人、有些事，真是不知不觉便忘却了，哪怕你即便不曾想把他们忘却；而有些人、有些事，虽然你也没曾想一定极力地把他们记住，但是无论岁月怎样变迁，他们却总是在你的记忆里。在我的记忆里，赵一曼就应当属于这后者。

我在小时候就读过介绍赵一曼的小人书，那时真是不能理解：她不疼吗？她不怕吗？长大了，明白了：有了坚定的人生信仰，一切艰难困苦也就无所谓了。

1936 年 8 月 2 日，抗日英雄赵一曼英勇就义。

郭沫若为纪念赵一曼烈士写下这样一首诗：

蜀中巾帼富英雄，石柱犹存良玉踪。

四海今歌赵一曼，万民永忆女英雄。

青春换得山河壮，碧血染将天地红。

东北西南齐仰首，珠河亿载漾东风。

赵一曼，一位中华民族的伟大女性，中国共产党人的优秀代表！我无数次地被赵一曼的忠贞英勇所打动。人啊，怎么会变得如此的坚强！真正的共产党人真是用“特殊材料”制成的。

九一八事变后，赵一曼主动要求到前线抗日。被捕后，日本宪兵为了逼迫赵一曼供出抗联的机密，对她实施了几十种酷刑：鞭打、吊拷、老虎凳、拔牙齿、夹手指……敌人每次拷打得到的都是：“……你们不用问了，我的主意就是抗日,我有我的信念!”

临刑前,赵一曼给她的儿子留下了遗书:“……母亲因为坚决地做了抗日的斗争,今天到牺牲的前夕了,希望你,宁儿啊,赶快成人,安慰你地下的母亲!希望你记住你的母亲是为国而牺牲的。”

今天的大学生已远离了那种生与死的考验。但是,赵一曼留下的精神追求却是不朽的,应当永远在大学生身上发扬光大。人,连死都不怕,还会怕什么困难吗?大学生在成长的过程中,难免有这样或那样的一些不如意,比比赵一曼,这点都算什么?

不要什么事都想得舒舒服服、顺顺当当,困难也是一笔财富。我现在很知足,与曾经家里穷、下乡当知青时吃过些苦还是有很大关系的。

197

仅用专业知识教育人是不够的

第二次世界大战爆发不久,有情报认为,希特勒统治下的德国正在研究原子弹。如果希特勒率先研究出原子弹,那人类将会面临怎样的灾难!于是一些科学家找到爱因斯坦,让爱因斯坦凭着他个人的威望,建议美国政府进行原子弹研究。

起初,爱因斯坦的建议并没有引起美国的足够重视,后来美国认识到了原子弹的威力,于是加快了对原子弹的研究。在美国还没有把原子弹研究出来之前,希特勒的德国灭亡了。这时爱因斯坦又想,美国研究出原子弹会不会使用原子弹呢?于是爱因斯坦又建议美国政府放弃对原子弹的研究。但此时处在战争机器上高速运转的美国已经听不进爱因斯坦的建议。

1945年的8月6日,美国的B-29轰炸机在广岛投下了一枚代号为“小男孩”的原子弹,爆炸造成8万人当场死亡,12万人失踪,4万人受伤;8月9日,美国在日本长崎投下了第二颗名叫“胖子”的原子弹,当场造成7.3万人死亡,另外超过35万人遭受到原子弹的创伤和辐射。原子弹的威力得到了空前的展示。1945年8月15日,日本裕仁天皇通过广播宣布日本投降。

在今天这个日子,我一是想起了当年日本帝国主义对中国人民所犯下的滔天罪行,日本军国主义的灭亡那是咎由自取;再就是想起了爱因斯坦对人类社会所做出的巨大贡献。

爱因斯坦作为科学家,他的科学贡献是无与伦比,妇孺皆知的。这里我所要谈到的一点是爱因斯坦对人文的贡献。这是很多人不熟悉的。好多年前有一次我到北京开会,会后我到北京大学让一个学生帮我借来了《爱因斯坦文集》翻阅。爱因斯坦的人文精神深厚,给我留下了深刻印象,对我的工作给予了很大的启发。我从省厅回到大学做辅导员的时候,有一年暑期我自费去美国考察大学文化,我还专门去了爱因斯坦晚年工作过的普林斯顿大学。校园里有一尊纪念爱因斯坦的塑像,我还站在塑像前凝思了许久。

爱因斯坦指出:"用专业知识教育人是不够的,通过专业教育,学生可以成为一种有用的机器,但是不能成为一个和谐发展的人,要使学生对价值(社会伦理准则)有所理解并产生热烈的感情,那是最基本的。"

"科学虽然伟大,但它只能回答'世界是什么'的问题,'应当如何'的价值目标,即在它的视野和职能的范围之外。"

"学校永远应该以此为目标,学生离开学校时应是一个和谐的人,而不是一个专家。"

爱因斯坦的人文思想对今天的大学生来说亦有很大的启示意义。在爱因斯坦看来,仅用专业知识教育人是不够的。掌握科学文化知识不是目的,重要的是要用科学知识为人类进步事业服务。

看看今天的高科技犯罪,其手段达到了如此"精确"的地步,这些人给社会带来的不是福音而是灾难。所以,我经常强调的一点就是,一定要教育引导学生用正确的价值观引领自己,这样知识越多、能力越强,才越有意义。不是厚德载物吗?不然德之不厚,就必然被"沉重"的知识,或"强大"的能力所压垮。

198

写给过古尔邦节学生的一封信

今天是古尔邦节。早上我给我们学校过古尔邦节的学生写了一封信，现推送给大家。

小伙伴们好！

今天是古尔邦节，老师祝你们节日快乐！

按照我们汉族的习俗，每当春节来临就意味着我们又长了一岁。同样古尔邦节的来临，也使你们的年龄长了一岁。我在做公共事业管理与人文艺术学院 2013 级辅导员的时候，每个学生过生日，我都会给他们写生日祝福，少则百八十字，多则上千字。我跟学生们讲，人生有两个年龄，一个是自然年龄，一个是社会年龄。当成年的时候一定不要只想自然年龄的生日，要想社会年龄的生日，就是说在增长自然年龄的时候，一定要增长社会年龄。所以在你们增长了自然年龄的时候老师要嘱咐你们的也是这点，你们在增长了自己自然年龄的同时，千万莫忘了增长你们的社会年龄。

什么是你们的社会年龄？

在古尔邦节当中，有一种习惯，就是追思过去。这对你们来说谈不上追思，你们所应当思考的就是过去了的一年，你们的表现怎样？对不对得起过去的每一天？你们的社会年龄就是对得起过去的每一天。对得起，你的社会年龄也就自然增长了。记住习近平总书记的话：现在，青春是用来奋斗的；将来，青春是用来回忆的。莫负光阴，砥砺前行！

你们一定要把自己培养好。我去过三次新疆，那里幅员辽阔，多需要你们把它建设好。这就要求你们一定要珍惜大学的时光，增长自己的知识，增强时代的使命感和责任感，在未来的日子里把个人的发展和新疆的繁荣、祖国的富强结合起来。这些年来，一些别有用心的人，总是希望新疆不稳定，破坏民族的团结，你们一定要保持高度的警惕。新疆不稳定，就会影响"一带一路"建设，这就会影响中国梦的实现（这是中华民族最大的政治、经济利益）；新疆不稳定，也是你们个人利益的最大损害。你们要带着脑袋读书，千万别上了"疆独"分子的当，坚决同破坏民族团结的行为做斗争。你们的学兄×××，已经毕业两年了。刚来的时候，思想有些许困惑，后来改变了，现在回到家乡为民族团结做贡献。我答应安排时间过去看他，再给他加油、鼓劲，希望他成为民族团结的骨干。你们的师姐×××刻苦学习，克服了很多困难，今年考上了研究生，她坚定地表示，要为国家的发展不断努力。还有×××，假期在学校准备考研……他们都是你们的榜样，你们要向他们学习。

小伙伴们！很快开学了，你们将陆续回到学校。新的一年、新的学期，老师希望你们珍惜大学时光，好好发展自己。不要惧怕困难，困难最怕不惧困难的人。每个人的成长环境都不会尽善尽美，越是有困难，越会磨炼你们的品质。虽然我不会天天和你们在一起，但是我们的心是紧密相连的。你们有什么事及时联系我，老师会力所能及地帮助你们的。我们是一家人，我们共在一个大家庭。我愿做你们的坚强后盾。任何人也阻挡不住我们团结一致、奋力前行的步伐。为了祖国明天的美好我们唯有勇往直前！

路上注意安全！开学见！

祝一切顺心如意！

199

引导学生矢志不渝听党话跟党走

“青年兴则民族兴，青年强则民族强。”当代青年怎样，明天的中国就将怎样。思想政治教育一定要放在世界百年未有之大变局、党和国家事业发展全局中来看待，真抓实做，厚植青年学生的爱国主义情怀，让他们担当民族复兴大任，矢志不渝听党话跟党走，把爱国情、强国志、报国行自觉融入坚持和发展中国特色社会主义事业、建设社会主义现代化强国、实现中华民族伟大复兴的奋斗之中。

前些天利用江西省教育厅邀请我赴井冈山为江西省高校党委书记做报告的机会，我组织了首批十人（一名高中生、一名本科生、一名辅导员、一名博士生、一名村干部、五名硕士生）与我一起到达井冈山参观考察（那名村干部因临时有任务、一名硕士生因受台风影响没有成行）。我们一起参观了井冈山革命博物馆和毛泽东故居。在我做报告期间，他们还参观了烈士陵园等红色景点。我就想通过这样的一些教育活动，让青年学生矢志不渝地跟党走。

200

悲痛于因情而倒下的大学学子

昨天看到一则报道:某大学一名女生被她的男朋友杀死在酒店,最后这个男的也自杀了。

每每在看到这样报道的时候,我的心都会很痛。多么年轻的生命就这样逝去了,他们的父母怎么过啊！为什么大学里会屡屡发生类似这样的事情？其中一个重要的原因就是没有处理好情感问题。

大学生活是否成功,情感问题处理得如何至为关键。可以这样说,许多大学生的四年大学生活平平淡淡,甚至很失败,归结到一点,就是情之所困。

恋爱是美好的,但要把握住时节,轻易不要出手。恋爱了就要认真,但也不可忘记一切。该做的事情一定还是要把它做好。须知,家庭的维系仅靠情感是不够的,还需要有事业,有相关的一切。

记住老师的话,不要相信在大学里一定要轰轰烈烈地谈一次恋爱,否则就是失败的大学生活。错了,凡是在大学里轰轰烈烈地谈恋爱的,没有几人不失败的。钱钟书写了《围城》一书,知道为什么外面的人想进去,里面的人想出来吗？钱钟书没有给出准确的答案。老师告诉你答案在哪里:外面的人都以为婚姻是物质生活,“挤进去”了,结果进去之后发现婚姻是精神生活。再富裕的物质生活也抵挡不住精神的折磨,所以,哪怕净身出户也要逃离那个令人难以忍受的“魔窟”。

把书籍当成人生最可靠的伴侣,当你无助的时候书籍一定会忠诚地陪伴在你的身边。在最重要的时候,一定做最重要的事。在大学最重要的事情就是读书。以书为友,把读书当成存在的方式。当你要恋爱的时候,一定要三思而后行。

201

学习张思德精神

张思德的名字大学生不会陌生。我们这代人是听着张思德的故事、学着张思德精神长大的。张思德精神是什么？简单说，张思德精神就是为人民服务。当代大学生理应学习张思德精神，用张思德精神培养自己的品行。

同学们来到一起，相互间难免需要帮助。哪个同学病了，帮助打壶水、买份饭，甚至陪同看医生，都是学习张思德精神的体现，都是在实实在在地为人民服务。心中一定不能只有自己。你心中没有他人，他人心中怎么能有你呢？年轻的时候要为老年着想，自私的人一定是孤单的人，而孤单的人一定是痛苦的人。你们都想长寿，如果晚年只是孤零零地在那喘着气，这样活着能幸福吗？

我在大学的时候，总给寝室同学打水。其他寝室的同学有时候渴急了也到我寝室倒水喝。几十年后有个同学当上了某市的领导，一次请我吃饭的时候他说："再怎么请也抵不过当年喝你的水啊！"我还听说这样一件事，有个学生病了，想让一个同学帮助买份饭。结果这个同学因为要考研，怕耽误学习时间，便婉言推辞了。考研就那么重要吗？人首先还是要有人文精神，技能是排在人文之后的。大学生一定要尽其所能地帮助那些需要帮助的人，从而提升自己的思想境界，成为一名有益于人民的人。

今天是欧洲中世纪文学家但丁逝世纪念日

1321 年的 9 月 14 日，欧洲上空，也可以说是世界的上空，但丁这颗文学巨星陨落了。

时光飞逝，到今天但丁已经离开人世 699 年了，许多物质的东西早已腐朽掉，但是但丁这位伟大的文学家的名字却因《神曲》这部巨著流传了下来。

但丁出生在意大利的佛罗伦萨。我去过佛罗伦萨。站在高处俯瞰这座美丽的城市，使人不禁感到这是一座有着多么雄厚文化底蕴的城市，这里就应当出现但丁这样的人物！当然但丁也不是“自然”出现的，他能够成为有如此影响力的诗人与他的政治理想有很大的关系。因为政见的不同，他被反对党流放。反动势力答应他，只要他宣誓忏悔，便可结束颠沛流离的生活。但丁拒绝了，最后在流放中死去。

但丁的《神曲》大学生们未必都看过，但是大学生朋友们但丁留下的“走自己的路，让别人去说吧”这句话对一定无人不晓。今天我写这篇文章，本意还不在缅怀但丁的逝世，我主要是想和大学生朋友们聊聊但丁的这句话。

我在刚做辅导员的时候，在同学中搞过问卷调查，在问到“你最欣赏的一句人生格言是什么”的时候，谈到最多的一句就是“走自己的路，让别人去说吧”。我现在给学生上思想政治理论课，课前我也搞过调查问卷，但丁这句话仍然被许多大学生朋友所欣赏，有的学生还把它作为座右铭。

走自己的路是对的。谁的人生之路也不可能由别人来替代。这里的关键是路选得对不对？对的路就应当义无反顾地走到底。一些人的成功就在这里，即在对的路上坚决走下去。当年毛泽东同志的父亲不让他出去革命，到过韶山的人都能看到有一块巨大的石头上镌刻着“毛泽东小道”五个大字。正是从这里，毛泽东同志走上了革命的道路。

应当说今天的教育与改革开放初期有很大的不同，一定程度上大学生们更有了自我教育的便捷条件。因此，教育一定要更好地发挥自我教育的作用。教育者确实不应当对学生的选择过多地干涉。

但是大学生朋友们一定要清楚的是，教育是有规律的，人的成长也是有规律的，这些规律告诉你怎样走自己的路才会成功；走了什么样的路就会失败。

因此，处在拔节孕穗期的大学生朋友，一定不能仅凭着个体经验来选择人生的路。孙中山讲：“世界大势，浩浩荡荡，顺之则昌，逆之则亡。”牛顿讲：“我是站在了别人的肩膀上。”面对当今这样风云变化的世界格局、中国大势，一定要多借鉴别人的经验。

可以这样讲，那些成功的人都是能够借鉴别人经验的人。人生没有彩排，每一次都是正式演出。选择什么样的路一定要慎之又慎，真不能由着性子来。如果都走到悬崖边上了还不让别人说，那结局会是什么样呢？

203

和大学生朋友们谈谈如何面对困难

谁都不希望自己的青年时期面临生活上的困难，而辩证地来看，一旦拥有便是一笔宝贵的财富。

无论是在做知青的时候，还是读大学的时候，我家的生活条件与其他人比起来都应属于差的那类。但这并没有使我气馁，反而使我更加坚强。

大学毕业后，我的生活与以往相比真是大不相同了。我很知足，每天都很快乐，始终感到没有什么困难会难倒我。我在从省厅回到学校做辅导员的时候，很多人都觉得这不是自讨苦吃吗？我觉得这有什么，当年那么艰苦都过来了，现在不是挺好的吗？又有多少人比我艰难啊？

我在省里工作的时候，有一次和特困生们开座谈会，有个特困生也谈了和我相同的看法。她说，她感谢她的父母，是他们使她生活在一个贫困的环境里，这使她早日成熟起来，懂得了责任，懂得了感恩，贫困使她变得更加坚强。这个学生后来被保送读研，她毕业后主动到新疆石河子兵团当了一名教师。

由于发展水平的不充分、不平衡，目前有很多大学生仍然生活在贫困的家庭里，这是无法改变的现实。我带过的学生中就有很多学生来自贫困的家庭。

我跟学生们讲，出身于什么样的家庭是无法选择的，人生的价值是可以创造的。既然现实无法改变，那就改变我们自己，改变我们对待困难的态度。

我常想:贫困不可怕,可怕的是对待困难的态度不正确。困难专门欺负那些“胆小”的人。我曾资助过一个贫困生,虽然他家庭生活十分困难,但他不怕困难,顽强拼搏,最终以优秀的成绩毕业了。他曾把他工作后得到的第一个月的工资寄给了我。他说:“父母创造了我的生命,您创造了我的人生。”我谢绝了他的好意,把钱退给了他。现在他已是一名正局级干部。

“穷且益坚,不坠青云之志”。我希望家庭生活困难的大学生们能够坚强起来。贫困不是你的过错,改变贫困却是你的责任。只要努力,一切皆有可能。

这里我还想跟家庭富裕的同学说几句话:穷也好,富也罢,有缘千里来相会。你们要像兄弟姐妹一样友好相处。要力所能及地关心和帮助那些需要帮助的同学。当然,这不是你们的义务,你们完全可以不帮助他们。但是,你们没有任何理由瞧不起他们,更不允许你们不尊重他们。

最令人鄙视的一种人就是凭着所谓的生活条件优越,自以为了不起而漠视他人的人。那些困难的同学现在生活上是不如你,这又有什么关系?怎么知道明天他不能超越你?能不能有出息不是由家庭富不富裕决定的。从某种程度上看,贫困就是一笔财富,它会让你更深刻地理解奋斗的含义。很多成功的人,都是经历过困苦的人,道理恐怕就在这里。

204

勿忘九一八

人们常说岁月可以抹平一切，真是这样吗？有些事情应当是这样，有些事情就不是这样。

九一八事变无论岁月多么久远，也无法把它抹平。发生了，就印在了那里，九一八事变让人刻骨铭心，若是忘记了，就如列宁所说，即“意味着背叛。”

岁月抹平不了一切，岁月可以证明一些东西。

在中国人民的顽强抵抗下，日本帝国主义灭亡我中华民族的狂妄野心没有得逞。中国人民的抗日战争是世界反法西斯战争的重要组成部分。日本帝国主义分子本应得到最严厉的惩罚，但是远东国际军事法庭在东京审判日本战犯时，中国代表团遭受到了种种困难和挫折，整个法庭不赞成死刑的人居然占多数。面对各国法官们的偏见与刁难，以梅汝璈为首的中国法官与他们斗智斗勇，最终法庭勉强地以四比三的票数通过将东条英机等臭名昭著的7名战犯送上绞刑架。

我去过梅汝璈的故居。我了解到在东京大审判的起初，梅汝璈曾气愤地想自杀了，他觉得那样回国没有脸面见父老乡亲们。转而又想，自杀了岂不更没有了公平和正义？

落后就要挨打，贫穷就要受欺负。这是一个铁律。勿忘九一八，就是要我们复兴伟大的中华。如今在“东方红”中站立了起来的中国人民正高唱着“富起来”的乐曲演奏着“强起来”的乐章。但是我们的前程并不会一帆风顺。实现伟大的梦想必须进行伟大的斗争。

每代人有每代人的使命。当代大学生一定要找准历史方位,担负自身的责任。爱国不能总是看别人怎样,振兴中华你们应当仁不让。虽然西方社会还在对我们进行横加干涉,但是,只要我们坚定地走下去,强大起来的中国人民就一定会在未来的国际事务中主宰沉浮。我们不侵略别人,但别人再休想对我们说三道四。

205

怎样处理和老乡的关系

在大学里，每年新生入学的时候都会有些新生急切地寻找自己高年级的老乡。初来乍到的，和同学还不是很了解，让老乡介绍学校的情况，再咨询一些想咨询的问题，这既可以加快对大学生活的熟悉，也可以解一时的离家之苦闷。

搞好和老乡的交往未尝不可，但问题是有的老乡的素质并不高，他们利用了新生的心理，骗取了他们的信任，结果给这些新生的发展带来了不好的影响，更有的发生了本不应该发生的事情。某大学就发生过这样一件惨案：一个高年级老乡由起初的和蔼到后来的凶相毕露，因逼着小老乡和自己恋爱不成，便残忍地将她杀害了。所以，新生入学后，辅导员有必要引导学生们处理好和老乡的关系。

中国是个很重乡情的国家，身在异地，一听说是老乡，那真是感到格外的亲，以至于有人用“老乡见老乡，两眼泪汪汪”来形容这种乡情的浓重。

经过高考的选拔，大学生们只身一人由异地他乡来到了大学。由于初来乍到，和同学还不熟悉，离家的惆怅尚萦绕在心头，这难免会产生一种孤独感。人是情感动物，希望有交往，不希望被冷漠。这时，老乡出现了！他们热情地欢迎弟妹们的到来，这种情况下新生应当怎么办呢？

新生应当清楚的是“老乡会”不是大学里正式的社团组织，都是自发成立的。“老乡会”的成员素质参差不齐，素质高的老乡会给你指点正确的大学之道，素质差的老乡则正相反。还有的高年级老乡利用“老乡会”的名义，把老乡召集在一起，吃吃喝喝，让新入会的老乡买单。还有的老乡在弟妹面前散布消极的思想情绪。

所以，你们一定要正确地看待“老乡会”，和老乡交往也要讲原则、有底线，从老乡那里能够汲取到人生成长的营养多往来一些也无妨。不然的话，千万不要碍于面子，应酬于那些无聊的事情，这对自己的发展没有一点好处。

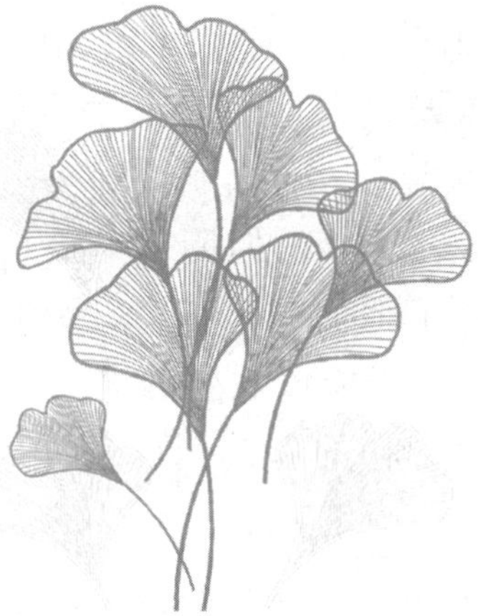

206

应不应当参加大学生社团

很多学生问应不应当参加大学生社团这个问题，此前我谈过，这里我再说一下。

现在的大学生比较注重自身的能力素质培养，这是对的。大学生一定要把自己在课堂上学到的书本知识转化为综合素质。大学生社团在一定程度上承载了这样的功能。新生开学后，许多高校举行“百团大战”，积极招聘新团员，许多新生对社团不是很了解，很盲目地加入一些社团当中。辅导员应当及时地引导学生正确地看待社团。

新生应当清楚的是大学里的社团组织一般是比较正规的。它们由学校学生会下设的社团部负责，也就是说在管理上是比较规范的。现在讲素质教育、能力培养，不要读死书，因此大学生在大学里一定不要仅仅重视课堂的学习而忽视了自己全面素质的培养和能力的提升。大学里的社团就是为了提升学生的能力素质而搭设的平台。因此，大学生应积极地参加到社团中来。

但是需要注意的是，不是参加的社团越多越好。很快你会发现，你参加了好多个社团，但是你根本没有那么多的时间和精力来保证参加这些社团组织的活动。一定要选择那些对自己的发展有价值的社团。

有的社团徒有其名，没有实质内容。不要为了加入社团而加入社团。有的社团美其名曰“寓教于乐”，但实质层次不高，达不到陶冶情操的目的，这样的社团参加不参加意义不大。更有的社团思想性不强，甚至有偏颇，这就更需要加以注意。当然学校有关部门也要加强社团管理，尤其对思想类的社团要早引导、严管理，一旦学生们形成了不好的思想再管理就难了。

大学生要处理好素质能力培养和专业学习的关系。学生以学习为天职，专业学习还是第一位的。不要颠倒了两者的关系，有的学生能力上去了，专业学习却没搞好，这是得不偿失的。某种意义上可以说，学习能力才是根本的能力，学习能力不行其他能力也难有大的提升。

207

今天是烈士纪念日

2018年4月27日,第十三届全国人民代表大会常务委员会第二次会议通过《中华人民共和国英雄烈士保护法》,将每年9月30日定为烈士纪念日,国家在首都北京天安门广场人民英雄纪念碑前举行纪念仪式,缅怀英雄烈士。

小时候给我留下印象最深的烈士是刘胡兰。刘胡兰牺牲后,毛泽东同志给她的题词是:“生的伟大,死的光荣。”在铡刀前刘胡兰面不改色,视死如归。太勇敢,太了不起,太令人敬仰。小时候我家住在郊区,为了给家里省买煤钱,我上山砍柴,有时不小心手被刀划破了,都感到很痛。

我们家附近有个奶牛场。农场有个屋里放着一把铡刀,用来铡草喂牛。有时进到农场院子里,听到传来的阵阵铡草声都觉得瘆得慌。烈士的壮举对我是极大的鼓舞。记得在小学的时候,老师让我当学习课代表,假期要到学生家检查学习情况。有些学生家就住在大海边上。如果走山路要绕很远,如果爬海边的悬崖过去就近很多。我便爬悬崖,身下就是波涛汹涌的大海。我随父亲下乡时,去学校要翻一座大山,经常天不亮我就往学校去,每天都是第一个到学校,冬季给学生生炉子。村民们说山里有野兽。那时脑袋里常闪现英雄的形象。我常想,他们死都不怕我还害怕困难吗?这也是毛泽东同志曾经说过:中国人死都不怕还怕困难吗?

参加工作后,我最想去的地方就是北京。我想看天安门,看人民英雄纪念碑,我想到八宝山,看那些烈士们都安葬在哪里。我先后去过三次八宝山。大学毕业参加工作后我去了八宝山。邵云环烈士牺牲后安葬在八宝山,我去拜谒了她的墓,前年我又去了一趟。现在有了手机,我还把一些刻在烈士墓碑上的话照下来发给学生们,激励学生成长。

我拜谒过李大钊的墓,在他墓前献过花,我默默地在心里想:我一定传承先烈们的遗志。我也去过方志敏的墓。一边是高官厚禄,一边是刑场,36 岁的方志敏毫不稀罕美味佳肴,毅然走向了刑场。

他们为什么能够做到这些?说到根本还不是他们没有忘记共产党人的初心!他们在用生命践行党的全心全意为人民服务的宗旨。

前几天我获得了“70 年最美奋斗者”荣誉称号。在颁奖大会结束走出人民大会堂的时候,我看到了毛泽东同志的嫡孙毛新宇。开始我担心他劳累不想打扰他。后来我想不知道能不能有机会再见到他。我走过去说:“我去朝鲜的时候给毛岸英鞠过躬。”毛新宇立即精神起来,欣然答应和我合影留念。

现在全党上下都在进行“不忘初心,牢记使命”的教育,这很有必要。我们有些同志这也不满足,那也不满意,如果用初心来衡量的话,就是忘记了全心全意为人民服务的宗旨,想自己想得多了。更有的党员违法犯罪走进了监狱,说到根上不就是信仰动摇了吗?

我常跟辅导员们讲,我们的工作有难度,但是与先烈们比起来不算什么。外部环境由领导们来创设,我们主观上要发挥好能动性。要把辅导员工作当成事业来做,当成人生的崇高追求来做,当成人生的幸福来做。不忘初心,牢记使命,在培养学生、服务祖国中实现我们的尊严和价值!

记住毛泽东同志曾经说过的话:成千成万的先烈,为着人民的利益,在我们的前头英勇地牺牲了,让我们高举起他们的旗帜,沿着他们的血迹前进吧!我想,这应当是对逝去了的先烈的最好纪念!

208

今天这个日子不能忘却

1860年10月7日，英法侵略军火烧了圆明园。虽然时间过去了159年，但是岁月却抹不掉印在我心中的痛。

我在大学是学政史专业的，对近代社会中国人民所遭受的苦难刻骨铭心。记得我在学中国近代史这门课的时候格外用心，教科书中清朝政府被迫签订的每一个不平等条约的内容，如割让了哪些领土，赔了多少两白银，开放了哪几个通商口岸，我都背得清清楚楚。我那时在心中就更加坚定了我读大学的志愿：我要当好一名教师，培养我的学生爱国，为此我可以说奋斗了大半辈子。

列宁讲过这样一句名言：忘记过去就意味着背叛。那些在中华民族史上刻下了耻辱、悲痛的日子国人绝没有理由忘记。第一次鸦片战争后，清政府被迫签订了《南京条约》，这些“强盗们”还不满足，又逼迫清政府修约，在遭到清政府拒绝后，他们以所谓的“亚罗号事件”和“马神父事件”为借口，挑起了第二次鸦片战争。圆明园就被烧毁于这次战争之中。

圆明园建于明朝，经雍正、乾隆、嘉庆、道光、咸丰五位皇帝，经历150年的经营，成为一座规模宏伟、景色秀丽的园林。雄伟壮丽的宫殿被八国联军的一场大火烧成了瓦砾。

英法侵略军火烧了圆明园，他们就是一群标榜着所谓“自由、平等、博爱”的强盗，他们哪里还有一点人的味道？我从来就没相信过他们的学说。

有一年我参观牛津大学博物馆，在“唐人馆”里摆放着大量中国的价值连城的文物。我故意问解说员这些文物怎么到了这里?解说员很清淡地说:“都是贸易交换来的”。怎么能“都是”呢?鬼才相信呢!无法考据的是有多少中国的文物被他们掠夺回去后“文明”地“捐赠”给了大学博物馆、国家博物馆。反观我们的一些大学的历史学院(系)“可怜”的有几件像样的文物?

我留校做辅导员的第二年便自费去了北京,看了很多名胜古迹。圆明园自然是我必须去的一个地方。那仅存的断垣残壁静静地矗立在那里。“此处无声胜有声”。它犹如一位风烛残年的老人,在默默地叙述着一段令人心碎的往事:“孩子们,我们被人家欺负成这样,你们还在等什么呀!”我懂得了我的责任,更清楚了我应当做什么。

大学生朋友们,几天前,习近平总书记站在天安门城楼上,发表了庆祝中华人民共和国成立70周年讲话。他坚定地指出:“70年前的今天,毛泽东同志在这里向世界庄严宣告了中华人民共和国的成立,中国人民从此站起来了。这一伟大事件,彻底改变了近代以后100多年中国积贫积弱、受人欺凌的悲惨命运,中华民族走上了实现伟大复兴的壮阔道路。

“70年来,全国各族人民同心同德、艰苦奋斗,取得了令世界刮目相看的伟大成就。今天,社会主义中国巍然屹立在世界东方,没有任何力量能够撼动我们伟大祖国的地位,没有任何力量能够阻挡中国人民和中华民族的前进步伐。”

我非常荣幸地被邀请参加了国庆观礼,亲耳聆听了习近平总书记的庄严宣告,感到备受鼓舞和鞭策。

可是我老了,未来要看你们的。你们怎么样,未来的中国就将怎么样!你们必须肩负起历史赋予你们的使命和责任。你们不能忘记今天这样的日子。不能忘记不是为了复仇,而是要用昨天的历史激励今天的你们,拼搏你们的明天,让“厉害了,我的国”厉害到那些别有用心的人再也不敢指手画脚、说三道四!只有到了这一天,那些被掠夺过去的价值连城的中国文物才可能被“交换”回来。

209

知识分子当有钱学森那种爱国的情怀

我已记不起是从什么时候知道钱学森先生的，反正钱学森先生是我人生的一个楷模。1955年10月8日是钱学森先生从美国冒着生命危险回到祖国的日子，今天是10月8日，本人写下这篇短文，也算是一种纪念吧。

钱学森先生是享誉海内外的杰出科学家和中国航天事业的奠基人，中国“两弹一星”功勋奖章获得者之一。

今天，我们的神舟飞船已遨游在浩瀚的太空，这其中亦包含着无数像钱学森先生这样的科学家做出的贡献。钱学森先生的事迹无须赘述，我只想简单地谈谈他的爱国情怀，以激励大学生朋友们向他学习，在实现中国梦的伟大事业中奉献自己的聪明才智。

钱学森先生是一位伟大的爱国科学家，早年他在美国攻读博士学位的时候，我们的祖国正遭受着日本帝国主义的践踏。听闻“南京大屠杀”事件，钱学森先生义愤填膺，彻夜难眠，他决心用各种方式为国效力、报仇雪恨！

中华人民共和国刚成立的时候，钱学森先生在美国已很有名气了。美国给了他优裕的科研和生活条件。但他毅然地放弃了这些，于1955年10月8日经过一番曲折，冒着生命危险从美国回到了祖国。美国海军部前部长丹·金布尔说“1个钱学森顶5个师”。

钱学森先生回到了祖国便说：“我终于回到了日夜想念着的祖国，今后要贡献自己的全部力量为祖国的建设事业服务。”今年暑期我在呼和浩特市博物馆参观,看到了钱学森先生当年不辞辛苦从北京来到内蒙古考察、调研、指导航天基地建设的照片。那个年代条件十分艰苦,但是钱学森先生为了祖国的发展在所不辞。

我崇敬钱学森先生。有一年我到美国考察大学文化,我还专门到加利福尼亚州理工学院看了看。当年钱学森先生在这里生活和学习过。

我在辽宁师范大学做校党委副书记的时候,我组织化学学院的学生给钱学森先生写了封信,学生们表示要向钱学森先生学习,当好教师,为祖国培养人才。钱学森先生看到学生们的信后,不顾年事已高,给学生们回了一封信,勉励学生们好好学习。信中说:“你们一定能当好时代需要的老师。”

这句话后来雕刻在一块石头上,矗立在学校图书馆前的道旁。每当学生路经这里的时候,耳畔都会想起钱学森先生的嘱托。

我现在做报告的时候,也是常常想起钱永刚先生告诉我的钱学森先生的这句话,让大家铭记钱学森先生的教诲。我也对比了有的知识分子,确切些说是有的“大知识分子”。应当说他们有些学问,属于“大咖”级的人物,但是他们缺少钱学森先生这种执着的爱国情怀。他们把自己当成了“个体户”,四处“交易”,哪里钱多往哪里去,没有“君子不器”那种刚毅的品格。严格讲这也不太像“大知识分子”了,太“功利”、太“精致”。

大学生朋友们现在还只算得上小知识分子,但是将来你们自然会有人成为“大咖级”的知识分子。不过不管有多少学问,千万别成为“精致的”个人主义者,这样会让人瞧不起,知识是用来为祖国、为人民服务的,如果仅仅是为自己,那知识就要变味了。

210

算是写给全体2019级同学的一封信吧

前天凌晨三点，我怎么也睡不着了。我给我授课的2019级电气工程及其自动化专业（3、4班）和自动化专业（1、2、3、4班）同学写了封信。看了这封信之后，很多同学给我点赞，有的给我发微信。有个学生说："感谢曲老师的良苦用心！给我们提供一盏指路明灯！老师也要注意休息，身体健康最重要！"有个学生说："当我醒来看到老师微信的时候，我惊呆了。老师真是太用心了。老师的用意我全明白了。我绝不会让老师失望的。一学期的课全解决问题了。"还有个学生说："真没有想到还能遇上您这样的老师，为了我们能睡好觉，您却不睡觉。我记住了。"昨天一早上我就把这封信发给了同学们。今天我把这封信推送给大家，尤其希望2019级同学能够从中得到一点启发。回过头来我也挺佩服我的。是什么力量让我做了一件件看似难以做到的事情？只能用爱心和责任心来诠释了。

小伙伴们好！

当我开始写这封信的时候你们还沉浸在梦乡里。你们梦到了什么？是昨日从家返校父母的嘱托，还是爷爷奶奶舍不得你们远去而流下的泪水和那恋恋不舍的目光？是中学老师们如和风细雨般的又一次叮咛，还是往日同窗那紧紧地相拥与有力地握手？是旅游途中远眺的那一座座巍峨耸立的高山、奔腾不息的江河，还是田野里那一片片金黄的随风起伏的麦浪、扑鼻而来的花香？是一路上熙熙攘攘的人群，还是那如洪流般滚滚向前的车轮？

梦就是梦,当你们醒来的时候,你们会发现你们又重新躺在了这张节日前你们急不可耐地要与之分别的似熟悉又陌生的床上,只不过此时的你们已经没有时间过多地遐想,你们所迫切面对的是马上要行走在去食堂的路上,你们要填饱肚子,要迈着急匆匆的步伐来到教室这个你们大学生活中离你们最近、与你们最密不可分、筑就你们梦想成真最现实的地方。

你想过吗?你们的大学生活从今天才真正开始,此前的一切忙碌只是你们大学生活的预热。因为从今天开始你们才真正挤走了你们内心那份急于放假回家的焦躁和拥有了沉下心来静静地思考你们从哪里来要到哪里去的那份安宁。

此时是凌晨三点三十分。在你们沉浸在梦乡的时候我为什么要给你们写信?我不困吗?我只知道你们的“舒服”才是我最好的催眠曲。我是你们的老师,我是教你们思想道德修养与法律基础课的老师,对你们我有什么样的责任?上完课走人不就完事啦?你们“舒服”还是“不舒服”与我有什么关系?

有关系。我以为这门课要想真正上好需要有深深的情怀,也就是一种发自内心的、难以抑制的、喷涌而出的情怀,一种急切的、毫无保留的、把幸福给你的情怀!虽然这些在课上我们都会涉及,但是有些话是有时节的,有些话是有早晚的,有些话是有场合的。我相信,你们中一定会有那么一个、两个、三个……甚至更多的同学牢牢地记住我此时所说的话,我也相信你们只要记住老师凌晨三点为了你们睡不着就够了,我更相信此前的你们恐怕还真没遇到过我这样爱唠叨、瞎操心的人。

我真不是太闲了。我真是替你们着急啊!着急什么?着急你们不要把大学当成节日过。大学不是用来过节的,大学的日子也不都是节日。严格说起来,你们不是带薪休假的,假日根本就不是为你们准备的。你们还没有资格放假。

在你们心情宁静的时候发给你们,你们一定就会耐下心来细心看看我都唠叨些什么,虽然我不能保证或许还会有的同学把我微信删除。

人和人之间的差距是怎样形成的?我要告诉你们的是,在其他条件相同的情况下,根本取决于剩余时间占有多少。剩余时间创造剩余价值。无须论证,这是一条“铁律”。鲁迅把别人喝咖啡的时间用到了著书立说上,鲁迅成了“鲁迅”。四年后你会发现,很多同学把你过节的时间用到了学习上，所以又走进了更高的学术殿堂。就在国庆假期，除了必做的事情外，我又写了一万多字的微信。我从上大学到今天没贪睡过一次。春节、五一节、中秋节、国庆节，哪有一条法律规定必须晚起？一个做不到慎独，也就是自己管不住自己的人，怎么能有大的出息？

你们再不要有孩童心了。你们要真正地长大成人了。长大成人的标志是什么？是惜时如金，懂得每个大大小小的成功都是由剩余时间保证的。

不是过节不可以回家。我倒觉得有条件的话过节了应当多回家看看。不要忘了你们是父母幸福的源泉。不过你们要有时间的概念，要清楚放假只是课堂时间的转移和延伸。你们必须学会充分地利用碎片化的时间。“外卖小哥”能在诗词大会上击败北大的硕士，靠的就是充分地占有更多的剩余时间，最大限度地利用了碎片化的时间。我从回到学校做辅导员，到我带的学生毕业，再到开通了公众号，目前我通过手机平台发送了足有三百万字的微信，这是什么概念？我的职业是发微信的吗？我和“外卖小哥”一样，只不过是没有废弃掉属于我的一分一秒的碎片化时间。

我要告诉你们的是幸福就在这里，未来就在这里，一切都可以从占有剩余时间的多少中寻找到。所以我说大学生活是从今天开始的，真正的大学生活是从你们懂得充分地利用碎片化时间、占有比别人更多的剩余时间开始的。

节前的课上我布置了一个作业：怎样度过你的大学生活？我毫不怀疑有的同学会把自己的大学生活设计得如此完美，就如同要建造一座富丽堂皇的大厦一般，我要提醒你们的是你们怎样用时间来保证大厦的竣工？不然只能是空中楼阁而已。我见过的多了，一些学生待毕业了曾经设计的宏伟蓝图还原封不动地存放在那里。

时间有限。大学生活转瞬即逝。我相信你们谁也不会拒绝幸福，那你们就抓紧行动吧！幸福只会在时间的尽头等着你。如果靠着起跑就能决定输赢的话，幸福就不那么值得拥有了。

起床吧，小伙伴们！别枉费了老师的一片苦心哦。

愿你们与众不同！

愿你们的一切都是那么的美好！

211

一封写给我授课年级家庭生活困难学生的信

家庭生活困难的大学生朋友们好!

我在给你们上第一堂课的时候就向你们承诺过:谁也不准饿着肚子来上课,谁也不准饿着肚子来要求进步,吃不上饭找我,有我吃的,一定就有你吃的。国庆节假期期间我请了你们中没有回家的生活困难的学生吃饭,为的也是让你们安下心来好好学习。

最近学校又评完了生活困难学生助学金,为的也是尽量地帮助大家度过大学生活。有的同学获得了一等助学金,有的同学获得了二等助学金,有的同学获得了三等助学金,还有的同学没有得到。

获得一等助学金的同学自然不用说什么了,获得二等助学金的想不想得一等助学金呢?三等的想不想得二等助学金呢?没得到的想不想得三等助学金呢?这是一定的。有的同学定会觉得你比别的同学困难却没有得到相应的资助。会不会出现这种情况呢?也一定会的。因为谁得助学金?谁应当一等、二等、三等助学金,甚至不给有的申请的同学助学金,毕竟不是拿秤"称出来"的。再加上你们刚来大学不久,辅导员对你们的家庭生活困难程度的了解还不是那么准确,因此这里也就存在着不可能"绝对公平"的问题。你们应当怎样看待助学金的评定和生活中的困难呢?

首先你们要视野开阔些。无论你得到多少助学金,你都要想到这都是党和国家对大学生成长的关心和关爱。我们国家还是发展中的国家,大学生要上学,老百姓要吃饭,百姓病了要看病,国家要解决百姓居住问题、还要解决发展建设问题。但是有一点是明确的,为了尽量地满足人民群众上大学的愿望,国家是下了大的气力的。在我们这样的一个发展中国家,我们即将实现高等教育大众化,这可以说是世界高等教育史上的一个奇迹,是社会主义制度优越性的一个体现。你们一定要把党和国家的关心和关爱转化为强大的精神力量,为实现中国梦而读书。

不要养成“依赖”心理。有助学金挺好,但若没有助学金就读不了大学啦?就差这笔钱吗?我在读大学的时候家里也很困难,但是我就没有申请困难补助,我照样读完了大学。我带的一个2013级的学生,家庭生活困难,我到他家家访他母亲告诉我他买支笔都很节省。但是他从来不申请困难助学金。我问他为什么不申请?他说别的同学都很困难他就不申请了,有了这个钱也不能从根本上解决问题。所以,二等助学金和一等助学金不就是差1000元吗?三等助学金和二等助学金不就差1000元吗?确实不能从根本上影响你的大学生活,因此不要把得到了几等助学金看得“太重”,养成勤俭的品德恐怕什么困难都解决了。而是如果一心盯在助学金上,盯在自己“亏了”上,那就不仅会影响自己奋斗精神的养成,还会影响和同学之间的团结。

不要有“不得白不得”的心理。有的同学本来家庭也不是很困难,却也“积极”申请困难助学金。一定要实事求是地把情况跟辅导员说清楚,不困难千万不要写虚假的材料,你一时骗得了助学金还没有大了不得的,但是养成了总想贪便宜的习性,不诚信,则事情就大了。人生的路漫长,靠伪装怎么能长久呢?靠虚假所得到的最终总会因为不诚信而失去,且你所失去的比你得到的怕是还要多。

作为辅导员尽管我们要求学生要正确地看待助学金,但这并不是说我们想怎样发就怎样发。助学金对学生来说毕竟是大事。辅导员一定要把工作做细致些。如果对学生有全面的了解,哪个学生困难,哪个学生困难到什么程度,你就会有个八九不离十的判断。辅导员一定主观上不能有不平等的想法,搞亲疏远近,这样就失去了助学金所应起的作用。评定助学金的过程,也是对学生进行友善、励志、诚信教育的过程,要充分地利用好。

还是那句话,吃不上饭找我。不要和同学斤斤计较。

祝大家一切都好!

212

写给大学生生日的祝福

大学生朋友们好！

你们每天都会有无数的人过生日，在大学期间（包括读研期间）有的学生要过好几次。

生日应当怎样过？我想大家一定也是五花八门，各显其能。生日嘛，毕竟是人生的一个重要时间点，认真地过一下也是应当的。你们怎样过生日和我怕是本没有什么关系，可是我作为一名老思想政治教育工作者，也可能是老了愿意唠叨的原因吧，我还是想把我的一些看法说给你们听，总是希望你们中能有些人认同我的看法。哪怕你们中有一个人受到了我的影响，也算我没有白说。

生日就是人生的一个符号，像树木的年轮一样，在你的人生生涯里又刻下了永远抹不掉的印迹。从这一点来说，生日来临的时候，纪念一下也不是不可，因为过去的岁月就过去了，不可能重来，这也算是给自己的未来留下一个回忆。但是应当怎样纪念你的生日？也就是应当怎样认真地过你的生日呢？

有的同学恐怕会大吃海喝一顿，甚至一醉方休。这就不太合适了。你们现在是大学生了，学业任务很重。今天过生日，明天过节日，后天看电影，大后天逛商场……似乎一切都是合理的、都是应当的，但如果时间就是这样“理所当然”地花费掉了，怎样保证你学业的提高、能力的增强？我想，过生日还是要本着节俭的原则为好，这里不只是不要讲排场，更要养成惜时如金的习惯。

大家常说“一寸光阴一寸金”,这句话用在大学里最合适不过了。你们现在正处在人生的黄金期,一定要把握好大学这个阶段,把自己培养得十分强大,以应对未来社会的挑战。而使自己强大的一个重要条件就是时间的保障。我常说到这一点:剩余时间决定剩余价值,只有充分地占有了剩余时间才能培养好自己。

过生日的时候寝室同学可以在一起,也可以和合得来的几个人在一起,大家简单地聚个餐也是未尝不可的。但是不能吃顿饭就拉倒了,关键是让别人帮助你总结一下过去的一年你是怎样走过来的?有哪些得失?明天的路应当怎样走?经验告诉我们,善于总结的人才能少走弯路,找到“捷径”,才能更好地走向人生要实现的目标。

我听说有的同学过生日搞友情“绑架”,要随份子,不然就是“不够意思”。这太不应该,必须改正。怎能强迫别人给自己过生日呢?同学们要清楚一点,友情不是逼迫出来的,这样的交往不会得到别人的认同,在内心人家是会反感你的,这样的交往不会长久。

同学们还应当想到这样一点:其实,同学间的家庭生活状况还是存在很大的差异性。我去过很多困难的学生家,困难的程度你不身临其境是无法想象的。不要你家生活条件好,对花费个几十元钱、百八十元满不在乎,就以为别人不这样就是小气。对一些同学来说,这几十元钱也是钱啊!百八十元更是钱了。你们记住:不只是过生日,做人一定不能做让别人为难的事!

你们还特别要记住的是:人生有两个年龄,一个是生理年龄,一个是社会年龄,社会年龄一定要与生理年龄同步增长,不能只增长了生理年龄,而落下了社会年龄。

我们常说有的人总长不大,就是针对他的社会年龄说的。你们又迎来了你们的生日,你们首先要想的是“我的社会年龄又长了多少?”只本能地活着是不行的,一定要使自己更具备社会的属性,也就是人的属性,使自己更像一个人的样子。我昨天推送了“写给大学生生日的祝福(一)”一文,有个学生留言说:“过生日意味着我们的责任又更重了一步,记得我的十八岁生日,正逢高三,我那天和往常一样刷题,没有一个人记得我的生日,我给自己在店里买了碗面,就当过生日了,那天之后,我就是个大人了。”是这样的,年龄大了,社会责任就增加了。

社会年龄必须与社会要求相一致,因为每代人有每代人的使命和责任。作为当代大学生必须将自己的理想与中国梦的实现结合起来,成为担当民族复兴大任的时代新人。今年国庆节我非常荣幸地应邀参加了国庆观礼。看到一队队大学生精神饱满地从我的面前走过,我感到十分欣慰。中国梦必将在你们的手上实现。那夜我几乎无法睡眠,我的脑海里始终在想:中国梦是欢呼不来的,需要当代青年砥砺前行。所以,当你们过生日的时候,我是希望你们不要忽视你们的社会年龄,也就是不要忘了你们的使命和责任。你们只有社会年龄成熟了,自然年龄才有意义、有价值,新中国的生日才能更加幸福安康。

祝从今天开始过生日的大学生朋友们生日快乐!

213

做人不要给人添麻烦

我常想,每个人都能管好自己,做该做的事,不做不该做的事,这社会会减少多少管理成本?假如社会不需要公检法队伍了,把公检法省下来的钱都用来建学校,繁荣文化生活,那教育水平得多高、人民要多幸福啊!显然这是痴人说梦,现在根本做不到。

社会做不到,学校能不能做到?其他群体做不到,大学生群体应不应该做到?我认为大学生群体还是应当做到的,或者说应当努力做到的。大学生比小学生大在哪里?比没有读书的人高在哪里?是用学历来衡量的吗?绝对不是。说你是大学生,那是因为你“大”在文化上,也就是你当有更大的善性、善行上。那又怎样衡量呢?当然有很多方面可以折射你的善性、善行,其中一点就是不要给别人添麻烦,也就是要自己“承包”好自己。

现在有些大学生,养成了我行我素的习惯,总是以自己为中心,想做什么就做什么,根本不考虑自己行为的后果会给他人,尤其是给辅导员带来怎样的麻烦。你们知道吗?你们若是出了点事,辅导员要挨多大的批评,又要增添多大的麻烦,又会对辅导员的发展带来怎样的影响?

你们也都不小了,干吗不能让辅导员省点心呢?现在的大学制度不完善,离建立职业化、专业化、专家化的辅导员教师队伍还有不短的距离,这使得辅导员就像“勤杂工”一样,凡是和学生有关的事情都推到了辅导员身上,这根本没有道理。细想起来学校里还有和学生没有关系的事吗?不然就不是学校了。

有的辅导员说他们两眼一睁,忙到熄灯;两眼一闭,提高警惕。虽然有些夸张,但这也确实是一些辅导员工作情景的写照。大学生应当想到的是辅导员年龄大些的上有老,下有小,要做的事情很多;年龄小点的除了照顾自己的父母,还要成自己的家,要谈恋爱的。有的辅导员说真是忙不过来,这也确是他们的心里话。

国家要求辅导员与学生的比例为1∶200,有多少学校做到了?很多学校辅导员与学生的比例远远低于这个比例。辅导员怎么能顾得上这么多的学生呢?作为大学生,怎么能忍心给辅导员再添麻烦呢?你们怎么就不能自己管好自己呢?不要总是靠着别人来管,靠着别人来管总有别人管不到的时候,那你不是早晚要出事吗?如果由社会来管了,那你不就毁掉自己了吗?

当然有个别的辅导员对学生也不是太负责,因此学生也就不会为他着想。辅导员还是应当把学生的利益放在第一位,不管工作条件怎样,都应当发挥好自己的主观能动性,尽最大努力把学生培养好;作为大学生,不管辅导员怎样,你们不要对着干,也没有必要对着干。

214

今天是“一代球王”贝利的生日

贝利1940年10月23日出生在巴西。谈到足球,自然会谈到贝利,可以说足球爱好者没有不知道贝利的。

20世纪还差19年结束的时候,世界上非常有影响力的三十多家新闻媒体便急不可耐地要评选出20世纪世界最伟大的运动员。评选的结果不出所料,巴西人贝利以其精湛卓绝的球艺、高尚谦逊的球风获得第一名。

贝利的父亲是名没有什么名气的职业足球运动员。贝利小时候的家境十分困苦。但是,正应了那句话:“自古英雄出少年”。贫困的家庭生活不仅没有磨灭贝利的意志,反而使他更加努力、更加坚强、更加执着。贝利很快便出人头地了。贝利17岁时首次代表国家队参加世界杯大赛便立下大功,帮助巴西队获得了冠军。里约热内卢沸腾了,巴西沸腾了。人们狂呼着“贝利,贝利!”贝利共参加过1364场比赛,共踢进1282个球,这个纪录在足球史上是唯一的。贝利以他的足球为国家争得了崇高的荣誉。

我无意对贝利的球技做出什么更多的评价。我只想借贝利来和大学生朋友交流一件事情。好多年前我看过《球王贝利》一书,书中有段描述给我留下了深刻记忆。书中说:

有次比赛时球王踢进了关键一球,使巴西队获得了胜利。按正常来说,贝利应当欣喜不已,在球场上狂奔一下。但是贝利在高兴的瞬间马上便产生了一种自责。贝利想:我完全可以正常地踢进这个球。但为了显示自己,他利用高超的球技“耍弄”了守门员。

“得饶人处且饶人”。一个人的伟大,一定不是在他的能力上,而是在他的品德上。贝利之所以能成为伟大的球王,恐怕关键还是他有一颗伟大的心灵。

大学生正处在人生的拔节孕穗期,一定要在自己的心灵种下美好的种子。“尺有所短,寸有所长。”同学们在一起相处,一定多看别人的长处,查找自己的短处。要懂得尊重别人。不要目中无人,自以为是。即便你有再大的本事,也不要觉得自己了不得了,整天飘飘然的。你也没有半点资格歧视和嘲笑别人,更不能要弄别人。大学生应当从贝利身上汲取这种内省的品德,把自己培养成为谦逊的人、让人尊敬的人。

215

联合国成立 75 周年

成立联合国最初是由美国总统罗斯福和英国首相丘吉尔提出的。

太平洋战争爆发后，为了形成强有力的反法西斯联盟，美英两国在征得了苏联的同意后，拟定了一个各国共同遵守的准则，即《联合国家共同宣言》（以下简称《宣言》）。1942 年 1 月 1 日，美、英、中、苏等 26 个反法西斯国家在《宣言》上签了字。1945 年 2 月，在雅尔塔会议上，罗斯福、丘吉尔、斯大林又进一步讨论了成立联合国的问题。

联合国正式成立大会于 1945 年 10 月 24 日于美国的旧金山召开。中国代表团成员董必武在《联合国宪章》上签了字。根据宪章规定：联合国的宗旨为“维护国际和平与安全”“发展国际间以尊重人民平等权利及自觉原则为基础的友好关系”“进行国际合作”。根据《联合国宪章》规定，美、英、中、苏、法五国是联合国的常任理事国。

到今天，联合国已经成立了七十五周年。实事求是地说，联合国成立以来，在维护世界和平，缓和国际紧张局势，解决地区冲突方面，在协调国际经济关系，促进世界各国经济、科学、文化的合作与交流方面，发挥过积极的作用。但是，不得不看到的是，联合国在某大国的操纵下，也做了不少的错事和坏事。美国就借联合国的名义侵略过别的国家。

一个国家在联合国中的地位与话语权是与这个国家的综合实力相一致的。这就是我们常说的“弱国无外交”。自中华人民共和国恢复在联合国的合法地位以来，我国在联合国的地位逐渐得以提升，特别是改革开放以来,尤其是近些年来,我国在国际事务中的话语权在不断加大。但是我们不得不承认我们在联合国所起到的作用与我们这样一个大国所应起的作用还不很相称。这就需要我们不断增强我们的综合国力。

2019 年 10 月 21 日,也就是前几天,习近平总书记在向第九届北京香山论坛致贺信时指出:“面对复杂的安全威胁,各国要紧密团结起来,坚定维护以联合国为核心的国际体系,不断完善新型安全伙伴关系,推动构建符合地区发展实际的安全架构,更好促进亚太地区持久和平和普遍安全,为促进世界和平发展和构建人类命运共同体做出新的更大贡献。”

这里的核心就是我们要在国际事务中发挥更大的作用。这就需要我们把国家建设得更加强大。

毫无疑问,这个任务历史性地落在了大学生的身上。大学生必须义不容辞地担负起自身的使命和责任,积极投身到实现中国梦的实践中。只有如此,我们的国家才会越来越强大,我们的人民才会越来越幸福安康,我们在国际事务中的话语权才会越来越强,在联合国这个舞台上我们才能更好地完成一个负责任的大国所应担当的责任。

216

写给新疆少数民族同学的一封信

小伙伴们好！

转眼又是一年。去年给你们买了苹果，今年又到了买苹果的时候。我让×××负责给你们买了苹果，我现在在北京，虽然不能到现场去看你们领取苹果时的欢乐，只要你们欢乐我就满足了。

有的领导问我为什么要去做辅导员？我说我很幸福，我要把幸福送给学生们。我的最大幸福就是看到你们幸福。看到你们一个个健康成长的样子，我真是打心眼里高兴。

今年父亲节你们“组团”到办公室看我。你们送给我一面锦旗，上面写了这样一段话：“感恩曲老师，深爱新疆生，一如天山雪，润物细无声。”我把这些话深深印在我的脑海里，以此激励我前行在为你们服好务的路上。

给你们买苹果只是我的一点心意。我是希望你们能想到你们始终在老师的心上，希望你们不忘老师对你们的嘱托。老师就是太忙了，不能和你们时时在一起。但是老师无论在哪里，你们始终都在老师的心上。我们是个大家庭。“家不和，外人欺。”我们一定要像石榴子那样紧紧地拥抱在一起。既然你们来到了大连海事大学，我们就是四年的师生，一生的朋友。你们有什么思想上的困惑，生活上的困难一定及时联系我。我不是向你们承诺了吗？我一定会尽己所能地帮助你们解决思想上的困惑和生活上的困难。我既是老师，也是东道主，更是你们的朋友，你们所遇到的问题都不是问题，我都能帮你们解决，请相信我。

马上进入冬季了,注意别感冒了。一定抓紧时间学习。快进入期末考试了,千万别临时抱佛脚,那样学的知识不牢固。学知识是为将来使用的,仅仅为考试而学习意义就不大了。记住老师的话:待你毕业的时候,不仅要看毕业证的大小,还要看看毕业证的含金量。只为考试的学习就是一个毕业而已;如果考虑毕业证的含金量,那你的学习就不一样了。

老师在北京师范大学给你们写了这段话。马上要做报告了,就写到这里吧。

希望你们在海大有家的感觉。

祝你们天天开心快乐!

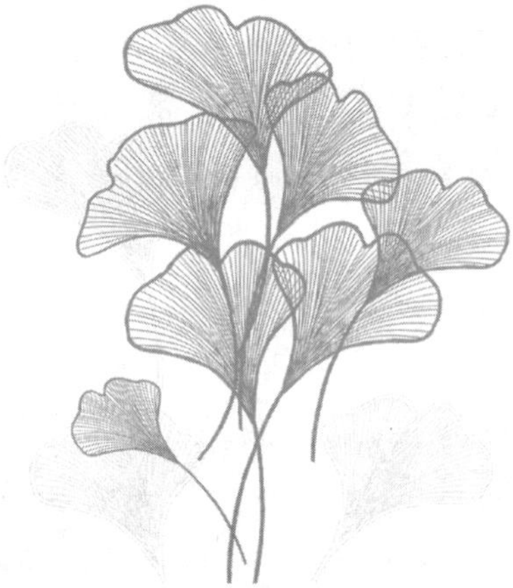

217

你的脑袋是干什么用的？

我也可以算是个走南闯北的人。借各种机会，我非常愿意去这样一些地方：大学、名人故居、名人墓地、庙宇教堂、图书馆、博物馆。我都是看完了这些地方，有时间再看自然景观。

有一次我到坐落在南普陀山下的南普陀寺参观。刚到寺庙门口从车上下来就被卖香的围住了。她们劝我买她们的香。有个卖香人说："老板，你买我的香吧。我在这里卖多年的香了，烧了我香的人都发大财了。还有回来还愿的。"我自然是不会买了，因为我从来就没有信过，我没在这方面花过一分钱，我在心里想："既然那么灵，你烧了不就完事了，不就发大财了，何必在这辛辛苦苦地劝说别人呢？这是为人民服务来啦？我怎么能信呢？"

我说都是些没有信仰的人才疑神疑鬼的。习总书记批评有些党员干部也是这样，不信马列信鬼神，精神上缺钙，这怎么能做好党的工作呢？

大学生朋友更要有唯物主义的观点。《国际歌》歌词说，从来就没有什么救世主，也不靠神仙皇帝，要创造人类的幸福，全靠我们自己！年纪轻轻地不去奋斗，总想投机取巧，这人生多不靠谱。

脑袋是用来思考的，就是用来加工"材料"的。当然你要选择"优质材料"加工。而任何人的脑袋里也不会天然装有"优质材料"的，这需要你去寻找，这就需要学习。科学的理论是最优质的"材料"。没有思想力自然看不明白事理，便会信天由命；如果脑袋里装进的再是错误的东西，那就必做错事无疑。特别是大学生朋友们,你们这么年轻,这就是你们的资本,既然能考上大学,说明你们的智商很高。最需要你们相信的是没有奋斗就没有成功,要用奋斗奏响你人生的乐章。

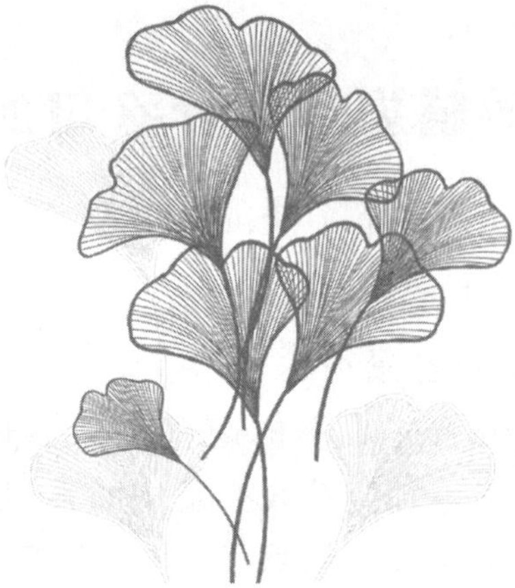

218

你到底有多难？（一）

前几天看到一篇文章——“大一新生：我太难了”，联想到经常有大学生感叹“太难了”。把“难”字当成了“口头禅”，我实在不敢恭维，我要问的是：你到底有多难？

有的学生说：学习太难！

学习当然不会像喝饮料那样舒畅，也不会像花前月下恋爱那般浪漫。学习过程自然是付出的过程，需要下些功夫的，正所谓“学海无涯苦作舟”但是，细想起来学习那点苦算什么！

记得我孩子小的时候我领他去极地公园看动物表演。那些海洋动物真是各显其能：有的用头把球顶进篮筐；有的随着音乐“翩翩起舞”；有的表演杂技，一跃便穿过了圆圈……对它们的精彩演出，观众们报以热烈掌声。在回家的路上我问我的孩子：“看完表演有什么感受？”“好玩啊！”孩子回答说。“知道爸爸有什么感受吗？”“什么感受啊？”“学习不好纯是欠揍。”“我不用揍。”孩子回答说。我想，动物都能学习到这样的程度，我们人类还有什么学不会的呢？

我认识一个叫李雅楠的“辽宁好人。”她天生脑瘫，医生曾建议她母亲放弃她。她的母亲以强大的母爱养育了她，付出的太多。雅楠天生无法使用双手，但是她有着强烈的求知欲。她硬是用脚学会了打字，并出版了一部三十万字的小说。我还赞助她几千元，象征性地买了些她的书。一个先天脑瘫的人，能够用脚熟练地打字，且出版了书，大学生们对照一下，你们的大脑和双手都用到了什么地方？

我带过一个西藏的学生。她刚来大学时有些气馁，担心学习跟不上。我鼓励她不要惧怕困难。她努力学习，毕业时学习成绩达到了全班第二名，并且向党组织递交了入党申请书。今年八月份她登记结婚了。我说我可以参加她的婚礼。她说不会让我参加的，她家那里海拔高怕我适应不了。她说我是她永远的恩师，伟大的父亲。她会突然地出现在我的面前，她要来大连看我。

有一次我夜里十一点半下了飞机，在候机大楼门口等人来接我的时候，我看到有个老人把散放在停车场里的小推车一辆辆地串在一起往候机大厅里推。他推了能有二十多辆。我还帮他推了一把。你难，这个老人不难？他就像你们的父辈们一样，就是为了你们能好好学习才如此不惧怕艰难。此时你在做什么？是在学习？还是在打游戏？在做无聊的事吗？进入梦乡了吧？

在强者的字典里是查不到“难”字的。既然能考进大学，课程有什么难学的？

可以这样说，难，从来都是用来吓唬“胆小”的人；难，也是懒惰的同义词。当成功看到你对“难”俯首帖耳的时候，它早就悄悄溜走了。

219

你到底有多难？（二）

有的学生说，体测太难了，达不到要求。

你这才到哪？现在的体测标准我看都不是平均值了，应当差不多是按中下标准制定的，恐怕就差按照你的标准来制定了，只要略微活动就会通过，只想“坐享其成”自然就过不去。

你们知道马旭老人吗？在北京我看到马旭老人。我们都是第七届全国道德模范。我问她为什么要到飞机上当医生呢？马旭老人说那是她主动要求的。她本来在医院等着就可以了。哪个战士受伤了把他送到医院来接受治疗就行了。可是马旭老人想，这样的话一是错过了最佳治疗时间，二是战士们也要多增加不少痛苦。她找到领导要上飞机跟战士一起跳伞。领导说“拉倒吧，你一米五三的小个子，别让风给你吹跑了。战士们吃的苦你吃不了。”马旭老人不服这个劲，自己买桌子摞起来，每天下班站到上面跳五百下。练就了一身本事后她又找到领导，领导被她这种倔强劲儿征服了，让她上了飞机。马旭老人成了我们国家第一个随飞机跳伞的伞兵军医。

我在刚读大学的时候本没有特长。但是那时我想入党，而入党就要德智体全面发展。德育、智育都好办，体育上怎么办呢？我想我有毅力，我练中长跑。就这样，除了极为恶劣的天气以外，我每天都坚持少则跑几千米，多则跑上万米。冬季寒冷的时候，学校操场上常常只有我一个人在奔跑着。我还记得有年大年初二，我在家里先活动一下，热了热身，然后穿着背心、短裤就跑出去了。路过一个车站的时候,一些穿着大棉衣在等车的人向我呼喊加油。我就这样成了学校业余万米运动员,为班级、学院、学校争得了很多荣誉。

难?你挑战过吗?你越是惧怕就越难。

都是大学生了,心中要有责任。要有对祖国的责任、社会的责任、父母的责任,也有对自己的责任。不要把锻炼身体仅仅看成是你自己的事。

我多次说过,身体好才能为祖国多做工作。我到现在这个年龄了又想到这样两点:身体好就是给大家、家人减少麻烦,为儿女创造发展的条件;身体好才能陪伴相爱的人终身。我想,哪怕你想到了一点身体的重要,体测那点事不就是小菜一碟吗?

总有伤心落泪时

某大学生，毕业前夕无论怎样也想不到自己会面对死神，她患了白血病，曾经的一切奋斗都将付之东流。突如其来的打击和痛苦，是我们常人无法想象的。但是她最终坚强了起来：她要在病床上完成她的毕业论文答辩，她要带着成功的喜悦向她的人生告别。学校满足了她，在病床前举行了庄严的毕业答辩。她还把身上有用的器官捐献出去，尽最大的力量感恩这个曾经给予她众多帮助的社会，实现人生最大的价值。

前两天我还看到一个报道。一个老人背了七十多个馒头到她女儿租住的房子看她的女儿和外孙。这个老人很不幸，她的年仅五岁的外孙在女儿因承受不了丈夫的家暴离婚不久就患了白血病。老人就是这样和她的女儿倾家荡产也要治好外孙（孩子）的病。命运对她就是如此的不公。整个一个家像天塌下来似的。

我想到了大学生朋友。我们有的大学生纯是无病呻吟，整天这也不顺心、那也不如意。你们到底有多难？看看上面这两个不幸的病人，你们为什么就不能好好地珍惜大学的时光，把自己培养好，做一个幸福快乐的人？

疾病多可怕啊！大学生朋友们，怎么能让自己的身体自然地生长呢？你们要趁着拔节孕穗期，给足身体需要的“阳光”“水分”，让身体健康成长。有了好的身体，才能体验生活的美好，才能做有意义的事。特别是对一些生活困难的学生来说，身体好就是给家里省钱啊！要知道你们的父母挣钱多不容易，不能让他们因你的身体疾病缠身而陷入更加贫困的境地。

这一点有什么做不到呢？你又不像上面那两个人患了不可抗拒的病。

我写过几篇公众号文章谈大学生要注意锻炼身体。我在大学读书的时候就非常注意锻炼身体。

我说过，我之所以愿意锻炼身体，其中一个重要的原因就是不要得病，而不得病就是给家里省钱。身体就是这样，你对它“真心”，它便对你“实意”。我不仅在读书期间，我先后在大学工作了二十八年，我养成了锻炼身体的习惯。我今天仍注意锻炼身体，已经不是为了省钱了，一是为了可以多做有益的事情，三是为了自己可以体会生活的美好。

总有伤心落泪时。有些事不可抗拒，人只能“认命”；有些事是可以“驾驭”的，那就绝不能让它肆意横行。

221

知识不是用来考试的

一些大学生没有搞清楚为什么要学习知识，想的就是考试合格，毕业了之。知识不是用来考试的，知识是用来使用的。我给我的学生写过这样两句我总结的格言：

一句是，当你拿到通知书的时候，在你欣喜若狂之后，一定要想到你不过是七百万分之一。

一句是，当你拿到毕业证的时候，不仅要看毕业证的大小，还要称一称毕业证的含金量。

前一句是鼓励学生学无止境，不能来到了大学便放松了自己，一定要珍惜时间，刻苦学习；后一句是告诉学生要有真才实学，不能满足“六十分万岁”，只要毕业就可以了。

认识不一样，学习态度就不一样。如果想有真才实学，就会增强学习的主动性，就会学得扎实，就会扩大学习范围，不断丰富自己的知识。对于考试只是把它当成学习的过程，特别是即便有些知识和考试无关，只要和未来的生活工作相关，也会认真地学习。如果把考试当成了目的，把毕业当成了最终结果，那就会只图眼前，凡是和考试有关的知识就会学，和考试无关的知识一点都不学。

这样的学习认识会直接导致在学习态度上“临时抱佛脚”，搞突击式学习。这种学习也会使有些学生表面上看学习得“很好”，考试成绩很高，但是“突击”出来的知识经不起时间的检验，有些同学考完了，知识也就开始忘却了,可谓考一门忘一门。

知识不能急功近利,要日积月累。记忆的习惯也是这样。同样的知识一天内记住的,与十天里反复记忆的,前者忘记的速度比后者一定要快得多。

明白了这个道理大学生在自己的学习过程里一定不要把学习知识当成只是为了考试,这样待将来要用到这些知识的时候或许还要重新来学,这样的学习岂不白学了? 学习要"细水长流",用"慢火"来炖,这样做出的"菜肴"才有"味道"。

学习是慢功夫,囫囵吞枣是不行的,如此的结果势必会受到学习规律的惩罚,真到这个时候就后悔了。

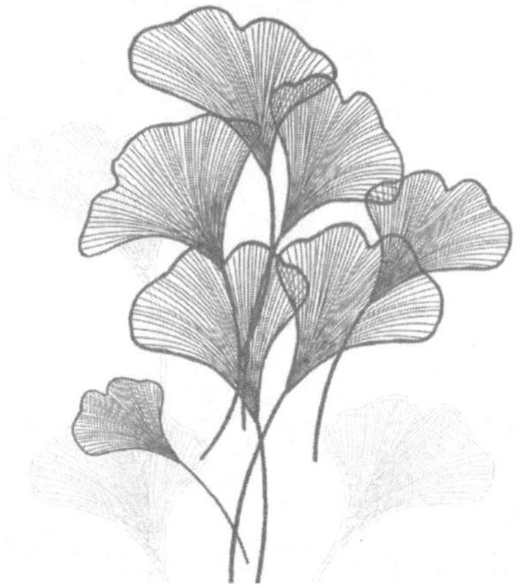

222

莫要随心所欲

做人一定要有所克制，不然就会影响自己的发展，乃至于彻底毁掉自己。看看那些贪权、贪利的人，又有几人能逃离这个规律。其实，生活中有太多的事都需要有所克制，不能随心所欲，想干什么就干什么一定是不行的。

前两天有个学生家长在电话里跟我聊的时候就聊到眼下正在激烈进行的世界杯。她说她的孩子迷上了世界杯，场场比赛都要看，结果休息不好，她担心这会影响孩子的学习。家长的担心是可以理解的，可是解铃还须系铃人，关键还是孩子本人（也就是大学生）要发挥主观能动性对自己的一些欲望加以克制，不然靠家长管是管不住的，靠辅导员看着也是不解决根本问题的。

前些年网络还不发达，学生看世界杯只能通过电视，而学生寝室又没有电视，于是一些球迷学生便想方设法到校外看。为了看球，这些学生不只是影响了学习，有的还违反了学校的规定受到了处分；有的饮酒闹事发生了斗殴，造成了刑事案件；有的学生为了不被发现，从寝室窗户爬进爬出，我就知道有个学生掉到地上摔成重伤。这些都是随心所欲的结果。回过头来看，这真是得不偿失的，有的学生追悔莫及，可是这又上哪里买后悔药呢？

现在是自媒体时代了，显然看世界杯再不用冒着身体受伤的危险了，也不会因违犯学校管理规定受到处分了。躺在被窝里捧着电脑看世界杯，即便是家长、学校想管又怎么能管得着呢？那怎么办？就这样任其下去吗？我还是主张管一管。谁来管？当然是大学生自己来管了。怎样管？只能靠大学生的自律，也就是克制了。大学生一定要懂得做事不能随心所欲的道理，管不住自己怎么能行呢？

须知人生想得到的东西太多了，你不可能都得到的。因此，在你想得到什么的时候一定要权衡利弊。用西方一个思想家的话说就是“两害相权取其轻，两利相权取其大。”就拿看世界杯来说，因为看球影响了自己的学习（且不说发生的那些意外），你是“得”了还是“失”了呢？显然“失”比“得”要大。道理很简单，四年的大学生活你就能赶上一届世界杯，而如果你能活上一百岁，那就会有几十届世界杯在等着你。今天你丢掉了学习，“窝窝囊囊”地躺在被窝里看世界杯，恐怕你就丢掉了明天到世界杯比赛现场坐在贵宾台上看世界杯的机会。

做事一定要与自己的身份相符合。大学生就要以学业为主，就要克制影响学业发展的各种欲望。一定角度看，今天的“失”就是明天的“得”，眼下的“得”或许就是明天最大的“失”。也就是说，你只有今天克制自己不随心所欲地看世界杯，你明天才能随心所欲地看世界杯，这个账还是要算明白的。

我曾经是业余万米运动员，创造过我们学校万米比赛的纪录。体育都是相通的。我就十分喜爱足球。在我对足球最痴迷的时候，万达队所有比赛的比分我都清清楚楚；国家队的所有比赛比分我都知晓，我还到过现场看过他们的比赛。我也愿看世界杯，但是我是实在不舍得把时间过多地花在看球上。无论是万达队、国家队的比赛，还是世界杯的比赛，我都是挑主要的场次看一看，有些比赛就是听听新闻，看看回放，知道一下结果就行了。整个世界杯那么多的场次，每场都看哪能不耽误时间吗？我的朋友中有足球国际裁判，原国家队队员也有我认识的，他们都跟我说过，要看球赛找他们。我没有找他们看过一场球。外出看球岂不更耽误时间？我有个考虑，待我退休的时候，我一定到世界杯举办国舒心地看一次世界杯，起码看完小组赛后的所有比赛。我现在“失去”的太多了，那时我要“找”回来。

223

教育是有力量的

有个学生听了我的报告后，给我写了下这封信，看后我给她写了回复。

老师你好，我是今天坐在第一排的外语系的学生，不知道您还有没有印象，我叫×××。

这是我长这么大唯一一次听讲座没有玩手机，全程认真听你讲座，而且您比我们更辛苦，全程站着。不知道您病有没有好点？今天听见您咳嗽了好几声，一定要多喝水呀！

我今年大三了，是一名重点发展对象，不久就会成为党员，之前可能还不知道党员的意义、服务的意义，今天听了讲座真的是顿悟，起码比自己之前的思想进步了很多。

明年就要面临考研的重任，我还是要选学科英语，所以说不出意外我会成为一名教师。就算我刚开始只是一名普通任课老师，以后是一名班主任，我还是会记得您的“辅导员精神”。您的这次讲座，对于我来说（我相信对于这次听讲座的人来说），都是一次偌大的启迪，感谢！

一日为师，终身为父，听您讲座很羡慕被您教的那些学生，现在我不羡慕了，因为我也曾得到过您的一次启迪。

感恩！

×××你好！

我每次讲座完后都会有学生给我留下他们的感言。每看到这些感言，对我都是激励和鞭策。你写了这么多，字里行间流露出你的真情，使我看到了你的追求，你的坚定！

老师很高兴地看到你已经站到了党组织的大门口，再往前迈入一步，就进到党组织的大门。你考虑的是对的，一定不能只追求组织上的入党，一定要解决思想上入党。只有思想上的入党才有根本的意义，才会不忘初心，牢记使命，真正起到一名共产党员的作用，不然人家会戳穿我们脊梁骨的。

你还有考研的打算，老师支持你。要以德立生，以德立学，以德立业。有了德，再就是刻苦学习，增强本领了。空谈要误国的。把自己的聪明才智都奉献给实现中国梦的伟大事业，这是多么光荣、神圣、有价值的人生啊！

你还选择了教师的职业，希望明天成为一名人民的教师，我相信，凭着你现在这样的思想基础，这样的人生追求，你一定会成为一名优秀的人民教师，一定会培养一批又一批为祖国服务的优秀学生。加油啊！待这一天真正实现的时候一定莫忘告诉老师一声哦。

谢谢你对我的关心，我没事的。为了党和人民的事业我会鞠躬尽瘁，死而后已。感冒已经基本好了，再有两天就痊愈了。

你告诉我详细地址、电话，我把我写的书签名邮寄给你做纪念。

有机会到大连一定联系我。

刚才在飞机上给你写了这封信，等飞机一着陆就发给你。已经是夜里十二点多了，但愿你关机了，没有打扰你的休息。

祝好！

224

每一次盛典都是一次洗礼

昨天晚上我们省举办“2019 辽宁好人盛典晚会”。因为我是全国、我省的时代楷模,省委宣传部让我参加了盛典晚会,并且安排我和省委陈求发在一起观看。这是我第四次参加“辽宁好人盛典晚会”了。每一次参加对我都是一次精神的洗礼。

今年被授予“辽宁好人”称号的人中,有隐名埋姓的战斗英雄,事迹跟张富清老人差不多,参加了塔山阻击战。新中国成立后组织上给他安排到大城市工作,他却把机会给了战友,自己隐没功名回到家乡当了农民。

有的是小学教师,每天骑自行车几十里到山区教学,把学生当成自己的孩子。冬天的时候,道路常常被冰雪覆盖,但是她克服重重困难赶往学校,绝不耽误学生一节课。

有个八级工匠,俨然就是一名女中豪杰。从年轻的时候受父母的影响,坚决做了电焊工,一干就是几十年,成了该行业的领军人物,也光荣地当上了党的十九大代表。

还有一个医生,在给患者做心脏病手术的时候自己突发心肌梗死。但是他坚决要求先救治手术台上的患者。直到时间过了半个小时,手术台上的那个患者完全脱离危险后才开始救治他。救治他的医生说,再拖延个十分八分的就很难救治过来了……

“我们好难!”这样的话语常常挂在大学生的嘴上。每每对照这些好人,我总感到我们比他们不知要容易多少倍。我们在大学里还不幸福,那到哪里找幸福?

其实,人活得就是一种精气神,有了精气神,就没有什么能难住我们的;若是没有了精气神,恐怕喝水也会把牙缝塞疼。

225

一封写给一个学生寝室同学的信

这两天我推送了和× ×的交流，我告诉她要给她寝室同学写封信。今天我把写给× ×寝室同学的这封信推送给大家，特别希望大学生一定注意寝室文化建设，让寝室文化为你们的成长、成功助力！

小朋友们好！

你们不知道我是谁，但是我知道你们是谁。我认识你们寝室的× ×，她告诉我你们是一个寝室的。她说你们相处得很好，互相关心，互相帮助；她还说国庆节那天你们几个同学一起看完了整个阅兵仪式。你们拿着学校发的小红旗，在地上铺满垫子，四个脑袋凑在一个电脑前，有的时候也情不自禁地高唱国歌，眼眶湿润，发自内心地祝贺新中国七十周年华诞。你们多可爱哦。我今年六十二岁了，想到你们那喜气洋洋的样子真是感到高兴。中国的未来就看你们的了。加油！

看完× ×给我写的信，我就想给你们写封信。你们本来与我素不相识，和我有什么关系呢？有关系的。我们共同生活在中华人民共和国这片热土上，你们怎么样，我们的祖国就将怎么样。家是最小国，国是千万家。国家不强大，我们就不能幸福安康。所以，你们发展得越好，我才能越幸福哦（呵呵，当然我还不是这么自私的人）。所以，为了祖国，也算为了我自己吧，当然更是为了你们，我想跟你们说说心里话。

你们从现在开始就要确立明确的人生目标，也就是要好好考虑自己到底要成为一个什么样的人。今天上午我给学生上课的时候还跟我的学生们说，人生没有彩排，每一天都是现场直播，容不得你摇来晃去的。怎样都是一生，为什么不选择让人们给你点赞的人生呢？什么样的人生会被点赞？仅仅为自己活着是不可能的。只有那些心中有祖国，为了祖国富强忘我奋斗的人才能被人们点赞。

看看前些日子那些共和国功勋勋章获得者，他们没有追求富裕的物质生活，他们对祖国的无限忠诚，祖国是他们生命存在的方式。想到他们的名字，便让人肃然起敬。“我们能行吗？”怎么不行？路都是一步步走出来的。要心存希望，才会实现希望。我们可能达不到他们那么伟大，但是人贵在一种精神，一种不懈的追求，只要努力了，坚持了，也就无憾了。崇拜明星的时代已经过去了，英雄的名字将会光耀中华。

解决了品德上的问题，也就是价值观上的问题，紧接着需要你们的就是刻苦学习。要把学习当成一生的追求。空谈误国，实干兴邦。社会主义就是干出来的。干，不是蛮干；干，就需要本领。有的大学生成天牢骚满腹的，没有他们能够看顺眼的、看得惯的，这实在是不好的习惯。大好的青春年华被他们随意地浪费了。你们可不能这样。你们要惜时如金，把抱怨的时间用来学习。

我带的年级有个寝室，四个同学全部保送攻读了硕士研究生：一个在南开大学，一个在中国政法大学，一个在复旦大学，一个在新加坡国立大学。祖国需要你们，父母需要你们，将来你们的孩子也需要你们，当然你们自己也需要你们。把学习搞好，把本领培养好，这样才能很好地应对各种挑战。

你们来自五洲四海。世界上七十亿人你们来到了一个寝室，这得多大的缘分！你们每个人都是别人的“礼物”，别人也是她们带给你们每个人的“礼物”。现在的学生都是父母的心肝宝贝，得到了百般呵护。因此来到寝室最不适应的恐怕就是“公主”“王子”的光环没有了。必须习惯寝室这种集体生活。某种意义上说，大学生活是从寝室开始的。我们说大学是社会化的准备阶段，寝室环境就最好地体现了这一特征。你再没有机会选择你生活的环境了，你必须适应这种生活，只有适应了这种生活才能适应你们即将踏入的社会。

寝室同学相处一定要取长补短，多看别人的优点。不要背后议论别人。不要怕吃亏。寝室没有什么能把你累着的事情。你今天的付出，得到的会是明天别人对你的回报。你把别人放在了心上,别人才会把你记在心里。

飞机快着陆了,我再嘱咐你们几句锻炼身体的事。我常跟我的学生们说要对身体好些。因为身体是不会装的,你对它怎样,它就对你怎样。你现在“冷落”它,它明天就会“欺负”你。养成锻炼身体的习惯很重要。身体不好了,你培养了那么强的本领又有什么用呢?

要下飞机了,现在我就发给××,让她转发给你们。我们是未曾谋面的朋友了,十分欢迎你们到大连的时候联系我。我们什么时候能够相见呢?我想应当很快的。

祝每天都开心快乐!

226

一封写给我授课年级学生的信

××你好！

谢谢你对我的信任。你下课给我写信的那天，我课上注意到了你，你是目不转睛地听了我的课，我和你的眼神多次相对，你听得很认真。

看了你的信，想找你聊聊，但是确实没有时间了。我明天又要去北京，然后去河南、武汉，待回来又到周五了。所以，我还是先给你写封信，待有时间我们可以再深入聊一聊。

人和人之间是有差异性的。别说亲属之间，就连姐妹之间也常常在对待父母的态度上表现不同。你所说的这种情况应当属于一种常态。你家穷，你家的亲属就躲得远远的，瞧不起你家，这是由他们的做人态度决定的，你改变不了。你能做的就是做好自己，改变家里的状况。

不要以赌气的心态来学习，你只要发挥你最大的能力，不是为了别人。你的心胸要更广阔些，格局更大些，不仅要想到父母，还要想到祖国。这也就是我国传统文化中所说的："大学之道，在明明德，在亲民，在止于至善。"就是不仅要过好自己的小日子，还要"治国平天下。"待有机会的时候我到你家家访，帮你"提提气"。只要你为祖国服务，我就为你服务。

你说你在中学的学习氛围不是很好，大家排挤你。常有这样的情况：有的学习好的同学容易被别的同学嫉妒。当出现这种情况的时候，我觉得首先还是要从自己身上找原因。是不是我们有点锋芒毕露，有点目中无人，有点不太关心别人，让人感到你就是为了自己。事物都是两方面的，只有多从自己身上找原因，才会看到不足在哪里。不然老是抱怨他人，埋怨环境，你就看不清自身的短处，甚至就会固守自己的缺点，这就不能处理好和他人的关系，也就要影响自身的发展。

你身体怎么啦？在中学就这样，还是由于来到了这里紧张、压力大造成的？这两天能确诊吗？等我下周回来告诉我。不是跟你们说了吗？小病自己看看，大病找我，我帮你联系医生。你现在这种情况还是以身体为主，没当上干部没有什么了不起。当不当干部不重要，重要的是你想成为一个什么样的人。如果身体没事了，再做其他的也不晚，如果身体不适，一定先把身体调整好。你这么年轻，做什么都来得及。现在还不是论成败的时候，怎么能说离梦想越来越远了呢？从你的眼神我感到你有种不服输的精神，这很好。但是也要避免你在中学时那种情况的出现，不要让同学再排挤你了。

你对评优之类的事很在乎，这能理解，但是确实不要太往心里去。要不争而得，就是把自己该做的事情做好。是你的自然你会得到，不是你的光急着想得到也没有用。太在乎评优反而会加重自己的烦恼。每天要保持好的心情，快乐地学习，快乐地生活。

你说你对考到这里不是十分满意。但是最好还是“既来之，则安之。”在哪里读大学、读什么样的专业对一个人的发展会有些影响，但是不会是根本性的，关键还是取决于你到底选择了什么样的人生追求，想成为一个什么样的人。一个崇高的人跟学历和专业应当是没有一点关系的。开学这么长时间了，不要还深陷在对学校和专业的沮丧中，这样会影响你的发展。你可以再考研究生，站到更高的学术平台上。不是说天生我才必有用吗？是金子总是会发光的。

你想的没错，自己优秀了不仅可以帮助家里，也可以帮助更多的人，更是自我价值的实现。不过这些要以平常心来对待。我在大学的时候，也像你这样想过。与你有点不同的是我不会在意别人对我怎样，我只管把对的事情做好，坚持做到底。后来大家了解了我，认同了我。那些夸夸其谈的人被大家抛弃了。通过你的描述，看得出你有些外刚内柔，你可以把自己变得内刚外柔，这样大家更容易接受你。

做了事情没有得到承认，会难以平衡。要知道，有些事情确实不是拿秤称出来的。要学会平衡，有些事确实需要忍一忍，这也是对自己的一种锤炼。没有这种养成，你将来也难以做成大事。你现在刚上大学，这么年轻，即便真是做了对班级、对同学有意义的事情又能做多少呢？怨又能怨到哪里去呢？“但行好事，莫问前程”，练就如此心态，成功便非你莫属了。

我一早上起来给你写了这封信，不知你能不能理解，供你参考。

我要去北京了，就聊到这里。待我从北京回来，你到我办公室一趟，我把我写的书签名送几本给你，那里有我对许多问题的看法。

天气凉了，注意预防感冒。

祝你的大学生活顺心如意！

227

相信学生会听从我们的引领

一个月前，当我在一所高校做完报告后，有个学生到主席台前递给了我一封信便转身离开了。

我简单地看了一眼，他写了很多。回到宾馆我仔细地看了这封信，感到这个学生真是费了心思。他被我的报告所打动，要成为爱祖国的大学生。

当下我们总是会听到这样的声音：现在的学生和我们有代沟。作为思想政治教育工作者，不仅要有政治信仰，还要有教育信心。青年学生正处在人生的拔节孕穗期，可塑性很大，只要我们给予他们真正的教育，学生就会跟我们走，他们也就一定会在原有的台阶上再上一个台阶。这个学生的信再次说明了这点。

尊敬的曲教授：

您好！

我是来自××学院的19级大一新生，您的讲话让我深受感触，我也想像您一样为祖国贡献出自己的一份力，就像您说的，祖国的未来掌握在我们手里。是您让我懂得在大学里到底要怎么学，学什么，并不是像大多数人那样单纯只是为了考证。听了您的话我觉得我已经下定决心。学习，不能只是为自己；不能为金钱、为利益，而是为了有朝一日为祖国奉献出自己的一分力量。我也会像您所教的学生那样一步一个脚印地走下去。做实事，我会为之付出，我不能辜负您。

因为我觉得，您是我的一个信仰，一个榜样，因为我做梦都没想过能遇上您，或者像您这样的教育者。我总觉得名头是虚的，直到您来到衡师，见到了真人后，才发现，其实自己也可以去做的，爱国不是只有大人物们才能说及的，我们一样可行。

曲教授，不好意思这是我在您的讲座中途所写的，一个人偷偷跑到寝室写的，因为我觉得，有了白纸黑字，我会更加坚定信念，谢谢您。

虽然还有很多没说，可是我怕来不及，怕您演讲完毕，所以匆忙结尾了，对不起。

学生×××

××你好！

不好意思，这是一封迟了的回信，请你谅解。我就是事太多了，真有点忙不过来。我说过几次了，大家在我公众号上的留言，常常我连谢谢两个字都没有时间回，真是需要理解万岁啦。

好在那天我在回宾馆的路上，我们恰巧碰上了，我们还一起照了相，做了简单的交流。我还知道了你是体育专业的学生。这更加深了我对你的印象。

很多人都说学体育的学生四肢发达、头脑简单，我从来不这样看。我在留校做辅导员的时候，兼上思想政治理论课，其他同志都不愿意给体育专业的学生上课，我却偏偏相反。我觉得学体育专业的学生头脑并不简单，他们有着强烈的求胜欲，又有着坚韧不拔的品格，而这些是一个人成功的重要素质。你看你也是学体育的，你对祖国有如此的情怀，没有头脑能有这样的追求吗？

再看看你这手字，你应当是在心情极不平静且又匆忙的情况下写的这封信。这样的环境下你都能写得这样好，若是平常心的时候一定会写出更漂亮的文字。而我们有些大学生，即便是学中文的，也就是专门学说话和学写字的，那话说得也是让人不敢恭维，那字写得也真是“不堪入目”。

你完全应当有这种自信。一个人对祖国的情感与专业、学历毫不相干。正像你说的：“其实自己也可以去做的，爱国不是只有大人物们才能说及的，我们一样可行。”老师希望你把这种信念坚持下去。我看得多了，知道得多了,一个人无论在哪里,无论做什么,关键是心和祖国是否在一起。只要把心和祖国连在一起,心在哪里,祖国就在哪里。

我常说,青年人的最大优势是仰望星空,青年人的最大不足是不能脚踏实地。你做得对。空谈误国,实干兴邦。一定要做实事,一步一个脚印地往前走。在当下,就是要刻苦学习,培养本领,以便将来更好服务祖国、回报社会。学习确实不能只看成考证,当成个人的事情,为了自己的利益。那样会限制一个人才能的发挥,不会有大的出息。

谢谢你把我当作榜样,我们共勉吧。你把你的详细地址、电话告诉我,我把我写的书选两本签上名邮寄给你,也算作一种纪念吧。大连有什么事需要帮助可以联系我,不要客气。我几十年始终奉行这样一条:你为祖国服务,我为你服务。我至死不渝。欢迎有机会到大连游览。

祝一切都是那么的美好!

228

我把公众号打赏十万元转到了“励志基金”里

应粉丝们的要求,我开通了公众号打赏。粉丝说打赏就是对我付出的一点心意。我很感动,我开通的时候明确表示:所有的打赏我个人一分不留,全部捐献给我设立的励志基金,用于帮助那些虽然家境贫困,却励志为实现中国梦而奋斗的优秀大学生和个别患重大疾病的优秀辅导员、思想政治课教师(可以申请1万元)。前几天,打赏金额已经100000元了,我已经把这些钱打赏全部转到我设立的、挂靠在学校基金会的“励志基金”里,现告知大家。

粉丝们让我感动。昨天有个辅导员给我写了这样一封信,我推送给大家。

亲爱的老师:

打赏已经有98 997.92元钱(前几天公布的),我很开心,因为自从一年前的这个日子,您的公众号开通打赏功能的那一天起,您的每一篇文章我都打赏了,虽然每次只有5元钱,并不多,但我一次都没有落下过,这个数字里也有我的一份微薄之力。

最近这段日子,没有及时在朋友圈转发您的文章的原因,我相信和您说了并不丢人,是因为我的微信里经常没有钱,所以会在微信里有钱的时候打赏后,再集中转发。

我是一名工作在基层的普通辅导员,所以工资不高,现在每个月能有4800多元。因为经济不富裕,多年以来,家里一直没有买车,每个月还要还房屋贷款。但即使在这种情况下，我坚持资助了几名家庭经济有困难的学生读大学，每人每月 300 元，15 年来没有间断。目前我还资助着 2 个学生，帮助他们圆大学之梦，所以说到手头经常没有钱，对于一个工薪阶层来说，真的不丢人，对吗？

今天发了 13 个月的工资，第一时间就来到老师的公众号，您说您会一直把这个基金做下去，即使有一天您退休，那么我想告诉您的是：我会一直都陪着您……

在为国家培养能够担当民族复兴大任的时代新人的道路上，虽然我只是一名普通的辅导员，但我一直在努力，我是一名真心地爱学生的辅导员，希望老师您能够为我感到骄傲。

老师，我真心地爱你和感谢您，因为认识了您，因为有幸成为您的学生，改变了我的一生！谢谢您！

真不知您是这个样子。看了您的信我很感动，能够感受到您跳动的那颗火热的心。千万不用打赏了，您本身就长期资助困难的学生，一定量力而行，我还应当帮您做些什么的。等我联系您。

谢谢您！祝福好人一生平安！万事如意！

把励志基金做大的确是我的一个愿望，即便我退休了，我也要继续做下去。我会秉承“你为祖国服务，我为你服务”的宗旨，把它当成事业做。我就想通过多种途径筹集更多的钱，以帮助那些我想帮助的人。

谢谢广大粉丝的大力支持。我绝不辜负大家的期望，定为培养担当民族复兴大任的时代新人“鞠躬尽瘁，死而后已”。

229

我给大学生朋友拜个年

大学生朋友们好！

辞旧迎新，在鼠年到来之际，老师在广州给你们拜年啦！老师衷心地祝福你们新春快乐！万事吉祥！永远快乐！

不过，如果仅此而已，就是一种套话，本质上就像昨晚春晚小品讽刺的形式主义一样。你们怎样才能万事吉祥、永远快乐？

老师告诉你们捷径在哪里，那就是习近平总书记告诉你们的，要德智体美劳全面发展。德，是灵魂，是方向上的，也就是管你活着的意义的。一个没有灵魂的人，对人的社会就失去了活着的价值。看看，举国上下都在为钟南山院士点赞，一个八十多岁的老人，又是院士，何不享清福呢？那是大德在内心驱使的结果！再看看一些缺德的人，他们有的在监狱里，有的在继续违法乱纪，有的自私自利到了极点，他们是没有知识吗？未来是你们的，你们一定培养好自己的品德。多学大人们身上那些好的品德，摒弃他们身上那些不好的东西，时刻准备着管理好属于你们的国家。活得要大气，活得要有格局、有尊严，活得有意义！

智，是能力，是一种水平，是为德服务的。没有智，再好的愿望也是实现不了的。德解决了，就要在智上下功夫。不要懒惰，不要搪塞自己，学习当然不会像喝饮料那样舒服。想一想要为祖国服务，要报答养育自己的父母，又有什么困难能够阻止你攀登科学技术的高峰呢？

体，是德、智实现物质的保证。没有强健的体魄，怎能实现你的大德，怎能攀登科学的高峰？钟南山今天“德智双馨”，与他学生时代和至今仍不放弃的锻炼身体密不可分。不然，八十多岁的年龄了哪来的体力奔赴抗疫前线，怎能为人民创造这样的“大福”！另外，世界不是那么大吗？不是想去看看吗？没有体力怎能欣赏无限的风光？世上不是还有那么多的美味佳肴吗？没有好的胃口怎能品尝出它们的味道？你们一定要把身体锻炼好，切莫错过了你们现在这个黄金期。

美，是活着的一种情操，一种高雅，一种品位。你们都是有“大文化”的人，就要追求人之美好，不能像动物那样本能地活着。要以青春之活力，创造美好之文明。莫我行我素，一味地追求所谓的个性张扬。一次我在某大学参观，当我走到学校图书馆的时候，我第一眼见到的是一个漂亮的女学生在依靠着《思想者》雕塑吸烟，那场景我觉得如此地不和谐、不美观。我好事地问她：“你为什么要在这里吸烟呢？”她说学习累了，放松一下。我一辈子也没有吸烟。我也有学习累的时候。我把买烟省下的钱都买邮票了，在书房学习累了的时候，我会站起来舒展一下身子，翻翻集邮册，增进知识、培养情操。当年买商品房我还卖了些邮票，集邮还帮了我一个忙呢！你们举一反三吧！

劳，是一种实践，也是德应有之内涵。劳动创造世界。劳动使人变成了人，劳动才能使人类更美好。大学生一定不能坐而论道。你们要勤快些，从身边做起，多做有益他人的事。多做些又能怎么样？今天的劳动观，就是你明天的择业观。如果你能带走正确的择业观、爱劳动的品德，这才是金不换的东西。

大学生朋友们！我们都将老去，明天属于你们。你们的未来你们做主！今天你们怎么样，你们的明天就将怎么样！习近平总书记说，时间不等人！历史不等人！时间属于奋进者！历史属于奋进者！为了实现中华民族伟大复兴的中国梦，为了你们万事吉祥、永远快乐！奋斗吧！这是你们唯一的选择！

一个爱你们的老思想政治教育工作者

230

知识就应当学到这个份上

昨天给大家推送了“一个学生写给我的拜年信”一文，这个学生给我回了一封1400字的信。我想，这应当是他会写信以来写过的最长一封信了。我一边读他的信，脑海一边闪现着他那向着学术高峰不断攀登的身影。读着，读着，我的眼角还不知不觉地流下了泪水。

是因为年龄大了吗？我想起六年半前我要辞去厅领导职务回到学校做辅导员时的情景：领导、朋友们都劝我“慎重”考虑。他们说“现在的学生不好管，你何必找这个麻烦呢？”我坚信“没有不愿接受教育的学生，只有不会教育的老师。”我和学生们朝夕相处，力所能及地全面关心、帮助他们。

父亲节的时候他们祝福我健康长寿，有的学生说我就是他们的父亲。转眼他们已经毕业快三年了。他们中有六七个在读研的党员学生表示，要做一名名副其实的共产党员，为中国梦的实现奉献力量！我感到欣慰，他们以实际表现诠释了我对思想政治教育的认识，回答了我的选择的正确性。

大学，就应当培养担当民族大任的人，知识就应当学到这个份上。现在我把他写给我的信推送给大家分享。

曲导您好！

家里一切都挺好的，今年跟家人在家里过了一个特别的年，因为新冠肺炎疫情的缘故走亲访友都被取消了，所以只能待在家里，这样也好，可以安安静静的利用大部分时间去学习、去思考。

正如您平时所说的没有剩余时间怎么会有剩余价值，对个人是这样，对国家也是这样，只有争分夺秒地去学习、去奋斗才能创造价值，就如习近平总书记所说，“时间不等人！历史不等人！时间属于奋进者！”历史属于奋进者！我们唯有只争朝夕，才能不负韶华、不负青春。“一万年太久，只争朝夕”，作为青年大学生的我们，更应该惜时如金、斗志昂扬，以饱满的热情去对待自己的学习和生活，只有奋斗的人生才是有意义的人生、幸福的人生。

我们的国家正一步步走向富强，从中华人民共和国成立初期的人均 GDP 不足 100 美元到现在超过 10000 美元，人民的生活水平发生了翻天覆地的变化，中国一跃成为世界第二大经济体，巍然屹立在世界的东方，这是一代代中国人奋斗的结果。在这一伟大历程中涌现了无数的英雄人物，他们遍布社会各行各业，用自己的双手用力创造幸福的生活，他们对待工作脚踏实地，将自己的人生和祖国的命运交织在一起。

人民是历史的创造者，中华民族自古以来就有埋头苦干的人，有拼命硬干的人，正是一代又一代人的艰苦奋斗才中华民族取得今天的成就。而作为身处新时代的青年大学生，我们将会参与到实现中华民族伟大复兴中国梦的全过程中，这是属于我们这代人的“长征路”，目前我们国家也正在加紧推进国家治理体系和治理能力现代化的进程，更是与时俱进、伟大复兴的历史进程，需要我们将自己所学更好地应用在国家的发展之中，为祖国的发展奉献自己的力量。

当然，我们取得的“中国速度”“中国奇迹”更是我们制度优越性的展示，只有社会主义才能救中国，只有中国特色社会主义才能发展中国。目前新型冠状病毒正在武汉肆虐横行，也在全国范围内进行了传播蔓延，疫情复杂、人民恐慌。面对一个超过十四亿人口的大国，我们的党和政府向世界展现了一个沉着冷静、反应迅速、紧急支配能力极强的领导集体形象。面对定点医院床位紧张问题，迅速地建设火神山和雷神山专业医院，全国各地的专业医疗团队第一时间奔赴抗病毒前线参与救助工作，从全国范围内征集物资解决武汉市内物资严重短缺问题，这些都是社会主义集中力量办大事、办实事的体现，这些也都向世人昭示了我们的党、我们的政府是全心全意为人民服务的，人民群众的幸福生活是中国共产党执政兴国的出发点和落脚点。

记得入学的第一天，您就告诉我们“输在知识的起跑线并不可怕，可怕的是输在了道德的起跑线”，一直以来学生都牢牢地记得这句话。对啊，人生是一个漫长的过程，知识的起跑线只是决定你暂时所处的位置，而道德品质的高尚与否将决定你人生的价值。您作为一名老思想政治教育工作者，坚守在思政领域近四十年，取得现在令人振奋、骄傲、羡慕的成就靠的一定不仅仅是知识性的追求，更是您崇高的精神品质和道德追求，更是您对祖国的爱和对学生的爱、更是您身体力行教给学生的人间大爱，这一切都是学生终生学习的目标！人民有信仰，民族有希望，国家有力量，这大爱是我们中国能够巍然屹立世界东方的原因所在，是我们中华民族能够实现复兴的底气所在！

因为疫情的发展，学校已经发了通知不让大家回学校那么早了，等到情况好转之后我就尽早回到学校，去中心看望您。您跟师母在家一定要保重好自己的身体啊，我们都很牵挂您，想要看您一直健健康康、平平安安的，在心里默默地为您和师母祝愿，愿你们身体健康、平安顺意！

这个学生本科读书期间我是他的辅导员，现在在财经院校读经济类专业硕士。

曲导，您好！

××提前给您拜年了，又是一年除夕夜，跟老师相识的第七个年头，七年里点点滴滴充满了回忆，每每想到2013年能够来到海事大学成为您的学生，自己都感到无比的幸运。而更加幸运的是在随后的学习生活中能够一直受到您的关心、引导和激励，您带给学生的不仅仅是知识和关怀，更是人生的道德品质和价值追求，通过您我懂得了知识改变命运、人生贵在坚持、只有情系祖国才能成就大我。

在过去的这一年里，您仍然奔波在教书育人的第一线、思政工作的最前沿，跟青年大学生接触、跟辅导员老师接触，望着您匆忙的身影，学生更加坚定脚下的路，将个人的命运置身于祖国的发展之中，做一个对社会有用的人！

此时此刻，××在家乡给您送上最真挚的祝愿，祝您和师母还有明明哥在新的一年里身体健康、工作顺利、事事如意，开心快乐每一天！

231

我和我一个学生妹妹的交流

××好！

在家里过年吧？今年情况特殊，应该会在家多待一阵子。不过对你来说即便在家里，也会抓紧时间学习。这是对的，也是必需的。我多次说过，学习刻苦的学生，总是会惜时如金的。

家，就是延伸的课堂；假期，就是延伸的学期。能否做到这一点很重要。现在想想，我读过的《马克思恩格斯选集》的1~4卷，《毛泽东选集》的1~4卷，大部分都是利用假期读的。学习非常努力，目标明确，老师对你充满信心。我在讲学的时候经常提到你，我说你要立志成为人民的经济学家。我的内心也确是这样定位你的。一名真正的知识分子，一定要为人民讲话，为最大多数人的利益讲话。马克思的伟大就在这里，马克思主义的科学性、实践性也在这里。为自己讲话还能讲出学问岂不怪哉？看看有些所谓的学者，总是慷慨激昂、振振有词的，那都是在为自己说话，“刀口”根本就不“向内”，这也就不能被人民所认可。

去年我带你们几个同学去井冈山考察，为的就是让你们懂得“中国的红色政权为什么能够存在”的道理。人民的力量最强大。“群众是真正的英雄，而我们自己则往往是幼稚可笑的。”人民是我们的出发点，也是我们的落脚点。什么时候也不能违背人民的利益。谁不和人民在一起，谁就将被人民所推翻。你现在还年轻，要更加注重品德的培养。以德立学，以德立业，以德立生，把知识和本领奉献给伟大的时代、大美的中国、实现中国梦的全过程。我们是四年的师生，一生的朋友，纵然扑倒在地，我会依然举着你。奋斗！永不歇息！

家里都好吧？给你父母问好。去你家家访的情景时常萦绕在我的脑海里。值此新春之际，祝你们全家新春快乐！阖家幸福！万事吉祥！

我和你师母双方老人都过世了。我每年春节都选择境外或国内的一个地方过年，也是为了利用春节这个整块的时间考察大学、名人故居和墓地、博物馆、当地的人文文化……今年到了广州。受新冠肺炎疫情的影响，无法进行考察。我昨天晚上回到了大连。这样我会安静地在家整理整理书稿，看点书，写写论文，给大家发发微信，写写公众号文章……这边有什么需要我做的事情联系我。

祝假期愉快！

曲老师，您好！

今天是大年初四，在这儿给您拜个年啦。因为山上信号不好没有网络，所以这会儿才能好好给您写个信拜个年。祝您新春快乐，大吉大利，身体健康，万事如意！

今年过的年格外的不一样，昔日热闹的镇上只能看见寥寥的几个人，也都戴着口罩，赶忙奔走。大家都待在家里头时时刻刻关注着疫情，关注着武汉。疫情如洪水猛兽般袭来，全国人民都在齐心协力地对抗这次的疫情，雷神山火神山医院加紧建设，医疗物资紧急供应，信息实时公开更新。相信中国人民一定能尽快地渡过这次难关。

今年在奶奶家过年，一家人围着火炉唠唠家常，又聊到了曲老师您对我们家细致入微的照顾，真的表示十分感谢，通过您的引导，我更加明白当代青年应有的使命。此次下乡的时候，我看到很多无助的农民，特别是老人，他们日子艰难，有一家里的老人被病魔折磨，瘫痪大小便失禁，光是治疗后的药物包装便有三四个米袋那么多。他们说上级领导也只能帮一部分，看到他们无助地落泪。我们都掉下了眼泪，我一激动拉着队友的手说："走，我们以后当公务员去，为民办事，解民之忧。"这虽然是一时激动起来说的话，确是我曾经真正想过的，无论以后读研究生我是读法学，还是政府管理学，还是继续读会计专业，我都会始终热爱着祖国，尽力地去帮助这个社会，让它变得更好，召集更多的人，一起去建设美好的社会，发挥自己的价值，努力创造社会价值！就像老师您选择了当老师，以教书育人、立德树人为宗旨，影响着一批又一批的学子，告诉我们勤学、修德、明辨，回报祖国社会的道理。您始终是我学习的榜样，我会继续加油努力，不负韶华，奋勇前进的。老师注意保重身体呀，再次祝您春节愉快！

××好！

看到这封信，我的脑海马上闪现出在你高考前我到湖北岳阳县一中看你、上大学前到你家看你、上大学后到学校看你的情景。虽然就一年多的时间，但是我感觉你像一夜之间长大了似的，懂得了为什么要上大学，将来要成为一个什么样的人这个读大学必须根本解决的问题。我真是感到莫大的欣慰。这也是我愿意帮助你的主要原因。我相信，你也一定会按照你确立的目标，坚定地走下去。

我的追求就是培养担当民族复兴大任的时代新人。前天我推送的"知识就应当学到这个份上"那篇文章中提到的那个学生，是你哥哥的同学，你们都确立了为实现中国梦而读书的人生奋斗方向。你和他一样加油，我是你们的坚强后盾。

今年情况特殊，在家里待的时间要长一些，一定把时间充分利用好。好好预习一下下学期的功课，静下心来看看书；正好可以多做点家务，陪陪父母；还特别莫忘了锻炼身体。你知道吗？我每天按下电脑开关后，在电脑启动的过程中，我都要利用这短短的时间用双手触摸地面，待我触摸个百八十下，电脑也就正常运行了；我坐在写字台前写文章的时候，每过一个半小时左右，我就起身活动一下；打电话的时候，我都站着打。锻炼身体一定要成为内心的信念。你有远大的追求，就更要把身体锻炼好。

去年组织了你们去井冈山考察，今年我还会安排你做些考察。要开阔视野，纵横天下，这样才能成就大业。

给你爸妈问好。我有机会还会去看望他们。值此新春之际，祝你们新春快乐！阖家幸福！万事吉祥！

有事联系我。

232

在家千万别只“呆”(待)着

自新型冠状病毒性肺炎疫情发生以来,在许多群里看到有的是大学生,有的是辅导员,还有的文件通知里,都嘱咐大家一定要待在家里,说这是对抗击新型冠状病毒性肺炎疫情的支持。大家都理解的,这里说的是一定要老老实实待在家里,不要乱跑乱动。

其实,无论“呆”也好,“待”也罢,我们还真不能就这样只是老老实实地在家“呆”着。特别是对大学生来说更是如此。大家要充分地利用好这段时间做些该做的事情。

“风声雨声读书声声声入耳,家事国事天下事事事关心。”大学生不能读死书。你们必须从现在开始就对你们所生存的世界和中国有充分的了解和认识。看看当今世界的大势是什么,看看当今的中国在做什么,想一想从当前的抗击新型冠状病毒的战役中应得到什么样的启示。

孙中山讲:“天下大势,顺之则昌,逆之则亡。”你们必须清楚地知道你们应当追求什么,怎样才能实现你们的追求。顺应社会发展的规律至为重要。由于科技的进步,现在是真正地实现了“秀才不出门,就知天下事。”每天都会有多如牛毛的信息充斥在你们的周围。大脑是用来思考的。你们要增强自身的辨别能力。

这些天我就在思考这场突如其来的疫情。从另一个角度看,正是因为我们有政治制度的优势,我们才能解决这样重大的问题。所以,归结到一点,党的领导不能动摇。不然的话,我们虽然战胜了身体的疾病,思想的疾病却加重了,这对我们中华民族来说将是更大的灾难?

所以,不管舆论怎样杂烦杂,也要矢志不渝跟党走。我就没只在家“呆”着。这些天,我又翻阅了马克思恩格斯合著的《共产党宣言》,列宁的《帝国主义是资本主义的最高阶段》,《毛泽东选集》(1~4卷)、习近平的治国理政一系列论述,中共党史出版社、党建出版社出版的《中国共产党的九十年》,白寿彝教授任总主编的《中国通史》有关史料,从另一个视角对当下的抗击“病毒”战役进行深思。我把我的深思以“中国共产党是中国人民幸福的根本保证”为主题写了近十万字,为了便于阅读,我分多期推送给大家。

除了学习政治,大学生还要加强文化知识的学习,包括专业的学习。一定要丰富文化知识,增强本领。

因为疫情,大家有了特别的假期,如果就是在家“呆”着,这是多大的浪费啊!我在读大学的时候就愿意背成语词典,我背下了2000多条成语,这既丰富了文学知识,也丰富了历史知识。这些天我还把商务印书馆出版的《成语大词典》浏览了一遍。共18000条成语,我从辅导员视角和大学生视角挑选了2600多条成语,我打算再从这2600条成语中各挑选几百条,写成这样两本书:一本,《以辅导员视角诠释的N个成语》(暂定名);另一本,《以大学生视角诠释的N个成语》(暂定名),等我把我手头的两部书稿完成后,就写这两部书,六月完成初稿。

眼下是多好的学习时间啊!没有了打扰,时间由自己来支配。现在有了电脑,这为大学生的学习提供了便捷的一面,但是有些大学生也只是利用了便捷的一面,把知识储存在硬盘里。一定要注意,电脑代替不了人脑,有些知识需要储存在大脑里,有没有知识不是看你在硬盘里存储了多少知识,而是看你把多少知识装进了大脑。要知道,许多用到知识的时候,你是不能说:“等一等,让我来打开电脑”的。

有了真理的力量,你就不会感到恐慌;有了学习的乐趣,你就会感到时间的宝贵。

233

全国西藏的大学生朋友们，扎西德勒！

大学生朋友们好！

今天是你们藏历年，我在这里祝你们一切都好！扎西德勒！

昨天我们学校的一个西藏学生给我写了这段话：

老师您好，我是××××，在这次疫情发生后，我写下了请战书参加了社区的志愿活动，牢记老师的教诲，回报社会、回报国家。

明天是我们的藏历年，在这里我祝老师身体健康，扎西德勒！

我今天给她回这封公开信，这既算是对你们新年的一个祝福，也算是对你们的一点嘱咐吧！

××××你好！

昨天看到你给我写的信了，虽然文字不多，但是我的脑海却显现的是一个坚强的你、向上的你，一个似在向珠穆朗玛峰攀登的伟大身影。是的，你现在还会觉得你没有什么，你还很“渺小”，要知道，“唯其幼小，所以希望就正在这一面”。伟大从来都是孕育在平凡之中。老师为你高兴、为你点赞，你长成大姑娘了。等回来后老师还请你们吃饭。

因为考虑今天是你们藏历年，昨天就没有回复你。老师今天给你回复，衷心祝你一切都好！扎西德勒！

西藏，一片神奇的土地，令人神往。我大学毕业的时候填报的第一个志愿就是去西藏当老师。我在大学里锻炼身体，这也是其中的一个原因。我认为那里需要人才。而什么是人才？被需要的人就是人才。因为没有计划指标所以没有去成。

我在做学校党委副书记的时候，负责就业工作。在毕业时，有四个学生主动申请去西藏支边。我给她们准备了些物品，亲自送她们到了拉萨、林芝。我还把我在读小学六年级的孩子带去了。途中我跟孩子说："你长大了也像姐姐们一样到西藏当老师。"

我来学校做辅导员的时候，我年级有个西藏的学生。我力所能及地帮助了她。她的专业成绩在她的专业里排到了第二名。特别是她向党组织写了入党申请书。临走的时候，我把她送到了机场。她哭了。她说："我回去，我要让更多的孩子走出大山。"我也流泪了。我说："你结婚的时候告诉我，我参加你的婚礼。"她说："我那里海拔高，您适应不了。您放心，我会回来看您。我会突然地出现在你们的面前。"去年她结婚了，爱人是警察。她把结婚照发给了我。她说："老师您是我永远的父亲、伟大的恩师、生命中最重要的人。我一定回去看您。"我多次在梦中见到她的身影。

还有你的师兄××，你知道的，要"植大木以立长天，处江湖以忧国民"，去西藏奉献一辈子。我把我得到的一笔奖金用来帮他家翻新了房子，为的就是帮他解决后顾之忧。我现在又主动地做了我们学校新疆、西藏学生的指导教师，为的还是好好引导你们，使你们都能像一棵棵小树一样茁壮成长，然后回到拉萨，回到西藏那片谁也休想分裂出去的地方，把家乡建设好，把祖国建设好，让我们56个民族像大家庭一样每天都过着其乐融融的幸福日子。

没有共产党、没有社会主义道路，哪有西藏的今天。可是就有些别有用心的人、恶毒的人想分裂我们，破坏我们美好的生活。知识没有祖国，但掌握知识的人是有祖国的。一定把自己用丰富的知识、强大的能力武装起来，但是"君子不器"，更要把这些知识和能力用到民族团结、实现中国梦的伟大事业中。

眼下，举国上下都在抗击新型冠状病毒的肆虐，你写了请战书，成为一名志愿者，当了一名"战士"，在你人生的旅途上勇敢地迈出了第一步。良好的开始等于成功的一半。老师希望你能够坚持下去，向着一个又一个的目标进发，在实现中国梦的伟大事业中永远做一名威武不屈的战士！

“现在，青春是用来奋斗的；将来，青春是用来回忆的。”这是习近平总书记对你们青年的谆谆教诲。2月21日，在藏历年来临之际，习近平总书记又给正在北京大学首钢医院实习的西藏大学医学院学生回信，勉励他们练就过硬本领，服务基层人民。这也是习近平总书记对你们所有西藏学子的教诲。你一定要记住这些话语。须知，只有精神强大的人，才能成为真正的强者！

老师设立了励志基金，宗旨是“你为祖国服务，我为你服务。”你做了战疫战士，老师从基金中给你打1000元，算是对你的一种关心。我们学校还有许多同学在战“疫”中做了志愿者，我正在让校团委做统计，凡是家庭生活困难的志愿者，我每人给1000元（在此也说明一下，全国所有在这次战“疫”中做了志愿者的西藏、新疆的少数民族学生都可以申请1000元的励志基金，通过辅导员联系）。

你们生在大美的时代。大美的时代也是大有作为的时代。莫负光阴，砥砺前行。祖国更加美好的未来在呼唤着你们。老师等待着你的归来！

全国西藏的大学生朋友们，这就是我的回信。我在大连海事大学工作，你们想上大连可以联系我哦，我请你们吃地道的大连海鲜。

扎西德勒！

234

再给大学生朋友写封信

大学生朋友们好！

自疫情发生以来，我在我的“仍然在路上”公众号平台发了多篇相关的文章，就是希望大学生们能够正确地看待这次疫情，做好你们应当做的、能够做的事情，相信在以习近平同志为核心的党中央领导下，举国上下一定会同心协力打赢眼下这场抗击疫情的战役。今天，我再给大家写封信，就是想提醒大家，在当前这场战“疫”中，一定把握好下面这样几个问题。

一是政治意识问题。所谓政治意识讲的是你的政治立场、政治思想、政治方向、政治追求，以及你对于政治现象的态度和评价。

大学生看问题一定要有政治意识。此前我讲过，当前发生的疫情是我们主观上都不愿意看到的，却实在发生了的、无法挽回的问题，给人民生命安全和身体健康带来了伤害，给国家带来了经济损失。

我们党采取实事求是的科学态度，坚决反对形式主义、官僚主义，动员一切力量开展疫情防控，及时研究解决重要问题，把疫情防控工作作为当前最重要的工作，把人民生命安全和身体健康作为头等大事，这充分体现了以习近平同志为核心的党中央真挚为民的情怀和强烈的使命担当精神。

待战胜疫情之后，我相信我们全党上下一定会从这次疫情中更深刻地总结出我们需要的东西，全面提升国家治理能力。

眼下抗击“疫情”的斗争，恰恰从另一个方面体现了我们社会主义制度能够集中力量办大事的优势。2008 年，那时你们还小，在四川省汶川市发生了8.0级的地震,那真是一场突如其来的灭顶之灾。可在中国共产党的领导下、在中国人民的奋斗下,只用了一年多的时间,一个新汶川拔地而起。中国震撼了世界,中国创造了奇迹。

不过凭着我的政治经验,每当社会上突发一些大的事情的时候,西方社会就会有人别有用心地"横挑鼻子竖挑眼",恶意抹黑我们的社会制度,企图把群众的情绪引到与党的领导相背离的方向。我们现在站到了离中国梦实现最近的地方,这无疑也是实现中国梦最关键的时刻。习近平总书记在庆祝中华人民共和国成立七十周年大会上庄严宣告:"今天,社会主义中国巍然屹立在世界东方,没有任何力量能够撼动我们伟大祖国的地位,没有任何力量能够阻挡中国人民和中华民族的前进步伐。"没有任何力量能够撼动和阻挡,不等于没有人想撼动和阻挡。中国梦不会轻轻松松、敲锣打鼓地实现。实现伟大梦想,必须进行伟大斗争。中国梦必须实现,这是中国最大的政治,是中国人民的根本福祉。这就看你们的了。你们将参与到实现中国梦的全过程,你们怎么样,未来的中国就将怎么样。毛泽东同志当年讲过:我们希望有外援,但是我们一定要建立在独立自主、自力更生的基础上。这就需要你们一定要"丢掉幻想,准备斗争"。要坚定地做到"四个自信",矢志不渝跟党走。眼下这场抗击疫情的战役,是我们实现中国梦征途上的一次考验,相信在以习近平同志为核心的党中央的坚强领导下,这场战"疫"我们必胜无疑。同样,只要你们始终保持高度的政治自觉,保持敏锐的政治观察力和鉴别力,坚定正确的政治立场,不分心、不动摇地沿着实现中国梦的道路走下去,中国梦就一定会在你们的手上得以实现。

二是理性思维问题。所谓理性思维说得简单些就是对客观存在的事物能够运用充分的思维依据,进行观察、比较、分析、综合、抽象与概括的一种思维,也就是说做事要有理有据。恩格斯曾经指出:"一个民族想要站在科学的最高峰,就一刻不能没有理性思维。"其实对于每个大学生来说何尝不是如此?大学生要具有理性思维,从当前来看,首先需要有法律意识。大学生一定要懂得社会是由我们每个人组成的联合体,要想有序地运行,就必须有规则。这就是法律。你有你的自由,他有他的自由,每个人自由的实现一定是在不能侵犯别人自由基础之上的。看看这次战"疫"过程中,多少违法乱纪的人侵犯了多少他人的自由,给社会添了多少麻烦,增加了多少管理成本。疫情都到了什么程度了,不是还有的大学生违反规定返回学校了吗?这都是没有法律意识的表现。可想而知,如果每个人都随心所欲,各行其是,社会岂不乱套了?那还怎样保证社会的发展、社会的和谐、每个人的自由幸福?

所以我们常讲这样一个观点:稳定是发展的前提;稳定是和谐的保障;稳定压倒一切。党的十八大以来,党和国家高度重视社会治理,这其中一方面就是要全面依法治国。大学生是高知识群体,一定要增强法律意识,带头遵纪守法。特别是在当下这个特殊时期,一定要服从社会和学校的管理,一切行动听指挥。前方的勇士们在用生命和汗水与疫情进行斗争,你们在后方规规矩矩就是给予他们的最大支持和崇高敬意。

理性思维也是科学思维,在当前还表现在大学生不要恐慌上。这里需要注意这样两点:

第一点,相信疫情一定会得到有效的控制。当前党和国家已经把人民生命安全和身体健康作为头等大事来抓,习近平总书记亲自部署,全党上下齐心协力,抗击疫情这场战役必将在最短的时间里取得胜利,整个社会亦必将尽快地恢复正常的秩序。大学生一定要听从党和国家的领导,不要道听途说,更不能信谣、传谣,相信党和政府一定会为人民生命安全和身体健康高度负责并提供最有力的保障。

第二点,对关系你们切身利益的问题一定会做出科学的安排。眼下正是大学生开学、公布研究生成绩、大学生择业的时候,这些都关涉大学生们的切身利益。由于处在特殊的时期里,一些大学生表现出恐慌,担心个人的利益受到损失。这也大可不必。解决好民生问题是党和国家的重大决策。大学生们面临的这些问题,也是党和国家十分关注的民生问题。所以大学生应当相信党和国家一定会采取切实有效的举措保证大学生的正当利益。连日来教育部等有关部门,针对特殊时期如何解决大学生所面临的诸多切身利益问题陆续下发了文件,做出了恰当的安排,各高校也都制定了应对举措,这些都是对大学生关心、负责的具体体现。

大学生一定要和学校保持信息的畅通,和辅导员保持紧密的联系,学校定会在第一时间将有关事项通知给你们。你们还有些什么要求也可以随时地向学校提出来,相信你们合理合法的要求一定会得到解决,你们正当的利益一定会得到保障。

三是责任担当问题。习近平总书记指出:“实践充分证明,中国青年是有远大理想抱负的青年!中国青年是有深厚家国情怀的青年!中国青年是有伟大创造力的青年!无论过去、现在还是未来,中国青年始终是实现中华民族伟大复兴的先锋力量!”毛泽东同志指出:“世界是你们的,也是我们的,但是归根结底是你们的。”每代人有每代人的历史使命,你们一定莫负使命、勇于担当,把你们的家园建设好。当年美国用原子弹吓唬我们,毛泽东同志说,中国人也要造“大炮仗”。中国人民用最短的时间制造出了“两弹一星”,打破了他们的“核讹诈”。

钱学森先生逝世的时候,我在省教育厅工作,负责钱学森事迹展览的相关事宜。钱学森先生的儿子钱永刚跟我讲:“我爸爸这辈子就关心一件事,不能让中国人受欺负。”去年国庆前夕,在“最美奋斗者”表彰大会上,我见到了黄旭华老人。老人告诉我,当年研究核潜艇的时候,他写下了遗书:“如果我牺牲了,最大的遗憾是没有第二次生命献给我的祖国。”

大学生朋友们,你们的使命和担当在哪里?看看这次病毒的肆虐,从另一个方面告诉我们:这个世界有多少未知的知识需要我们去学习;有多少科学的高峰需要我们去攀登;社会又是多么需要我们有强大的管理能力!这不是学问?某种角度讲,这是不次于造“大炮仗”的学问。你们不能再犹豫、彷徨了,更不能做旁观者。正如习近平总书记所言:“时间不等人!历史不等人!时间属于奋进者!历史属于奋进者!为了实现中华民族伟大复兴的中国梦,我们必须同时间赛跑、同历史并进。”

因为疫情,今年你们有了这样一个特殊的假期。但是你们不要忘了,你们不是带薪休假回去的。假期从来都是你学期的延伸,家庭从来都是你课堂的拓展。你们一定要惜时如金,最大限度地丰富自己的文化知识,提高自己的能力水平。我去延安“抗大”旧址考察的时候,看到当年的战士们,一边打仗,一边学习,他们克服了多少无法想象的困难!看看你们今天有多么好的学习条件,不学习干什么!一定拿出“饿不死就读书”的勇气,这是时代的召唤,也是对自己的负责。

教育部、各高校都为大家的学习想尽了办法,建设了很好的平台,大家要充分地利用。你们的责任担当尤其还表现在听从祖国的召唤上,到祖国需要的地方去。我们的国家还处在社会主义初级阶段,发展不平衡、不充分的矛盾还比较突出。这需要大学生朋友们有一种“舍我其谁也”的精神,

“以青春之我，创建青春之家庭，青春之国家，青春之民族，青春之人类，青春之地球，青春之宇宙，资以乐其无涯之生。”“现在，青春是用来奋斗的；将来，青春是用来回忆的。”大学生朋友们，人生没有彩排，也不会再来，怎样都是活着，何不活得精彩！何谓精彩的人生？

精彩的人生一定是跳出“小我”，走进“大我”的人生；精彩的人生一定是无愧祖国、无愧人民、令人赞美的人生。眼下国家还有很多难处，当代大学生，一定要“先天下之忧而忧，后天下之乐而乐”，为国家分忧解愁，活出“君子不器”的风骨。国是千万家。不能总想国家为你做了什么，一定多想你为国家做了什么。

四是身体健康问题。我们这代人都知道这样两句话：“身体是革命的本钱。”“每天锻炼一小时，健康工作五十年，幸福生活一辈子。”

身体是你成就事业的重要基础，是你品味美好生活的重要保证。我成家之后仍然锻炼身体，给学生做表率。我58岁的时候在学校参加网球比赛，我获得了不分年龄组冠军。良好的身体素质使我少得疾病。少得病就是少痛苦，少花钱，少给大家添麻烦，少给社会添负担。也正是因为有了好的身体，保证了我每天以旺盛的精力投入到工作中。须知，攀登科学的高峰是需要充沛的体力的，不然还没到达峰顶便停在了“山腰”上。

我今年已经六十三岁了，为了引导大家正确地看待疫情，我在我的公众号平台推送了几十篇文章，开辟了“中国共产党是中国人民幸福的根本保证”栏目，我还分别给四十多位学生写了信，嘱咐他们在家好好待着，为战胜疫情做好他们应当做的、能做的事情。我每天平均要写五六千的文字，休息得不到保证，有点疲劳，但是总的看还能抗住，这也是因为平时打下了身体的基础。我还考察了国内外1000多所大学；参观了上千个名人的故居、墓地，红色景区；游览了祖国的名山大川；尝遍了各地的小吃。二十世纪八十年代初，我到一个学生家家访，因为车坏在了路上，我还走了几十里的山路。

这些都需要有好的身体做支撑。我真是体验到了“身体倍棒，吃嘛嘛香”啊！大学生朋友们，你们一定要知道，身体是最“功利”的，你对它怎样，它就对你怎样。要对身体好些，不能糟蹋自己的身体。人生是“长跑比赛”，跑到终点的人都是有后劲的人。看看这次疫情不是也给我们带来了这样的启示吗？

我们一些大学生对身体“自欺欺人”，办个锻炼身体的卡，装装样子（当然有真锻炼的）。锻炼身体要因地制宜。不是只有到健身房才能锻炼身体。家里就是很好的锻炼身体的场所。

五是情绪调控问题。中国有句古话，“小不忍则乱大谋。”其实这里也是讲的控制情绪问题。这次疫情当中，有很多人出了错，甚至犯了法，一方面有法律意识问题，一方面有情绪失控问题。所以，当他们冷静下来的时候，会对自己的行为追悔莫及。

大学生都是有知识的人，要注意平日里养成好的性格，调适好自己的情绪，保持好的心态。人生难免遇到一些不如意、不顺心的事；总会碰上憋屈的时候。遇事莫着急，有话好好说。许多人谈到成功或长寿秘籍的时候，都谈到了要制怒，足见控制好情绪多么重要。怎样控制自己的情绪，很重要的一点是不要先入为主，总觉得自己有理，凭着想当然做事。做事要滞后三秒，换位思考。要学会尊重他人，要平等待人。

眼下你们还有一个现实的问题要处理好。有个学生跟我讲，他和他父亲产生了矛盾。一和他父亲讲话便发火。有些大学生平日放假在家和父母也是控制不好情绪。今年这个假期又特别，就更容易使有的大学生烦燥。越是在这种情况下，大学生们越要把控好自己的情绪。有些原因可能父母那里，但是作为晚辈一定多尊重他们，多从他们的角度想问题，多找自己的不足。

好了，唠唠叨叨跟你们聊了这么多，但愿能对你们有所启发，有所助益。说得不对的地方，你们担待一下。

一切艰难的日子都会过去，美好的明天必将到来！

祝大家一切都好！

一个老辅导员

2020 年 2 月 21 日